U0829672

权威·前沿·原创

皮书系列为
“十二五”“十三五”国家重点图书出版规划项目

共享经济蓝皮书

BLUE BOOK OF
SHARING ECONOMY

中国共享出行发展报告（2019）

ANNUAL REPORT ON THE DEVELOPMENT OF
SHARED MOBILITY IN CHINA (2019)

中华环境保护基金会绿色出行专项基金
主　编／北方工业大学
国家信息中心分享经济研究中心

社会科学文献出版社
SOCIAL SCIENCES ACADEMIC PRESS (CHINA)

图书在版编目(CIP)数据

中国共享出行发展报告. 2019 / 中华环境保护基金会绿色出行专项基金，北方工业大学，国家信息中心分享经济研究中心主编. -- 北京：社会科学文献出版社，2019. 12

（共享经济蓝皮书）

ISBN 978 - 7 - 5201 - 5868 - 8

Ⅰ. ①中… Ⅱ. ①中… ②北… ③国… Ⅲ. ①城市交通运输 - 交通运输发展 - 研究报告 - 中国 - 2019 Ⅳ. ①F512. 3

中国版本图书馆 CIP 数据核字（2019）第 278974 号

共享经济蓝皮书

中国共享出行发展报告（2019）

主　　编 / 中华环境保护基金会绿色出行专项基金
北方工业大学
国家信息中心分享经济研究中心

出 版 人 / 谢寿光

责任编辑 / 吴　敏

出　　版 / 社会科学文献出版社 · 皮书出版分社（010）59367127
地址：北京市北三环中路甲 29 号院华龙大厦　邮编：100029
网址：www. ssap. com. cn

发　　行 / 市场营销中心（010）59367081　59367083

印　　装 / 天津千鹤文化传播有限公司

规　　格 / 开 本：787mm × 1092mm　1/16
印 张：26. 5　字 数：400 千字

版　　次 / 2019 年 12 月第 1 版　2019 年 12 月第 1 次印刷

书　　号 / ISBN 978 - 7 - 5201 - 5868 - 8

定　　价 / 128. 00 元

本书如有印装质量问题，请与读者服务中心（010 - 59367028）联系

《中国共享出行发展报告（2019）》
编　委　会

特别鸣谢

陈思思　邓志平　范越甲　冯锦山　高俊明　郭建玲
黄　会　金　哲　孔庆峰　李建军　李　宁　李如彬
李天琦　李英照　刘　举　刘　倩　刘　洋　马　瑾
孟庆丰　孟庆阔　聂　亮　秦　岭　邱锴俊　宋文明
谭　弈　王　成　王　帆　王丰斌　王　冀　王　静
王　洋　王　倩　吴　狄　吴敬敬　吴联生　徐刘醒香
徐顺治　徐元杰　薛兆旻　杨　洋　叶　春　叶　强
袁　旬　战静静　张长令　周　亚　朱孔源

主编单位简介

中华环境保护基金会绿色出行专项基金　中华环境保护基金会成立于1993年4月，是经民政部登记注册的中国第一家从事环境保护公益事业的全国性公募基金会。绿色出行专项基金发起于2017年4月，主要用于推动绿色出行产品的投放使用，绿色出行技术标准和管理规范研究，支持绿色出行城市基础设施建设，法律法规的制定及相关领域的科学研究与峰会举办。

北方工业大学　成立于1946年，是隶属于北京市教委的一所以工为主，理、工、文、经、管、法、艺七大学科门类协调发展，工科优势突出、特色鲜明的高等院校。

国家信息中心分享经济研究中心　成立于1987年1月，是国家发展和改革委员会直属事业单位。分享经济研究中心成立于2017年2月，是关于分享经济发展理论与实践的专业化研究机构。

联合编写单位

哈啰出行　成立于2016年9月，是致力于为用户提供便捷、高效、舒适出行工具和服务的专业移动出行平台。

华夏出行有限公司　成立于2017年2月，是北汽集团由传统制造型企业向制造服务型和创新型企业转型的标志性企业，为公众提供智慧、便捷、环保和高效的出行解决方案。

摘　要

《中国共享出行发展报告（2019）》，在哈啰出行、华夏出行有限公司的支持下，由中华环境保护基金会、国家信息中心与北方工业大学牵头，联合共享出行领域的多位专家，共同撰写完成，准确、全面地论述了中国共享出行领域的发展现状及趋势。

全书报告分为总报告、综合篇、业态篇、专题篇、案例篇及附录六个部分。总报告分析了 2018～2019 年中国共享出行领域的新业态发展、相关政策、企业活动的现状，并预测了未来中国共享出行领域的发展态势。综合篇对共享经济、城市公共交通、共享出行内涵、共享出行与城市交通关系、法规环境以及国外最新进展进行了分析。业态篇重点分析了网约车、私人小客车合乘、分时租赁、互联网租赁自行车（含电动自行车）的发展情况和趋势。专题篇从整车厂转型、共享汽车开发、共享出行运营、共享出行与自动驾驶、共享出行未来发展等方面进行了专题研究。案例篇选择了共享出行领域的国内外代表性企业进行了案例分析。

本书收集和发布了 2018～2019 年共享出行领域的大量数据，预测了未来共享出行领域的发展趋势，提出了推动中国共享出行健康持续发展的若干建议，对政府政策制定、企业开展出行业务、科研院校开展的研究工作都具有一定的参考价值。

目 录

Ⅰ 总报告

Ⅱ 综合篇

Ⅲ 业态篇

Ⅳ　专题篇

Ⅴ　案例篇

Ⅵ　附录

皮书数据库阅读**使用指南**

总 报 告

B.1

2018～2019年中国共享出行发展情况综述

纪雪洪　尹志芳*

摘　要： 本文综述了2018～2019年中国共享出行领域的基本发展情况。整体来看，共享出行保持较高增长速度，充满发展活力，成为城市出行的重要组成部分，带来了新的经济增长机会和就业机会。网约车、合乘、分时租赁、互联网租赁自行车等各类新兴共享出行模式在探索中不断创新。共享出行相关政策体系基本形成，并处于不断完善过程中。未来，共享出行发展前景光明，市场潜力巨大。

* 纪雪洪，北方工业大学汽车产业创新研究中心主任，教授；尹志芳，交通运输部科学研究院城市交通与轨道研究中心战略规划部副部长，博士。

关键词： 城市交通　共享出行　政策体系　模式创新

共享出行（shared mobility），是指共同使用机动车辆、自行车或其他低速模式的车辆完成出行。共享出行的具体形式多样，包括公共交通、出租汽车、班车、共享自行车以及其他按需乘坐和送货服务。本报告关注的共享出行主要是借助互联网技术，实现供需高效匹配的新兴共享出行模式，重点关注合乘（ride sharing）、分时租赁（car sharing）、私人汽车共享（peer-to-peer carsharing）、网约车和互联网租赁自行车等出行方式。

一　共享出行以较快速度发展，充满创新活力

（一）共享出行整体发展速度较快，带动了经济增长与新型就业

共享经济是指利用互联网等现代信息技术，以使用权分享为主要特征，整合海量、分散化资源，满足多样化需求的经济活动总和。基于互联网的智能化供需匹配，巨大的供方和需方的共同参与，使用权的分享，剩余资源的高效利用以及重视用户体验是共享经济的重要特征。2018 年以来我国共享经济依然保持高速增长，市场结构更趋合理，共享经济成为服务业转型发展的新动能。

共享出行是共享经济的重要组成部分。根据国家信息中心的统计，到 2018 年底，共享出行的交易额达到 2478 亿元，相较 2017 年增长速度为 23.3%。在共享经济领域，共享出行的交易额仅次于生活服务共享和生产能力共享，成为共享经济领域非常具有代表性的经济业态。

共享出行不仅创造了新的经济增长点，也带来了新的就业机会。网约车的发展创造了网约车司机、司机服务经理、自动驾驶路测安全管理员、自动驾驶测试驾驶员等新的就业岗位。互联网租赁自行车的发展创造了智能锁制造和互联网租赁自行车运维等新的就业岗位。共享出行的发展还增加了对大

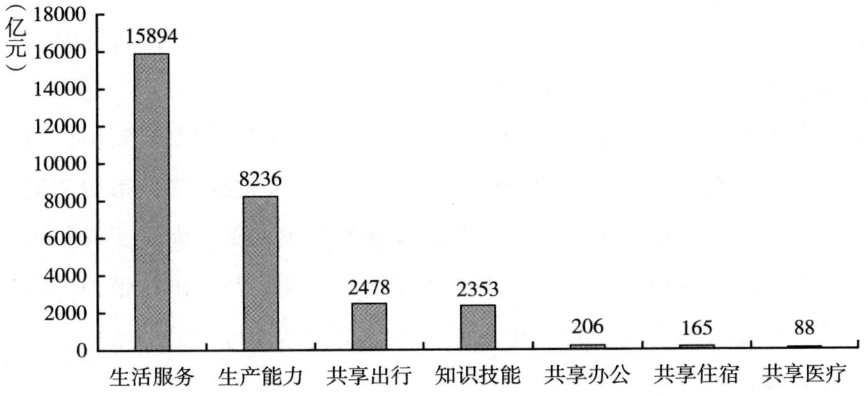

图 1　2018 年我国共享经济主要领域交易额

数据分析、AI 智能硬件研发等高科技岗位人员的需求。共享出行行业的发展推动了产业升级和经济增长。

（二）共享出行成为城市公共交通的重要补充

根据交通运输部的统计，2018 年我国城市公共出行人次达到 1262 亿人次，其中公共汽电车客运量 697 亿人次，城市轨道交通客运量 212.8 亿人次，出租汽车客运量 351.7 亿人次。[①] 根据交通运输部发布的最新数据，我国互联网租赁自行车使用量日均订单超过 4000 万单，全国网约车日均订单超过 2000 万单。[②] 据此，可以预估 2018 年各类共享出行人数已经超过 284 亿人次。网约车、互联网租赁自行车、合乘与分时租赁等共享出行方式成为轨道交通、地面公交和巡游出租车等传统出行方式的重要补充，共同构成多层次的城市出行体系。

共享出行属于准公共交通，以形式的私人性实现了效果的公共性目的。从出行者的角度看，共享出行满足了部分个性化的特定出行需求，解决了城

① 《中国城市客运发展报告（2018）》。

② 徐亚华司长在 2019 年未来出行大会上的讲话。

市交通在“最后一公里”供给中的短板，提供了更加便捷、高效、可靠的出行组合，推动“一站式”无缝衔接出行从概念走向实践。共享出行为大城市交通治理提供了更多可借鉴的思路和可选择的方案；为中小城市交通市场化改革提供了可行的备选路径。部分减轻了城市交通的财政支出压力，有助于激发城市交通运输市场的整体活力。共享出行已经成为城市智慧交通创新发展的策源地，推动无人驾驶等载运设备的技术创新，促进交通基础设施的智能化升级，提高城市交通的供需匹配精细程度。共享出行带动了汽车制造业的电动化、智能化、物联化发展，为泛交通运输行业的平台化、共享化提供模式和技术支撑。

但网约车、互联网租赁自行车以及合乘等共享出行的发展也为城市交通带来不少新的挑战。不同交通方式对城市路权的竞争关系更加复杂。共享出行带来的外部性问题，尤其是环境外部性，有待进一步甄别和讨论。共享出行对交通基本权，尤其是特殊人群出行需求的影响也有待更深入地探讨。

（三）互联网创新充满活力，新兴商业模式不断涌现

共享出行领域的技术创新与商业模式创新仍然活跃。通过互联网流量平台整合多家网约车运营平台，为用户提供出行服务的聚合模式发展迅速，继高德之后，美团点评、掌上高铁 App、哈啰出行和百度等企业纷纷引入这一模式，滴滴出行也于 2019 年 5 月将平台向第三方出行公司开放。具有流量优势的互联网平台与网约车运力企业的结合，正在给网约车市场竞争格局带来新的变化。面向尚未被充分满足的城际出行需求，一些新创企业发动合规网约车运力、出租车和定制客运车辆为跨城出行提供高品质和高效率的服务。整车企业纷纷布局出行业务，部分企业采用“经销商 + 运营服务商”的模式，为处于发展困境的汽车经销商提供了更加多元化的收入来源。出行平台从全方位布局出行行业，打造覆盖出行产业链的生态体系。高德正在与北京市交通委员会成立 MaaS 平台，将整合公交、地铁、市郊铁路、步行、骑行、网约车、航空、铁路、长途大巴、自驾等出行业态，建立全品类、全流程的交通出行服务。分时租赁企业探讨车辆个人托管领域，综合使用新能

源汽车与传统燃油车辆实现运营效率与用户体验的有效平衡。互联网租赁自行车企业逐步停止以往的补贴大战，调整骑行价格，行业发展回归商业本质。

（四）共享出行与绿色出行发展深度融合

根据交通运输部统计，截至 2018 年底，我国新能源公交车辆为 34.19 万辆，占公交车辆总数的 50.8%，较 2017 年增加 8.47 万辆。到 2018 年，出租车中新能源汽车数量为 4.64 万辆，较 2017 年新增 2 万辆。

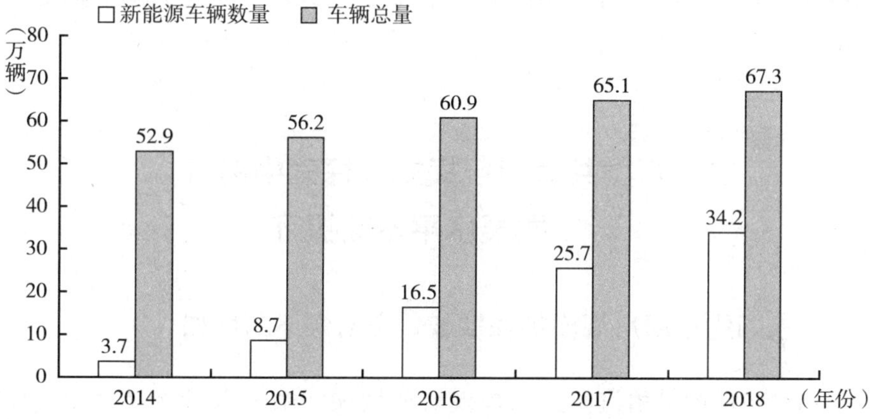

图 2　我国新能源公交车数量

公安部新能源汽车上牌数据显示，2019 年上半年新能源乘用车累计上牌 53.7 万辆，其中出租租赁性质车型累计销售 16.9 万辆，占比为31%。郑州、广州、深圳、佛山、昆明、太原、大连、沈阳等地出台相关措施，要求新增网约出租汽车不得使用传统燃油汽车，全部采用新能源车辆。未来新能源汽车在共享出行中的比重将不断增加。共享出行是我国新能源汽车未来发展的最重要的用户渠道之一。

（五）中国共享出行企业在全球范围扩展

我国共享出行独角兽企业开始在全球市场扩展，与国际共享出行企业展开竞争。2019 年，共享出行的巨头 Lyft、Uber 已经完成上市。国外企业不断扩张共享出行产品线，将出行场景外延，布局汽车产业前沿科技。我国共享出行企业，如滴滴、摩拜单车等也探索走进海外市场。2018 年 1 月，滴滴收购巴西最大的网约车平台“99”，4 月首次以自有品牌服务落地墨西哥市场，此后进入了澳大利亚和日本市场，2019 年 6 月，进入智利与哥伦比亚市场。与此同时，滴滴也与包括 Grab、Ola、Lyft 等在内的地区性出行企业建立了广泛的投资和技术合作网络。开展物流车辆共享的货拉拉其平台 Lalamove（货拉拉海外版）已经将业务扩展到东南亚、印度、巴西等 9 个国家和地区的 11 个城市。中国共享出行企业走向海外，成为中国产业发展的又一名片。

二　各类共享出行模式在探索中前行，发展水平不断提升

（一）网约车用户规模仍在增长，交易额不断增加

我国网络预约出租汽车用户规模有所增加。截至 2019 年 6 月,[①] 我国网约出租车用户规模达到 3.37 亿，较 2018 年底增加 670 万（见图 3）。网约专车或快车用户规模达到 3.39 亿，较 2018 年底增加 663 万（见图 4）。由于网约车用户规模较大，网约车用户增长速度有所放缓。2019 年 6 月相较于 2018 年底，网约出租车用户规模增速仅为 2%，网约专车或快车用户规模增速 1.9%。

全国网约车日订单超过 2000 万单，网约车交易额持续增加。从用户看，网约车用户以年轻人为主。网约车在 20 ~ 29 岁、30 ~ 39 岁年龄段的使用率分别为 74%、57%，明显高于其他年龄段用户。[②] 市场发展吸引了

① 数据来自中国互联网络信息中心。

② 数据来自中国互联网络信息中心。

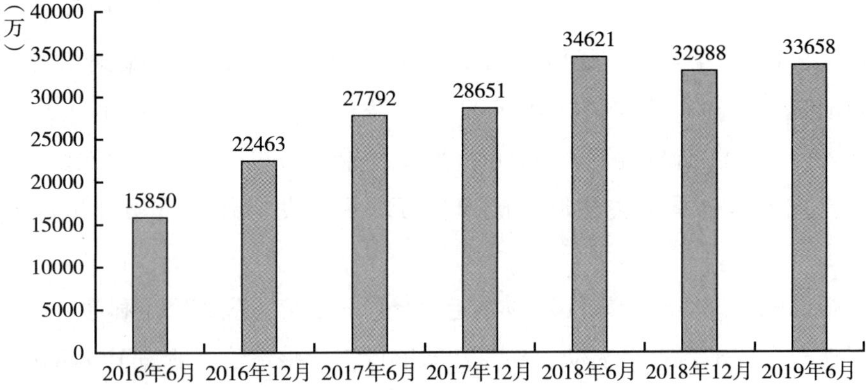

图3　网约出租车用户规模

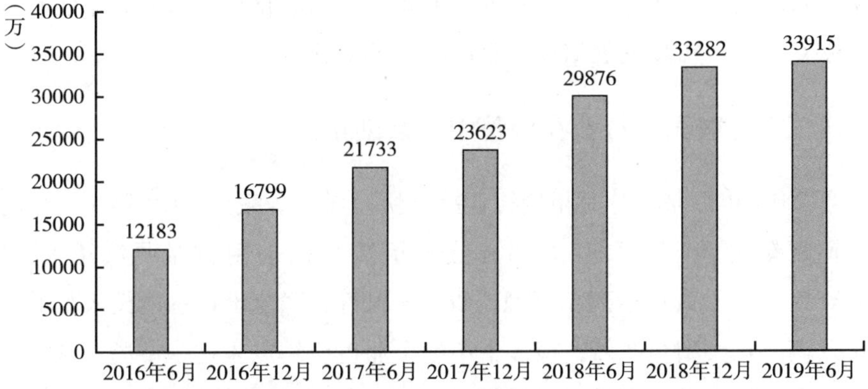

图4　网约专车或快车用户规模

越来越多的出行企业加入。美团、北汽、高德、百度等互联网企业采用聚合模式，接入多家出行运营商。吉利、东风、长安、一汽、上汽、江淮、广汽和小鹏等汽车制造企业也纷纷进入网约车市场。随着竞争者的不断进入，相关企业持续优化服务，控制企业运营成本，强化安全服务管理，行业规范化程度不断提高。

（二）私人小客车合乘发展进入新阶段

私人小客车合乘是我国共享出行领域的重大创新。2014 年，嘀嗒拼车进入合乘市场，此后滴滴出行、高德、哈啰出行和曹操出行等进入这一市场。2018 年 8 月，滴滴出行顺风车出现安全事故后，滴滴出行、高德暂时退出了这一市场。2019 年 9 月嘀嗒出行平台公布其拥有用户达到 1.3 亿，车主注册量达到 1500 万，累计合乘出行里程达 230 亿公里。[①] 哈啰出行宣布其合乘车主注册量破 500 万，平台发单乘客量累计超过 1800 万。[②]

根据私人小客车合乘性质的界定，合乘的定价不应该以盈利为目的，但为了让车主和平台有更大动力参与互助出行，合乘定价一般高于顺路接送额外产生的油费和过路费成本，出行平台从每笔订单中抽成一定的比例。由于合乘平台投入相对较少，主要的合乘平台能够实现盈利。当前已经形成嘀嗒出行、哈啰出行、曹操出行等多家企业竞争的市场格局。未来如果滴滴合乘业务恢复上线，市场发展格局将会产生新的变化。

（三）分时租赁行业在调整中探索创新

自 2014 年以来，分时租赁行业持续快速增长。截至 2018 年底，分时租赁车辆规模为 20 万辆，[③] 大部分分时租赁车辆采用新能源汽车。其中，EVCARD 累计投放量达到 5 万辆，GoFun 出行和摩范出行总体投入车辆分别达 4 万辆。除大型企业外，很多中小型企业也纷纷进入这一市场，基于地方资源，在各城市有众多的分时租赁运营商，有的企业运营规模仅为几百辆甚至几十辆。

2018 年以来，涉足分时租赁的企业积极探索新的发展模式。例如，华夏出行全力构建“出行 + 增值服务”的生态圈，同时发力分时租赁、城市物流、越野自驾服务以及商旅服务等业务板块，希望串联并形成板块间的互相引流、转化以及提升；EVCARD 探讨“精细化运营战略”；Gofun 推出个人汽车托管业务、线上租车业务。同时，相关企业加快推进技术创新。例

---

① 嘀嗒出行公布数据。

② 哈啰出行提供数据。

③ 引自交通运输部《中国城市客运发展报告（2018）》。

如，面部、指纹等生物识别技术用于车辆解锁和用车人安全验证；希望借助自动泊车技术帮助司机减少找车位、停车的时间；通过大数据分析和调度提升运营效率，开源节流。部分企业也在积极布局自动驾驶技术领域，希望通过自动驾驶技术能够连接用户与停车场“最后一公里”，彻底解决困扰用户的找车和还车问题。

（四）互联网租赁自行车进入理性发展期

根据交通运输部公布的数据，截至2019年8月底，我国互联网租赁自行车共有1950万辆，覆盖全国360个城市，注册用户数超过3亿人次，日均订单数达到4700万单。相对前两年的大起大落，进入2019年行业发展增速相对平稳，趋于理性，逐步形成哈啰、美团与青桔“三足鼎立”的发展格局。当前企业不再是靠烧钱补贴来获得用户，而是把重心放在了精细化运营发展上。借助于大数据、人工智能技术，运营企业加强对车辆调度、车辆维修以及车辆清洁等的高效运营，实现智能供需预测、智能规划、智能调度和智能派单等决策。

从未来发展看，互联网租赁自行车能够很好满足出行距离1～3公里范围的需求，互联网租赁电动自行车适合满足3～10公里的出行需求，两者将对其他交通出行方式形成非常好的补充，有望保持持续增长态势。

三　共享出行相关政策体系基本形成，不断完善

（一）网约车的合规化逐步推进，初见成效

共享出行属于新生事物，相关政策与法规伴随着实践发展而不断完善。自2016年《国务院办公厅关于深化改革推进出租汽车行业健康发展的指导意见》（以下称《指导意见》）发布，以及交通运输部等七个部门联合发布《网络预约出租汽车经营服务管理暂行办法》（以下称《管理办法》）以来，中央和各地先后出台了一系列鼓励和规范共享出行发展的政策、法规和标准

规范，相关的政策体系基本形成。

《指导意见》和《管理办法》从国家层面明确了网约车的合法地位，并对网约车管理做出顶层制度安排。总体而言，我国网约车管理政策体现了适度发展、错位经营、三证监督、属地管理和市场定价等特点。截至 2019 年 5 月，我国已有 224 个城市（包括 4 个直辖市和 220 个地级市）出台了规范网约车管理的政策实施细则，覆盖全国 75% 的地级市。与《管理办法》相比，各地方细则增加了 20 多种准入条件，细化了准入条件。其中，司机和车辆准入条件是各地网约车政策实施细则差异化的主要着力点。

伴随着网约车价格战以及顺风车乘客遇害案件的发生，网约车监管政策呈现收紧趋势。截至 2019 年 9 月，我国已经有 150 余家网约车公司在各个地方获得了经营许可资质，全国共发放网约车驾驶员证超过 170 万本，车辆运输证达到 81 万本。2019 年初，网约车驾驶员证 68 万本，车辆运输证 45 万本。可以看到，合规化进展逐步加快，并初见成效。未来网约车政策有望在动态调整中进一步完善，将继续推进以安全为核心的监督体系，继续强化事中监管、常态化监管，“政府管平台、平台管用户”的合作监管模式将更加成熟。

（二）私人小客车合乘有序发展

私人小客车合乘也称为顺风车，是由合乘服务提供者事先发布出行信息，出行线路相同的人选择乘坐合乘服务提供者的小客车、分摊部分出行成本或免费互助的共享出行方式。从《指导意见》和《管理办法》的规定看，我国对网约车和私人小客车合乘也是实施分类管理的。我国合乘政策主要有以下特征：一是支持合乘服务发展，这与适度发展网约车的态度不同。二是不实施许可管理。与网约车不同，从事合乘信息服务的平台公司、司机和车辆都不需要申请出租汽车经营相关许可，也没有对三者的准入条件限制。三是不得以营运为目的。这一政策要求的目的是划清合乘与网约车监管的边界。由于合乘在监管政策上具有诸多便利，必须严防以合乘名义变相从事具有营运性质的网约车业务。

在政策设计上，大多数地区都是通过以下三个特征来判断的：司机是否提前发布行程、每天接单量是否超过2单（有些地方要求不超过4单）、价格是否体现分摊出行成本（一般按照巡游车费用的一半左右来判断）。滴滴合乘发生事故后，政府将合乘业务的监管工作放在非常重要的地位，各大平台公司也纷纷出台安全管理措施。相关举措建议包括：成立专门的安全管理团队；严格、全面地审核司机、车辆和乘客信息；应与政府交通、通信、公安、银行、税务和网信用等部门，以及提供征信产品的企业建立长效合作工作机制，形成共同监管；相关信息接入政府监管平台；进一步优化App的安全功能；进一步普及对司机与乘客的安全教育；考虑提供女性专用合乘服务。

（三）整体上鼓励分时租赁发展

从国家层面看，对行业影响较为重要的两个政策是《关于促进小微型客车租赁健康发展的指导意见》和《交通运输新业态用户资金管理办法（试行）》，前者明确提出要鼓励分时租赁发展，后者对共享汽车押金的收取、退还等做出明确规定。从地方层面看，上海、深圳、成都、广州、保定和海南等地方出台了明确的发展指导意见和管理办法，对服务网点、运营车辆、充电桩等做出明确的指标要求，并给予停车、充电、通行等优惠政策支持。一些城市仅在新能源汽车产业发展规划、推广应用实施方案、财政补助管理等政策中略有提及。

从全国范围看，由于分时租赁行业规模偏小、在出行体系中的作用还有待观察，相关政府对分时租赁在交通中的定位、分时租赁企业准入和退出、使用车型、车辆牌照发放、税收优惠政策等并没有比较明确的指导意见。未来，需要政府和相关机构在分时租赁发展规划、法律法规、标准出台、信用体系、优惠政策和行业监管等方面进一步构建完善的政策法规体系。

（四）鼓励和规范互联网租赁自行车发展

《关于鼓励和规范互联网租赁自行车发展的指导意见》提出，要坚持

“服务为本、改革创新、规范有序、属地管理、多方共治”的基本原则，鼓励和规范并行发展。各地管理部门积极探索管理机制和管理措施，督促运营企业提高服务质量，落实主体责任，引导行业良性发展，主要体现在：明确主管部门及相关部门职责，开展鼓励与规范互联网租赁自行车发展的政策文件制定。地方出台的文件一般分为三类：指导意见或管理办法、考核办法、针对停放管理的标准或规范性文件。伴随着互联网租赁自行车趋于理性发展，未来各级政府部门将依据互联网租赁自行车企业的服务水平进行更为科学的管理。政策法规有望根据各地实际情况呈现分类化管理，整体而言行业将会更加规范有序，总量控制等政策有望放开。

伴随着《关于鼓励和规范互联网租赁自行车发展的指导意见》的发布，北京、上海、天津、西安等城市纷纷颁发相关文件，明确表示“本市禁止发展互联网租赁电动自行车”。随着新国标自 2019 年 4 月 15 日落地执行，一些地方对待共享电动自行车的态度也开始发生变化。2019 年 8 月，云南省昆明市率先对电动自行车予以“松绑”，并重新修订了《昆明市互联网租赁自行车运营服务管理实施细则》，在“适用范围”中增加了“电动自行车”，并从技术标准上要求“须符合最新《电动自行车安全技术规范》有关技术要求，必须具备脚踏骑行能力；电驱动行驶时，最高设计时速不超过每小时 25 千米”。开展互联网租赁电动自行车有利于提高车辆使用效率，以高频使用代替低效闲置，并且目前的主流共享电动自行车企业均已更换为符合新国标的车辆，超标问题已经解决。在对互联网租赁电动自行车“松绑”前，需要加快制定互联网租赁电动自行车的行业标准、服务标准，以规范约束行业发展。

从法规角度看，网约车、私人小客车合乘、互联网租赁自行车、分时租赁等属于新兴事物，适应其发展的相关法律尚未颁布，只有正在修订中的《中华人民共和国道路运输条例》涉及出租汽车的相关条款，因此当前我国政府主要通过相关的部门政策和规章对新业态的发展进行管理。2018 年，《国务院办公厅关于同意建立交通运输新业态协同监管部际联席会议制度的函》发布，希望通过新业态协同监管部际联席会议制度，完善涉及交通运输领域新业态的法律法规体系，建立健全多部门协同监管机制，加强舆论引导和形势研判，提高行业治理和应急处置能力，促进行业持续稳定健康发展。

四　共享出行未来发展前景光明，潜力巨大

（一）共享出行市场规模未来将不断扩大，对个人新车销售市场产生一定替代作用

当前，越来越多的年轻人对汽车的需求意愿开始下降，他们的需求主要是服务属性需求而不再是资产属性需求。他们不再像上一代消费者将车辆视作身份象征，他们越来越不愿意承担汽车的购置、上牌、保养、维修、洗车和加油充电等烦琐事务，只是把汽车作为便捷、便宜的出行工具。共享出行以相对低的成本，满足了消费者个性化的出行需求。这也意味着汽车共享出行的市场将保持持续增长趋势。

网约车消费习惯已经形成，市场将保持一定的增长速度，传统出租车市场份额可能进一步下降。分时租赁市场基数较小，存在增长空间，但能否成为共享出行的主流方式，将主要取决于自动泊车以及自动驾驶技术的进步程度。合乘市场受到安全事故的影响，2018 年下半年增速下滑明显，但未来运营的合乘平台用户数量和司机数量将不断增加，呈快速增长势头。互联网租赁自行车满足了人们“最后一公里”的出行需求，商业模式是成立的，未来将保持持续增长。互联网租赁电动自行车目前发展规模还不大，但随着新国标的实施，有望出现高速增长。因此，整体来看，共享出行市场规模仍将保持增长态势。

（二）汽车制造商将加快向出行服务商转型

共享出行的发展对汽车制造商以及汽车产业链产生深刻影响，消费理念变化、汽车销量下滑以及新能源汽车积分等相关因素推动国内外汽车企业纷纷向出行服务商转型。企业转型的路径包括自创出行平台、投资出行平台、

合作和收购等。汽车制造商转型出行服务商面临的主要困难包括：一是需要思维模式的调整；二是不具备出行平台所拥有的流量优势；三是面临越来越多的同质化竞争对手；四是需要大量的资金投入；五是高端 IT 人才资源稀缺。为此，汽车制造商需要做好以下工作：一是找准车企在出行领域的发展定位；二是构建包括硬件创新、软件创新和生态创新在内的统一平台；三是建立相对独立于原有制造企业的服务组织；四是寻求商业模式创新，开拓多渠道的收入来源。

聚合模式解决了整车出行平台的互联网流量问题，整车企业组建的出行公司未来将承担从制造向服务转型的重要使命，成为出行市场的重要发展力量。整车企业与科技公司跨界合作的机会将影响到未来出行市场的发展格局。

（三）将出现为“共享而生”的汽车产品

共享汽车（分时租赁）在我国的发展尚属初级阶段，大部分车辆为普通私家车的临时性改造，并非真正为共享服务设计的产品，这也导致其用户使用体验并不是最佳的。未来的共享汽车产品将在造型、内饰、安全功能、运营效率等方面全新升级。从造型上将通过特别的设计提高车辆的辨识度和品牌识别性；在空间设计上会满足乘客与司机对乘坐或者驾驶舒适性的要求；从内饰上会减少共享环境中非必需的物理空间，减少共享不常用的功能，为乘客提供更多的车内娱乐选择；从安全上会增强车辆的智能化，优化主动安全水平，以 AI 算法来主动识别和干预不安全驾驶行为；从运营效率提升上，产品设计将充分考虑降低维护和清洗成本，根据现有车辆使用的大数据进行车辆各种参数的模拟仿真，据此开发设计符合共享需求的产品。

（四）自动驾驶技术进展快速，共享出行正在成为其重要应用场景

世界各国已充分认识到培育和发展智能网联汽车的重要性，许多国家正加快相关研究，逐步构建支持智能网联汽车发展的政策体系。整车企业、零部件供应商以及来自互联网、信息通信、电子科技等非汽车领域的企业，均

在围绕智能网联汽车进行多方战略布局，以求在未来汽车产业生态竞争格局中占据先机。

共享出行平台每天超过 3 亿公里的行驶里程和不同类型的场景可以为开发和迭代自动驾驶算法提供最大支持，拥有多种传感器的自动驾驶汽车可以充当高精地图采集车，通过车载摄像头、激光雷达等设备实时采集道路信息，并上传云端，通过大数据处理、深度学习、激光点云识别等技术完成高精地图的绘制和实时更新。共享出行平台具有非常强的处理信息安全的能力。这也决定共享出行平台是智能汽车落地运营的最佳实践场景。2018 年 12 月谷歌旗下的 Waymo 自动驾驶汽车在美国凤凰城开始了 Robotaxi 的运营，2019 年 8 月百度 Apollo 携手一汽红旗在湖南长沙开展了 Robotaxi 的示范运营。此外，通用、福特、特斯拉、滴滴、Uber 和 Lyft 都提出了较为明确的 Robotaxi 的时间计划表。随着自动驾驶技术的成熟，自动驾驶车辆的占比会越来越大。根据麦肯锡咨询的预测，到 2035 年自动驾驶车辆占比将达到 40% 以上，其中共享出行自动驾驶车辆渗透率会达到 30% 。

未来智能网联共享出行将在出行安全、交通效率、资源分配等方面产生影响。随着智能网络汽车与共享出行的结合，汽车产业发展引发的交通事故、交通拥堵、汽车闲置和停车困难等问题将得到根本性的改善。

综　合　篇

B.2
2018～2019年中国城市交通发展现状与分析

吴洪洋　尹志芳　张晚笛　林　翊　李　超*

摘　要：　本文主要对2014年以来，特别是2018年城市交通发展状况进行了分析。我国城市客运量到2018年已增至1262亿人次。城市公共汽电车发展稳定，轨道交通开通城市数量以及运营里程和服务人次都在快速增长；传统出租车行业增速稳中略有下降；传统汽车租赁行业稳定发展；交通出行新业态出现且发展势头迅猛。

关键词：　城市交通　公共汽电车　轨道交通　出租车　汽车租赁

* 吴洪洋，交通运输部科学研究院城市交通与轨道交通研究中心副主任，博士；尹志芳，交通运输部科学研究院城市交通与轨道交通研究中心战略规划部副部长，博士；张晚笛、林翊、李超均为交通运输部科学研究院城市交通与轨道交通研究中心研究人员。

我国城市交通经历了从改革开放初期以自行车为主要交通工具到20世纪90年代以公共汽电车为主体的发展阶段，在21世纪初，国家提出了公共交通优先发展的战略，城市交通进入了统筹协调、综合发展的新阶段。城市客运量在改革开放初期仅有132亿人次，到2018年已增至1262亿人次。[①] 近年来，城市公共汽电车车辆数与运营里程持续增长，轨道交通高速发展，传统出租车行业增速稳中略降，互联网出行新业态涌现。

一　城市客运交通发展整体情况

城市交通呈现多元化发展。城市公共汽电车车辆数和运营线路长度持续大幅增长，截至2018年底，我国城市公共汽电车运营车辆数达67.34万辆，运营线路达60590条，运营线路总长度达119.95万公里。城市轨道交通自1969年北京市开通全国第一条城市轨道交通线路以来，截至2018年底，已有35个城市开通运营城市轨道交通，运营线路达到171条，运营里程达5295.1公里，完成客运量212.77亿人次，运营里程及完成客运量均居世界第一。传统出租车行业发展稳定，2018年出租汽车共完成客运量351.67亿人次，虽较2017年减少13.74亿人次，但仍然是城市中重要的客运方式之一。客运服务新业态稳步发展，网络预约出租汽车、互联网租赁自行车、汽车分时租赁等“互联网＋”出行服务模式为满足群众个性化需求发挥了积极作用。

2014～2018年，公共汽电车与出租汽车客运量逐年下降，轨道交通客运量却逐年上升，轨道交通在城市客运中的地位越来越重要；但从绝对数来看，公共汽电车客运量占客运总量的比例仍很高，公共汽电车仍是城市客运的主要工具，出租汽车客运量略有下降，但总体较稳定（见图1、表1）。

① 本文相关数据主要来自中华人民共和国交通运输部《中国城市客运发展报告（2018）》。

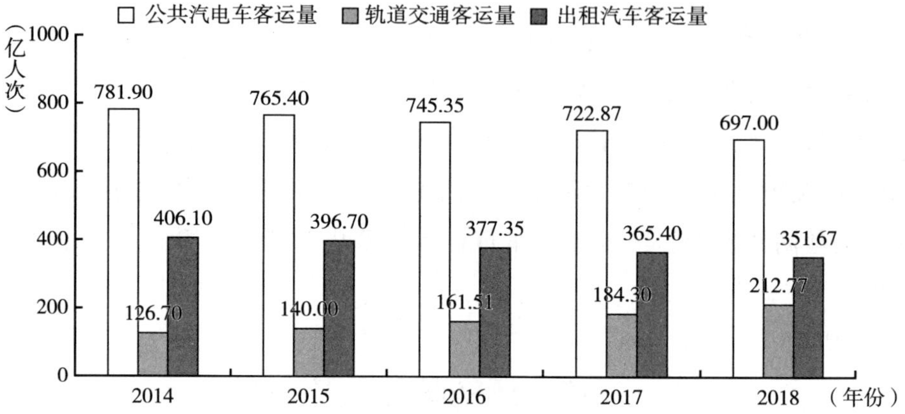

图 1　2014 ~ 2018 年三大出行方式客运量统计

表 1　2014 ~ 2018 年三大出行方式客运量占比统计

单位：%

出行方式	2014 年	2015 年	2016 年	2017 年	2018 年
公共汽电车	59. 4	58. 7	58. 0	56. 8	55. 2
轨道交通	9. 6	10. 8	12. 6	14. 5	16. 9
出租汽车	31. 0	30. 5	29. 4	28. 7	27. 9

城市交通服务不断优化。首先，城市致力于打造全方位的交通服务体系，如北京、上海、广州、深圳等超大城市积极构建“以轨道交通为骨干、常规公交为主体、步行和自行车等多种方式为补充”相互协调的一体化公共交通出行体系；同时借助于互联网的发展，差异化服务也被持续推进，全国有超过 50 个公交都市创建城市提供了基于互联网的定制公交服务，如广州市辅助交通“如约巴士”有效缓解了重点枢纽、重要时段旅客集疏运难题。其次，随着信息技术的发展，公交智能化深入推进，移动支付、智能公交电子站牌有效提升了顾客的乘车体验。最后，车辆装备进一步提档升级，城市公共汽电车中空调车共有 51. 42 万辆，占车辆总数的 76%，更新的公交车辆基本配备车载视频监控和无障碍设备。哈尔滨等北方城市通过设置“暖车暖站暖库”等进一步提升了公交服务的人性化。

城市交通不断推进绿色出行。截至2018年底，我国新能源公交车辆34.19万辆，占公交车辆总数的50.8%，比2017年增长8.47万辆。佛山、张家口、郑州等城市在大力推广纯电动公交车的同时，逐步探索氢燃料电池公交车的推广应用。各地积极推进“城市公交+慢行交通”的出行模式，深圳建成城市步行绿道超过2000公里，设置自行车停放区5000余个；苏州加强轨道交通与慢行交通的换乘衔接，在所有轨道交通站点均设置了公共自行车接驳点，基本形成24小时服务的公共自行车系统。

二　城市公共汽电车发展情况

（一）概况

从车辆数看，截至2018年底，我国城市公共汽电车辆数量为67.34万辆，其中，新能源车辆数量为34.19万辆，占城市公共汽电车辆总数的50.8%（见图2），BRT（快速公交系统）运营车辆数9110辆，占运营车辆总数的1.4%。我国36个直辖市、计划单列市、省会城市共有公共汽电车运营车辆27.27万辆，占运营车辆总数的40.5%。

从运营线路看，截至2018年底，我国共有城市公共汽电车运营线路60590条，运营线路长度119.95万公里（见表2）。其中，公交专用车道长度12850.2公里，无轨电车运营线路长度1137.0公里，BRT线路总长度达5119.3公里。我国36个直辖市、计划单列市、省会城市公共汽电车运营线路长度33.38万公里，占城市公共汽电车运营线路总长度的27.8%。

从客运情况来看，截至2018年底，我国城市公共汽电车运营里程346.10亿公里，客运量697.00亿人次，占城市客运总量的55.2%，单位运营里程载客量2.01人次/公里。

（二）基本特点

第一，车辆总数持续增长，增速放缓；新能源车辆占比上升。2014～

2018 年，我国公共汽电车总数逐年上升，近两年增速有放缓趋势；新能源车辆数增长迅猛，增速逐年下降但仍保持很高的水平。

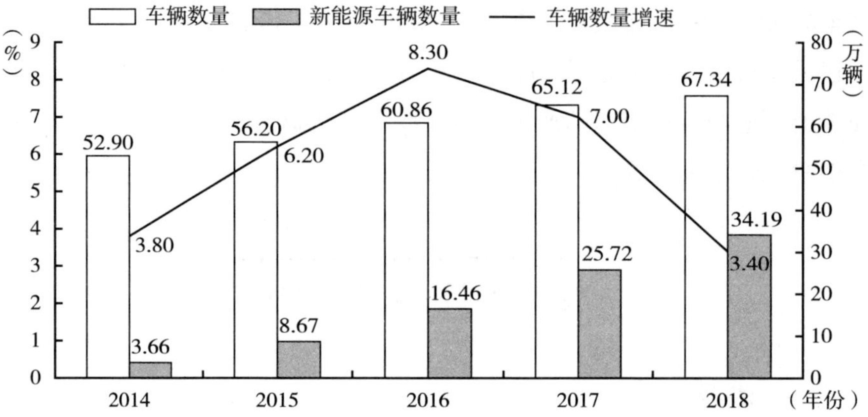

图 2　2014～2018 年公共汽电车辆数量

第二，城市公共汽电车运营线路条数及运营线路长度均在增加，11 个省（自治区、直辖市）的城市公共汽电车运营线路条数超过全国平均水平，10 个省（自治区、直辖市）运营线路长度高于全国平均水平。

表 2　2014～2018 年城市公共汽电车运营线路及长度

项目	2014 年	2015 年	2016 年	2017 年	2018 年
运营线路(条)	45052	48905	52789	56786	60590
运营线路长度(万公里)	81. 8	89. 4	98. 12	106. 94	119. 95

第三，运营里程和客运量有所下降，单位运营里程载客量略有降低。2018 年我国城市公共汽电车运营里程 346. 10 亿公里，比 2017 年减少 9. 10 亿公里，同比减少 2. 6%；客运量比 2017 年减少 25. 87 亿人次，同比减少 3. 6%；单位运营里程载客量为 2. 01 人次/公里，比 2017 年减少 0. 03 人次/公里。

三 城市轨道交通发展情况

（一）概况

城市轨道交通的发展可以通过开通运营城市数、运营线路条数、运营线路长度等指标来衡量，表3为2014～2018年我国城市轨道交通发展情况。

表3 2014～2018年我国城市轨道交通发展情况

项目	2014年	2015年	2016年	2017年	2018年
开通运营城市数（个）	22	25	30	34	35
运营线路条数（条）	92	105	124	153	171
运营线路长度（公里）	2816.1	3195.4	3727.5	4583.2	5295.1
车站数（个）	1829	2092	2468	3047	3408
换乘站数（个）	151	180	254	272	319
配属车辆（辆）	17300	19941	23791	28707	34012
客运量（亿人次）	126.7	140.0	161.51	184.3	212.77
客运量增速（%）	16.0	10.5	15.4	14.1	15.4

2018年轨道交通运营线路长5295.1公里，其中，地铁铁路4726.5公里，轻轨线路217.6公里，单轨线路98.5公里，有轨电车线路189.5公里，磁悬浮线路56.7公里，自动导向线路6.3公里。配属车辆34012辆，其中，地铁配属车辆31465辆，轻轨配属车辆897辆，单轨配属车辆774辆，有轨电车配属车辆737辆，磁悬浮列车配属车辆95辆，新增自动导向系统车辆44辆。

具体到城市来看，截至2018年底，我国已有北京、天津、上海等35个城市开通了城市轨道交通线路，其中2018年开通的城市为乌鲁木齐市；青岛市新增运营里程124.6公里，是2018年唯一新增运营里程超过100公里的城市，此外，广州、武汉、成都、天津新增运营里程均超过50公里；贵阳市由于地铁1号线南段开通，运营数量大幅度上升，同比增长达140%，成为2018年唯一增长率超过100%的城市；北京年客运量最大，达38.48亿人次，北京、上海、广州、深圳、成都、南京、武汉、重庆和西安9个城市年客运量超过年平均水平，合肥、青岛、南宁、成都4个城市客运量增长率均超过100%，北京、上海、南京、广州4个城市的轨道交通客运量占城市客运总量的比例超过50%。

2018年，全国城市轨道交通客运强度平均水平为0.80万人次/公里，有4个城市客运强度超过1.50万人次/公里，分别为深圳（1.73万人次/公里）、广州（1.71万人次/公里）、北京（1.66万人次/公里）和西安（1.64万人次/公里）。

表4　2018年各城市轨道交通运营情况

城市	运营里程				运营线路条数		客运量	
	总里程（公里）	地铁里程（公里）	地铁占比（%）	运营总里程同比增长（%）	总数（条）	同比增长（%）	总数（万人次）	同比增长（%）
合计	5295.1	4726.5	89.3	15.5	171	16.3	2127659.1	15.4
北京	636.8	618.8	97.2	4.7	22	0	384841.7	1.9
天津	226.9	166.7	73.5	29.4	7	16.7	40833.9	16.2
石家庄	28.4	28.4	1	0	2	0	8760.2	—
沈阳	59.0	59.0	1	9.3	2	0	31603.0	3.1
大连	181.3	54.1	29.8	0	6	-14.3	21039.3	15.7
长春	117.6	38.6	32.8	42.5	7	40.0	14199.9	48.1
哈尔滨	21.8	21.8	1	0	2	0	8269.0	7.7
上海	704.9	669.5	95.0	5.8	17	6.3	370591.6	4.8
南京	394.3	377.6	95.8	8.2	12	9.1	111880.6	14.3
无锡	55.0	55.0	1	0	2	0	10312.0	11.7
苏州	164.9	120.7	73.2	19.1	5	25.0	32807.0	32.1
昆山	—	—			—	—	—	—
淮安	20.1	0	0	0	1	0	924.0	13.6
杭州	114.7	114.7	1	9.0	3	0	52985.2	55.9
宁波	74.5	74.5	1	0	2	0	12437.1	10.7

续表

城市	运营里程				运营线路条数		客运量	
	总里程（公里）	地铁里程（公里）	地铁占比（%）	运营总里程同比增长率（%）	总数（条）	同比增长（%）	总数（万人次）	同比增长（%）
合肥	53.2	53.2	1	1.7	2	0	15323.6	258.7
福州	24.0	24.0	1	0	1	0	6087.6	25.4
厦门	29.6	29.6	1	0	1	0	4164.6	—
南昌	48.5	48.5	1	0	2	0	14175.8	29.2
青岛	178.2	169.4	95.1	232.5	5	66.7	15388.4	131.4
郑州	93.6	93.6	1	0	3	0	29340.8	16.3
武汉	300.4	300.4	1	28.2	11	57.1	103709.5	11.9
长沙	68.8	50.2	73.0	0	3	0	25030.0	7.2
广州	485.4	477.7	98.4	21.9	15	7.1	302595.0	7.9
佛山	—	—	—	—	—	—	—	—
深圳	297.6	285.9	96.1	0	9	0	187845.1	13.4
珠海	8.8	0	0	4.8	1	0	129.8	—
东莞	37.8	37.8	1	0	1	0	4605.1	18.9
南宁	53.1	53.1	1	65.4	2	100.0	21360.7	121.5
重庆	313.4	214.9	68.6	18.7	9	28.6	85787.1	15.4
成都	240.0	226.3	94.3	37.1	7	16.7	115755.9	118.4
贵阳	33.7	33.7	1	163.3	1	0	744.1	—
昆明	88.7	88.7	1	2.9	3	0	19957.7	59.9
西安	123.4	123.4	1	38.7	4	33.3	73929.8	22.1
乌鲁木齐	16.7	16.7	1	—	1	—	244.0	—

注：①上海地铁 11 号线和广佛线两条线路是跨越城市运行的城市轨道交通路线，已分别计入上海市和广州市，不再做单独计算；②因乌鲁木齐为 2018 年新开通城市轨道交通的城市，故不计算各种增长率；③由于 2018 年交通运输统计制度改革，运输里程口径有所调整，福州市、厦门市运营里程略有变化；同时线路计算也有差别，大连线路条数减少 1 条；④因厦门、贵阳、珠海、石家庄 4 个城市 2017 年开通不满一年，故未计算其客运量同比增长。

由于城市轨道交通具有安全、可靠、便捷、经济的特点，加上城市居民出行需求不断增长，部分城市轨道交通最大载客率居高不下，2018 年我国共有 14 个城市轨道交通最大载客率大于 100%。为保障乘客顺利出行，部分城市积极尝试压缩发车间隔来增大运力，2018 年我国 13 个城市最小发车间隔在 180 秒以下，其中上海仅为 115 秒。2018 年，我国城市轨道交通列车正点率均在 98% 以上，其中上海达到 100%，广州和成都正点率均接近 100%。

（二）基本特点

第一，运营线路、车站数、配属车辆数、客运量总数等指标基本上逐年增长，城市轨道交通仍处于快速发展期。

第二，地铁是城市轨道交通的主要形式。从配备车辆看，2018 年底配备车辆总数为 34012 辆，地铁配属车辆 31465 辆，占总数的 92.5%；从运营里程看，2018 年轨道交通营运总里程 5295.1 公里，其中地铁运营里程达 4726.5 公里，占总里程的 89.3%（见图 3、图 4）。

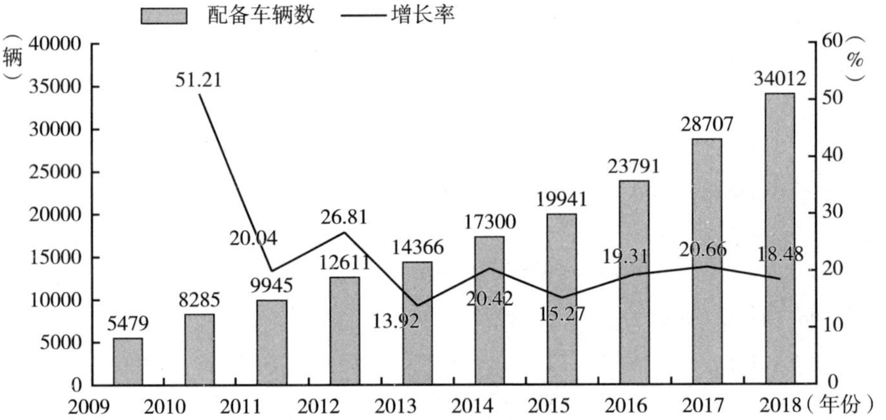

图 3　2009～2018 年我国城市轨道交通配备车辆数变化情况

第三，城市轨道交通走向网络化。根据规定，满足线路数 4 条及以上、线路关联形成网络状、基本实现中心城区 1 公里半径内能找到城市轨道交通车站等条件的线网可以称作网络化经营。截至 2018 年底，我国步入或基本步入网络化经营的城市有 14 个。

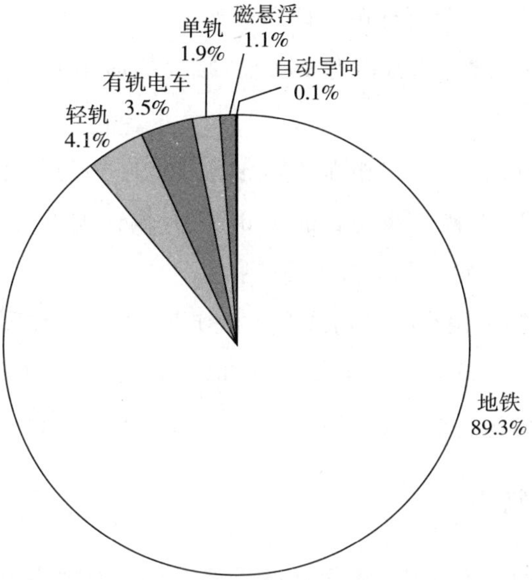

图4　2018年我国城市轨道交通各制式运营里程占比情况

四　出租汽车发展情况

（一）概况

我们将出租汽车的发展用营运车辆数、客运量、运营里程、里程利用率等指标来衡量，表5为2014～2018年我国出租车行业发展情况。

表5　2014～2018年我国出租汽车行业发展情况

项目	2014年	2015年	2016年	2017年	2018年
营运车辆数（万辆）	137.0	139.3	140.40	139.58	138.89
新能源车辆数（万辆）	0.40	0.69	1.86	2.65	4.64
出租汽车企业（户）	8428	8541	8554	8557	8636
个体经营业户（户）	126292	123705	125055	125207	131776
客运量（亿人次）	406.1	396.7	377.35	365.40	351.67
运营里程（亿公里）	1618.1	1602.4	1552.50	1590.86	1506.85
里程利用率（%）	68.8	68.00	66.50	66.00	66.20

2018 年，我国 36 个直辖市、计划单列市、省会城市出租汽车运营车辆数与 2017 年相比，增加的城市有 14 个，减少的城市有 12 个，不变的城市有 10 个。

截至 2018 年底，我国出租车中汽油车 36.94 万辆，乙醇汽油车 16.73 万辆，柴油车 0.25 万辆，液化石油车 0.57 万辆，天然气车 3.14 万辆，双燃料车 75.48 万辆，纯电动车 4.64 万辆。

2018 年，我国出租汽车次均载客人数 1.89 人次。我国 31 省（自治区、直辖市）出租汽车次均载客人数达到 2.00 次以上的省（自治区、直辖市）有 6 个，分别是海南、贵州、江苏、重庆、湖南和黑龙江。

（二）基本特点

第一，车辆数量自 2016 年起开始下降，但新能源车辆数量逐年上升，客运量和运营里程整体呈下降趋势。

第二，我国 31 个省（自治区、直辖市）的出租车运营数量相差较大，城市规模越大，出租汽车营运车辆数越多，超大城市和绝大部分特大城市的出租车营运车辆数超过 36 个直辖市、计划单列市、省会城市的平均水平。

第三，出租汽车企业数基本保持稳定，营运车辆数在 301 辆及以上的企业有 878 家；营运车辆在 101～300 辆的企业有 2649 家；营运车辆数在 51～100 辆的企业有 2262 家；营运车辆数在 50 辆及以下的企业有 2847 家（见图 5）。

五　汽车租赁发展情况

（一）概况

截至 2018 年底，我国纳入统计的汽车租赁车辆 22.99 万辆，比 2017 年增长 2.84 万辆，同比增长 14.1%（见表 6）。其中，9 座及以下客车 22.50 万辆，占比 97.9%；纳入统计的汽车租赁企业共 6946 家，比 2017 年增长

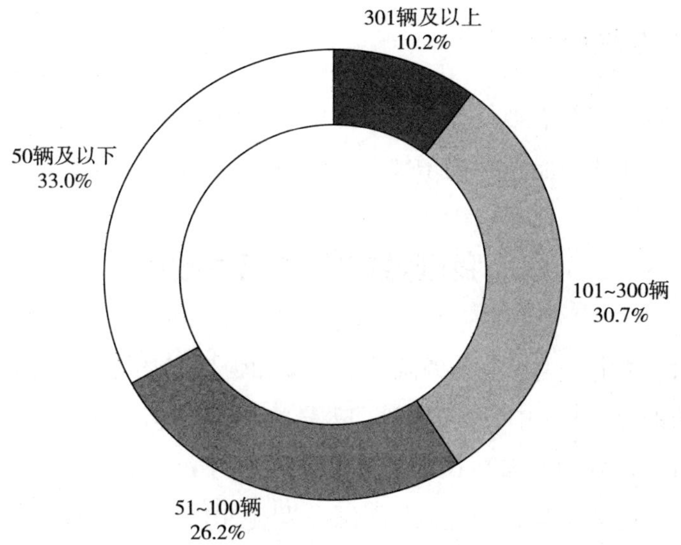

图5　2018 年我国出租汽车企业构成情况

282 家，同比增长 4. 2%。我国 31 个省（自治区、直辖市）中，广东、陕西、江苏、甘肃和山西汽车租赁运营车辆数增长较快；辽宁、福建、江西、山东和西藏汽车租赁运营车辆数较 2017 年减少，其中山东减少幅度最大，同比减少 89. 8%；黑龙江、安徽、湖南和海南汽车租赁运营车辆数较 2017 年无变化。

表 6　2014 ~2018 年我国汽车租赁车辆数变化情况

单位：万辆，%

项目	2014 年	2015 年	2016 年	2017 年	2018 年
租赁车辆数	10. 19	15. 20	19. 69	20. 15	22. 99
同比增长	15. 3	49. 2	29. 5	2. 3	14. 1

表 7　我国汽车租赁企业按车辆规模划分情况

单位：家，%

项目	10 辆以下	10 ~49 辆	50 ~100 辆	101 ~300 辆	301 ~999 辆	1000 辆及以上
2018 年租赁企业	4139	2111	374	199	91	32
占比	59. 6	30. 4	5. 4	2. 9	1. 3	0. 5

（二）基本特点

第一，租赁车辆总数持续增长，且以 9 座及以下客车为主。

第二，汽车租赁企业缓慢增加，且以 49 辆及以下的企业为主。

六　我国城市交通相关政策

2018 年，《中共中央　国务院关于全面加强生态环境保护坚决打好污染防治攻坚战的意见》（中发〔2018〕17 号）、《国务院关于印发打赢蓝天保卫战三年行动计划的通知》（国发〔2018〕22 号）、《国务院办公厅关于保障城市轨道交通安全运行的意见》（国办发〔2018〕13 号）、《国务院办公厅关于进一步加强城市轨道交通规划建设管理的意见》（国办发〔2018〕52 号）等相继发布，对城市客运行业推广应用新能源车辆和推进绿色出行、完善城市轨道交通安全运行综合治理体系、加强城市轨道交通规划建设管理等重点任务提出了要求。

继续深入贯彻公交优先发展战略，持续推进公交都市建设。北京、山西等省份牵头组织了 6 个调研督导组，并邀请人大代表参加，对部分公交都市创建城市进行了实地督导。2018 年 10～11 月，交通运输部组织专家在北京、天津等地开展了公交都市创建城市验收工作；12 月，交通运输部在广州市组织召开会议，系统总结城市交通发展经验，研究规划城市交通的未来发展方向，加快构建以公共交通为主体的城市出行服务体系。

强化对城市轨道交通的监督管理。2018 年 3 月，《国务院办公厅关于保障城市轨道交通安全运行的意见》（国办发〔2018〕13 号）发布，要求完善体制、健全法规；5 月，交通运输部组织在北京召开全国城市轨道交通运营管理工作推进会，全面部署轨道交通运营管理相关工作。

推进出租汽车行业改革。国务院、交通运输部、公安部等部门印发了一系列规范传统出租以及网约出租汽车的通知，强调加强监管、营造良好市场环境；推动多部门协同监管；推动网约汽车与传统出租新老业态融合发展。

鼓励新业态稳步发展。国家层面，通过开展专项调研、实施第三方评估等为改善新业态发展环境提出一系列政策建议。地方层面，各地因地制宜，采用适合当地发展的措施，如深圳市创新管理模式，建设了分时租赁新能源汽车网络运营监控与服务平台；上海市推进地方立法，实施精细化管理。

推广新能源车辆，倡导绿色出行。《国务院关于印发打赢蓝天保卫战三年行动计划的通知》发布以来，各省（自治区、直辖市）相继出台了相关实施政策。比如，郑州市重视充电设施建设，截至 2018 年底，郑州市共拥有 38 个充电站、1150 把充电枪，形成了纯电动车辆充电体系；深圳市通过激励政策鼓励企业应用纯电动出租汽车，2018 年底，深圳市共拥有出租汽车企业 63 家，纯电动巡游出租汽车超过 2 万辆，实现巡游出租汽车全面纯电动化。倡导居民绿色出行，加快基础设施建设，打造公共自行车系统，借助互联网进行科学管理。

B.3
共享出行的主要类型与发展演变

张一兵*

摘　要： 本文界定了共享出行的概念、分类，分析了其在国外的发展轨迹及国外城市交通中的共享出行应用案例。城市交通大体可分为自主使用交通工具和接受公共交通服务实行空间位移两类模式，欧美国家的交通以第一类模式为主，“制造人人都买得起的汽车”“车轮上的国家”是其写照；我国以第二类模式为主，如何提高民众500米内及更短距离到达公交站点的比例是城市交通发展的重要指标。两类模式是不同经济、文化背景和地理条件下的选择，有其必然性。但两类模式弊端和优势明显，由此，具有提高资源效率共性基础的取长补短的新交通模式诞生——共享出行。未来共享出行将发展为出行即服务。但欧美、我国固有的两类交通模式仍在各自的出行即服务的模式中占主导地位，我国的出行即服务仍以公共交通为主，共享出行进化为按需乘车而成为辅助公共交通服务。

关键词： 共享出行　共享出行类型　出行即服务　协同消费

* 张一兵，北方工业大学汽车产业创新研究中心特聘研究员。

一　共享出行概念体系

（一）共享出行的定义

共享出行，是指共同使用机动车辆、自行车或其他低速模式的车辆完成出行。[①] 共享出行以获得交通工具的使用权而非所有权为特征，目标是提高交通工具以及相关城市交通设施等资源的利用效率。共享出行的具体形式多样，包括公共交通、出租汽车、班车、共享自行车以及其他按需乘坐和送货服务。

借助互联网技术，共享出行能够实现高效率的时空匹配，满足出行人多样化需求的出行活动。本报告主要关注此类新兴的共享出行模式，特别是合乘、分时租赁、互联网租赁自行车、私人汽车共享、网约车等共享出行方式。

共享出行也可以通过交通工具所有权共享获得，即若干人共同拥有一辆车的所有权或一个人分别拥有若干辆车的部分所有权并以所有权所占份额分配使用权。这种形式被称为汽车订阅，适用于对交通工具和出行质量有较高要求并愿意实践共享出行理念的高端客户。

（二）共享出行主要类型

1. 合乘

合乘也称拼车、顺风车。合乘服务可实现具有相似起点和目的地的司机和乘客之间的共享乘坐。合乘与网约车的不同在于由驾驶员决定行程的起点、终点，以及确定搭乘乘客的数量。尤其重要的是，必须有共同的起点，终点不同时应当在合理范围内。合乘的目的是节约资源，节省资金或节省时

① 美国交通部、联邦高速公路管理局：《共享出行：原则与实践》，路熙、陈徐梅、杨新征译，人民交通出版社，2018。

间，而不是盈利。国内滴滴出行、哈啰出行、嘀嗒出行和国外 Uber 等都有合乘服务。

2. 汽车租赁

（1）传统汽车租赁

汽车租赁是指经营者在约定时间内将汽车交付承租人使用，收取租赁费用，不配备驾驶人员的经营活动。国内较大的汽车租赁公司包括神州、一嗨和首汽等。

（2）分时租赁

分时租赁是自助、短期的汽车租赁，车辆多停放于路边停车场等人流密集区，以小时或更小单位计时的自助租车。车型多为小型、经济型汽车。分时租赁是由一些汽车租赁公司经营，目前汽车制造企业直接参与分时租赁，如戴姆勒的 CAR2GO、法国巴黎的 Autolib、中国的摩范出行及 GoFun 出行。

（3）私人汽车共享

私人汽车共享是使用私家车共享服务的模式，是会员使用其他会员拥有的私有车辆的汽车共享方式。P2P 汽车共享公司与其他汽车共享运营商的不同之处在于，其提供的车辆皆来自会员个人拥有的车辆，车辆数量随会员提供的意愿而浮动。国外典型企业是 Turo、Getaround，在国内有凹凸出行和 PP 租车①。

3. 网络预约出租汽车

交通网络公司为乘客匹配的私家车，称为网约车。在我国，网络预约出租汽车并不特指私家车，很多车辆登记在汽车租赁公司名下。滴滴提供网约车服务的典型公司包括 Uber、滴滴、曹操出行等。

4. 出租汽车

出租汽车特指与公共交通工具不同，供单个乘客或小群体使用的运输服务，搭载地点和下客地点由乘客决定。在我国，出租汽车专指巡游出租汽车，即使用计价收费、车辆有顶灯和专用涂装，可以大街揽客也可使用 App

① PP 租车已被车好多集团收购。

揽客的出租汽车。

5. 公共交通或称大众运输

公共交通泛指所有向大众开放并提供运输服务的交通方式，通常是作为一种商业服务付费使用，但也有少数免费的例外状况。城市公交指城市范围内定线运营的公共汽电车及轨道交通、渡轮、索道等交通方式。大多数公共交通系统沿着固定路线运行，设置乘客上下站并有运营时间表。满足低需求地区以及特定人群门到门服务、交通枢纽及小区间的摆渡客运等其他类型辅助客运也属于公共交通，如社区用车服务、班车服务、辅助运输服务、团组出行计划，以及微公交、微转运等。

6. 共享自行车

（1）固定站点自行车

固定站点自行车也称公租自行车，共享自行车出租点一般无人值守，用户可以将自行车退还至任意出租点。永安行等企业在各个城市提供此类车辆服务。

（2）无桩共享自行车

无桩共享自行车也称互联网租赁自行车、共享单车，用户可以在预定义区域的任何位置租用和退还车辆，如哈啰出行、美团点评与滴滴等提供的共享单车服务。

7. 快递网络服务

通过在线应用程序、网站或者 App 提供出租配送服务，通过使用私人车辆、自行车（包含电动）或者摩托车实现货物配送。在国内有货拉拉、58 到家、饿了么、美团外卖等提供快递网络服务。

此外，共享出行还包括提供摩托车、滑板车等其他交通工具的共享服务形式。

（三）供需侧角度的分类

共享出行可以按照需求方和供应方进行划分。

1. 需求侧分类

从需求侧看，可以分为以下三类。

一是日常出行类共享出行。以城市的公共交通为主，通过公共汽电车、轨道交通的普及（线路和站点密度），满足多数城市居民的出行需求，其特征是普惠性，甚至有些城市免费提供。大型城市公交系统辅以自行车共享及其他辅助型公共交通，基本能满足居民具有一定舒适度的交通出行需求。

二是按需乘车类共享出行。按需乘车主要服务于对出行质量要求高的或有特殊需求的普通居民的急需、非常规出行。一般指由交通网络公司（Transportation Network Company，TNC）提供的网约车、出租汽车网约服务。按需乘车还包括在交通网络公司未出现前由运输企业经营的出租汽车、约租车，后者是相对于出租汽车的不能巡游的出行方式。

三是旅行类共享出行。对于一些由多种交通方式构成的长距离旅行，通常由一个交通服务供应商提供出行规划、订票、结算一体化旅行安排，这类出行是典型的出行即服务（Mobility-as-a-Service，MaaS）。

2. 供应侧分类

根据供给方的主观目的和车辆的使用性质，共享出行可以分为生产经营属性和生活消费属性两大类。

生产经营属性指共享出行的供给方是交通服务经营者，包括企业、个人，其将共享出行作为生产经营活动。部分共享出行经营者需要获得相应经营许可，使用车辆应登记为营运性质。比如，美国弗吉尼亚州车辆管理处将豪华轿车、出租汽车或其他类型的交通服务提供商列为许可类交通服务，除少数情况外，这些公司必须符合某些规定，并由机动车辆部颁发执照即车辆登记为营运性质。属于这类共享出行的有：出租汽车、网络预约出租汽车、出租汽车网约服务、分时租赁、公共交通等。

生活消费属性也称为协同消费。维基百科对协同消费的定义为：协同消费包括共享经济（sharing economy），是一种资源循环系统，使消费者能够直接或通过调解员，与其他消费者形成相互“获得”和“提供”，以实现暂时或永久地彼此提供有价值的资源或服务。在出行领域，共享出行体现为把个人消费的生活资料——私家车不同程度地用于生产经营，即消费者将专属的耐用消费品拿出来与他人分享，通过降低消费享受水准来获得经济利益。属于这类共享出行的有：使用私家车的网约车、私人汽车共享、合乘等。

当前网约车与出租汽车、网约车与网络预约出租汽车之间林林总总的矛盾，归根结底是生产经营与生活消费两类供应方式的矛盾。有观点认为，“不恰当地鼓励生活消费范畴的共享出行，不利于‘从拥有汽车转为使用汽车’目标的实现，也干扰交通领域的正常经营活动。寄予协同消费类的共享出行解决私家车过多造成城市交通拥堵问题并不现实，因为，大城市、超大城市交通发展仍应以公共交通为主，就汽车而言，共享出行应定义于公共交通中为小众服务的辅助类公共交通服务”。

二　国外共享出行的发展轨迹

在国外，以汽车作为出行工具的共享出行发展经历了四个阶段，分别是私人汽车共享、分时租赁、网约车和出行即服务。在每个阶段，前一个阶段形成的模式也会迭代发展，不同共享出行形态并存。

（一）私人汽车共享

共享出行最初是自发的私家车的分享（包括不带司机的私人汽车共享和带司机的合乘），属于互助或协同消费性质，局限于熟人和团体等小范围。共享出行的初衷是解决公共交通不发达地区无车人的出行问题，1948年在瑞士苏黎世诞生了全球首例共享汽车，它吸引了那些买不起车但觉得合用一辆车很有吸引力的人。其后，欧洲其他城市陆续出现私人汽车共享，主要是顺风车，但规模不大。

直到今天，私人汽车共享在欧洲、美国仍为部分居民所接受。近年来私人汽车共享在我国一些城乡接合部和公共交通不发达的居民区比较普遍。比较常见的方式是在微信群中同住一个小区的人们发布搭乘需求和提供车辆服务的信息。

受限于私人汽车共享的局限性，其规模难以扩充。在秉承共享出行理念的基础上，私人汽车共享的发展进入 2.0 阶段。

（二）分时租赁

根据美国交通部统计，1990 年美国大约 90% 的工作旅行和 8% 的非工作旅行可以由只有一个乘员的车辆完成，其他车辆平均每天闲置 23 小时。这种交通方式很昂贵，占用大量的土地。欧洲也存在同样的问题。解决汽车滥用问题是共享出行 2.0 阶段的动因。

1. 特定服务对象阶段

这一阶段共享出行的模式是分时租赁，初期仍以小范围客户为特征，如瑞士航空公司（Swissair）于 1993 年在苏黎世机场为空乘人员在机场和住宿地之间的交通推出了一个名为“CarShare”的交通服务项目。汉莎航空公司于 1993 年在慕尼黑和法兰克福机场建立了自动租赁系统，到 1994 年底，两个德国机场的 12000 名雇员可以享受这种“拼车”制度，这为汉莎航空节省了 2000 多万美元。1999 年 Zipcar 在美国创立，其市场定位为满足波士顿各大学的学生用车需求。

2. 普遍服务阶段

由于分时租赁实际是短期租赁，赫兹、企业号、安飞士等短期汽车租赁企业将分时租赁作为一种新业务纳入其全球汽车租赁业务系统并加以推广，但仍侧重于与城市公共交通系统的对接，特别是在欧美部分城市公共交通相对落后，需要分时租赁与之组合成更为有效的公共交通体系。

在意识到汽车滥用的严重性后，汽车制造企业致力于从拥有汽车向使用汽车的转化，1997 年 10 月，大众汽车在德国推出了一项智能汽车共享计划。目前主要的汽车制造企业已开展自主品牌汽车的共享业务，如戴姆勒的 CAR2GO、大众的 QUICAR、标致的 MU、宝马的 DRIVENOW 等。

自 2011 年我国首家分时租赁企业出现以来，经历了兴起、调整、稳定发展阶段，目前规模比较大的分时租赁企业有华夏出行、GoFun 出行和环球车享等。

（三）网约车

自优步 Uber 2010 年在美国旧金山推出第一款打车 App，为私家车和乘客提供非常便捷的运力和出行需求匹配以来，此后网约车迅速风靡全球。

但是，由于网约车生活消费属性，其蓬勃发展的同时，也与现有的交通运输体系和管理制度发生冲突，如与出租汽车行业的冲突、与司机的劳资关系、乘客安全与服务质量等。优步的口号——“成为优步合作车主自主安排工作时间来挣钱”非常恰当地反映了网约车这个行业的特征：它仅仅是一个让私家车主通过共享汽车获得收益的撮合交易平台，并不是真正意义的交通服务供应商。网约车带来的另一个现象是，自身并没有直接减少有车群体的用车频率，似乎只是分流了生产经营类出行——出租汽车或预约租车甚至公交车的客户。网约车的这些特性和问题在我国也同样存在。

（四）出行即服务

出行即服务是更宏观地看待共享出行，将个人出行特别是旅行中所有碎片化的交通方式统筹规划为一个门到门的出行服务消费的交通解决方案。它的服务是让用户可以通过一个账户按每次旅行或确定时间区间内的出行支付费用，其间客户出行的所有规划、购票、乘车（机、船）都由交通服务供应商安排。第一个真正的交通服务供应商于 2017 年在芬兰赫尔辛基市开始运营，也被视为出行即服务的诞生。

《2012 年毕马威全球汽车业高管人员调查》中提出的交通服务概念与此类似，其对未来的交通服务描述如下：“设想一个居住在北京、圣保罗、纽约、伦敦或孟买这类超级大都市的居民某天走出公寓，在智能电话的引导下，找到最近的可共享电动汽车，打开车门并发动引擎。进入车厢，交通情况报告、列车时刻表、来自邮箱的语音信息和心爱乐队的新专辑样带先后送上。他开车到车站乘火车、到机场登机等环环相扣，因为这个旅程的每个环节都已通过单一‘交通服务供应商’预订和付款。到达目的地后，她通过乘坐另一辆共享汽车而继续旅程”。

1. 目前的旅行模式

旅行计划者从出发地 A 到目的地 B 需要依次坐 2 次公共汽车、2 次火车、1 次飞机，开 1 次租赁汽车。他不得不 6 次根据不同交通方式的要求去执行规划、支付等环节才能实现旅行，比如 4 汽车租赁这个环节，他要执行订车、驾驶、还车等 7 个程序（见图 1）。

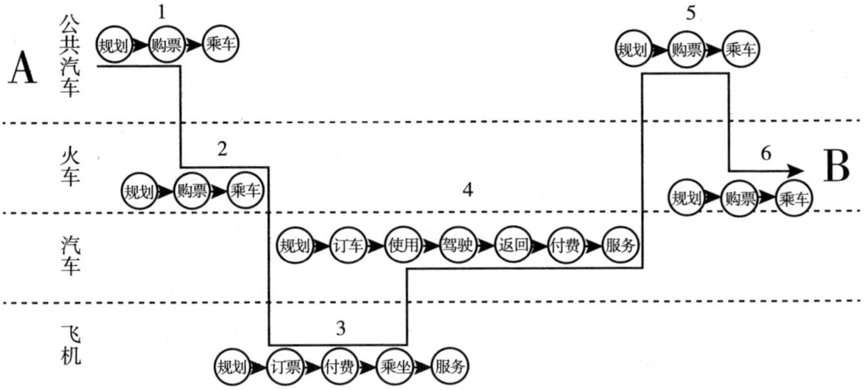

图 1　旅行流程

2. 出行即服务模式的旅行

未来出行服务供应商将根据旅行者的要求，安排从 A 点到 B 点的旅行，旅行中只要一次支付费用，取得一张发票即可完成以往烦琐的旅行过程（见图 2）。

三　国外共享出行应用典型案例

共享出行从按需乘车到公共交通涵盖多种出行模式，适应不同场景，共享出行不同模式的组合可能是不同规模城市的最佳城市交通模式。每个城市由于地理、经济、文化、行政等因素会对共享出行模式有不同的选择。以下通过欧美超大、大城市与小城市共享出行在城市交通中的应用案例，可以说明共享出行交通模式对城市交通的影响。

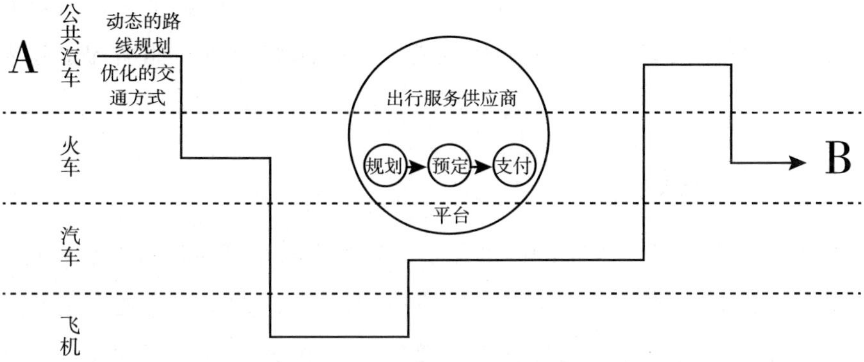

图 2　出行即服务的旅行流程

（一）洛杉矶

洛杉矶使用公共交通的人口比例低于美国其他大城市，如芝加哥和纽约。表 1 是洛杉矶 2006 年和 2016 年通勤出行交通模式的统计，可以看出洛杉矶私家车独享出行比例上升，公交出行比例下降，城市交通模式恶化。此组数据还说明网约车、出租汽车等并不是一般民众通勤等常规出行的主要模式。

表 1　洛杉矶通勤出行模式统计

单位：%

年份	独自驾车	拼车	步行	公交	其他
2006	63.3	11.5	3.4	11.0	—
2016	69.7	8.7	3.5	9.2	2.8

注：其他包括网约车、出租车、自行车和摩托车。
资料来源：2016 年美国社区调查。

洛杉矶市四周都有主要干道与其他地区衔接，周围人口可以很方便地驾驶汽车向市中心汇集。加之美国传统上是一个汽车很普及的国家，所以洛杉矶发展城市公交与当地人口出行习惯有很大矛盾。虽然洛杉矶也有公共汽电车、轨道交通等公共交通设置，但由于线路、站点密度低，设施老化，无法满足市民出行需求，公共交通承担市民出行的比例相对较低。该市遵循了典型的以小汽车为导向的发展模式，城市结构扁平化，需要大量的公路和停车位来满足小汽车的使用者——路越修越宽，拥堵却也越来越严重。

（二）纽约市

纽约市与其他美国城市的区别在于，其个人汽车拥有量低以及公共交通使用量大。2017 年美国人口普查局数据显示，在纽约市所有通勤上班的人中，使用地铁、公交车、通勤火车、渡轮等公共交通的占 57.4%，其他为独自开车（23%）、步行（9%）、拼车（4%）、出租车（1.6%）、自行车（1.1%）。纽约市 54% 的家庭没有汽车，依赖公共交通的程度在全美城市中最高。

纽约市上述城市的交通特征是由其地理条件决定的，这个城市被海湾分割成彼此独立的小区，证交所、联合国等重要部门分布集中，人员活动密度高，根本无法满足私家车出行的需求，所以公共交通在市民出行中占比较高。

为了适应纽约国际化大都市城市公共交通的需求，纽约市有比较丰富的网约车、出租汽车、按需乘车服务业务，这些出行服务能够满足高质量出行和特别需求出行乘客的要求（见图 3）。

（三）伊尼斯菲尔

加拿大多伦多市北部小城伊尼斯菲尔常住人口只有 4 万人，公共交通系统很不健全。2017 年，该市政府决定与 Uber 合作，对 Uber 进行补贴，鼓励司机为本地居民提供服务。2018 年该市共有 85943 次 Uber 出行。

当地政府认为，与 Uber 的合作很成功，假设要设置 3 条公共汽车线路，成本至少需要 100 万加币（约合 528.6 万元人民币）。不少当地人认为，成为 Uber 司机是一个不错的选择，能够增加收入，工作时间又相对弹性。据统计，2018 年该市的 Uber 司机数量增至 2203 人。

但按需乘车毕竟与普惠制公交有所不同，如何将两者有效结合是一个难

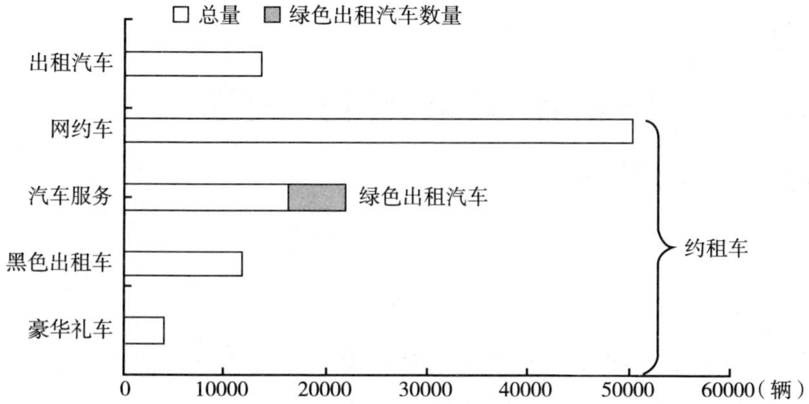

图 3　纽约丰富的按需乘车出行服务

注：纽约市出租汽车与礼车管理局［交通网络公司为乘客匹配的出租汽车，称为出租汽车网约服务。为了界定出租汽车与约租车经营范围，纽约市出租汽车与礼车管理局规定，出租汽车只能大街揽客，不得接受任何预定，预约租车不能大街揽客，只能预定。随着网约车的兴起，2013 纽约州的最高法院裁定，出租汽车、网约车都可以使用手机 App 接受乘客。约租车又分为电招出租车（Livery）、绿色计程车（GreenCab）、黑色计程车（Black Car）、豪华礼车（Luxury Limousine），服务于不同类型乘客且遵守不同揽客规则。网约车也可以归入约租车，有时电招出租车、绿色出租汽车（在规定地区可以接受网约揽客）也称汽车服务。我国没有约租车的行业管理分类，为了满足事实存在的市场需求，企业只能以带司机租赁方式提供服务。目前首约、神州叫车的部分远期预约业务即是约租车］。

题。据统计，仅 2019 年，该市政府就需要为这项合作花费 120 万加币（约合人民币 634.4 万元）。此后，伊尼斯菲尔政府又推出了一些限制人们过度依赖 Uber 的政策，如设置一个最高出行次数，如果超过次数，人们需要多付费。下一步，或许政府考虑结合运用微公交、拼车、汽车共享等共享出行手段。

德国交通运输管理部门也发布过运用网约车等按需乘车模式解决乡村公共交通问题的指导意见。总之，对于中小城市，一味强调发展公共交通并不是最合理的选择，小运量、多形式的按需乘车出行服务和辅助型公共交通可能在城市交通结构中的占比高于公共交通。

B.4
共享出行在城市交通出行中的地位与作用

王学成*

摘　要： 共享出行是城市交通体系的重要组成部分，弥补了准公共交通供给不足造成的缺陷，以形式的私人性实现了效果的公共性目的。从出行者的角度看，共享出行满足了部分个性化的特定出行需求，弥补了城市交通“最后一公里”供给中的短板，提供了更加便捷、高效、可靠的出行组合，推动“一站式”无缝衔接出行从概念走向实践。共享出行为大城市交通治理提供了更多可借鉴的思路和可选择的方案，为中小城市交通市场化改革提供了可行的备选路径，部分减轻了城市交通的财政支出压力，有助于激发城市交通运输市场的整体活力。共享出行已经成为城市智慧交通创新发展的策源地，可以推动无人驾驶等载运设备的技术创新，促进交通基础设施的智能化升级，提高城市交通的供需匹配精细程度。共享出行带动了汽车制造业的电动化、智能化、物联化发展，为泛交通运输行业的平台化、共享化提供模式和技术支撑。同时也应看到，共享出行的发展也为城市交通带来了新的挑战。不同交通方式对城市路权的竞争关系更加复杂。共享出行带来的外部性问题，尤其是环境外部性，有待进一步甄别和讨论。共享出行对交通基本权，尤其是特殊人群出行需求的影响也有待

* 王学成，北方工业大学汽车产业创新研究中心讲师，博士。

深入探讨。

关键词： 共享出行 准公共交通 出行组合 外部性

一 共享出行是城市准公共交通的重要组成部分

（一）城市交通基本谱系介绍

广义上的城市交通包括城市中及与城市有关的各种交通运输方式、交通基础设施和交通管理政策等。《城市规划基本术语标准》中的定义为：城市范围内采用各种运输方式运送人和货物的运输活动，以及行人的流动。[①] 狭义上的城市交通是指城区范围内的交通工具、交通设施和交通运营方式等。按交通方式来分，城区交通可以分为步行交通、非机动车交通、机动车交通和其他方式交通等。从服务对象上看，分为基本公共服务、一般公共服务和非公共服务。从集约化程度上看，分为大运量集中运输和小运量运输。从营运性质上看，分为自用运输、合约运输和普通运输等。

研究发现，基本公共服务、大运量交通、普通运输等交通方式主要处理的是大批量的、普遍化的交通，更具一般性。而非公共服务、小运量交通、合约运输、自用运输等方式处理的主要是小批量、非例行化的需求，特定时空特征明显。按照“产权与服务对象是否统一”和“资源使用的排他程度”两个维度对各种交通方式进行分类，并交叉形成出行服务体系的新谱系，可以看出从左下到右上，从出行者自我服务向社会服务过渡，从个体专用过渡到高强度的集体共用。

在新的谱系下，越靠近左下角特定时空特征越明显，越靠近右上角一般

① 《城市规划基本术语标准》（GB/T 50280－98），http：//www. zwtd. com：8080/zwtdcom/M/New/file/SRVZ/1/51. jpg。

时空特征越明显。按照象限的不同，归并出私人交通、准私人交通、公共交通和准公共交通四类区域。不同分类间交通方式的性质有较大的差异，但也应注意，这种分类并非绝对的。

（二）准公共交通发展不足产生需求空档

准公共交通是城市交通中的重要分类，是大规模集体公交的重要补充，发挥着查漏补缺的重要作用，在一定程度上，可以替代私人小汽车出行，减轻公共交通负担。在交通手段上既可以使用小汽车、摩托车、自行车等小型交通工具，也可以使用中巴、大巴等中大型交通工具；在服务对象上一般聚焦于普通公众的非例行化出行，或以此为基础兼顾社会需求。2012 年《国务院关于城市优先发展公共交通的指导意见》中的“通过多种方式满足多样化的交通需求”为准公共交通的发展奠定了基础。出租车行业是准公共交通中重要部分，城市人口越多、规模越大，出租车的效率和重要性就越明显，但是出租车的重要性并没有充分发挥出来。2003 ~ 2015 年，中国 47% 的地级市出租车数量减少或停滞，89% 滞后于人口变化；出租车复合增长率与经济复合增长率相比，平均低 16 个百分点。①

准私人交通领域，公共性最弱、效率最低的公务车数量庞大，目前随着公车改革的推进，公务车数量已经出现大幅下降。单位班车多作为单位福利存在，随着提供跨单位班车解决方案的专业公司出现，该交通方式也向着准公共交通靠拢。未来随着出行服务的专业化，准私人交通将逐步退出或转向准公共交通，但不可能完全消失。值得注意的是，在私人交通和准公共交通之间还存在私家车共乘、黑出租、黑摩的等非正规交通现象。这些由私人车辆服务公众的方式在交通枢纽、城乡接合区等长期存在，成为城市交通的组成部分，但一直未被官方承认，在社会服务的边缘上“打游击”。官方长期以来一直希望通过严厉打击来取缔这一灰色地带，但收效甚微。实际上这个

① 王学成、荣朝和：《出租车行业管制下的出行服务平台发展研究》，《经济与管理研究》2016 年第 6 期。

灰色地带的存在，恰恰也是准公共交通服务不完善背景下不可避免的（见图 1）。

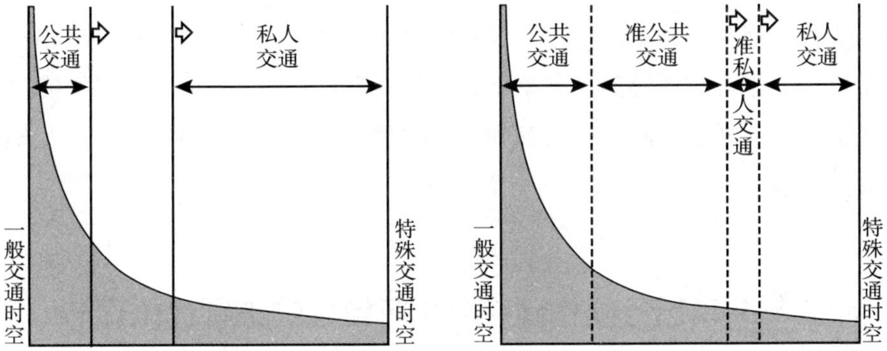

图 1　城市出行服务体系的当前状态与改进状态

将城市出行服务体系分为“私人交通”和“公共交通”两个对立面，对公共交通私人供给的认识就会出现片面、刻板等问题。公共交通扩张的范围边界受财政支付能力这一硬条件约束，因此不能也不应该完全覆盖所有公众的需求。另外，无论多么严厉的私人交通管控政策也无法消除个体出行需求。准私人交通和准公共交通沉默而野蛮的发展，实际上也造成私人交通与公共交通之间的界限变得模糊。①

（三）共享出行实现形式私人性与效果公共性的结合

时间—空间特征是交通运输服务的重要行业性特征，共享出行部分调和了个人追求精致匹配的特定时空与社会追求的一般时空之间的冲突，这种冲突是不可能消失的，因此城市出行服务体系的目标就是寻求两种时空相对平衡的需求—供给结构。

共享出行的普遍化可以更好地为出行者规划最优路径、减少等待与衔接时间、提高运行速度，这些都是减少时空冗余的重要措施，同时共享出行能

---

① 王学成：《特定时空视角下网约车平台的匹配功能研究》，2018。

较为精准地整合供需关系，提供迅速、有效的个性化服务，减轻公共交通压力，很好地实现出行方式私人化和效果公共性的有效结合。

多数城市交通政策取向为鼓励并大力发展公交出行，同时尽可能地抑制私人交通，但是对共享出行等并没有健全的应对策略，由此造成共享出行供给不足和非正规交通泛滥。共享出行在降低出行成本的同时，如果没有显著的负面效应，就能对私人交通起到很好的替代作用，应该鼓励共享出行提供准公共交通。

二　共享出行是构建完整出行链条的重要优化环节

（一）共享出行补足出行“最后一公里”

城市交通系统具有明显的层次性，以地铁、轨道交通和 BRT 为代表的大容量、快速公交体系构成了城市出行的骨架。城市交通的毛细血管更多依赖分散化的非公共交通方式来实现。目前各大中城市发展了大量的地面和地下城市公交运输网络，极大地提升了交通运输能力，但受时间和空间的限制，交通供给并不能与出行者的需求完全一致匹配。不能满足直接“点到点的方便”，造成了“最后一公里”问题的产生。事实上，将“最后一公里”职责赋予公共交通，反而会影响公共性的发挥，造成干线功能的弱化。共享出行这种交通模式针对分散化的终端需求应运而生。

网约车等主要服务常规化出行中的市内短途通勤、中长途出行中末端接入网络部分，以及非常规化出行中的市内商务、接送机、就医、餐饮娱乐等出行需求。出行半径主要在 10 公里以内。共享单车服务“最后一公里”的特征更加明显，多数用户在一小时之内还车。共享单车重点服务对象为轨道交通站点以及小区周边，解决市民通勤、通学过程中接入轨道交通网络的问题，尤其是在公交服务程度较低的地区，具有明显的优势。通勤以外，三公里半径内的生活圈代步出行也是共享出行的重要使用场景。与传统公租自行车（也称固定站点自行车）相比，互联网租赁自行车（也称共享单车）脱离车桩的束缚，布局更加灵活，覆盖的空间范围更广，借车、还车的程序也更加简单便捷。除此之外，合乘（也称为顺风车）、电招出租车等，都较好地解决了即时即地的精准出发和到达问题，与传统纯公共交通方案相比，时间更节约、路程更合理、出行体验更顺畅。

值得关注的是，虽然多数共享出行方式在服务“最后一公里”方面有突出的作用，但从整体性来看，保证足够多的供给，尤其是在需求集中地区保证时间—空间覆盖水平，仍然是较为重要的问题。

（二）共享出行为出行者完整出行链多方式组合提供了可能

出行链是出行者在一定时间范围内，利用各种主体提供的交通资源，完成从一个地点到达另一个地点的转移，满足出行者的目的。从出行链条的完备性和效率性出发可以看出，共享出行在“最后一公里”运输中具有明显的优势；共享出行和其他交通的灵活衔接和有序竞争可以降低链条经济成本，提高可靠性。

随着大众生活水平的提高，出行者对交通出行必然迎来需求升级，从安全性、可达性、准时性等基本需求提升到追求更便捷、更智慧、更个性化等需求。共享出行的出现，在一定程度上缓解了传统公共交通供需不平衡的问题，改善了出行者出行需求升级的问题，有效地缓解了传统公共交通的压力，逐步被市场和出行者接受。

共享出行近几年发展迅猛，在缓解交通压力、合理利用社会资源等问题上起到了积极作用。相较于出租车，网约车（快车和专车）、合乘的出现，为出行者提供了更多样的出行选择，提供了更加便捷、智慧、个性化的服务；较之政府部门运营多年的市政单车服务，利用“互联网+”的互联网租赁自行车模式更有助于解决“最后一公里”问题；分时租赁的共享出行模式，随着新能源汽车的兴起，也渐渐地被大众接受，“用车”不必“有车”的共享理念，满足了更多出行者的需求。出行者可以根据需要，结合现实情况，选择不同的出行组合方式，可以更加高效、便捷地选择适合的出行方式。共享出行的发展，不仅优化了资源配置，填补了传统公共交通的空缺，也为出行者提供了更加多元的出行方式，丰富了出行选择，提供了多样化、个性化的出行方案。

（三）出行服务平台提供“一站式”无缝整合

无线通信信息智能化技术的发展和拓展应用，共享出行、智能技术、电子支付等技术的发展为城市“一站式”出行服务提供了可能。2014 年在欧洲 ITS（智能交通）大会上出行即服务（Mobility as a Service，MaaS）概念首次被明确提出，在次年世界 ITS 大会上成立了欧洲 MaaS 联盟，联盟主要成员包括交通服务提供商、公共交通运行者、MaaS 运营者、集成商、IT 系统提供商、用户、城市（地方、区域或国家）政府。同年 12 月，MaaS Global（MaaS 全球公司）正式注册。

作为一种出行服务的交付模式，MaaS 基于社交手段和科技技术，提供个性化的无缝出行选择和体验。这首先得益于智能手机的普及化，以及 LBS 技术在手机服务中的逐渐成熟。随着万物互联的发展，尤其是物联网和互联网的融合，共享经济日益成为 MaaS 的重要实现路径。其高级发展阶段是，提前预测需求并基于预测为消费者提供更适宜的服务，同时帮助服务商更好地规划业务。共享服务在出行市场中的应用越来越普遍，提高了消费者对出行的评价，为出行行业提供了新的发展机遇。个人、机构和政府部门都可以利用共享经济的方式来实现无缝出行体验。

与传统模式相比，共享经济在不要求独占地购买载运工具的基础上，可以直接获得针对性服务，并依据出行的时间、空间等基础要素即时地购买出行服务。从个人拥有出行工具到将出行作为一种服务来进行消费，将得到越来越多的认可。而出行服务平台可以基于用户的出行需求提供相应的集成方案。使用交通工具的方式和出行服务的模式都在逐渐演变。交通及出行服务正在变成一个复杂的网络。这个网络将交通服务、基础设施与移动科技、大数据结合在一起。全链条的出行规划和决策过程将更加灵活和完备，考虑共享出行在其中的作用也成为重要的内容。

智能共享出行引领交通创新发展，就是要推进交通大数据共享及交通云应用，搭建出行平台，实现门到门、多样化、个性化的智慧出行服务，填补传统公共交通的空缺，丰富出行者的出行选择。

三　共享出行为城市交通治理提供了更多思路

（一）共享出行为大城市交通拥堵的治理提供了更多选择

随着经济和社会持续快速发展，我国城镇化进程不断加快。很多城市规模不断扩大，道路网络更加密集，车流更加频繁。城市交通进入快速进步阶段，成绩和问题同步快速展现，很多城市的交通拥堵整体状况已经比较严重。

造成交通拥堵的原因有很多，归根结底是城市存在显著的规模经济优势，积聚了大量的优势资源，吸引人口源源不断地流入。单纯限制人口流入，或者简单地将产业外迁只能短期内解决问题，并不能实现城市交通长远的优化和治理。提高交通运行效率，在技术、经济和政策上同步配套政策，是解决城市交通拥堵的必由之路。一方面需要依赖城市主干交通网，尤其是轨道交通系统的支撑；另一方面需要将大量分散的、低效的个人出行进行集约化处理，在不影响出行体验的基础上，提高出行效率。而共享出行正是将后者作为突破口，解决了城市治理中的重大难题。

随着城市化进程的发展，人口增加带来的流动性显著增加。大力发展公共交通成为城市建设者的普遍共识，但公交体系仍难以满足庞大的出行需要。当市区变得拥挤不堪，而轨道交通天然关注干线运输，中转和链接的问题没有彻底的优化方案，此时就需要共享出行来发挥查漏补缺的作用。例如，共享出行中的互联网租赁自行车在一定程度上解决了短途的出行难题，互联网租赁自行车可以抵达公共交通不便的地方。灵活、方便、快捷的互联网租赁自行车细化了城市的交通网，不仅增加了人们的出行选择，还在一定程度上缓解了城市交通压力，降低了汽车尾气排放，减少了大气污染。

私家车出行规模、城市集约化工作生活规律的集中时间出行以及单独个体自由随意性的人工驾驶模式等使得整体化城市交通信息难以统筹协调。而共享出行在智慧城市宏观环境以及智能出行交通体系支持下，能够很有效地缓解出行无序、混杂的问题。

（二）共享出行成为中小城市交通市场化改革的可行路径

交通拥堵、秩序混乱、出行难成为当前大部分城市普遍存在的城市交通顽疾，且这种趋势正在向中小城市蔓延。以往政府的解决措施是拓宽道路，增加行车道，减轻道路拥挤；高峰时期增加公交发车量，大力发展轨道交通等来解决“出行难”问题。这些措施在一定程度上可以缓解交通压力，但需要政府财政支持，对政府来说又是一个新的难题。

近些年，随着共享出行的发展，中小城市交通格局也发生了改变。共享出行不仅可以有效缓解群众出租车不好打、私家车停车难、公交车不方便等出行难题，也对中小城市交通拥堵的缓解起到了一定的作用。这种以私人方式提供准公共服务的局面，极大地减轻了中小城市政府的负担，政府工作的重心可以由“投”向“管”转变，更好地聚焦服务公众职能。

共享出行也提高了城市运输市场活力。当前，交通运输领域技术革新层出不穷。以物联网、大数据、云计算、人工智能等为代表的现代信息技术，为传统交通运输行业的跨越式发展带来了新的契机。同时，共享出行的迅速发展，也提高了传统运输市场的活力。共享出行平台致力于整合用户碎片化的出行需求，提供舒适、便捷、经济、可靠的出行服务。在完成基础设施网络化布局后，共享出行利用物联网技术和移动支付手段，快速释放市场活力。共享出行一点一滴的创新，都将引发城市交通的变革，并深刻影响着社会经济生态，提升运输市场活力。

四　共享出行成为城市智慧交通创新发展的策源地

共享出行的快速发展，不仅很好地缓解了公共交通压力，而且“互联网+”模式和创新思维的结合，使得共享出行成为城市智慧交通创新发展的策源地。随着未来智慧城市智能交通中心功能的不断丰富和完善，城市交通创新发展将迎来快速成长期。

（一）设备层：共享出行推动无人驾驶等技术发展

共享出行的大规模普及，推动了汽车智能化和无人驾驶技术的发展。2017年《冲击、影响和抉择——2020～2030年交通运输行业再思考》提出，到2030年，私家内燃机汽车仍将占美国车辆总数的40%，但其客运里程数只占5%，其他95%都将被无人驾驶的智能汽车完成。①

智能网联无人驾驶汽车是搭载先进的车载传感器、控制器、执行器等装置，融合现代通信与网络技术，实现车与人、车、路、云端等车对外界的无线通信信息交互，智能信息交换、共享，在智慧城市的智能交通网联信息计算中心及智能道路的路侧智能传感器阵列体系具备复杂环境感知、智能决策、协同控制等功能支持下，以人、车、路和智能交通信息网络一体化，通过整体统筹线路规划和协调，真正实现智能互联、自动驾驶、共享出行和电力驱动，从根本上避免道路拥堵和事故发生，达到安全、迅捷、便利和经济的出行目的，并最终解放人的肢体，让旅行成为简单轻松的事情。

越来越多的汽车解决方案将建立在软件的基础上，通过软件进行电子电气架构的集成化处理，而软件必须建立在一个大的计算平台基础上才能最大限度地发挥效用。共享出行平台企业恰恰在这些方面具有传统汽车制造商无可比拟的优势。

（二）设施层：交通基础设施的智能化

共享经济的发展，不单单是车辆智能化，还应推进交通基础设施更加智

① 托尼·塞巴、詹姆斯·阿尔比布：《冲击、影响和抉择——2020～2030年交通运输行业再思考》，《经营者》2017年第16期。

能化发展，实现智能硬件与智能系统协同创新的终极模式。交通基础设施智慧化主要分为两个部分：①车与车之间通信，即依靠智能基础设施完成行驶中车辆关于速度、车距、驾驶方向、位置的信息的交换利用；②车与交通系统之间通信，即依靠智能基础设施实时反馈路况、路面、天气、交通设备等信息。这些工作将大大提升整个交通系统的驾驶安全性及交通效率，与车辆智能化形成良好的协同效应。

《数字交通发展规划纲要》提出，要以“数据链”为主线，构建数字化的采集体系、网络化的传输体系和智能化的应用体系，加快交通运输信息化向数字化、网络化、智能化发展，为交通强国建设提供支撑。① 推动交通基础设施规划、设计、建造、养护、运行管理等全要素、全周期数字化。布局重要节点的全方位交通感知网络。共享经济因技术起步早、数据积累量大、算法经验丰富，将成为交通基础设施智能化的重要动力源。

例如，不少网约车公司基于网约车的运营管理经验，参与城市信号灯智能化改造，并取得了不错的效果。出行平台通过实时的交通数据收集、处理和分发，可以准确预估每个红绿灯路口的车队规模，并对其进行控制，有效地缓解交通拥堵问题。传统的预测，主要依靠地感线圈和路口摄像头，不仅硬件和维护成本较高，而且摄像头可监控的范围有限，因此预估不够精准。而出行平台的数据获取成本更低，精准程度更高。

（三）技术层：大数据基础上的交通供需智能匹配技术

近年来，大数据成为最热门的技术，各行各业都抓紧大数据这根“救命稻草”，似乎行业内的一切问题都可以通过运用大数据来解决。对于和大众最息息相关的“出行难”问题，交通领域也积极运用大数据。

共享经济在出行领域的发展产生了大量的数据，数据量非常大，并且数据是实时流动的，维度和特征更加丰富。在海量数据的基础上，共享出行平台逐步提升处理和理解数据的能力，并将其用于有价值的出行场景解决

① 中华人民共和国交通运输部：《数字交通发展规划纲要》，2019。

方案。

交通拥堵的核心是通行需求与通行能力不匹配，产生的原因可能是道路资源紧张，也可能是车流在时间或空间上的不协调。大数据基础上的智能匹配技术主要解决的是后者。大数据的交通信息公开会带来交通流量的透明化，可以促进供需信息以及拥堵信息的及时告知、引导处理，甚至在人工智能的帮助下，可以做到提前预判。

从理论上看，每一个出行者的出行行为都具有很强的随机性和不确定性，但是通过各种技术手段尽可能即时快速地获取个体的真实信息，并通过人与人之间的连接，形成一个大、相互交错的、可实时反馈交通信息的群体，那么这个群体的行为就会更加有迹可循。同时，群体中的个体又可以通过观察群体行为，进行自我调校和自我优化。在移动互联网技术支撑下，每位终端用户既是交通信息的生成者—应用者，也有可能是最终消费者—生产者，通过互联网彼此连接、相互影响，这也是共享出行服务平台的重要作用所在。

五　共享出行带动城市其他产业的转型升级

（一）共享化带动汽车制造业电动化、智能化、网联化发展

随着新能源技术的进步，越来越多的共享出行开始着眼于电动化解决方案。一方面，电动汽车有政策的优势，可以在大特城市中降低获取牌照的压力；另一方面，作为国家产业发展的战略支持方向，新能源企业有较高的政策补贴，可以有效降低消费者的购车成本。而且，电动车购置成本虽然高，但是后期养护成本低，电费支出与汽油支出相比也有很大的优势。新能源车企也可以借助租赁模式进行新能源汽车推广，通过两者的良性互动，进一步扩大新能源汽车规模。目前，新能源热潮已经不仅限于网约车，在共享汽车、电动单车等领域都比较流行。这就促进了电动汽车产业的升级，带动了电动汽车的发展和创新。

与此同时，汽车产品在未来还有一个重要方向，那就是向智能终端的方向发展，这就使汽车行业在电动化的同时同步推进智能化。智能化的推进，一方面是共享出行企业面临较高的人力资源成本，另一方面则是消费者对出行体验的要求越来越高。汽车制造的智能化将实现环境感知、规划决策、辅助驾驶等功能，集中运用计算机、传感、信息交互、通信、人工智能及自动控制等技术，对传统汽车制造业形成冲击。

网联时代汽车产品的重点发展对象是数字化技术，如云平台、人工智能、机器学习等。重要的是通过网联化，实现海量数据的随时收集和分析，并将分析结果实时转化为有价值的信息。以共享汽车为例，政府主管部门应主导建立共享汽车公共平台，让共享汽车企业参与运营，实现车、桩、场地间共建共享，使共享汽车平台之间互联互通，更高效地解决公共交通问题；同时，也应该建立智能交通系统，将先进的信息技术、数据通信传输技术、电子传感技术、控制技术及计算机技术等有效地集成运用，从而使整个交通体系向网联化方向发展。

（二）为泛交通产业的平台化、共享化提供技术方案

共享出行作为交通行业的重要创新，成为“互联网 +”时代重塑传统产业的重要典范。共享出行的兴起，不仅带动了共享经济的蓬勃发展，也为其他服务类行业平台化、共享化提供了宝贵经验。

外卖配送本质上是以实物为对象的运输活动。外卖面临的消费者和供给者，同样是高度分散的。如何实现两者的高效匹配，尤其是在时间和空间上的匹配成为行业发展需要解决的重要技术难题。共享出行凭借庞大的数据处理能力，为外卖服务提供了技术支撑。也正因此，以滴滴、美团为代表的互联网平台企业，分别进入对方的主要业务领域，展开正面的竞争。

快递业也面临着“最后一公里”的问题，快递员派送快递的时间和空间安排不可能与收件人完全一致。如何在不显著增加成本的同时，保障用户快递物品的安全性，提高配送效率，成为困扰快递业发展的问题之一。智能快递柜基于共享理念，为用户提供 24 小时自助取件服务，让“最后一公

里”的问题得以行之有效地解决。随着电商的蓬勃发展，快递业务也迅速发展，智能快递柜被认为是解决快递包裹“最后一公里”的重要方式。智能快递柜本质上是一种共享经济在货物运输和管理领域的移植应用，可以提升快递的派送效率，构建更为合理的时空结构，让物流服务更加周到，得到更多公众的认可。

除此之外，共享物流车、共享滑板车、共享电动自行车等泛交通行业都在不同程度上进行了共享化探索，并获得了丰富的经验。

六　共享出行给城市交通带来的挑战

（一）路权之争

城市交通按路权使用状况可分为混合路权、全路权两类。全路权是指公共交通车辆行驶在全封闭的专用空间内，主要包括城市轨道交通、快速公共汽车等。混合路权是指公共交通车辆与其他社会车辆在同一路幅内混合行驶，主要包括路面公共汽车、无轨电车、有轨电车、出租车、自行车和私家车等。共享出行主要使用的路权为混合路权，因此不可避免地与其他交通方式产生路权之争。

首先，更多网约车参与通勤高峰带来新的路权压力。虽然还没有明确的证据表明网约车的出现增加了城市交通拥堵压力，但是乘坐网约车通勤、通学确实成为更多人的出行选择。另外，从政策规范上看，网约车被作为出租车的一种业态来管理。那么网约车是否可以享受城市中为传统出租车提供的配套实施，如固定休息点、有条件占用公交专用道等。当前的政策并没有将这些权利开放给网约车，但是未来会不会产生相关的路权之争？为此，需要尽早着手谋划，提前制定管理方案。

其次，存在基础设施不能支撑共享出行的情况。例如，作为绿色出行的互联网租赁自行车缺乏良好的非机动车行驶、停靠等设施。随着共享出行的快速发展，互联网租赁自行车很好地解决了“最后一公里”的问题，但我们在使用互联网租赁自行车的过程中体验并不好。没有自行车专用道的情况下，互联网租赁自行车、公交车、汽车等混合共用同一车道，机动车从身边呼啸而过，这是大多数骑行者都有过的糟糕体验，安全隐患较高。此外，互联网租赁自行车与其他非机动车、机动车等也容易就停车问题产生冲突，造成拥堵严重、民怨不断。自行车出行环境恶化主要是由机动车数量快速增长造成的，过去很长一段时间，许多城市的道路设施建设、交通空间与路权分配等都向机动车倾斜，造成骑行环境无法得到应有的保障，在一定程度上降低了共享出行的品质，共享出行和传统出行之间如何协调路权，将成为一个重要的难题。

（二）外部性问题

外部性又称为溢出效应、外部效应等，指经济主体（包括厂商或个人）的行动和决策使另一个人或一群人受损或受益的非市场化的影响，分为正外部性和负外部性。正外部性是某个经济行为个体的活动使他人或社会受益，而受益者无须花费代价；负外部性是某个经济行为个体的活动使他人或社会受损，而造成负外部性的人却没有为此承担成本。

共享出行的发展带来了不少意想不到的外部性收益。例如，以网约车为代表的早期创新，实质上普及了共享经济的概念，传递了低碳环保、互助分享等出行理念，并被出行以外的其他行业纷纷效仿，是“互联网+”在普通民众中广泛深入传播的典范。除此之外，共享出行的发展也带来了自行车、汽车、LBS 终端等的发展。

但也要看到，共享经济的负外部性问题不容忽视。城市交通不可避免地会对城市环境污染、拥堵等造成或多或少的影响，共享出行也不例外。虽然对共享出行是否显著增加城市空气污染、噪声污染和交通拥堵仍存争议，但从交通管理的角度来看，应尽早布局研究、提前加以防范显然非常有必要。除此之外，共享出行还带来一些其他方面的不利影响，如前期快速发展中对司机、车辆把关不严造成的市场竞争秩序混乱，陌生人交易中的利己驱动造成的道德困境，用户信息的泄露和安全防护欠缺等，这都需要从共享出行以外的角度来审视。虽然当下存在不少负外部性问题，但是可以预见，共享出行会在不断地探索尝试中逐步完善。

（三）交通基本权实现

交通权是公民的重要权利之一。20 世纪 80 年代，法国已经通过立法的形式明确了交通基本权。交通基本权的目的是保障居民享有出行的基本权利，这与我国目前正在推进的基本公共服务在交通领域实现均等化的目标是一致的。共享经济一般依托于互联网信息技术，尤其是以手机为载体的移动互联网技术，极大地方便了绝大多数的公众，但是也为部分公众的出行带来了不便。例如，很多老年人并没有智能手机，或者并不能熟练地使用智能手机。在网约车平台服务日益普及的情况下，包括传统出租车在内的司机也更习惯通过平台接单，传统巡游揽客的越来越少。老年人在道路边打车得到出行机会的可能性变小。除此之外，残障人士、弱势群体等在获取共享出行服务方面也存在较大的障碍。值得关注的是，现有的出行服务平台也更多地考虑了弱势群体的交通基本权问题，提供了更加个性化的服务，这为消除交通基本权阻碍提供了良好的借鉴。

B.5

共享出行发展面临的法规与政策环境

陈 晖 张柱庭*

摘 要： 本文主要探讨了我国共享出行的相关法规体系和政策体系。共享出行的法规体系属于经济法部门下的交通法。从法规看，互联网租赁自行车、经营性的汽车租赁以及私人小客车合乘在国家和行业层面的立法均处于空白状态；网络预约出租汽车和巡游出租汽车已有行业立法，但缺乏国家层面的立法。从政策上看，互联网租赁自行车、汽车租赁中的分时租赁、私人小客车合乘属于共享出行；对互联网租赁自行车的态度是“鼓励和规范”；对汽车租赁的态度是要求“健康发展”，但对其中的分时租赁要求是“鼓励”；网络预约出租汽车属于新业态，要统筹发展巡游出租汽车和网络预约出租汽车，对两者实行错位发展和差异化经营。此外，一些地方政府通过立法和政策文件对互联网租赁自行车、经营性的汽车租赁（包括分时租赁）、私人小客车、网络预约出租汽车以及巡游出租汽车予以规范调整和鼓励指引。

关键词： 共享出行 法规体系 政策体系

---

* 陈晖，交通运输部管理干部学院副研究员；张柱庭，交通运输部管理干部学院教授。

一　共享出行的法规体系

（一）法规体系

我国的法律体系为中国特色社会主义法律体系，是以宪法为统帅，以法律为主干，以行政法规、地方性法规为重要组成部分，由宪法相关法、民法、商法、行政法、经济法、社会法、刑法、诉讼与非诉讼程序法等多个法律部门组成的有机统一整体。某一个行业的法律体系或者法规体系，一般是指调整该行业特定社会关系的法律规范，是由一定层级的法律、行政法规、地方性法规、规章共同组成的有机统一整体。

《立法法》中对法律、行政法规、地方性法规、规章规定了层级关系。[①] 本文采用广义的法律、法规概念，[②] 采用书名号方法介绍该法规时是指狭义的现行行政法规、地方性法规、规章。例如，国务院发布的《中华人民共和国道路运输条例》为行政法规，北京市人大常委会通过的《北京市查处非法客运若干规定》为地方性法规，交通运输部、工业和信息化部、公安部、商务部、工商总局、质检总局、国家网信办令《网络预约出租汽车经营服务管理暂行办法》为部门规章等，反之不加书名号的名词是指广义的法律、法规。

（二）交通运输法在我国法律体系中的地位

1. 交通运输法的层级

目前交通运输立法包括法律、行政法规、地方性法规等层级。法律包括

---

① 《立法法》已有的法定名词。法律是指全国人大及其常委会通过的法律规范。法规包括行政法规和地方性法规，行政法规特指国务院总理令发布的法律规范，地方性法规特指有立法权的地方人大及其常委会通过的法律规范。规章是指国务院部委行政首长发布的部长令、主任令及设区以上市人民政府行政首长发布的省长令、主席令、市长令。

② 法律有广义和狭义之分，广义的法律是泛指法律（狭义法律）、法规（行政法规和地方性法规）以及规章。狭义的法律是指《立法法》规定的法律。法规也有广义和狭义之分，广义的法规是泛指法律（狭义法律）、法规（行政法规和地方性法规）以及规章；狭义的法规是《立法法》规定的法规。

海上交通安全法、邮政法、海商法、铁路法、民用航空法、公路法、港口法、航道法等。行政法规包括内河交通安全管理条例、公路安全保护条例、铁路安全条例等。地方性法规的数量较多。目前调整道路运输的狭义法律是空白，《中华人民共和国道路运输条例》属于行政法规。

2. 交通运输法的部门

由于交通运输法律关系较为复杂，在部门法中分别存在交通运输的内容：民法商法中有海商法、合同法中有运输合同；行政法中有铁路、公路的内容等；社会法中有交通运输安全生产；刑法中有交通肇事罪、破坏交通工具罪等；诉讼与非诉讼程序法中有海事诉讼特别程序法；等等。

3. 典型交通运输法的属性和地位

典型的交通运输法是指海上交通安全法、邮政法、铁路法、民用航空法、公路法、港口法、航道法等。根据《中国特色社会主义法律体系》白皮书中“制定了铁路法、公路法、民用航空法、电力法等法律，对重要行业实施监督管理和产业促进”的提法，表明交通运输法属于经济法。从交通运输法调整的社会关系看，主要是调整交通运输经济关系的法律规范。但从交通运输法调整的社会关系看，存在调整交通运输平等主体之间的民事商事关系的部分法律规范，存在调整交通运输社会关系（如安全生产）的法律规范等，因此具有交叉性。从交通运输法的调整手段看，主要包括行政规划、行政指导、行政许可、行政处罚、行政强制、行政检查、行政确认等行政手段。交通运输法是国家对交通运输经济活动实行干预、管理或者调控所产生的社会经济关系的法律规范；是国家对交通运输市场经济进行适度干预和宏观调控的法律规范。上述功能的实现，目前采用的主要手段，虽然有一些是按照交通运输市场经济自身的规律予以处理，但为防止市场的自发性和盲目性所导致的弊端，主要手段采用的是行政法上的各种调整方法。

（三）共享出行的法规体系

1. 共享出行

交通运输是指人类利用交通运载工具，通过一定的线路和枢纽，实现人和物的位移活动，基本构成要素包括：人、运载工具（铁路机车、道路车辆、飞机、船舶、管道等）、交通运输线路（铁路、道路、航道、航路等）、枢纽（车站、机场、港口、货场、仓储）、人和物的位移活动、与位移活动相适应的装卸设备，衍生要素包括：速度、安全、舒适、目的（位移活动的目的或称为计划）、信息（各个要素时空匹配的需求）、组织（将各个要素时空匹配的组织活动）。交通运输可以按照不同的分类标准来分类，如以运输方式为分类标准，可以分为道路运输、铁路运输、航空运输、水路运输等。以是否具有经营属性为分类标准，可以分为经营性运输和非经营性运输。其中，道路运输以运输区域是否在城市范围为分类标准，可以分为城市交通和跨城交通等，按运载工具为分类标准，可以分为出租汽车、汽车租赁（包括分时租赁）、城市公共交通、道路客运、自行车租赁等。出租汽车又可以分为巡游出租汽车、网络预约出租汽车等。自行车租赁又可以分为传统自行车租赁和互联网租赁自行车等。出行实际上是交通运输中的人的位移活动。

共享出行有不同的定义法，在现有政策中正式明确的有互联网租赁自行车、汽车租赁中的分时租赁、私人小客车合乘。其他的定义是经济学、交通运输学上的一些探讨。

2. 共享出行的法规体系

由于共享出行尚不是法律法规概念，对这一名词的探讨应当是学理上的概念。探讨共享出行的法规体系，应当是对互联网租赁自行车、汽车租赁中的分时租赁、私人小客车合乘的法规体系进行研究。

（1）互联网租赁自行车的法规体系。自行车属于非机动车，上路行驶是否需要登记、驾驶人使用、道路上停放应当遵守《中华人民共和国道路交通安全法》及《中华人民共和国道路交通安全法实施条例》的规定。但目前尚无关于经营性的租赁自行车和互联网租赁自行车的法律、行政法规或部门规章，总的来说互联网租赁自行车的立法处于空白状态，因此很难说是法规体系。地方政府规章不是全国性的法律规范。目前互联网租赁自行车租用人和经营者之间的租用关系采用《中华人民共和国合同法》中租赁合同的准则。

（2）汽车租赁（包括分时租赁）的法规体系。汽车租赁是指不包含驾驶员劳务服务的9座以下的出行服务。汽车属于机动车，上路行驶的登记、检验、驾驶人资格及通行、道路上停放应当遵守《中华人民共和国道路交通安全法》及《中华人民共和国道路交通安全法实施条例》。但目前尚无关于经营性的汽车租赁的法律、行政法规或部门规章，总的来说汽车租赁的立法处于空白状态，因此很难说是法规体系。正在修订的《中华人民共和国道路运输条例》拟将汽车租赁纳入其调整范围，现处于征求意见阶段。虽然一些地方出台了相关地方性法规和地方政府规章，但不是全国性的法律规范。目前汽车租用人和经营者之间的租用关系采用《中华人民共和国合同法》中租赁合同的准则。

（3）私人小客车合乘的法规体系。私人小客车合乘也称为拼车、顺风车，是由合乘服务提供者事先发布出行信息，出行线路相同的人选择乘坐合乘服务提供者的小客车、分摊部分出行成本或免费互助的共享出行方式。私人小客车合乘有利于缓解交通拥堵和减少空气污染，城市人民政府应鼓励并规范其发展，制定相应规定，明确合乘服务提供者、合乘者及合乘信息服务平台等三方的权利和义务。目前顺风车尚无法律、行政法规或部门规章。部门规章《网络预约出租汽车经营服务管理暂行办法》（交通运输部、工业和信息化部、公安部、商务部、工商总局、质检总局、国家网信办令2016年第60号）中只有一句话的规定，即禁止利用顺风车从事网约车经营。总的来说，顺风车的立法处于空白状态，很难说是法规体系。虽然一些地方出台了相关地方性法规和地方政府规章，但不是全国性的法律规范。目前合乘服务提供者、合乘者及合乘信息服务平台等三方的权利和义务采用《中华人民共和国合同法》中最相类似条款的准则。

（4）出租汽车的法规体系。出租汽车是城市综合交通运输体系的组成部分，是城市公共交通的补充，为社会公众提供个性化运输服务。出租汽车的结构形式主要包括巡游、网络预约两种方式。巡游出租汽车经营服务是指可在道路上巡游揽客、站点候客，喷涂、安装出租汽车标识，以 7 座及以下乘用车和驾驶劳务为乘客提供出行服务，并按照乘客意愿行驶，根据行驶里程和时间计费的经营活动。网络预约出租汽车经营服务是指以互联网技术为依托构建服务平台，整合供需信息，使用符合条件的车辆和驾驶员，提供非巡游的预约出租汽车服务的经营活动。严格来说，网络预约是预约出租汽车经营服务的一种方式。预约出租汽车是指以符合条件的 7 座及以下乘用车通过预约方式承揽乘客，并按照乘客意愿行驶、提供驾驶劳务，根据行驶里程、时间或者约定计费的经营活动。由于智能电话的普遍使用，预约方法以网络为主，为突出这一新业态，将其单独列为出租汽车的结构形式之一。

现行有效的调整出租汽车的法律、法规和规章如下。

第一，《国务院对确需保留的行政审批项目设定行政许可的决定》（2004 年国务院令第 412 号）附件《国务院决定对确需保留的行政审批项目设定行政许可的目录》第 112 项保留的行政许可项目：出租汽车经营资格证、车辆运营证和驾驶员客运资格证核发，授权县级以上地方人民政府出租汽车行政主管部门实施。该行政法规设定了出租汽车的三个行政许可项目，即出租汽车经营资格证、车辆运营证、驾驶员客运资格证。《网络预约出租汽车经营服务管理暂行办法》出台前，社会公众曾经对出租汽车行政许可有无法规依据有过争论，有观点认为按照《中华人民共和国行政许可法》的规定，行政许可项目的设定只能是法律、行政法规和地方性法规，部门规章无行政许可项目设定权。实际上由于《国务院对确需保留的行政审批项目设定行政许可的决定》本身就是行政法规，行政决策机关最终认定，对出租汽车行政许可的行政法规依据是存在的。此外，分析判断对出租汽车设定行政许可的必要性，应当坚持按照《中华人民共和国行政许可法》设定行政许可的实质条件进行论证。该法第十二条规定，下列事项可以设定行政许可：直接涉及国家安全、公共安全、经济宏观调控、生态环境保护以及直接关系人身健康、生命财产安全等特定活动，需要按照法定条件予以批准的事项；有限自然资源开发利用、公共资源配置以及直接关系公共利益的特定行业的市场准入等，需要赋予特定权利的事项；提供公众服务并且直接关系公共利益的职业、行业，需要确定具备特殊信誉、特殊条件或者特殊技能等资格、资质的事项；直接关系公共安全、人身健康、生命财产安全的重要设备、设施、产品、物品，需要按照技术标准、技术规范，通过检验、检测、检疫等方式进行审定的事项；企业或者其他组织的设立等，需要确定主体资格的事项；法律、行政法规规定可以设定行政许可的其他事项。出租汽车经营资格证、车辆运营证、驾驶员客运资格证直接关系人身健康、生命财产安全，直接关系公共利益、提供公众服务，因此设定的三个行政许可，必要性是充分的。

第二，《网络预约出租汽车经营服务管理暂行办法》。该规章包括总则、网约车平台公司、网约车车辆和驾驶员、网约车经营行为、监督检查、法律责任、附则等7章，共40条，自2016年11月1日起施行。该规章是全球第一部专门调整网约车关系的法令，其适用范围为从事网络预约出租汽车经营服务均应遵守。网约车经营服务是以互联网技术为依托构建服务平台，整合供需信息，使用符合条件的车辆和驾驶员，提供非巡游的预约出租汽车服务的经营活动。《网络预约出租汽车经营服务管理暂行办法》的立法目的是为了更好地满足社会公众多样化出行需求，促进出租汽车行业和互联网融合发展，规范网络预约出租汽车经营服务行为，保障运营安全和乘客合法权益。《网络预约出租汽车经营服务管理暂行办法》将出租汽车的定位、巡游车和网约车的关系确定为：坚持优先发展城市公共交通、适度发展出租汽车，按照高品质服务、差异化经营的原则，有序发展网约车。网约车运价实行市场调节价，城市人民政府认为有必要实行政府指导价的除外。《网络预约出租汽车经营服务管理暂行办法》按照“行业主管、地方事权、分工协作”的原则确定管理体制，即国务院交通运输主管部门负责指导全国网约车管理工作。各省、自治区人民政府交通运输主管部门在本级人民政府领导下，负责指导本行政区域内网约车管理工作。直辖市、设区的市级或者县级交通运输主管部门或人民政府指定的其他出租汽车行政主管部门在本级人民政府领导下，负责具体实施网约车管理。其他有关部门依据法定职责，对网约车实施相关监督管理。《网络预约出租汽车经营服务管理暂行办法》还具体规定了网约车平台公司、网约车车辆和驾驶员三个行政许可项目的条件和程序，规定了网约车经营行为及法律责任，规定了主管部门的监督检查等。

第三，《交通运输部关于修改〈出租汽车驾驶员从业资格管理规定〉的决定》（交通运输部令 2016 年第 63 号）。该规章对原《出租汽车驾驶员从业资格管理规定》修订后重新发布，宣布国家对从事出租汽车客运服务的驾驶员实行从业资格制度，适用于巡游出租汽车驾驶员从业资格和网络预约出租汽车驾驶员从业资格。该规章共 7 章 48 条，分别是总则、考试、注册、继续教育、从业资格证件管理、法律责任、附则，自 2016 年 10 月 1 日起施行。立法目的是规范出租汽车驾驶员从业行为，提升出租汽车客运服务水平。规定的基本原则是：出租汽车驾驶员从业资格管理工作应当公平、公正、公开和便民。出租汽车驾驶员应当依法经营、诚实守信、文明服务、保障安全。确定的管理体制是：交通运输部负责指导全国出租汽车驾驶员从业资格管理工作。各省、自治区人民政府交通运输主管部门在本级人民政府领导下，负责指导本行政区域内出租汽车驾驶员从业资格管理工作。直辖市、设区的市级或者县级交通运输主管部门或者人民政府指定的其他出租汽车行政主管部门在本级人民政府领导下，负责具体实施出租汽车驾驶员从业资格管理。按照该规章要求，出租汽车驾驶员从业资格考试包括全国公共科目和区域科目考试。全国公共科目考试是对国家出租汽车法律法规、职业道德、服务规范、安全运营等具有普遍规范要求的知识测试。巡游出租汽车驾驶员从业资格区域科目考试是对地方出租汽车政策法规、经营区域人文地理和交通路线等具有区域服务特征的知识测试。网络预约出租汽车驾驶员从业资格区域科目考试是对地方出租汽车政策法规等具有区域规范要求的知识测试。设区的市级以上地方人民政府出租汽车行政主管部门可以根据区域服务特征自行确定其他考试内容。全国公共科目考试实行全国统一考试大纲。全国公共科目考试大纲、考试题库由交通运输部负责编制。区域科目考试大纲和考试题库由设区的市级以上地方人民政府出租汽车行政主管部门负责编制。出租汽车驾驶员从业资格考试由设区的市级以上地方人民政府出租汽车行政主管部门按照交通运输部编制的考试工作规范和程序组织实施。鼓励推广使用信息化方式和手段组织实施出租汽车驾驶员从业资格考试。

第四，《交通运输部关于修改〈出租汽车经营服务管理规定〉的决定》（交通运输部令2016年第64号）。该规章对原《出租汽车经营服务管理规定》进行了修订，专门适用于巡游车的管理。规章共7章53条，分别是总则、经营许可、运营服务、运营保障、运营监督、法律责任、附则，自2016年11月1日起施行。立法目的是规范巡游出租汽车经营服务行为，保障乘客、驾驶员和巡游出租汽车经营者的合法权益，促进出租汽车行业健康发展。该规章对出租汽车的定位为：出租汽车是城市综合交通运输体系的组成部分，是城市公共交通的补充，为社会公众提供个性化运输服务。优先发展城市公共交通，适度发展出租汽车。巡游出租汽车发展应当与城市经济社会发展相适应，与公共交通等客运服务方式协调发展。规定的基本原则有：巡游出租汽车应当依法经营、诚实守信、公平竞争、优质服务。国家鼓励巡游出租汽车实行规模化、集约化、公司化经营。县级以上地方人民政府出租汽车行政主管部门应当根据经济社会发展和人民群众出行需要，按照巡游出租汽车功能定位，制定巡游出租汽车发展规划，并报经同级人民政府批准后实施。新规章确定的管理体制为：交通运输部负责指导全国巡游出租汽车管理工作。各省、自治区人民政府交通运输主管部门在本级人民政府领导下，负责指导本行政区域内巡游出租汽车管理工作。直辖市、设区的市级或者县级交通运输主管部门或者人民政府指定的其他出租汽车行政主管部门在本级人民政府领导下，负责具体实施巡游出租汽车管理。

第五，地方性法规和地方政府规章。目前有立法权的地方人大常委会、地方人民政府制定了数量不等的地方性法规和地方政府规章。

总的来说，调整出租汽车关系的狭义法律目前是空白，虽然《中华人民共和国道路运输法》尚未立项，但长远看应当在《中华人民共和国道路运输法》中给予租汽车一席法律地位。行政法规《中华人民共和国道路运输条例》正在修订，修订意见中已经增加了出租汽车的部分条款。目前部门规章基本能满足现有需求。

二 共享出行的政策体系

（一）政策体系概述

政策的定义是多样化的，广义的政策包含了规范性文件，狭义的政策不包括规范性文件。本文采用广义的定义。

可以根据不同的分类标准，对政策做不同的分类。例如，根据政策制定的层级和效力范围，可以将政策分为：适用于全国的政策、适用于地方的政策，前者多数是由中央制定，后者多数由地方制定。再如，根据政策制定的主体，可以将政策分为：政党制定的政策、国家权力机关制定的政策、政府制定的政策、政府职能部门制定的政策、社团制定的政策。不同制定主体制定的政策，效力有所不同。

（二）共享出行的政策体系

1. 有关互联网租赁自行车的政策

2017 年 8 月 3 日，经国务院同意，交通运输部、中央宣传部、中央网信办、国家发展改革委、工业和信息化部、公安部、住房城乡建设部、人民银行、质检总局、国家旅游局联合印发《关于鼓励和规范互联网租赁自行车发展的指导意见》（交运发〔2017〕109 号）。该规范性文件是国家政策，明确提出：互联网租赁自行车（俗称“共享单车”）是移动互联网和租赁自行车融合发展的新型服务模式，是分享经济的典型业态。互联网租赁自行车快速发展，在更好地满足公众出行需求、有效解决城市交通出行“最后一公里”问题、缓解城市交通拥堵、构建绿色出行体系等方面发挥了积极作用，有力地推动了分享经济发展。但同时也存在车辆乱停乱放、车辆运营维护不到位、企业主体责任不落实、用户资金和信息安全风险等问题。地方人民政府对互联网租赁自行车也制定了不少地方政策。总体来看，这些政策对互联网租赁自行车的态度是“鼓励和规范”。

2. 有关汽车租赁的政策

2017 年 8 月 4 日，交通运输部、住房城乡建设部印发《关于促进小微型客车租赁健康发展的指导意见》（交运发〔2017〕110 号）。该规范性文件是部门政策，它制定的背景主要有：一是全面贯彻落实党的十八大和十八届三中、四中、五中、六中全会精神，深入贯彻习近平总书记系列重要讲话精神和治国理政新理念、新思想、新战略，牢固树立创新、协调、绿色、开放、共享的发展理念，充分发挥市场在资源配置中的决定性作用和更好发挥政府作用，深化供给侧结构性改革，优化行业发展环境，激发市场活力和社会创造力，促进行业健康发展，推动建设龙头企业引领、网络覆盖广泛、经营行为规范、服务品质优良的小微型客车租赁服务体系，更好地满足人民群众多样化出行需要。二是贯彻《中华人民共和国反恐怖主义法》《中华人民共和国安全生产法》规定的对汽车租赁行业进行安全查验等要求。小微型客车是指 9 座以下客车，小微型客车租赁是满足人民群众个性化出行、商务活动、公务活动和旅游休闲等需求的交通服务方式。在安全管理方面，要求规范租赁车辆管理、落实身份查验制度。在提升服务能力方面，要求完善基础设施规划建设，加强日常经营管理，推动规模化、网络化、品牌化发展。在鼓励分时租赁发展方面，要求充分认识发展分时租赁的作用，科学确定分时租赁发展定位，提升线上线下服务能力。地方人民政府对汽车租赁也制定了不少地方政策。总体来看，政策对汽车租赁的态度是要求“健康发展”，但对其中的分时租赁要求是“鼓励”。

3. 有关出租汽车的政策

目前有关出租汽车的政策，在国务院层面主要是《国务院办公厅关于深化改革推进出租汽车行业健康发展的指导意见》（国办发〔2016〕58 号）。该政策将出租汽车发展的阶段及任务定位明确为：深化改革推进出租汽车行业健康发展。将出租汽车发展内涵的基本定位明确为：出租汽车是城市综合交通运输体系的组成部分，是城市公共交通的补充，为社会公众提供个性化运输服务。出租汽车服务包括巡游、网络预约等方式。城市人民政府要优先发展公共交通，适度发展出租汽车，优化城市交通结构。要统筹发展巡游出租汽车和网络预约出租汽车，实行错位发展和差异化经营，为社会公众提供品质化、多样化的运输服务。该政策对于出租汽车的总量要求是“多要素”和“动态化”，即要根据大中小城市特点、社会公众多样化出行需求和出租汽车发展定位，综合考虑人口数量、经济发展水平、城市交通拥堵状况、出租汽车里程利用率等因素，合理把握出租汽车运力规模及其在城市综合交通运输体系中的分担比例，建立动态监测和调整机制，逐步实现市场调节。新增和更新出租汽车，优先使用新能源汽车。

此外，目前有关出租汽车的政策，在国务院职能部门层面主要有交通运输部办公厅、中央网信办秘书局、工业和信息化部办公厅、公安部办公厅、中国人民银行办公厅、国家税务总局办公厅、国家市场监督管理总局办公厅联合印发的《关于加强网络预约出租汽车行业事中事后联合监管有关工作的通知》（交办运〔2018〕68 号），交通运输部办公厅、公安部办公厅联合印发的《关于切实做好出租汽车驾驶员背景核查与监管等有关工作的通知》（交办运〔2018〕32 号），以及交通运输部印发的系列巡游车、网约车服务质量考核等方面的规范性文件。

4. 其他政策

随着互联网等新技术的快速发展，网约车、共享单车、共享汽车、互联网物流等交通运输领域新业态呈现井喷式发展，对满足公众多样化出行需求、培育经济发展新动能发挥了积极作用，但运营安全责任落实不到位、各方权益难以有效保障等问题也日渐显现。为加强交通运输新业态监管、形成工作合力，促进行业持续稳定健康发展，为此国务院办公厅印发《国务院办公厅关于同意建立交通运输新业态协同监管部际联席会议制度的函》（国办函〔2018〕45 号），同意建立交通运输新业态协同监管部际联席会议制度。该会议制度适用于交通运输新业态“网约车、共享单车、共享汽车、互联网物流”，主要职能为：完善涉及交通运输领域新业态的法律法规体系，建立健全多部门协同监管机制，加强舆论引导和形势研判，提高行业治理和应急处置能力，促进行业持续稳定健康发展。上述文件也属于共享出行的政策。

B.6
2018 ~2019年国际共享出行发展现状分析

吴 钊 陈春栋*

摘 要： 在国际市场，共享出行企业在不同维度上进行创新发展，主要包括：一是围绕共享出行的产品线从单一向多元扩张；二是结合共享运力和数据等技术优势进行出行场景外的各类业务延伸；三是围绕汽车行业的前沿科技进行布局探索，并尝试与现有业务结合；四是围绕“共享”理念积极探索企业社会责任的创新实践方式。通过对不同类型企业的具体创新实践分析，可以探寻国际共享出行服务商在未来发展方向上的不同思考。

关键词： 国际市场 商业模式 产品创新

在中国共享出行市场快速扩张的同时，作为共享出行服务的发源地，美国、欧洲等海外市场发展迅猛，且相对成熟。目前海外共享出行巨头Uber和lyft估值已分别达到720亿美元和151亿美元。同时，海外出行市场业内及价值链上相关企业也已初显整合并购趋势，如Uber于2018年收购美国大型互联网租赁自行车（共享单车）初创平台JUMP，进一步进军互联网租赁自行车细分市场。此外，除了进一步推动自身传统业务发展外，

---

* 吴钊，罗兰贝格管理咨询执行总监；陈春栋，罗兰贝格管理咨询高级咨询顾问。

国外龙头企业已着手布局相关领域的创新实践，如参与自动驾驶等前沿产品研发等。

在企业类型上，根据共享交通工具和共享运力两类主要共享方式以及 B2C 和 C2C 两类主要商业模式，海外共享出行领域相关企业主要可分为四大类，每个领域内都不乏企业布局多种创新性实践（见图 1、表 1）。

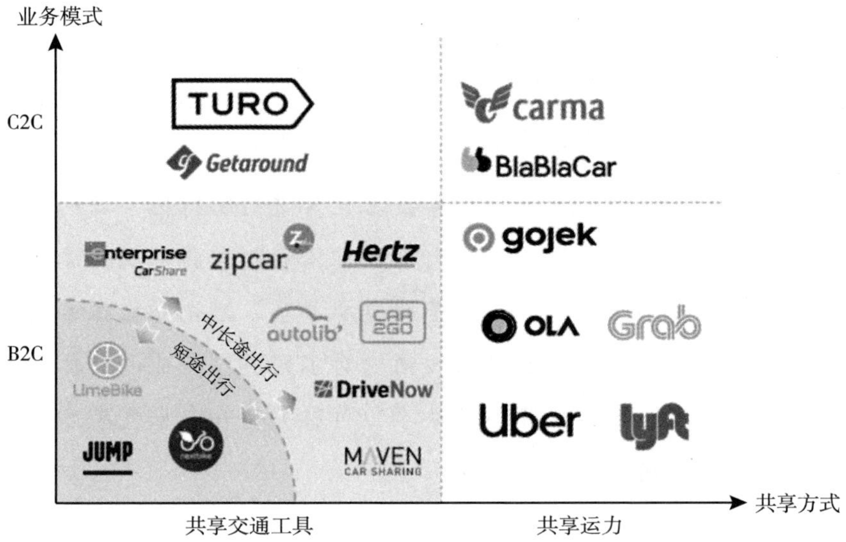

图 1　国外共享出行主要企业分类

资料来源：本文图表若无特别说明，均来自罗兰贝格管理咨询。

表 1　海外主要共享出行企业信息

共享出行模式		公司	总部	成立时间	业务覆盖
共享单车	B2C	LimeBike	美国	2017	以北美及欧洲地区为主的 30 个国家的 100 多个城市
		JUMP	美国	2010	9 个国家的 29 个城市
		Nextbike	德国	2004	26 个国家(以欧洲为主)的 200 余个城市

续表

共享出行模式		公司	总部	成立时间	业务覆盖
共享汽车	B2C	Entreprise CarShare	美国	2005	美国35个州、加拿大、UK
		Hertz 7/24	英国	2008	英国(主要城市100%覆盖)
		Zipcar	美国	2000	欧美等7个国家,覆盖超过50个城市
		Autolib	法国	2015	欧美3个国家的5个城市
		Car2Go	德国	2008	欧美等11个国家,覆盖超过60个城市
		DriveNow	德国	2001	全球105个国家将近4100个网点
		Maven	美国	2016	欧美20个城市
	C2C	Turo	美国	2010	全球56个国家的5500个城市(美、加、英、德等)
		Getaround	美国	2011	全球超过300个城市
共享运力	B2C	Uber	美国	2009	全球71个国家(以欧美及澳大利亚为主,全球覆盖614个城市)
		Lyft	美国	2012	美国(覆盖350个城市)
		Olacabs	印度	2010	4个国家(印度、澳大利亚、新西兰、英国)的250个城市
	C2C	Grab	新加坡	2012	8个国家(以东南亚地区为主)的336个城市
		Gojek	印尼	2010	5个国家(以东南亚地区为主)的207个城市
		BlaBlaCar	法国	2006	22个国家(以欧洲地区为主)
		Carma	爱尔兰	2007	美国(西雅图、洛杉矶等大型城市)

而在具体的创新实践上，海外出行企业的聚焦点主要在以下四个方面：共享出行产品线扩张、出行场景外业务延伸、布局汽车产业前沿科技、践行各类企业社会责任（见表2）。

表2　国外共享出行企业创新实践

项目	内容
共享出行产品线扩张	从细分服务切入,不断通过自建、收并购等方式完善出行领域产品服务,满足消费者多元化需求
出行场景外业务延伸	跨界进入非出行场景的其他延伸业务,基于用户流量、使用场景、数据挖掘延伸提供其他价值
布局汽车产业前沿科技	对智能网联、自动驾驶等汽车产业前沿科技进行布局,探索与现有业务联系,寻求商业化途径
践行各类企业社会责任	基于共享理念出发的商业模式,在节能减排、社会安全、数据安全等方面采取有效措施,践行社会责任

一　共享出行产品线扩张

通过对海外出行领域各类企业的研究发现，领先企业在通过一个细分领域进入出行市场后，均会通过自建、收购等方式在出行服务相关的产品线进行扩张。以下将以 Uber、Grab、Car2Go 和 Maven 这四大海外出行企业为例进行介绍。

（一）Uber 从滑板到直升机的全产品组合

Uber 成立于 2009 年 3 月，总部位于美国，目前业务覆盖 71 个国家和地区的 614 个城市，以欧美和澳大利亚为主，2019 年单月活跃用户数突破 1 亿。

Uber 出行业务在布局上最早从网约车业务切入，后通过 App 内功能迭代加入合乘业务，目前已覆盖滑板车、互联网租赁自行车和豪华快车等多类业务，共享直升机业务也已处在规划及试验阶段。

Uber 除了通过自身孵化的方式开展新的出行业务之外，也积极通过收/并购手段扩充产品线。2018 年 4 月，Uber 收购了互联网租赁自行车初创公司 JUMP，其产品包括互联网租赁自行车及共享滑板车。JUMP 在 2018 年成为美国旧金山交通局唯一批准的互联网租赁自行车从业者，并积极布局电力辅助互联网租赁自行车业务。

值得注意的是，Uber 对于整条产品线的扩张并不是独立运作的，各个不同共享出行产品之间产生的协同效应可以帮助 Uber 进行整体共享交通规划，使其从单一的汽车交通服务商变成综合出行服务商。JUMP 首席执行官 Ryan Rzepecki 表示，自 2018 年 Uber 收购 JUMP 后，JUMP 单车加 Uber 网约车的组合形式使订单数上涨了 15%。

（二）Grab 根据消费者需求定制化扩充产品线

Grab 成立于 2012 年 6 月，总部位于新加坡，为东南亚地区共享出行及相关综合服务提供商。业务主要覆盖新加坡、马来西亚等 8 个国家。截至

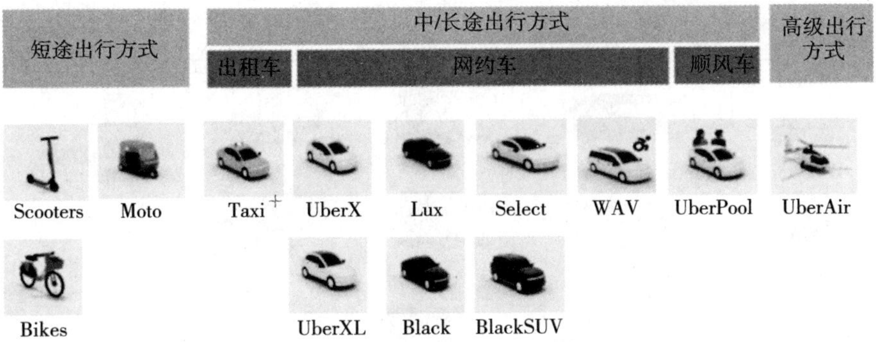

图 2　Uber 现有产品/服务线

资料来源：Uber 官网。

2019 年，Grab 已完成 30 亿单，拥有 200 万名司机合作伙伴。

Grab 出行业务从传统网约车业务起步，涵盖了网约出租车、合乘、拼车等运力共享服务。此外，Grab 也已布局超短途及多人共享出行解决方案，包括共享滑板车、共享面包车及小型客运公交车等。

Grab 不仅从优化打车供需匹配角度进行业务拓展，更从消费者需求角度出发，进一步拓展婴儿座及宠物座专用网约车服务，达到对出行者特殊需求的全面覆盖。

此外，Grab 基于深耕东南亚市场积累的行业经验，针对每个国家当地人的出行喜好推出不同的共享交通工具，具体包括但不限于印尼两轮车、泰国三轮车、菲律宾敞篷车，旨在提供当地人熟悉的出行方式。

（三）Car2Go 共享出行“一站式”服务提供商

Car2Go 成立于 2008 年，总部位于德国，是国际知名豪车制造商戴姆勒旗下共享汽车项目。用户可通过平台提前半小时预订车辆，并通过驾照 PIN 码识别身份，还车时只需将车辆停靠在任意公共位置即可。项目开始之初，Car2Go 主要以奔驰 Smart 2 座和 Smart 2 座电动组成。2017 年开始，为了满足客户个性化需求，Car2Go 宣布向车队补充新的豪华车型，具体车型包括 2017 款奔驰 CLA 及 GLA 等。

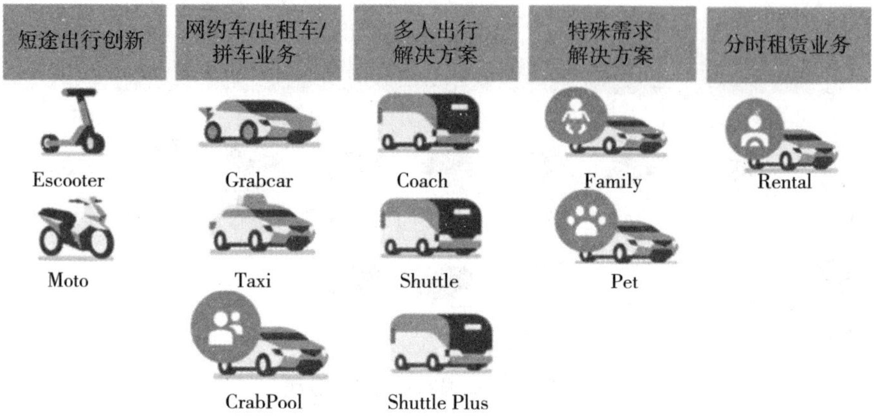

图 3　Grab 现有产品/服务线

资料来源：Grab 官网。

2018 年 3 月，戴姆勒和宝马宣布，将把各自下属共享汽车品牌 Car2Go 和 DriveNow 业务合并，共享汽车业务改名为 ShareNow。目前 ShareNow 业务已覆盖欧美 13 个国家的 30 余个城市，自有车队规模超过 2 万辆，总用户数超过 200 万。

在与 DriveNow 业务合并后，戴姆勒与宝马积极布局其他共享出行“一站式”服务，相继推出 FreeNow、ReachNow、ParkNow、ChargeNow 等一系列业务，扩充共享出行相应产品线。具体来说，FreeNow 所提供的是网约车服务，用户如若只需临时短途出行，可通过 FreeNow 服务一键呼叫专属司机；ReachNow 提供的是 MaaS（Mobility-as-a-Service）出行方案，在较为长途或需频繁更换交通工具的旅途中，用户只需在 App 中输入起点和终点，系统便会给出最优的出行方案，包括每一段路程所涉及的交通工具、相关的车票、每一段路程所需的时间等，帮助用户一键定制出行方案。而 ParkNow 与 ChargeNow 所提供的是服务区域内的停车位与充电桩位置预约。

（四）Maven 从单一汽车共享到多类型运力共享

Maven 成立于 2016 年，总部位于美国，是隶属于知名汽车巨头通用

共享汽车业务　网约车业务　MaaS业务　停车位预定　充电桩预定

图4　Car2Go 共享出行解决方案

资料来源：Car2Go 官网。

汽车集团的汽车分时租赁平台。用户可通过 Maven App 进行线上预约并在相应的汽车租赁点租用车辆，按每小时计费，以雪佛兰各类车型为主。截至 2018 年底，Maven 共享汽车业务已覆盖欧美城市 20 余个，用户数已超 20 万人，预计 2019 年用户总数可达 30 万，且自有车队规模可达 1 万辆。

在布局共享汽车业务的同时，Maven 也对其他共享出行领域的相关业务进行积极探索，并不断创新。2016 年 8 月，Maven 同网约车平台 Lyft 合作成立 Express Drive 业务，进军网约车市场。对于没有自有车辆但又想提供网约车服务的司机来说，可在 Express Drive 平台提交租车申请，凭借从 Maven 平台租借的车辆和 Lyft 平台提供的客源信息，在不拥车的情况下赚取不菲的利润。2017 年，在原有 Express Drive 业务的基础上，Maven 于 2017 年 8 月推出 Maven Gig 子品牌。Maven Gig 依托 Maven 平台用户基础，与各类运力共享平台合作，提供包括但不限于网约车服务在内的各类运力共享服务，如与 GRUBHUB 合作提供外卖配送服务、与 Instacart 合作提供日常杂货配送服务、与 ROADIE 合作提供包裹配送服务、与 HopSkipDrive 合作提供儿童上下学的接送服务等，真正实现资源共享与多方共赢。

二　出行场景外业务延伸

除了通过各种方式围绕出行场景进行业务延伸布局、满足消费者的各类出行需求之外，部分企业还通过跨界合作、定向拓展等方式，与政府、企业等相关主体合作，获得除出行场景外的不同方向业务延伸，致力于从传统出

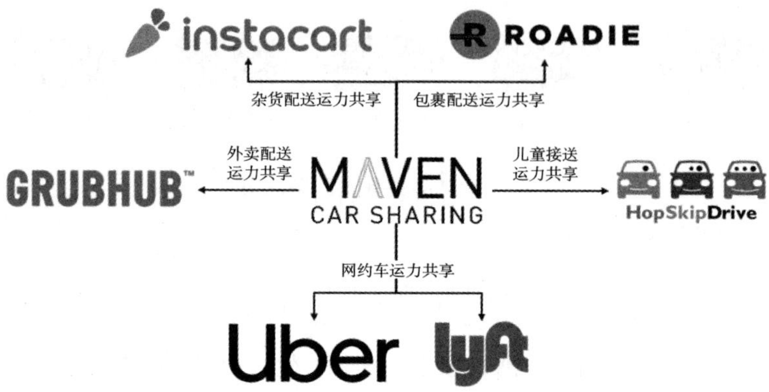

图 5　Maven 与多家运力共享平台合作提供车辆租赁服务

资料来源：Reuters。

行服务提供商到综合服务平台提供商的转型。下面将以 Uber、Lyft、Grab 为例详细介绍海外出行公司在出行场景外业务延伸的具体情况。

（一）Uber 重视其自身渠道及算法运用

除传统出行相关业务外，Uber 重视自身物流渠道以及数据平台的价值利用，具体体现在 Uber Eats 送餐业务的快速扩张及 UberFreights 货运服务布局上。

Uber 于 2015 年开展其第一项出行场景外服务 Uber Eats，2017 年 Uber Eats 成为美国第二大外卖平台，并在拉丁美洲、印度等地拓展业务线。与其他外卖平台相比，其最大优势来自依靠 Uber 自有渠道而形成的较低成本。Uber Eats 完全依靠 Uber 的路径算法，利用内部数据运算平台提升送货效率（见图 6）。

与此同时，Uber 于 2016 年开始利用自身物流网络进行货运布局。Uber 于 2016 年收购自动驾驶卡车公司 Otto，并于 2017 年与 Otto 合作推出卡车货运业务 UberFreight。UberFreight 以货运代理平台的业务形式，连接托运人与承运人，以轻资产模式进入货运市场，通过 Uber 内部算法进行更高效的订单和支付管理（见图 8）。

图 6　Uber Eats 使用界面

资料来源：UberEats 官网。

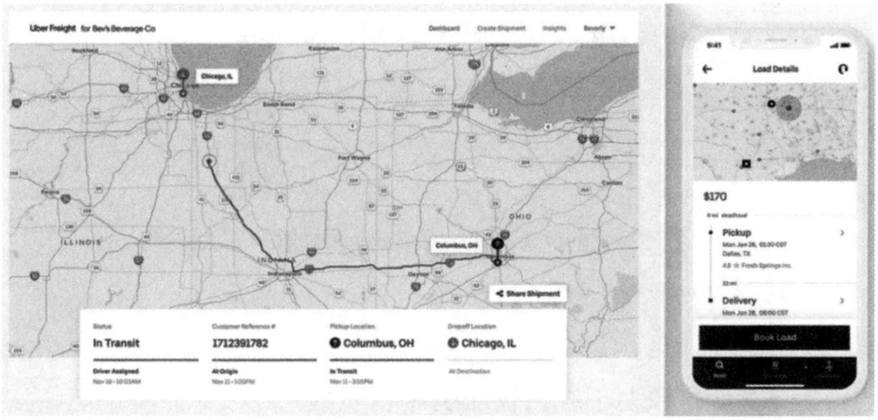

图 7　UberFreights 使用界面

资料来源：UBER Freights 官网。

（二）Lyft 重视医疗保健运输行业布局

Lyft 成立于 2012 年 6 月，为美国第二大共享出行业务提供商，主要业务遍布美国 350 个城市，经统计 2019 年季度活跃用户达 2050 万。

Lyft 主要通过与美国相关医疗及医疗运输机构合作进入 NEMT（非紧急医疗交通）市场。2016 年 1 月，Lyft 与美国国家医疗运输网络达成合作意向，Lyft 提供病人体检接送等服务；2018 年 3 月，Lyft 与 Allscripts（美国领先电子健康记录公司）达成合作意向，医生可通过 lyft 为病人叫车；2018

年 5 月，Lyft 与美国非营利医疗机构合作建立 NEMT 共享出行指挥中心。目前 Lyft 已与美国十大医疗系统中的 9 家达成合作意向，并推出统一 NEMT 系统 Lyft Concierge。此类合作可实现多方共赢。作为共享出行服务提供商，Lyft 可以利用自身平台联系患者、医疗机构及医护人员。患者可以通过 Lyft Concierge 在就医途中享受到更舒适的服务，而医疗保健机构可通过 Lyft 更好预测出行需求并对患者的行程进行跟踪，进而优化相关人员调度。根据现有的市场反馈，每 10 个病人中有 8 个病人表示相比于传统的医疗运输服务，Lyft 在服务方面让人更满意。而医疗机构表示与 Lyft 的合作可以帮助其降低 32% 的医疗交通运输成本。

图 8　Lyft Concierge 使用界面

资料来源：Lyft Business 官网。

（三）Grab 致力于综合性服务平台发展

由于东南亚地区移动金融市场处于起步阶段，无类似微信支付、支付宝等龙头企业，Grab 依靠对金融及移动支付业务的布局实现快速扩张，已成为大型综合性服务提供商，并致力于打造业务生态圈，开展送餐、快递、投资等业务。

截至目前，Grab 为东南亚地区唯一在 6 个国家拥有电子钱包与电子支付的技术公司。其布局方式主要为与相关金融机构展开合作（以 Ovo、adyen 等移动支付公司为例）及移动支付优质标的收购（以 Kudo 等初创公司为例）。

在完成移动支付市场的快速布局之后，Grab 致力于综合服务生态圈的建设。Grab 于 2018 年自建 GrabVenture 风险投资基金，主要用于投资东南亚未来科技类创业公司独角兽，重点关注行业为交通、食品、物流、金融等。

与此同时，Grab 与其他生态圈内机构实现“跨界合作”。比如，2018 年 Grab 与印尼当地旅游局合作推出“RentaGrabCar”服务，对司机进行相关导游业务培训；2019 年 Grab 与视频流初创公司 Hooq 合作，共建流媒体平台。

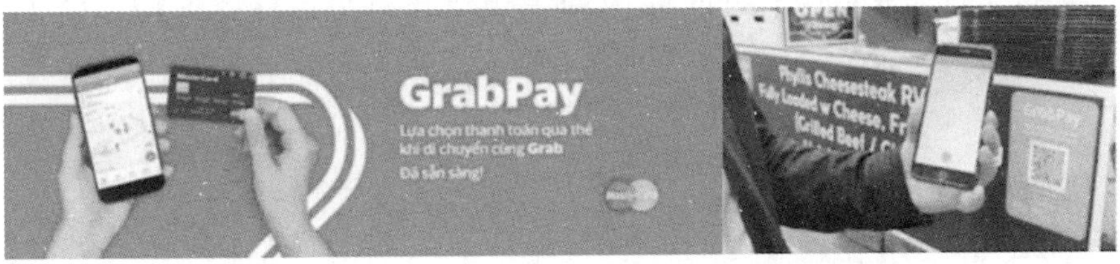

图 9　Grab 移动支付应用 GrabPay

资料来源：Grab 官网。

三　布局汽车产业前沿科技

除在现有成熟业务领域进行纵向延伸和横向拓展之外，领先出行企业还围绕自动驾驶、高精地图等前沿汽车科技领域进行布局，通过收购方式获得核心技术并探索与现有业务联系，寻求商业化路径。以下将详细介绍 Lyft、Getaround 和 Maven 在自动驾驶、车联网等前沿领域的布局情况。

（一）Lyft 积极布局自动驾驶技术并已取得初步发展

Lyft 在自动驾驶方面的布局可主要分为：车辆架构及自动驾驶相关软件研发。目前出行服务商与自动驾驶公司的合作可实现双赢。

在车辆架构方面，Lyft 于 2018 年先后与自动驾驶技术厂商 Magna、Aptiv 开展合作。此类合作给双方均带来极大利益：Lyft 将直接参与自动驾驶系统的联合研发，并接受自动驾驶公司车辆系统知识、安全和 ADAS 方面的专业能力的相关知识输入；车辆架构公司将直接利用 Lyft 平台数据及算法优化自身设计。

在自动驾驶软件研发方面，Lyft 于 2019 年 6 月与谷歌母公司 Alphabet 旗下自动驾驶公司 Waymo 开展合作，主要方向为 Robotaxi 相关研发。目前 Waymo 依靠 Lyft 平台研发并已向 Lyft 提供 10 辆自动驾驶汽车进行封闭区域内试点。

通过对自动驾驶技术的布局，Lyft 等共享出行平台将会在 L4、L5 自动驾驶技术成熟后第一时间减少自身运营成本以及人为操作失误。

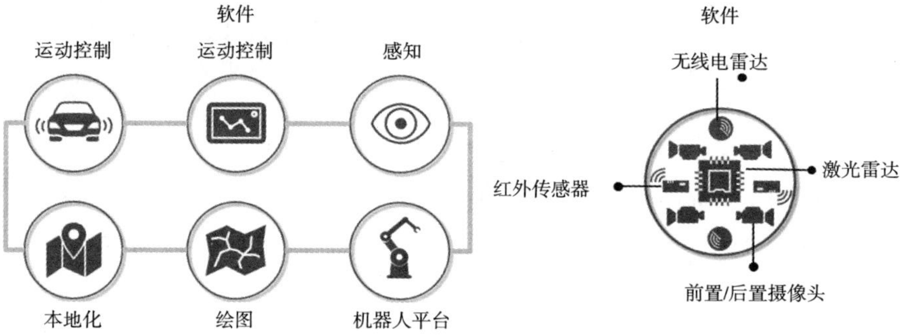

图 10　Robotaxi 自动驾驶解决方案

资料来源：Magna& Lyft 合作成果展示。

（二）Getaround 自研车联网解决方案优化用户租车体验

Getaround 创立于 2011 年，总部位于美国旧金山，是全球最大的 P2P 分时租赁公司之一。继 2018 年获软银 3 亿美元战略投资后，Getaround 于 2019 年 4 月收购其在欧洲的最大竞争对手 Drrivy。收购完成之后，Getaround 业务已覆盖全球 300 多个城市，平台注册用户达 500 万。

在业务模式上，有闲置车辆的用户可将车辆信息发布至 Getaround 平台，包括车型、已行驶里程、维保情况等；有租车需求的用户打开 App 后，即可查看周边可租车辆的分布位置，然后挑选合适车辆完成在线预约，之后根据导航前往租车点提车。

与其他 P2P 租车公司相比，Getaround 的最大特点在于，用户在前往指定地点提车时，不再需要车主提供“实体钥匙”。基于 Getaround 自主研发的后装车联网方案（Getaround Connect™），用户可以通过智能手机解锁汽车，有效降低人力成本。而基于车联网带来的车辆数据沉淀，如通过数据计算出汽车零部件磨损程度、换机油周期等，也能够帮助平台调度车辆资源，及时为车主提供维保预警，同时为用户提供最优租车方案，提高出行效率。2016年10月，Getaround在获得Toyota 4500万美元战略投资的同时，也与Toyota开展战略合作，用户（尤其是贷款买车的用户）可以在购买Toyota或Lexus车辆时要求前装Getaround车联网设备，方便其在后续提供P2P租赁服务。如此一来，这些用户便可通过车辆共享赚取的利润来支付每月车贷。

此外，在2019年7月Getaround最新发布的公开信中，Getaround宣布推出Go Time Guarantee™功能。该功能可基于平台历史车联网大数据，自动计算不同车型在不同地点的每月最少收入，让车辆出租方在一开始就对自己的营收有基本认知。同时基于Getaround Connect™的最新油感技术，若租客在归还车辆时未将油箱加满，系统会自动计算相应油费并进行扣款，最大化车辆出租方的利润。

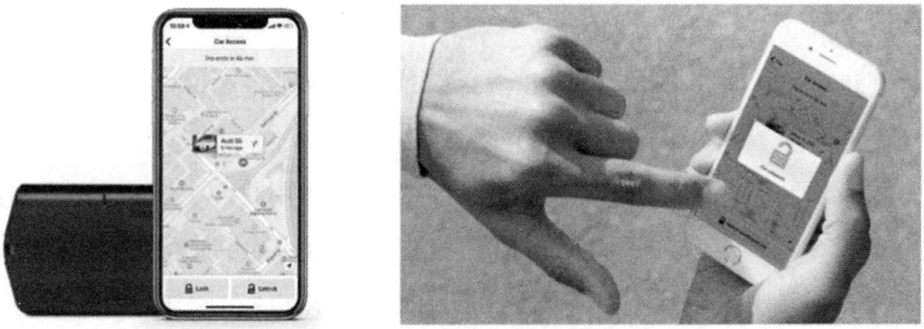

图11　Getaround Connect™

资料来源：Getaround官网。

（三）Maven尝试组建自动驾驶网约车车队

通用在推出共享租车品牌Maven后，紧接着收购位于美国旧金山自动驾驶公司 Cruise Automation，并使其与 Maven 联手一同推进自动驾驶业务。Cruise Automation 曾研发自动驾驶版的电动雪佛兰 Bolt，Maven 打算优化其相关技术，并在未来将这款车作为网约车车队的自动驾驶主力车型。

图 12　Cruise 自动驾驶车队

资料来源：Techcrunch。

在具体技术实现路径上，Cruise 已开始涉足高精度地图数据的采集与制作，地图精度可以达到 3 厘米，后续将由在路上测试的自动驾驶车辆完成收集与更新工作。Cruise 表示最多 6 个月的时间就可以完成一个城市高精度地图从无到有的工作。

此外，为了进一步降低自动驾驶车辆成本，通用收购了激光雷达初创公司 Strobe，双方正在共同研发下一代激光雷达，希望能够将激光雷达成本降低 99%；而针对电池成本，通用正在自主研发的电动车模块化平台就包括电池模块化架构 EME 1.0，希望能够借助这个架构将成本降低 30%，从现在的 145 美元/千瓦时降低到不到 100 美元/千瓦时。

四　践行各类企业社会责任

由于共享出行企业均基于“共享”理念设计商业模式，众多企业在拓展自身业务、倡导企业价值的同时，均在节能减排、社会安全、数据安全等方面，通过跨界合作等多种方式践行企业社会责任，具有借鉴意义。

（一）Uber 提供电动车补贴以响应节能政策

在电动车进入快速发展期及各国政府开始制定新能源出行方式代替传统燃油车的大背景下，Uber 于 2018 年与美国各州政府合作为新能源网约车司机发放补贴，以达到提升企业形象、获得更好发展环境的目的。

以加州圣克拉门托地区为例，当地电力公司 SMUD 给 Uber 电动车（基础要求为零排放）司机每一个订单补贴 1.25 美元，Uber 将追加 25 美分，使总补贴增加到 1.5 美元。另外，Uber 司机还能够享受到 SMUD 公司的免费充电服务。

与此同时，除美国市场外，Uber 与当地政府的节能减排政策积极配合，并针对不同城市的政策推出不同的新能源共享出行解决方案。以伦敦为例，Uber 在伦敦推出“清洁空气行动计划”，积极推动当地的 Uber 车队使用新能源汽车。通过与当地交通及能源监管部分的及时沟通和高度配合，Uber 可进一步推动自身业务在当地布局。

图 13　Uber 伦敦新能源汽车推广

资料来源：BBC News。

（二）Olacabs 成立 OlaFoundation 关注女性职业发展

Olacabs 成立于 2010 年 12 月，总部位于印度，主要在印度、澳大利亚、新西兰、英国市场开展包括互联网租赁自行车、网约车、私人小客车合乘在内的相关共享出行业务。目前平台注册司机数量已达150万名，每年可成交订单数约为10亿单。

基于印度75%的女性没有收入及受教育水平较低的现状，Olacabs于2016年成立OlaFoundation，通过与当地相关机构合作，为当地女性提供职业专业技能培训以及相关金融支持。具体来说，在职业技能培训方面，OlaFoundation同印度国家技能发展认证公司EduJobs Academy合作，为印度女性提供职业技能培训，帮助印度女性增加职业收入，同时进一步保障儿童的受教育机会。在金融培训方面，OlaFoundation同Buzz India合作，为印度女性提供金融、创业、心理知识相关培训，在提高印度女性金融意识的同时，帮助其增加家庭收入，降低负债，甚至助力其自主创业。而在生活技能培训上，OlaFoundation同GramTarang合作，为印度女性提供60小时的互动式培训，帮助印度女性提高个人自信与自我价值感，越来越多的印度女性从孤立环境中被解救出来，同其他女性一同学习成长，进一步发掘自身潜能。

（三）Zipcar推出新能源车辆，并鼓励会员探索自然

Zipcar成立于2000年，总部位于美国波士顿，是全球规模最大的汽车共享服务公司之一，服务范围除了美国本土之外，更遍及加拿大、英国、西班牙与奥地利。2013年，Zipcar被全球最大的汽车租赁集团Avis收购，以Avis子公司的方式继续运营，提供更便捷的租车服务。截至2016年底，公司会员数已达到100万人，自有车队车辆数更是超过12000辆。Zipcar的运作模式与Car2Go较为类似，会员只需网上注册，并缴纳一定额度的会费就能收到名为“Zipcard”的感应卡，在此基础之上就可通过线上预订，刷卡租车。

Zipcar自创立之初就一直是行业中“节能环保”的代名词，2017年为了进一步响应政府新节能减排号召，Zipcar与大众合作，为其车队配备大批新能源车辆。2019年5月，Zipcar正式宣布推出Free Park Pass Program（FPPP），该项目与美国、加拿大等多个热门州/国家级公园开展合作，在公

园内设立大量Zipcar停车位，并允许Zipcar会员免费进入这些公园游玩，给予会员更多探索、亲近自然的机会。

图14 Zipcar FPPP项目实地拍摄

资料来源：Zipcar官网。

（四）Getaround大力践行“节能减排，绿色环保”理念

Getaround自创始之初就大力倡导“节能减排，绿色环保”的理念。据统计，每增加1辆Getaround共享汽车，可以替代6辆私家车。目前，Getaround平台上17%的车辆为绿色新能源车辆，超过26万人次的共享旅程由绿色新能源车辆完成。值得一提的是，越来越多的Tesla车主加入Getaround平台。根据平台官方数据，在Getaround平台上由Tesla车辆提供的旅程数以每年200%的速度增长。

为了进一步践行“节能环保”的理念，Getaround还与PlugShare开展合作。PlugShare是美国电动充电桩共享平台。该平台上1/3的充电桩是个人所有的“家庭充电桩”，这大大减少了公共充电站的负担，加速了电动汽车的普及。2011年，Getaround在美国首届“国家插电日”上宣布愿意给在Getaround平台上分享电动车的PlugShare用户每人50美金的补贴，进一步推动电动汽车的发展和共享电动汽车理念的普及。

业 态 篇

B.7

2018 ~2019年中国网络预约出租汽车发展研究

于凤霞　李强治 *

摘　要： 经过多年发展，网约车从产品创新到平台发展、从行业秩序到管理政策都已经比较完备。2018 年以来，汽车制造企业、互联网平台企业等相继进入网约车市场，市场竞争格局稳中有变。网约车产品形态基本稳定，创新向着精细化方向发展。聚合模式成为网约车平台新的战略焦点。从管理政策体系来看，随着国家和地方政策的持续出台和不断完善，基本确立适度发展网约车的基调，促进网约车与其他交通方式的错位竞争、协同合作，打造更加高效、顺畅、有序的城市出行服

* 于凤霞，国家信息中心分享经济研究中心副主任；李强治，中国信通院政策与经济研究所监管研究部主任。本文网约车发展分析部分由国家信息中心分享经济研究中心于凤霞、关乐宁、高太山、胡沭华执笔完成；网约车政策部分由李强治执笔完成。

务体系。通过三证监管对网约车业态中不同主体、不同关系进行规范和约束，通过属地管理提高监管的针对性和适用性。从未来行业发展来看，网约车将继续引领“大出行”领域的融合发展，数据共享、应急处置以及信用管理等将成为行业监管的重要抓手，网约车的标准化进程有望加速。从行业管理趋势来看，行业治理现代化水平将进一步提升，安全为本的监管体系将逐步完善，政企协作治理模式将更加成熟，事中监管和常态化监管将形成制度。

关键词： 网约车　聚合模式　平台　合规化

2018～2019年网约车行业在监管和规范中调整发展。由于出现了重大安全事故，整个行业开展旨在加强安全能力和提高服务水平的大整顿，网约车行业经历了前所未有的合规化治理。与此同时，也出现了互联网巨头企业、传统车企、造车新势力企业等新进入者，但网约车领域高效有序的市场竞争秩序仍未完全形成，公众对行业垄断的担忧仍然存在。行业管理者如何界定和落实平台企业主体责任、企业如何在实现商业利益与社会价值之间保持平衡、消费者如何在安全有序的环境中享受更加便捷的服务，成为社会各界关注的焦点。

一　网约车2018～2019年发展基本情况

（一）用户和市场规模持续扩大

从网约车用户来看，我国网约车用户规模持续增长。截至2018年12月，我国网约出租车用户规模达3.30亿，较2017年底增长15.1%。网约专车和快车用户规模达3.33亿，同比增长40.9%。从市场规模看，国家信息中心分享经济研究中心的数据显示，2018 年我国网约车市场交易规模大约 2412 亿元。

从主要企业来看，滴滴出行、首汽约车、曹操出行、Uber、神州专车等企业业务规模居前。以滴滴出行为例，覆盖城市超过 400 个，业务类型包括出租车、快车、专车、豪华车、公交、代驾、企业级、共享单车、共享电单车、租车、外卖等。其他网约车公司也纷纷根据自身情况发掘服务特色，培育壮大差异化竞争优势。

从行业融资情况来看，国家信息中心分享经济研究中心的数据显示，2018 年我国网约车领域融资规模显著下降，融资金额约为 68.3 亿元，比上年下降约 90%。

（二）网约车对传统出行服务业转型发展的作用日益显现

一是网约车客运量持续增长。推进互联网与服务业的融合发展是服务业结构优化的重要体现。网约车的出现，为出行领域带来了变命，近年来其在整个出行领域中的比重不断提升。2015 ~2018 年，网约出租车客运量占出租车总客运量的比重从 9.5% 提高到 36.3%（见表 1），且与传统巡游出租车的客运量占比的差距在逐年缩小，2018 年我国网约出租车完成客运量约 200 亿人次，占出租车客运总量的 36.3%，相较于 2015 年的 9.5% 有明显提升，增长了 26.8 个百分点。这意味着现在每 3 个打车的人中，至少有 1 人使用网约出租车。

表 1　2015 ~2018 年我国网约出租车客运量占出租车客运总量的比重

年份	网约出租车		巡游出租车	出租车客运总量（亿人次）	网约出租车客运量占比（%）
	订单量（亿单）	客运量（亿人次）	客运量（亿人次）		
2018	100.0	200.0	350.7	550.7	36.3
2017	78.5	157.0	365.4	522.4	30.1
2016	37.6	75.2	377.4	452.6	16.6
2015	20.9	41.8	396.7	438.5	9.5

资料来源：国家信息中心《中国共享经济发展年度报告 2019》。

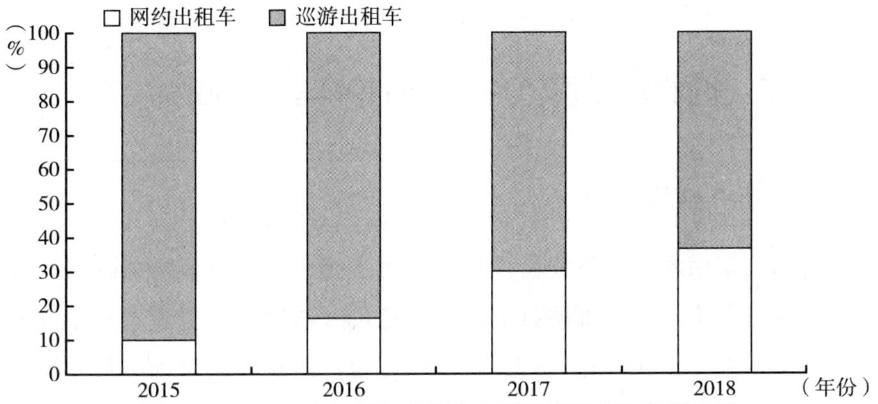

图 1　2015～2018 年网约出租车与巡游出租车客运量占比

资料来源：国家信息中心《中国共享经济发展年度报告 2019》。

二是带动出行服务业更快增长。得益于信息网络技术的创新应用，网约车相比传统业态优势明显，不仅能够充分调度、盘活、利用大量闲置的社会车辆资源，大大丰富了出行服务市场供给，也能实现供需双方的精准匹配，节省了乘客和司机的等待时间，有效提升了出行效率。根据国家信息中心的测算，2015～2018 年网约车对出行行业的拉动作用为 1.6%。

三是促进消费方式转变。近年来，我国居民的消费方式正在经历由线下消费到线上消费，由以实物消费为主向多元化新型服务消费转变。网约车以高效、灵活、便捷的消费体验充分满足了人们的消费新需求，越来越受到人们的青睐。用户规模不断扩大，2018 年用户规模达到 3.3 亿，相比 2015 年的 1.8 亿提升了 83.3%，用户普及率也由 2015 年的 26.3% 提升至 2018 年的 40.2%（见表 2）；消费支出不断增加，2018 年网约车人均消费支出约 296.5 元，占人均出行消费支出的 10.1%。

表 2　2015 年和 2018 年网约车服务普及情况

单位：万，%

项目	用户规模			用户普及率(%)	
	2015 年数量	2018 年数量	年均增速	2015 年	2018 年
网约车	18094	33282	22.5	26.3	40.2

资料来源：网约车用户数来自中国互联网络信息中心发布的历年《中国互联网络发展状况统计报告》。

二　网约车发展2018 ~2019年呈现新的特点

（一）新入局者众多

尽管网约车市场上，领先企业已经具有了突出的优势，巨大的出行服务需求使得网约车市场对于那些拥有流量优势的互联网平台仍有着不小的吸引力，加上国内汽车市场形势严峻，传统车企也在纷纷转向移动出行领域，试图找到转型发展之路。互联网企业中，美团的打车业务最早于2017 年在南京开启测试，2018 年3 月21 日进入上海，同日拿下了杭州运营资质，开始进行全国化的布局。高德地图于2018 年3 月27 日宣布在成都、武汉两地上线顺风车业务，但在滴滴顺风车安全事件发生后于当年8 月下线。携程于2018 年4 月宣布在天津获得《网络预约出租汽车线上服务能力认定》，也进入了共享出行领域。此外，共享出行领域的部分企业也开始向网约车业务延伸，哈罗单车在2018 年9 月更名为“哈啰出行”，并于11 月推出了网约出租车业务。

整车制造企业中，2018 年下半年以来，上汽、一汽、东风、北汽、宝马、长城、江淮、福特等多家整车厂商纷纷宣布布局网约车市场。2018 年8 月，长城汽车推出了共享出行业务品牌“欧拉出行”，此后改名“欧了出行”。9 月，众泰汽车与福特旗下全资子公司福特智能出行有限责任公司签署合作协议，双方将合作组成众泰福特智能出行科技有限公司；11 月12 日，上汽集团正式宣布开启网约车业务，旗下网约车平台“享道出行”已经开始试运营。2018 年中国汽车产业出现了20 多年来首次销量下降，传统车企迫切需要寻找新的盈利点和探索转型发展，移动互联网的快速发展、巨大的出行服务潜在市场以及整车企业已有的车辆方面的优势，无疑是传统企业进入网约车市场的重要原因。

互联网企业与整车制造企业的合作成为一大行业特点。2019 年6 月26 日，广汽与腾讯联手打造的如祺出行在广州正式宣布上线。该平台将采用广汽传祺、广汽新能源旗下车型，车上搭载腾讯车联智能系统。7 月 22 日，由一汽、东风、长安三大汽车央企联合苏宁、腾讯、阿里巴巴等共同打造的智慧出行平台——T3 出行正式在南京上线，由此组成了网约车领域的“国家队”；旨在通过整合多方优势核心资源、保障优质合规运力稳定供给，深度应用车联网技术、实现智慧出行。

此外，新势力造车企业中，2019 年 5 月，小鹏汽车宣布旗下共享出行平台“有鹏出行”在广州上线运营，这也是新势力造车企业中首家以自建平台形式开展网约车服务的平台。6 月，威马汽车旗下公司新增“网约车经营服务”，意味着威马汽车也将进入网约车市场。

（二）聚合模式成为新的竞争焦点

聚合模式，简单来说就是通过一个平台整合多个网约车服务商为用户提供出行服务。

2018 年上半年，最初主要提供地图服务的高德地图开始将服务向上下游进行拓展，以聚合模式推出打车业务。10 月开始，哈啰出行在发展自营网约车业务、招募线下司机的同时，也陆续接入了嘀嗒出行、首汽约车等网约车服务商。此外，百度地图也上线接入了滴滴、曹操出行等主流网约车平台。

2019 年 4 月 26 日，美团打车在上海、南京上线“聚合模式”，作为平台连接优质运力和海量用户。6 月，美团打车便进驻了 30 多个城市。接入的移动出行平台包括首汽约车、曹操出行、神州专车、AA 出行等，为用户提供出租车、经济、舒适、商务、豪华等打车服务，用户也可以通过美团餐饮商家页面直接叫车。

2019 年 5 月，掌上高铁 App 宣布推出“极速打车”功能，接入曹操出行、首汽约车、神州专车、秒走打车 4 家网约车平台，同时呼叫多平台、多车型，并支持实时比价。

随着聚合模式被越来越多的新进入者青睐，作为国内最大的网约车平台，滴滴也开始尝试。2019 年 5 月，滴滴在成都接入“秒走打车”；7

月 15 日，滴滴平台正式向第三方出行服务商开放，未来用户可以在滴滴 App 一键呼叫不同平台车辆。“如祺出行”、“东风出行”、一汽运营的网约车服务等第三方服务商将接入滴滴开放平台。滴滴网约车开放平台也被看作 2018 年滴滴与 31 家汽车产业合作伙伴共同成立的洪流联盟的进一步落地。

开放平台和聚合模式的出现，无疑为网约车市场的竞争增加了更多的变数。如果具有流量优势的互联网平台与具有整车制造和资产优势的车企密切合作，进而实现融合发展的话，或许将给网约车市场竞争格局带来颠覆性影响。

（三）行业管理重心向安全倾斜

2018 年上半年，连续发生两起顺风车相关的重大刑事案件引发相关部门监管进一步加强，大力推进行业的合规与安全。

一是建立协同监管机制。2018 年 7 月 25 日，《国务院办公厅关于同意建立交通运输新业态协同监管部际联席会议制度的函》同意建立由交通运输部牵头的交通运输新业态协同监管部际联席会议制度。从此，网约车行业从交通运输部的“部级”监管提升为跨部门的“部际”协同监管。

二是加强企业安全检查。2018 年 9 月 5 日起，针对上半年网约车出现的重大安全事件，由交通运输新业态协同监管部际联席会议相关成员单位和应急管理部等组成的网约车、顺风车安全专项工作检查组，陆续进驻滴滴出行、首汽约车、神州专车、曹操专车、易到用车、美团出行、嘀嗒出行、高德等网约车和顺风车平台公司，开展安全专项检查，并于 11 月 28 日通报了安全检查的有关情况，对相关企业提出整改要求。此后，上海、南京、长沙、合肥等多个城市地方部门也开展了针对网约车企业的安全检查工作，并加大执法检查力度。

三是严格控制市场准入、清退不合规网约车。2018 年 9 月 10 日，交通运输部、公安部联合发布了《关于进一步加强网络预约出租汽车和私人小客车合乘安全管理的紧急通知》，要求加强对网约车和顺风车司机的背景核查，12 月 31 日前全面清退不符合条件的车辆和驾驶员，实现网约车平台公司、车辆和驾驶员合规化。通知发布后，各地陆续展开清退无证网约车的工作，上海、厦门、南京、海口、长春等地纷纷制定向无双证网约车停止派单的规定。

而从企业层面看，在深刻反思和吸取顺风车重大安全事故教训后，安全成为各网约车平台的重中之重，滴滴、曹操、易到等公司采取了一系列安全整治措施。一是加快推进合规进程，持续并加快清退平台不合规司机和车辆，强化派单合规性引导，并加大合规投入力度、引导司机车辆主动合规。二是加强安全建设，加大安全工作资金投入、扩充安全工作团队人员；加强出行安防技术建设、配备相关安全设备；加强司机资质审核、对司机进行安全培训；加强平台与公安等部门的联动、广泛听取全社会意见建议等，多措并举保障用户权益、维护用户出行安全。

（四）领先企业积极布局自动驾驶

自动驾驶是汽车产业智能化升级、出行服务领域发展的重要方向。网约车企业也在自动驾驶业务方面加大投入，积极布局。

首汽约车和百度于 2017 年 10 月宣布建立战略合作伙伴关系，重点推进自动驾驶、车联网的商业化运行，探索自动驾驶网约车商业运营模式。滴滴出行作为国内网约车领域的典型代表，2016 年成立自动驾驶研发团队，经过三年多时间已经构建了高精地图、感知、行为预测、规划与控制、基础设施与仿真、数据标注、车辆改装、云控与车联网、车路协同、信息安全等多个专业团队。2019 年 8 月，滴滴出行将自动驾驶部门升级为独立公司，专注于自动驾驶研发、产品应用及相关业务拓展。

网约车平台开展自动驾驶业务有独特的优势。自动驾驶的核心在于数字驱动，将周围环境数字化，充分利用获取的数据支持车辆完成一系列决策。网约车平台上积累了海量车辆的行驶数据以及城市道路数据，为自动驾驶技术的开发、学习、升级提供了丰富的数据资源。未来，网约车与自动驾驶技术的融合发展还面临不少挑战，如技术进展相对缓慢，尚不能适应城市复杂交通实际需要；自动驾驶引发伦理问题以及缺乏可持续的商业模式等。

三　网约车发展面临的问题

（一）行业面临较大盈利压力

近年来，我国网约车行业虽然规模不断扩大，但始终面临较大的盈利压力。公开资料显示，国内网约车最大平台滴滴自 2012 年成立以来从未盈利，且亏损呈加剧趋势，2017 年亏损额为 25 亿元，而 2018 年全年亏损 109 亿元。导致网约车企业盈利压力较大的重要原因之一在于补贴投入，为了吸引更多的司机入驻、提高平台运力，网约车企业多会采用补贴司机的方式。2018 年滴滴亏损 109 亿元，其中在司机补贴方面共计投入 113 亿元。2018 年美团网约车司机相关成本支出高达 44.63 亿元，相比 2017 年的 2.93 亿元涨幅高达 14 倍。

高额补贴虽能在短时间内抢占市场份额，但这种资本竞赛式的竞争策略是以交易量和估值为目标的，忽视了对于产品服务本质的关注，不利于行业的长远发展。高额补贴不仅会为企业带来巨大成本压力，也是引发众多行业乱象的重要原因，如刷单炒信、违规的“马甲”车经营、车主营运资质不达标等，降低了服务质量，影响了用户体验。网约车行业亟须告别传统的“烧钱补贴”方式，以用户权益和服务体验为出发点，不断创新可持续的发展模式，建立并维护更加公平可持续的市场竞争秩序。

（二）合规进程缓慢

依照交通运输部、工信部等七部委联合发布的《网络预约出租汽车经营服务管理暂行办法》，网约车的管理主要是由地方自主进行，其拥有制定市场准入标准、进行数量控制的权力。中国信息通信研究院政策与经济研究所此前做过一次全国网约车市场调查，截至 2018 年 7 月，全国合规网约车数量为17万辆，占网约车总量的0.54%，合规司机数量为34万名，占司机总量的1.1%。关于地方网约车准入的一些具体规定，如对户籍和车牌的限制、对一些车辆技术指标的限制等，一直不乏质疑的声音。

（三）安全问题引发社会关注

2018年连续出现的两起网约车安全事故，引发了人们关于新业态服务创新的思考。顺风车是共享出行理念的体现，让顺风车车主在驾驶过程中顺路捎带同行者，由同行者来分担一定的油费，从而达到资源共享、降低成本的目的。网约顺风车这种创新服务给人们生活带来的便利，是值得充分肯定的，有效满足了上下班通勤、临时出行等同城顺风车出行以及跨城顺风车回家、周边游等多场景需求。

但是为了进一步吸引流量、扩大规模，顺风车在运营过程中出现了一些问题，造成了潜在的安全隐患。一是资质审核不严，按照2016年出台的《网络预约出租汽车经营服务管理暂行办法》规定，顺风车被认定为“私人小客车合乘”，不属于网约车范畴，因此不受网约车监管条例管辖。在实践中，顺风车的审核门槛被大幅降低，无须审核司机职业、车辆归属等即可注册运营，不仅司机素质难以保证，而且平台也缺乏相应的管控能力；二是社交元素过多，顺风车的产品设计中将“社交属性”作为产品重点，加入司乘互评且可见等功能、推出带有社交暗示性色彩的广告，不断强化其社交化功能。这种取向给平台带来客观流量的同时，也产生了诸多安全隐患。

而在安全事故之后，又暴露出顺风车应急管理机制的缺陷。企业在进行业务创新的同时，却未能建立起相应的安全机制，欠缺处理突发事件的应急能力；客服缺乏相关的专业知识，对于突发情况不能准确判断；与政府信息沟通渠道不畅、不能及时配合侦查。网约车安全事故给整个行业带来了深刻的教训，启示新业态在扩大企业规模、进行服务创新的过程中，需要时刻牢记确保用户安全的底线。而如何把握这一底线，在企业商业利益与社会公共利益之间取得平衡，无疑对所有平台企业来说都是一种考验。

（四）行业发展呈现“一家独大”现象

自 2016 年 8 月滴滴合并优步中国以后，我国网约车市场就呈现出“一家独大”的竞争格局，2018 年滴滴所占市场份额一度超过九成。

尽管近两年网约车市场出现了众多的新进入者，但滴滴出行凭借多年的运营经验已积累了丰富的出行数据、建立了广泛的调度体系、拥有了海量的司机乘客用户，其取得的先发优势是其他企业一时难以比拟的。但是网约车作为新兴业态，其竞争规律和特点都与传统经济具有显著不同，关于相关市场的界定仍存在争议，若将市场界定为包括巡游车和网约车的出租车市场，滴滴所占市场份额不构成垄断。需要在认识新规律的基础上全面分析评估当前网约车市场竞争和行业特点，并制定相应的管理措施，从而更好地维护市场竞争秩序和保护消费者权益。

四　我国网约车管理政策分析

（一）网约车政策及特点

2016 年 7 月 26 日，《国务院办公厅关于深化改革推进出租汽车行业健康发展的指导意见》（国办发〔2016〕58 号，以下称《指导意见》）发布。7 月 27 日，交通运输部会同工业和信息化部、公安部、商务部、工商总局、质检总局、国家网信办等部门联合发布了《网络预约出租汽车经营服务管理暂行办法》（交通运输部令 2016 年第 60 号，以下称《管理办法》），从 2016 年 11 月 1 日起正式实施。至此，我国从国家层面明确了网约车的合法地位，并对网约车管理做出顶层制度安排。总体而言，我国网约车管理政策体现出以下特点。

1. 适度发展

《指导意见》明确将网约车纳入出租汽车范畴，按照召车方式不同，将出租汽车划分为网络预约出租汽车（简称“网约车”）和巡游出租汽车（简称“巡游车”)。这一界定，一方面明确了我国网约车这种新业态的合法地位，另一方面也意味着我国网约车的发展要纳入出租汽车行业发展的整体规划。长期以来，我国对出租汽车行业的定位都是将其作为城市公共交通的补充，这也在2016年发布的《指导意见》中予以进一步明确。因此，作为新物种，网约车也与巡游车一样被统筹纳入公共交通进行规划和管理，而且相对于公交、地铁等集约化的公共交通方式而言，网约车是处于补充地位的公共交通方式，不被政府优先鼓励，适度发展即可。这种补充地位在政策上的体现主要就是对发展规模的管控。长期以来，我国对巡游车一直采取了总量管控的管理办法。从《指导意见》对网约车的定位看，传统各城市直接规定出租车总量的管理方式肯定会被打破，这是推动网约车合法化的必要前提，但也明确了各城市要综合考虑人口数量、经济发展水平、城市交通拥堵状况、出租汽车里程利用率等因素，合理把握出租汽车运力规模。仅从目前一些主要城市的政策进展看，合规网约车数量一般是巡游车的3～5倍，可以视作对这一政策定位的反映。

2. 错位经营

《指导意见》中提出网约车与巡游车实行“错位发展和差异化经营”，为社会公众提供品质化、多样化的运输服务。《管理办法》进一步将“错位发展和差异化经营”的要求明确为“高品质服务、差异化经营”的原则。而各城市出台的网约车管理细则则进一步将“高品质服务、差异化经营”的原则具化为网约车车辆的价格、性能等要高于巡游车，将高品质服务指向“高级车、高价格、高端市场”。从统计看，在已出台网约车细则的城市中，有80%以上的城市对网约车设置了远高于巡游车的准入要求，依据就来源于此。实际上，我国在网约车的监管政策设计上，是希望网约车和巡游车分别面向高端用户和普通用户两个市场提供服务，进而避免两类业态直接竞争，实现行业有序发展。这一政策设计的背景是2016年以来网约车对巡游车的冲击引发了新旧业态冲突，很多城市爆发了巡游车司机罢工事件。尽管社会各界对“错位经营”的理解不尽相同，但现有政策设计的选择既是对平衡新旧业态关系的体现，也是落实网约车适度发展总体要求的重要手段。

从实际效果看，这一政策设计有效地将绝大多数网约车排除在了合规门槛之外。

3. 三证监督

基于对出租汽车的管理思路和方式，《管理办法》要求平台公司、车辆和驾驶员都要分别取得相应许可，并对三者的准入条件做了明确规定。从平台准入看，平台公司在向各地申请《网络预约出租汽车经营许可证》之前，需先取得线上服务能力认定，认定结果由“省级交通运输主管部门商同级通信、公安、税务、网信、人民银行等部门审核认定”，且认定结果全国有效。网约车平台公司在取得《网络预约出租汽车经营许可证》后，还要向企业注册地省级通信主管部门申请互联网信息服务备案后，才可开展相关业务。从车辆准入和驾驶员准入看，《管理办法》只做了基本规定，并未设置过高门槛。但同时，《管理办法》也明确提出，“车辆的具体标准和营运要求，由相应的出租汽车行政主管部门，按照高品质服务、差异化经营的发展原则，结合本地实际情况确定”，并在驾驶员的准入条件中加入了“城市人民政府规定的其他条件”，为地方政策制定留足了空间。也正因如此，各地实施细则的准入门槛在实际上要普遍高于中央的《管理办法》。在证照申请方面，《管理办法》对车辆和驾驶员均做出了可由个人或网约车平台公司申请的规定。在地方落实过程中，部分地区出于监管便利的考虑，规定必须由平台代为申请。整体而言，三证监管的方式在事实上否定了网约车诞生时的“共享经济”模式，尤其对车辆运输证的设置，意味着非营运车辆向营运车辆性质的转变。许多车主基于车辆保险和二手车残值的考虑，并不愿意办理运输证。因此，这样的监管方式也在一定程度上限制了网约车的规模。

4. 属地管理

《管理办法》依旧延续了我国传统监管思路，对网约车实行属地管理，提出“直辖市、设区的市级或者县级交通运输主管部门或人民政府指定的其他出租汽车行政主管部门在本级人民政府领导下，负责具体实施网约车管理”，并要求网约车平台公司“在服务所在地有相应服务机构及服务能力”。正是基于中央的这一政策基调，各地在制定实施细则时普遍，平台企业在本地设立分支机构，并将此作为许可的前置条件，有些地方更是在实施细则中直接规定，平台“设立分公司，并在本地依法纳税”。出行服务由于涉及人身安全，采用属地化管理的方式的确更方便各地政府加强监管，但同时也造成了目前网约车平台公司需要向所有经营所在地行政主管部门分别提出许可申请的局面，这不仅违背了互联网平台“一点接入、全网服务”的平台化、跨区域化特征，而且大大增加了企业的经营成本。

5. 市场定价

在价格监管上，网约车与巡游车存在重要差别。《指导意见》明确规定，各地可根据本地区实际情况，对巡游车运价实行政府定价或政府指导价，并依法纳入政府定价目录；对网约车实行市场调节价，城市人民政府认为确有必要的可实行政府指导价。从各地已出台的网约车管理细则看，对网约车实行市场调节价成为主要选择。长期以来，对出租汽车行业实行政府定价是全球通行做法。这是基于巡游出租汽车与乘客在交易过程中存在的信息不对称问题，保障消费者权益、提高交易效率的政策选择。然而，网约车通过线上匹配、双向评价、信用管理等方式解决了传统巡游车领域所存在的市场失灵问题，使得网约车的发展具备了让市场在资源配置中发挥决定作用的必要条件。

（二）我国网约车政策执行情况

1. 地方细则陆续发布

截至2019年5月，我国已有224个城市（包括4个直辖市和220个地级市）出台了规范网约车管理的政策实施细则，覆盖全国75%的地级市，从地域分布看，东、中部地区显著高于西部地区。已出台政策实施细则的城市主要集中在东、中部地区，这也是我国网约车发展的主要区域。目前，山西、江苏、浙江、安徽等省份的地级市政策细则出台率已达到100%。

从出台时间看，大部分地区的实施细则均是在中央政策出台两周年内发布的。其中，26个城市的政策实施细则在中央政策正式生效前发布，139个城市的实施细则在中央政策出台一周年内发布，只有7个城市的实施细则在中央政策出台两周年后发布。

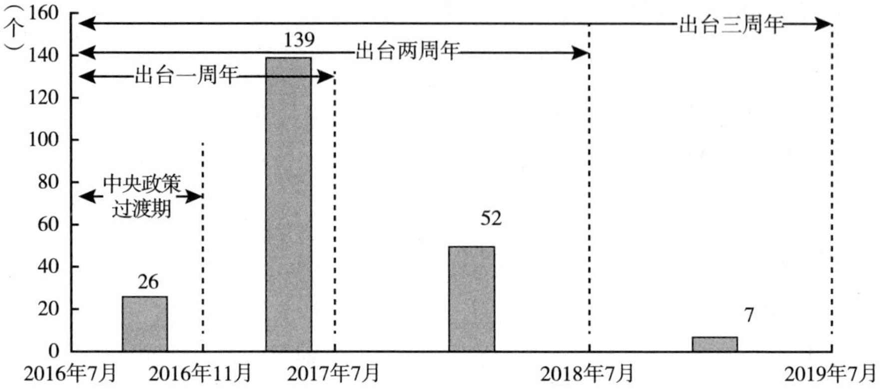

图 2　各地细则出台时间统计

2. 准入设置普遍较高

与《管理办法》相比，各地方细则增加了 20 多种准入条件，明确了准入门槛。其中，司机和车辆准入条件是各地网约车政策实施细则实现差异化的主要着力点。在司机准入方面，部分地方细则要求司机拥有本市户籍、与平台公司签订劳动合同、通过网约车司机专设考试等。在车辆准入方面，除中央政策要求安装具有行驶记录功能的车辆卫星定位装置和应急报警装置、转变车辆运营性质外，部分地方细则还对车辆的轴距、排量、车龄、车价、功率、车长、车宽、车高、行李箱大小、行驶里程、车辆保险等提出了要求，个别城市要求网约车必须为新能源汽车。

综合考虑各地设置的司机和车辆准入条件，依据表 3 标准，按照准入条件由高到低，对全国 210 个城市制定的网约车准入条件进行了分类。

表 3　城市网约车准入条件分类标准

类别	分类标准
A 类城市	准入门槛要求以下条件之一的：本市户籍、车辆轴距要求 2700mm 以上、排量 1.8L 以上、车价要求 15 万元以上或出租车的 1.5 倍以上、车龄要求 1 年以内
B 类城市	非 A 类城市中，准入门槛要求以下条件之一的：要求本市居住证 1 年以上、车辆轴距要求 2650mm 以上、排量要求 1.6L、车价要求 12 万元以上或出租车的 1.2 倍以上、车龄要求 2 年以内

续表

类别	分类标准
C 类城市	非 A 类和 B 类城市中,准入门槛要求以下条件之一的:本市居住证半年以上、车辆轴距要求 2600mm 以上、排量要求 1.5L、车价要求 10 万元以上或要求高于当地出租车标准、车龄要求 3 年以内
D 类城市	非 A 类、B 类和 C 类的其他城市

从分类结果看，在已经出台政策的 210 个城市中，全国 87% 的城市都属于准入门槛比较高的 A 类和 B 类。其中要求极为严苛的 A 类城市总共有 66 个，占比 32%（见图 3）。

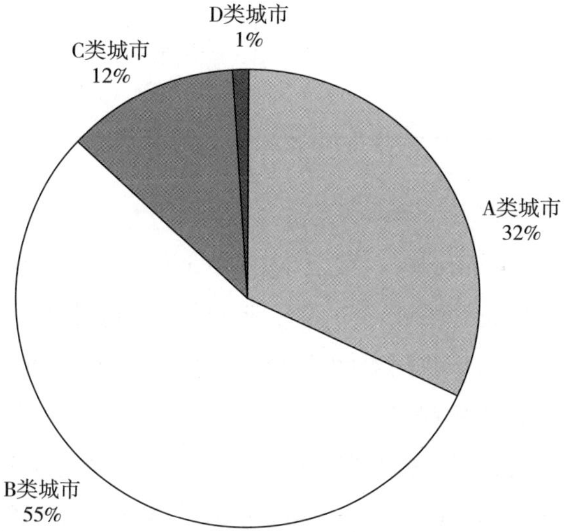

图 3　四类城市占比情况

进一步通过城市人口规模与四类城市的交叉对比，我国各地网约车政策设置呈现以下三个特点：一是人口规模 300 万以上的大城市，准入门槛设置都比较高。全国四个超大型城市，上海、北京、广州、深圳都属于 A 类。全国 13 个特大型城市中，8 个属于 A 类，5 个属于 B 类。二是城市规模并不是准入门槛设置的主要考量因素。比如，要求本市户籍的城市除北京、天津、上海外，还有平凉、商丘、通化等中小城市。A 类中有 73%、B 类中有

87%的城市人口在300万以下中小城市。三是政策具有模仿性，同省份内多个城市准入门槛设置相似。例如，辽宁省有12个城市都要求轴距不小于2700mm、排量不小于1.8L。山东省有7个城市要求轴距不小于2700mm，8个城市要求车价在12万元以上。四川省有12个城市都要求排量不小于1.6L。江西省有12个城市要求轴距不小于2650mm。

表4　分类统计结果

单位：个

类别	城市				
	人口大于1000万城市	人口大于500万城市	人口大于300万城市	其他城市	合计
A类	4	8	6	48	66
B类	0	5	10	101	116
C类	0	0	0	26	26
D类	0	0	0	2	2

3. 合规成为政策重点

从网约车企业许可情况看，截至2019年5月，全国共有131个网约车企业在不同城市获得经营许可证。与《管理办法》实施前相比，网约车运营企业数量大幅增加。但由于我国对网约车实行属地管理，任何一家网约车企业想获得全国性的运营资质就必须在每一个出台政策的城市获得经营许可。据统计，获得经营许可证最多的两家企业是万顺叫车和斑马叫车，分别获证163个和145个。我国网约车市场的几家主要企业，滴滴出行、首汽约车、曹操专车、神州专车和易到用车则分别获得了130个、62个、71个、55个和45个网约车经营许可证，拿证的平均数仅占已出台政策城市数的32%。在所有获证的131家网约车企业中，44%的企业只在一个城市取得了许可。

截至2019年9月，我国已有150余家网约车公司在各个地方获得了经营许可资质，全国共发放网约车驾驶员证超过170万本，车辆运输证达到81万本。2019年初，网约车驾驶员证68万本，车辆运输证45万本，合规化进程在不断推进中。在广州、深圳、重庆、厦门、杭州、南京、苏州等地，合法网约车数量超过巡游出租车数量。在杭州，网约车31家企业获得经营许可证，实际投入运营15家，已办理运输证的网约车7.2万辆，是巡游车数量的约5倍。

4. 监管力度逐渐收紧

2018年，伴随新一轮网约车价格战的爆发及顺风车乘客遇害案的接连发生，促使网约车监管呈现收紧趋势，主要体现在以下五个方面：一是部分城市暂停网约化合规。如南京市交通运输局发布通知，称2018年4月21日零时起暂停受理出租汽车（含网络预约出租汽车）新增运力许可事项。厦门市道路运输管理处也表示，2018年5月1日起不再接受网络车预受理登记。二是引入服务评级。2018年5月24日，交通运输部发布了修订的《出租汽车服务质量信誉考核办法》，规定6月1日起，网约车平台和驾驶员将纳入出租车服务考核体系，进行等级评定。三是实行联合惩戒。2018年5月30日，交通运输部、工信部等七部门联合印发《关于加强网络预约出租汽车行业事中事后联合监管有关工作的通知》，以加强对网约车的联合监管，形成监管合力。四是开展入驻检查。2018年8月31日，交通运输新业态协同监管部际联席会议召开第二次会议，决定自9月5日起，在全国范围内对所有网约车顺风车平台公司开展进驻式全面检查。2018年9月10日，交通部、公安部联合发布紧急通知，要求滴滴等平台公司须开展安全自查工作，未完成安全整改前将无限期停止“顺风车”服务。五是加速不合规车辆清理。自2018年9月交通部、公安部联合发布清退通知以来，全国多地进行了不合规网约车清理行动，其中较有代表性的属上海市。截至2019年4月，上海各网约车平台已累计清退不合格驾驶员1.3万余名，清退无资质网约车35万余辆。除上海外，厦门、南京、长春、云浮等市也相继发布通告，要求平台对未在规定期间内取得网约车双证的司机停止派单。

（三）国外网约车发展政策与比较

1. 全球网约车监管的三种模式

从世界主要国家或城市看，对网约车的监管态度和重点不尽相同，主要呈现三种类型。

一是部分国家或城市采取较为严格的态度，将网约车纳入出租车管理框架。部分国家或城市参照出租车管理规定，要求网约车平台、司机、车辆三者获取运营牌照或执照。比如，英国伦敦，要求平台获得类似传统出租车行业的运营执照，要求车辆拥有传统出租车牌照，要求司机获得出租车驾驶员执照、年满21周岁、驾龄在3年以上，同时还必须拥有在英国生活、工作的合法身份；美国纽约，要求平台获得出租车和轿车委员会颁发的TNC（交通运输网络公司）牌照，要求司机需持有TNC Driver和NYC TLC驾照两种牌照，要求车辆获得TLC牌照和商业保险；日本东京和韩国首尔都要求平台、车辆和司机取得类似传统出租车行业的经营许可，还要求Uber与当地的出租车或者汽车租赁公司合作，不允许私家车提供网约车服务。目前全球对网约车实施严监管的主要是一些国家的首都或超大型城市，主要考虑有：第一，这些城市人口密度较大，道路资源相对紧缺，网约车会加剧交通负担。第二，这些城市的公共交通（地铁、公交等）发达，可以满足大部分出行需求，如东京市民的交通出行总量中地铁占86%。第三，这些城市的传统出租车行业从业者抵制情绪强烈，甚至出现了大规模的罢工、暴动等，如英国伦敦就曾爆发8000名出租车司机罢工事件。

二是绝大多数国家或城市采取包容的态度，制定了宽松的网约车新政。从全球来看，许多国家和地区对网约车都采取了较为开放包容的态度，并未设置过高的准入门槛。其中，最具代表性的便是美国和加拿大。美国各州及多伦多对网约车平台企业进行了重新定义，制定了有别于传统出租车且适应共享经济商业模式的监管措施。以美国为例，2013年9月，加州公共事业委员会创设了一个新概念，首次将Uber等称为“交通网络公司”（TNC）。此后，美国各州沿用了这一定义。截至2017年6月，美国哥伦比亚华盛顿特区及48个州均对TNC做出相关立法。而加拿大多伦多市议会则于2016年5月通过了《多伦多市雇用车管理规定》，将Uber等网约车平台定义为私家车运输公司（PTC）。重新定义的背后折射出的是完全不同的监管理念：第一，私家车并不需要改为营运性质即可接入平台提供客运服务。例如，除纽约外，美国绝大部分州、市均未对网约车车辆设置特别许可。第二，由取得资质的网约车平台企业对司机、车辆的准入履行审查责任，而不是通过政府许可的方式。例如，美国加州对平台企业应履行哪些核查义务及如何履行均做了明确规定，但网约车司机和车辆并不需要重新获取相关许可资质。

三是极少数国家或城市完全禁止网约车发展。有极少数国家或城市出于保护传统产业的角度完全禁止网约车经营业务。这些国家一般在出租车行业发起群体事件之后，对网约车实行行业禁令。例如2016年土耳其工会的出租车司机和三大政党代表抗议Uber在本国非法经营网约车业务，最终土耳其政府认为，Uber是非法出租车业务。再如，2016年阿根廷布宜诺斯艾利斯的数百名出租车司机，通过司机工会上诉至最高法院，2017年1月底，阿根廷司法部委判定宣布Uber为违法行为，并下令在全国封锁该平台。

从以上全球几类不同的监管政策看，城市规模或承载力、新旧业态冲突等都不必然是制定网约车政策考量的决定性因素。全球有很多大城市选择严监管，但也有很多大城市选择包容发展；有些城市面对出租车罢工而选择禁止网约车发展，但也有很多城市选择促进新旧业态的公平竞争。因此，各国网约车政策的差异实际上反映的是监管当局的意志与选择。我国于2016年7月出台了《网络预约出租汽车经营服务管理暂行办法》，将网约车定义为网络预约出租汽车，并要求平台、车辆、司机均取得相应许可证。因此，总体上我国的监管模式可以划入第一类监管态度，接近伦敦、日本的类出租车管理模式。

2. 中美网约车监管政策比较

中国和美国分别是第一类监管模式和第二类监管模式的典型代表，具体对比如下。

一是监管目标不同。我国的网约车政策目标更加多元，包括平衡新旧业态、统筹城市规划、保障运营安全、保障乘客权益、促进新能源汽车普及等社会管理目标。这不仅体现在我国网约车政策的条款总数量更多，而且在具体的准入条件和审核要求上存在大量非安全因素考虑的条款。比如，对司机户籍的限制、经过指定的考试、转变车辆性质等。这导致我国有限的监管力量投入到对大量非安全因素的监管中，安全保障责任无法落实到位。美国的网约车政策目标较为单一，以保障安全为主要导向。比如，从司机准入看，美国加州主要是要求网约车平台必须基于全国性的犯罪等数据库通过申请司机的社会安全号码对其进行刑事背景核查。从车辆准入看，美国提出的要求主要是针对车辆安全审查，除常规检查外，网约车经营前必须依照规定进行19个车辆部件的安全专项检查。

二是业态定位不同。在多元目标特别是平衡新旧业态的目标导向下，我国网约车政策明确提出“按照高品质服务、差异化经营的原则，有序发展网约车”的总体定位，强调网约车与出租车之间为互补关系而非竞争关系。基于这一定位的突出表现是我国对车辆设置了轴距、排量、价格等特殊要求，引导其面向高端需求提供出行服务，为用户提供差异化服务。美国的监管政策认为新旧业态的竞争应交由市场决定。2016年10月，美国联邦第七巡回上诉法院对某出租车行业协会状告Uber等平台的判例。法院认为，网约车和出租车是竞争关系，出租车并不享有免于竞争的权利。

三是平台管理要求不同。在牌照申请方面，我国政策要求网约车平台企业必须到直辖市、设区的地级市甚至设区的县级市申请牌照，申请的政府层级过低，增加企业合规成本。而美国大多数地区只要求在州一级取得牌照，即可在州内所有城市开展业务。在属地管理方面，我国各地政策大多要求网约车平台企业在当地设立分公司或分支机构，并有相应服务场地和经营人员。美国大部分地区不要求平台企业在本地设立服务机构，极少数地区要求在当地设立办事处，但仅限于州层面，如佛罗里达州要求网约车平台在本州设立代理处。

四是数据监管要求不同。在数据监管方面，我国对网约车平台的数据提出了较为具体的要求，主要包括：要求平台公司在取得许可证后，自次日零时起向部级平台传输相关基础静态信息以及订单信息、经营信息、定位信息、服务质量信息等运营数据，且在线保存期限不少于6个月。美国大部分州没有要求网约车平台向监管部门提供实时数据，通常仅要求网约车平台自已记录数据，只在有需要时将数据提供给监管机构。目前，美国仅纽约州要求网约车平台有义务将司机纳入许可证事件通知系统，并记录司机驾驶状况，如罚单、许可证暂停、撤销和恢复等，但也不包括平台的其他运营信息。

五 我国网约车未来发展趋势

在当前网约车车辆和司机整体合规情况并不乐观，且公众出行需求难以满足的大背景下，建议政府转变思路，在强化安全管理的同时，减少对网约车的不必要限制，鼓励和推动网约车更好、更平稳发展。

（一）行业发展趋势

1. “大出行”领域将继续融合发展

在共享出行领域，多数企业在发展初期都是从某个特定的细分市场切入，并逐步建立和巩固竞争优势。随着市场竞争的日趋激烈，近几年共享经济企业出现了明显的生态化扩张和发展的趋势。

就出行领域而言，整个行业正处于变革初期。滴滴出行作为全球行业引领者，正积极布局业务生态，推动全行业加速变革。一方面，努力提升技术能力，加快构建“一站式”出行服务平台。2018 年，滴滴整合公交、地铁、叫车、单车等信息，在全球范围内首次为用户在同一个界面下提供多种组合的出行选择。另一方面，成立“一站式”汽车服务平台，为所有车主提供完善的汽车服务。滴滴成立了“一站式”汽车服务平台，为包括滴滴车主在内的全社会车主提供“一站式”汽车服务。同时，平台围绕汽车和车主深耕相关业务，在加油、车服、充电、金融等领域都已经取得积极进展。此外，美团推出了美团打车、美团单车服务，哈啰出行提供哈啰单车、哈啰助力车、哈啰顺风车、哈啰打车等出行服务。

随着聚合模式的日渐成熟，将有越来越多的网约车服务商加入第三方出行平台，网约车服务也将覆盖更多的城市和用户群体。未来，通过一个应用入口多方面满足短途、中途乃至长途出行服务的业态融合成为一种趋势。

推动新旧业态的融合发展，不是让网约车的经营模式和监管体制向传统出租车靠拢，而是应该推动传统出租车的网约化转型。这种网约化转型并不是简单地让出租车接入互联网平台，通过手机叫车，而是要全面推动出租车行业改革。各级政府应加快推动落实《国务院办公厅关于深化改革推进出租汽车行业健康发展的指导意见》（国办发〔2016〕58 号），推动出租车经营权、利益分配、运价机制等改革，给出租车“松绑”。例如，加拿大多伦多市在“合法化”网约车的同时，为了兼顾出租车司机利益，还放松了对传统巡游车的限制，打破了固有的政府定价模式，允许巡游车接受互联网或电话预约以及高峰时段时附条件的浮动价格。而目前，我国各城市在积极制定和出台网约车监管细则的同时，却忽略了推动出租车行业改革的任务，在出租车行业改革方面缺乏实质性的进展。

2. 数据共享、应急处置以及信用管理等将成为行业监管的重要抓手

针对 2018 年发生的顺风车安全事故所暴露的平台企业应急处置能力不足、政企之间数据传输渠道不畅、联动机制不健全的问题，应建立平台企业与政府之间的数据共享机制，明确数据共享的具体要求，建立和完善平台与政府部门联动的应急处置机制，加强用户人身安全的重要保障监管机制。2019 年 7 月，交通运输部发布《数字交通发展规划纲要》，提出要建立大数据支撑的决策与规划体系，推动部门间、政企间多源数据融合，建立健全信息通报、监测预警、应急处置、预案管理等工作机制。这一要求有望加速平台企业与政府部门之间的数据共享，提升应急处置能力。

此外，强化信用管理将成为网约车监管的重要方向。2019 年 8 月，交通运输部表示要发挥交通运输新业态协同监管部际联席会议机制的作用，探索实现数字监管、信用监管、协同监管、行业自律和社会监督相结合的综合监管体系，加快完善网约车等领域信用体系，强化信用管理，推进信用记录共享应用，通过信用体系规范平台经济经营者和参与者的行为。加快构建以信用体系为核心的监管方式，有助于推动网约车高质量发展。

3. 标准化进程有望加速

标准化是提升服务质量的重要保障。《关于促进平台经济规范健康发展的指导意见》提出加快完善新业态标准体系，对部分缺乏标准的新兴行业，要及时制定出台相关产品和服务标准，为新产品、新服务进入市场提供保障。对一些发展相对成熟的新业态，要鼓励龙头企业和行业协会主动制定企业标准，参与制定行业标准，提升产品质量和服务水平。

网约车作为共享经济领域发展较早也相对成熟的领域，部分企业已经开始探索标准化建设，如 2018 年首汽约车提出了 15 项服务标准，包括平台合规安全认证、乘运人责任险、司机合规、无危险驾驶记录、熟悉道路、车辆合规、车内外干净无异味、车内温度舒适、免费 WiFi、迎宾礼仪、站立等候、主动开关车门、提拿行李、航班延误免费以及 10 分钟免费等待等。

行业性监管标准也开始出现，进一步推动了网约车走向更为标准化、规范化的道路。7 月 18 日，厦门市发布了首个网约车地方标准《厦门市网约车运营服务管理标准》，涵盖了运营条件、服务规范、运营管理、信息安全、安全与应急、监督管理六个部分的细则，此次发布实施的是其中的第一部分，其他五个部分还在征求社会意见中，将陆续发布。

标准化建设是确保服务质量的重要抓手。随着网约车合规化进程以及聚合模式的加速发展，未来将有越来越多的中小服务商开始提供服务，不论是中小服务商本身，还是第三方聚合平台，都有足够的动力推动行业服务的标准化建设。结合交通运输部发布的《数字交通发展规划纲要》，未来网约车领域相关标准将加快推进，有关部门、领先企业以及行业协会将在标准的制定、宣贯、推广应用以及国际交流与合作中发挥重要作用。

（二）政策发展趋势

1. 行业治理现代化水平将进一步提升

网约车发展给人们出行带来的便利已毋庸置疑，发展以网约车为代表的新业态的大方向没有错。针对实践中出现的问题，2016 年以来我国陆续出台的网约车发展相关的文件和管理措施为行业的规范发展提供了制度保障。

随着行业发展不断走向成熟，加强监管、推动行业规范化和高质量发展已成为必然趋势。数据显示，截至2019年2月，全国已有110多家网约车平台公司获得了经营许可，发放网约车驾驶员证68万本、车辆运输证45万本，应该说网约车的规范化取得了良好的进展。

2019年8月，《关于促进平台经济规范健康发展的指导意见》明确提出，要“推动建立健全适应平台经济发展特点的新型监管机制，着力营造公平竞争市场环境”。交通运输部也提出要量身定制交通运输新业态监管模式，坚持“乘客为本、鼓励创新、趋利避害、规范发展、包容审慎”的发展原则，结合平台经济“一点接入，全网运行”的特点，量身定制监管模式。同时，要全面评估网约车政策的落实情况，优化准入条件，加快网约车合规化进程，落实平台公司的主体责任，严守行业安全稳定的底线等。上述政策和要求表明，网约车相关管理制度有望在动态调整中逐步完善，促进行业治理现代化水平的提升。

2. 继续推进以安全为核心的监管体系

一方面，我国网约车监管目标应以限制性目标为主转向以安全性目标为主。除对综合交通治理和人口治理有要求的特大城市，其他城市应逐渐取消一切非安全性因素（如车价、轴距、排量、车龄等）的准入设置。例如，英国伦敦虽与我国网约车监管模式类似，但2017年9月，伦敦交管局在拒绝向Uber发放新的营业执照时，依据的理由为Uber没有按照政府要求对司机进行严格的刑事犯罪和背景调查，而非其他非安全因素。在Uber进行积极改进后，伦敦交管局又重新授予了其营业执照。另一方面，政府应强化安全审查要求。建议政府进一步为平台对接全国公民身份信息、违法犯罪人员信息、在逃人员信息等数据系统提供便利，要求平台加强司机背景调查。此外，建议政府制定更为详细具体的车辆安全审查标准，交由认可的第三方机构做安全认证，平台在介入车辆前对其安全资质进行核查。

3. “政府管平台、平台管用户”的合作监管模式将更加成熟

一方面，政府可取消对司机和车辆的许可制度。由政府部门负责平台企业的审核与许可，由平台企业负责司机和车辆的审核与接入，并向政府部门

备案。由政府部门制定司机和车辆审核与接入平台的底线要求，平台企业负责落实并承担责任。另一方面，政府可将平台企业的许可申请层级由县级、地级交通主管部门统一提升至省级，以适应平台经济发展。

4. 继续强化事中监管、常态化监管

一方面，应科学合理确定企业接入监管平台的数据标准、范围和层级。要求企业接入运营管理相关的关键数据而非全部数据。鼓励地方直接对接中央网约车监管平台，避免重复建设。另一方面，建立平台责任和管理制度的考评机制。通过企业上报、定期检查、随机抽查、第三方监测、用户调查等多维数据来源，评估法律法规要求企业的各项责任和内部管理制度是否落实到位。

B.8
2018 ~2019年我国私人小客车合乘发展研究

杨一翁 *

摘　要： 本文对我国私人小客车合乘发展过程、政策监管和企业的安全举措进行了重点研究。合乘作为共享经济的典型形态，近几年发展较快。国家政策支持合乘服务发展，不实施许可管理，这与适度发展网约车的态度不同。但需严防以合乘名义变相从事具有营运性质的网约车业务。滴滴顺风车发生事故后，政府将对合乘业务的监管放在非常重要的地位，各大平台公司也纷纷出台安全管理措施。

关键词： 私人小客车合乘　监管　安全措施　服务定价

一　私人小客车合乘发展情况

（一）我国私人小客车合乘发展过程

2016 年 7 月 26 日，《国务院办公厅关于深化改革推进出租汽车行业健康发展的指导意见》发布，明确给出了私人小客车合乘的定义："私人小客车合乘，也称为拼车、顺风车，是由合乘服务提供者事先发布出行信息，出

---

* 杨一翁，北方工业大学汽车产业创新研究中心副教授，博士。

行线路相同的人选择乘坐合乘服务提供者的小客车、分摊部分出行成本或免费互助的共享出行方式”。

2014 年 9 月，嘀嗒拼车进入私人小客车合乘市场，是中国最早开展合乘服务的公司。经过五年的发展，据嘀嗒官方数据，[①] 嘀嗒出行平台拥有用户 1.3 亿，累计合乘出行里程达 230 亿公里，且已经实现盈利。除嘀嗒出行外，其他开展合乘服务的公司还有滴滴、哈啰出行、曹操出行和高德等公司。

滴滴利用在网约车业务上的优势，在 2015 年 6 月进军私人小客车合乘市场。据滴滴披露的数据，上线一个月，滴滴合乘出行在北京、深圳等城市的日订单量就达到 60 万单；[②] 2018 年春运期间，滴滴公布其合乘运送乘客高达 3067 万人次。据滴滴出行公布的数据，截至 2018 年下线之前，滴滴私人小客车合乘完成 10 多亿人次出行。2018 年 5 月与 8 月的两次“滴滴顺风车司机杀人案”引起很大的社会影响，滴滴在 2018 年 8 月 27 日宣布下线整改，截至 2019 年 10 月中旬，仍未上线。

私人小客车合乘并未完全退出市场，嘀嗒出行和哈啰出行都将合乘作为业务发展的重要板块。2019 年 2 月，哈啰出行宣布在全国 300 多个城市上线合乘业务。根据哈啰出行提供的数据，其车主注册量突破 700 万，累计订单量突破 1800 万单。吉利汽车旗下的网约车公司曹操出行于 2019 年 9 月 19 日在成都与杭州两地开通了私人小客车合乘业务，是中国首家推出私人小客车合乘业务的专车品牌。高德合乘业务仍在整顿过程中，此外还有多家地方性平台开展合乘业务。

滴滴合乘业务曾经占据超过 3/4 的市场份额，滴滴合乘业务无限期下架以后，哈啰出行、曹操出行等纷纷进入私人小客车合乘市场，形成多家竞争的市场格局。如果滴滴合乘业务恢复上线，未来市场的发展格局将发生新的变化。

---

① 嘀嗒出行官方 App。

② 2017 年 2 月，滴滴顺风车总经理董洁莉接受采访时提供的数据。

（二）私人小客户合乘的服务定价

滴滴合乘服务在下架之前抽取的提成约占司机收入的10%，嘀嗒合乘服务从每笔订单中抽成8%，哈啰合乘服务抽成10%。高德为了获取目标用户，曾采取不抽成的发展模式，着眼于未来智慧交通、无人驾驶和车联网业务以这部分用户为中心来扩展。

法国合乘信息服务平台BlaBlaCar严禁车主专职拉客盈利，收取的费用只能补贴油耗本身。在最初试运营阶段，BlaBlaCar不收取任何费用，纯粹是为乘客提供一个免费寻找合乘服务的平台，后来为了持续运营下去而选择了抽取10%的费用（包含给司机和乘客购买乘车保险的钱）。美国有37万活跃用户的共享出行平台Waze明确说明，合乘服务是不盈利的，乘客支付价格不高于每英里54美分。而且，车主每天只能有两个行程：去程和回程。这样可以有效杜绝全职合乘服务司机的出现。此外，该平台本身不从车费中抽成，盈利完全靠广告。美国得克萨斯州奥斯汀市有一家叫作Ride Austin的机构，其定价策略的关键词是“非营利”。它对乘客支付的车费有严格把关，并且拒绝从车费中抽成。可见，国外成功的合乘信息服务平台都抓住了“非营利”这一关键点，把合乘服务价格定得较低，基本只计算了油钱与部分车折旧费用。

2019年，中国交通报、中国交通运输协会共享出行分会、城市智行研究院和嘀嗒出行联合对合理的合乘服务定价原则进行了调查，提出了以下观点：[①] 一是因为合乘服务会额外消耗车主的时间与精力，所以定价应让车主更有动力提供合乘服务；二是定价不应让车主把合乘服务作为盈利的工具；三是合乘服务的乘坐体验类似快车专车，定价可向快车专车靠拢；四是合乘的分享体验类似公交地铁，定价可向公交地铁靠拢。

有45万人参与投票（可多选），93%的人支持第一种观点，81%的人支持第二种观点；分别只有17%和6%的人支持第三种和第四种观点。根据

① http：//www. sohu. com/a/333860273_ 380891.

以上投票结果，以及合乘服务性质的界定，合乘服务的定价不应该以盈利为目的，但同时也应该让车主有更大动力参与互助出行。

二　国内私人小客车合乘的政策监管

2016年7月26日，《国务院办公厅关于深化改革推进出租汽车行业健康发展的指导意见》（以下简称《指导意见》）发布，指出“私人小客车合乘有利于缓解交通拥堵和减少空气污染，城市人民政府应鼓励并规范其发展，制定相应规定，明确合乘服务提供者、合乘者及合乘信息服务平台等三方的权利和义务”。交通运输部运输服务司副司长蔡团结表示，国家的顶层设计是鼓励合乘服务的，但是确实有一些平台公司以合乘服务的名义实际从事网约车的经营，所以要严厉打击这种借合乘服务之名义从事网约车的活动，对合乘服务也要合理引导。各城市纷纷出台了各自的合乘服务管理办法。

2016年12月，北京市出台了《北京市私人小客车合乘出行指导意见》，重点内容有：一是合乘出行作为驾驶员、合乘者及合乘信息服务平台各方自愿的、不以盈利为目的的民事行为，相关责任义务按照有关法律法规的规定由合乘各方自行承担。二是提供合乘的车辆须是驾驶员本人所有的、具有北京市牌照且经检验合格的7座以下小客车。三是驾驶员提供合乘服务每车每日不超过2次。四是合乘双方应当提供真实有效的个人信息并进行核实，确保合乘规范和安全。五是驾驶员和车辆如发生违法行为或不符合相关条件的，合乘信息服务平台应当及时注销其注册信息、停止提供合乘信息服务。

2016年12月，上海市出台了《关于规范本市私人小客车合乘出行的实施意见》。①针对车辆的重点内容为：一是车辆应在上海市注册登记。二是合乘车辆应当投保车上人员责任险。②针对驾驶员的重点内容为：一是无交通肇事犯罪、危险驾驶犯罪记录，无吸毒记录，无饮酒后驾驶记录。二是提供合乘出行的驾驶员应为车辆所有人或者车辆所有人的配偶、父母及子女。③针对合乘行为规范的重点内容为：一是每辆车每天合乘出行暂限定为两次，同一合乘线路可以多人共同合乘。二是合乘者的起讫点应当在驾驶员经过的路线附近。④针对平台行为规范的重点内容为：一是注册驾驶员和车辆如发生有关违法行为或不符合相关条件的，平台应及时注销其注册信息、停止提供合乘信息服务。二是平台应将注册驾驶员和车辆等信息报送市交通行政管理部门，相关信息及合乘数据应接入市交通行政管理部门的行业监管平台。

2016 年 12 月，广州市出台了《关于查处道路客运非法营运行为涉及私人小客车合乘认定问题的意见》，重点内容有：一是分摊部分出行成本的，合乘出行提供者可在全天提供不超过两次合乘出行；免费互助合乘的，合乘出行提供者每日提供合乘出行次数不受限制。二是合乘平台应通过技术手段做好合乘出行管理，将提供合乘出行的车辆相关信息接入政府监管平台，并实时传输合乘出行信息。车辆信息应包括车辆号牌、行驶轨迹、提供出行时间和出行次数等。三是私人小客车合乘不属于道路运输经营行为，为合乘各方自愿的民事行为，相关权利、义务及安全责任事故等责任由合乘各方依法、依约自行承担。

此外，天津、重庆、南昌、东莞、沈阳、长沙、葫芦岛、开封、洛阳、衡阳、绍兴、深圳、新乡、通化、太原、平顶山和濮阳等城市均出台了各自的合乘服务管理办法。

综上所述，各城市的合乘服务管理办法的共同要点如表 1 所示。

表 1　各城市合乘服务管理办法总结

项目	管理办法
合乘定性	合乘不属于网约车，是由合乘服务提供者事先发布出行信息，出行线路相同的人选择乘坐合乘服务提供者的小客车、分摊部分出行成本或免费互助的共享出行方式
收费规制	非营利性。主要有两种定价办法：①每位乘坐人的费用 = [燃油（电、气）费用 + 过路通行费用]/出行总人数；②具体比例限制，一般平均每公里费用不超过巡游出租车的 50%

续表

项目	管理办法
次数限制	一般每车每天不超过2～4次，有的城市区分了工作日与非工作日，以及通勤时段
路线规制	在驾驶员经过的常用路线附近，跨城合乘受到限制
驾驶员规制	驾龄要求，无不良犯罪记录
车辆规制	严格的城市要求车辆为驾驶员本人所有、本地牌照
合乘各方责任义务	合成各方包括驾驶员、合乘者和合乘信息服务平台，合乘各方自行承担责任和义务，合乘信息服务平台承担审核与监管责任，并有义务为相关部门提供数据

下文将对表1进行进一步解读。

1. 对合乘的界定

合乘不属于网约车。网约车和出租车类似，提供时间和位移的服务，是占用道路资源的。但合乘出行只是充分利用了道路和车辆资源，没有额外增加道路资源消耗，是城市交通体现分享经济的典型方式。合乘是不以盈利为目的的互助性出行方式，体现的是出行成本的分担。

2. 收费规制

《指导意见》提出“分摊部分出行成本或免费互助”，各城市据此制定了各自的收费规制。①

（1）计算公式。据《葫芦岛市规范私人小客车合乘出行实施办法》，“合乘服务分摊费用仅限于出行过程中的能耗成本和发生的路桥通行费用，不得分摊劳务费用。合乘服务分摊费用可由合乘服务提供者和合乘人协商一致后，按照人数平摊”。洛阳与衡阳等城市的管理规定也类似，这些城市规定可用如下计算公式来总结：每位乘坐人的费用＝（能耗成本＋路桥通行费用）/出行总人数。

（2）具体比例限制。据《绍兴市网络预约出租汽车经营服务管理实施细则（试行）》，“驾驶员和信息服务平台收取的每公里费用总额，不超过巡游出租汽车每公里里程运价的50%”。据深圳市《关于规范私人小客车合乘

① 伏创宇：《我国网约顺风车规制中“非法运营”的认定》，《法律适用》2019年第4期。

的若干规定》，“单次里程分摊费用不得超过红色出租小汽车里程续租价的50%（不含起步价、燃油附加费、候时费、长途返空费、夜间附加费）”，杭州市与沈阳市等城市也提出了类似的规定。据《新乡市私人小客车合乘暂行办法》，“合乘费用分摊之和不超过出行总费用的80%（各人不高于20%）”。

3. 合乘次数与路线规制

《指导意见》提出“出行路线相同”，各城市据此制定了具体的次数限制与路线规制。

（1）次数限制。据《北京市私人小客车合乘出行指导意见》，驾驶员提供合乘服务每车每日不超过2次。上海、天津和哈尔滨等城市也提出了类似的规定。深圳市规定，同一车辆每天提供合乘出行不得超过3次，东莞等城市也提出了类似的规定。太原市规定，每个驾驶员累计每日提供合乘服务不得超过4次，宁波、温州和桂林等城市也提出了类似的规定。可见，每车每日4次是各个城市允许的最大值。有的城市区分了工作日与非工作日，如据安阳市《关于规范私人小客车合乘出行的指导意见》，每辆合乘车工作日每天不得超过4次，非工作日每天不超过2次。有的城市对工作日合乘进行了更严格的规定，如苏州市规定，工作日合乘的，应在通勤时段（即7:00～9:00，16:30～18:30）进行。沈阳等城市也提出了类似的规定。

（2）路线规制。根据《南昌市关于规范私人小客车合乘出行的实施意见》，合乘者的起讫点应在驾驶员经过的路线附近。三亚等城市也提出了类似的规定。有的城市提出了更严格的路线规制，如上海市规定，合乘者的上车地点应在合乘出行车辆出发地周边半径1公里的范围内，或者合乘者的起讫点在驾驶员经过的路线附近。抚顺、贵阳和延吉等城市也提出了类似的规定。上海市还对合乘平台提出要求，即合乘者客户端仅能查询出发地半径1公里以内的驾驶员合乘出行信息。贵阳等城市也提出了类似的要求。可见，上海市对合乘路线的限制是最严的。由于各个城市规定不一样，绝大多数城市不允许跨城市合乘。如据《长沙市私人小客车合乘管理规定》，本市私人小客车合乘出行服务范围限于本市行政区域内，合乘平台不得提供跨省市、跨区域的合乘信息服务。天津、株洲和衡阳等城市也提出了类似的规定。仅有个别城市（如新乡市）允许跨城市出行，但每日仅限1次。

4. 主体资格规制

上海市对驾驶员的要求较为全面，有以下五点：一是应取得相应准驾车型机动车驾驶证并具有1年以上驾驶经历；二是无交通肇事犯罪、危险驾驶犯罪记录，无吸毒记录，无饮酒后驾驶记录；三是自注册之日前1年内无驾驶机动车发生5次以上道路交通安全违法行为；四是应在经市交通行政管理部门备案的平台进行注册提供合乘出行；五是提供合乘出行的驾驶员应为车辆所有人或者车辆所有人的配偶、父母及子女。很多城市对驾驶员的驾驶经历要求更为严格，如合肥、重庆、深圳、济南、宁波、台州、南昌和太原等城市，要求驾驶员具有3年以上驾驶经历。重庆市还对驾驶员的身体状况与年龄提出要求：身体健康；男性年龄不超过60周岁，女性年龄不超过55周岁。太原与天津等城市也提出了类似的要求。很多城市对驾驶员的违章行为进行了更严格的限制，如重庆、合肥、深圳、济南、宁波、台州、南昌、太原、福州、泉州和天津等城市，要求驾驶员最近连续3个记分周期内没有记满12分记录。一些城市还要求驾驶员具有本市户籍或者持有有效居住证，如深圳、济南、宁波、台州、南昌、福州、合肥和株洲等城市。

5. 车辆规制

一是北京、广州和南昌等城市规定车辆必须为本人所有。二是少量城市，如北京与东莞等，规定车辆必须为本地牌照。三是一些城市，如上海、丹东、重庆、杭州、吉林和太原等城市，规定合乘车辆应当投保车上人员责任险，即为车上乘客投保。

6. 对合乘各方责任义务的界定

2016年7月，交通运输部、工信部和公安部等七部委联合发布了《网络预约出租汽车经营服务管理暂行办法》。其中第十六条规定，“网约车平台公司承担承运人责任，应当保证运营安全，保障乘客合法权益”。合乘车辆不属于网约车，各城市的私人小客车合乘管理办法并没有明确指出合乘信息服务平台应该承担的责任。例如，北京、广州和天津等城市将合乘定性为私人之间的合乘行为，而非道路运输经营行为；合乘出行作为驾驶员、合乘者和合乘信息服务平台各方自愿的、不以盈利为目的的民事行为，相关责任义务按照有关法律法规的规定由合乘各方自行承担。天津市出台的《天津市私人小客车合乘指导意见》规定，“合乘平台应当提供合乘服务协议，合乘者响应后，须网签合乘服务协议，明确合乘服务提供者、合乘人和合乘软件运营商的权利、义务和责任”。至于合乘各方的权力、义务和责任具体有哪些，合乘信息服务平台到底应该承担多大的责任与义务，这是由合乘信息服务平台自己制订的“合乘服务协议”决定的。

7. 对合乘信息服务平台的要求

如前所述，合乘信息服务平台不是承运人，各城市并没有明确规定合乘信息服务平台的安全保障义务。然而，合乘信息服务平台应该承担审核责任。例如，北京、上海和东莞等城市规定，合乘信息服务平台应该对合乘双方的个人信息的真实有效性进行核实；驾驶员和车辆如发生违法行为或不符合相关条件的，合乘信息服务平台应当及时注销其注册信息、停止提供合乘信息服务。此外，上海、沈阳和长沙等城市还规定，合乘信息服务平台应将注册驾驶员和车辆等信息报送市交通行政管理部门；将数据库接入市道路运输管理机构监管平台，按要求实时、完整地提供合乘数据。

从政策总体看，国家政策在有序推动“合乘服务”发展，主要原因在于合乘服务能够产生较好的社会效益。以北京 500 万辆私家车主为例，如果有 10% 的出行使用合乘服务取代私家车出行，每天可有效减少 40 万辆（除限号的 100 万辆）合乘服务能减缓交通压力，如减少 10% 的车辆则可提升 10% 的效率。

三　各大合乘信息服务平台的安全管理措施

2018 年 9 月，交通运输部、中央网信办和公安部等多个部门组成了网约车合乘服务安全专项检查组，进驻滴滴出行、嘀嗒出行和曹操出行等 8 家网约车合乘服务企业，开展了联合安全专项检查。通过检查，交通运输部对

8 家企业提出了整改要求。这 8 家企业也进行了相应的整改措施。下文将重点介绍滴滴出行、嘀嗒出行、哈啰出行和曹操出行的整改措施。

1. 滴滴出行合乘服务的整改措施

2018 年 11 月，交通运输部等组织的联合安全专项检查发现，滴滴公司存在七方面 33 项问题。针对这些问题，2019 年 7 月，滴滴合乘信息服务平台公布了合乘服务阶段性整改方案，通过公众评议会、微信微博等渠道收集到来自广大车主、乘客和热心网友的约 20 万条留言，用户反馈分类如图 1 所示。

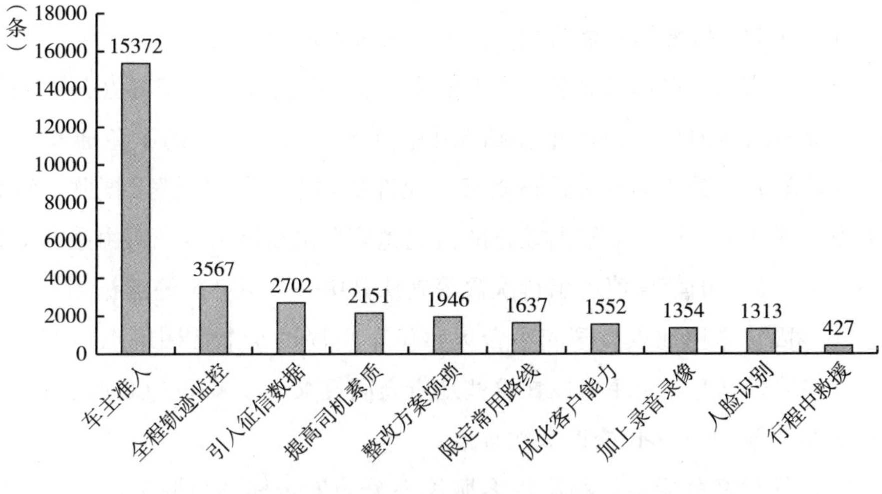

图 1　滴滴合乘信息服务平台整改方案用户反馈分类

根据 10 类提及最多的建议意见，滴滴合乘服务进行实名回复，[①] 如下所示。

（1）司机乘客身份验证。在采集信息时需要同时考虑合法性与合理可行性。一是不能违反《网络安全法》进行过度信息采集。二是确保采集到的信息对司机、乘客能够核实验真。

（2）全程轨迹监控。要求车主在行程中保持滴滴 App 开启，实时获取

① 引自滴滴出行 App 顺风车服务。

行程位置信息，对异常停留、路径偏移等现象进行预警，通过 App 内或短信提醒的方式确认用户是否处于安全的状态；如果用户没有反馈，则将行程信息在第一时间发送给用户的紧急联系人；同时平台也会持续关注该行程。

（3）引入征信数据。在确保合法与保护用户隐私的前提下，力争与相关提供征信产品的企业合作。车主需要提供“三证”（身份证、驾驶证、行驶证），并与公安部门合作进行综合背景调查。车主与乘客都必须提交身份证实名认证并通过人脸识别，确保注册信息真实可靠。

（4）安全功能升级。平台在行程中提供的诸如行程录音、紧急联系人、行程分享和 110 报警等安全功能，司机与乘客都能使用。

（5）乘客与驾驶员选择机制。《交通运输部办公厅　公安部办公厅关于进一步加强网络预约出租汽车和私人小客车合乘安全管理的紧急通知》规定，合乘服务“禁止驾驶员选择乘客，允许乘客选择驾驶员”。据此，滴滴合乘出行设计了先让车主根据顺路的情况邀请多位顺路乘客，再由乘客根据顺路程度、车主的信任值和出行次数等确认其中一个或者拒绝的机制。

（6）限定常用地点。滴滴平台为每位车主提供 4 个常用地点，例如公司、家和父母家等，车主可以在这些地点之间接乘。如果车主临时想去 1 个新的地方，每 14 天可以修改 2 次地点。

（7）优化客服能力。滴滴将客服体系分为安全体系与服务体系，只要是安全相关的投诉，会第一时间转交给安全响应团队，由专业的安全客服处理。滴滴建立了警方调证的专项对接团队，提供 7 ×24 小时的响应服务。

（8）录音录像功能。由于要兼顾安全性与隐私性。滴滴为司机与乘客双方提供了通过 App 录音的功能供双方自主选择，录音实时加密上传到平台，无行程纠纷录音文件将在 7 天后自动删除。

（9）人脸识别。为了防止别有用心的人在从预约到最后出行间的换人操作，滴滴合乘平台要求车主在邀请乘客同行时、到达乘客起点时进行人脸识别。

（10）行程中救援。滴滴平台提供外呼 110 报警功能，并在部分地区试点短信报警，在发现行程异常时，平台会通知紧急联系人。

2. 嘀嗒出行的安全管理措施

2019年1月，嘀嗒出行发布《嘀嗒顺风车合乘公约2.0》，划清了“网约车”与“合乘服务”两种出行方式的界线，划分了平台、车主和乘客三方的责任，制定了合乘规则。

《嘀嗒顺风车合乘公约2.0》要求所有车主在接单前必须通过活体人脸识别，并与公安部门实现数据对接，有效验证车主身份、驾驶背景及风险评估，实现智能化预警。同时，系统会在车主认证环节时、更换手机号时、异地登录时、接单时随机抽检，确保手机操作人与认证信息一致。

2019年1月，嘀嗒顺风车为保障用户2019年春运返乡安全，在安全机制上新增并优化“八大安全举措”，具体为：春运车主资质审核升级、全新安全护航机制、启动春运安全联系人机制、更多安全工具、春运保险保额大幅上调、暖心推出心安春运宝典、安全专线升级为春运安全专线、免费提供车况检测及道路救援服务。

同时，为了实时保障乘车安全，嘀嗒在春运期间将安全专线升级为春运安全专线，扩增安全服务团队，7×24小时无休服务平台用户，并提升城际合乘服务安全级别，提升安全响应速度。

3. 哈啰出行的安全管理措施

哈啰合乘服务在2019年2月刚上线时便设立了一系列措施来保障司乘出行安全，如车主审核系统需要通过实名认证、三证验证（身份证、驾驶证、行驶证）、人工审核三个环节。此外，还有杜绝社交功能、虚拟号码隐私保护、7×24小时客服专线、行程保障、110报警电话一键拨打、安全联系人设置等多项安全保障措施。

哈啰合乘服务对车主审核建有一整套涉及各环节、多流程的审核、管理和处罚机制。①

首先是审核机制。哈啰合乘服务针对车主采取多重审核机制，包含事

① 详见“驱动中国”2019年1月25日对哈啰的采访记录。

前、事中、事后各环节的审核体系。事前初审阶段，需要车主线上提交身份证、驾驶证和行驶证信息进行关联匹配，哈啰进行严格筛查。在事中核心审核环节，哈啰利用人脸识别等技术确保实际驾驶人与此前提交的车主资料相符。事后环节中，车主完成订单后，系统随机进行抽查检验，针对线路出现偏差、计费出入较大、遭投诉较多的车主进行定向抽查，确保车主端的服务品质。

其次是管理机制。车主信用评分体系、考核评分体系，考核结果将与派单数量直接挂钩。

最后是处罚机制。降分、降级和封号等。

运营过程中，哈啰平台在平台规则、条款设计和应对机制等方面做了进一步完善。如在 2019 年 8 月发生“诈骗团伙诱骗乘客提前确认上车”事件后，哈啰平台迅速增加了用户强提醒与订单完成后的延时支付等功能。

2019 年 8 月，哈啰平台全面启动顺风安全专项行动，基于用户评分、异常接单行为等数据，开展了全国范围内对违规行为的集中打击和管理。封禁账户 2702 个，警告账户 1813 个，处理账户超过 4000 个。一个完整的社会信用体系是由一系列必不可少的部分或要素构成，哈啰平台积极促进社会信用体系的完善和发展，2019 年 8 月底，哈啰平台上线信任分制度，将用户出行的综合表现，纳入信任分体系。平台会根据用户的信任分，动态调控服务政策，信任分越高，表示出行表现越好。

在打击治理已发事件的同时，哈啰也开启了为期数周的专项宣传，将《哈啰顺风车用户合乘守则》通过 App 推送、客服宣导等方式触达司乘双方，呼吁广大车主严格遵守，强调拒绝线下交易等保障安全的基本行为准则，力求防患于未然。

4. 曹操出行的安全管理措施

鉴于做专车起家，曹操出行一直采用的是“新能源汽车 + 公车公营 + 认证司机”的 B2C 模式，所有司机均为统一招募管理，所有车辆也都是自营车辆。在合乘服务业务上，曹操出行将接入私家车主，为应对安全风险，曹操出行将对合乘服务车主进行多方面、全系统的背景调查与审核。[①]

（1）线上。通过车主购置信息系统交叉审核、车载智能系统强绑定等安全审核的功能，让车主的身份安全有据可循。在合乘服务行程中，曹操出行还将利用智能网联技术及时掌握车主动态，保障行车安全。

（2）线下。曹操出行首创的“驾驶员岗位素质测评模型”将被应用到合乘服务审核中，确保所有车主具有良好的情绪管控能力和健康的心理状态。将部分线下4S店作为定点，进行车主面审。并将曹操之前的行程分享、110报警安全功能等人性化服务运用进来。

5. 合乘服务安全责任划分

交通运输部部长李小鹏曾强调，“压实企业安全主体责任，强化整改落实，更好促进新业态健康规范发展，保障公众出行安全”。然而，如前所述，各城市的合乘服务管理办法对合乘信息服务平台、司机和乘客三方的具体责任缺乏明确的界定。

合乘服务车主与乘客之间在法律上为好意同乘关系，平台与司机、乘客之间形成的是居间服务合同关系，而不是运输服务的合同关系，合乘平台在保障用户安全上应尽到高度注意原则。[②]《中华人民共和国合同法》第424条规定，居间合同是居间人向委托人报告订立合同的机会或者提供订立合同的媒介服务、委托人支付报酬的合同。

根据《中华人民共和国合同法》第425条规定，居间人故意隐瞒与订立合同有关的重要事实或者提供虚假情况、损害委托人利益的，不得要求支付报酬并应当承担损害赔偿责任。作为合乘信息服务平台，如果没尽到审核义务，导致合乘服务车主及车辆的注册信息虚假，从而向乘客提供居间服务，那么合乘信息服务平台显然属于“提供虚假情况”情形，可以据此追究合乘信息服务平台的法律责任。

---

① 据2019年7月3日在GKUI 19发布会暨吉利博越PRO全球首发仪式上曹操出行总经理董凯楠的讲话。

② 2019年9月，中国交通报社、中国公路学会、城市智行研究院与嘀嗒出行联合举办的“顺风车行业标准联席共研会”，本文引用了其中部分观点。

《电子商务法》第38条第2款规定：对关系消费者生命健康的商品或者服务，电子商务平台经营者对平台内经营者的资质资格未尽到审核义务，或者对消费者未尽到安全保障义务，造成消费者损害的，依法承担相应的责任。合乘信息服务平台属于电子商务平台经营者，需要遵守《电子商务法》，对合乘服务提供者、车辆进行审核，运用技术手段对合乘行驶过程进行安全监控，对合乘的车主和乘客提供安全保障义务。

综上所述，合乘平台在保障用户安全上应尽到高度注意原则。如果合乘平台没有尽到审核的责任与义务，没有尽到安全监管和安全保障的责任与义务，造成乘客或司机损害的，应该依法承担相应的责任。

四 国外私人小客车合乘管理经验

除了考虑国内合乘的监管，以及国内各大合乘信息服务平台的安全管理措施，国外合乘服务的先进经验也值得借鉴。

（一）法国BlaBlaCar公司

法国BlaBlaCar公司的总部位于巴黎，成立于2006年，目前已经把合乘业务扩展到全球22个国家，用户数量突破6500万，在欧洲几乎形成垄断。[①]

1. 实名认证与核对

BlaBlaCar规定进行接单的合乘服务司机必须进行实名认证，在平台上的头像也必须是真人头像；同时，乘客也必须在使用BlaBlaCar的时候上传个人信息，而且在乘车时司机和乘客双方都必须携带身份证方便与网上信息核对，不然司机有理由拒载，乘客也有理由选择放弃乘坐。这样互相核对信息的方式，很难出现一辆车多个司机使用或者冒名顶替的情况。

---

① http：//dy.163.com/v2/article/detail/DRER3QDO0519BT3I.html.

2. 对司机的管理

（1）详细的司机信息。乘客在输入起始地后会看到所有顺路司机的列表，并备有各种资料以供选择，包括司机的名字、照片、简介、车况、注册时间和接单数、曾收到评价以及是否抽烟、听音乐、爱聊天、允许宠物同乘等细节。

（2）显眼的评价信息。用户在下单前，可根据司机的评价来进行选择。BlaBlaCar 会把司机的评分放在很显眼的位置，用户可以先去看评价，再决定是否选择这位司机。BlaBlaCar 鼓励司机提供 Facebook 与领英等社交媒体账号以提高其信任度，高信任度的司机会被优先排位。

（3）严格的投诉管理。例如，当有客户投诉后，BlablaCar 会快速调查，只有等事件水落石出，才能恢复司机在 BlaBlaCar 的接单资格。

3. 保险规定

BlaBlaCar 将服务费定为 10%～15%，看起来抽取的费用有点高，但是这个费用里面包含了给司机和乘客购买乘车保险的钱，意味着 BlaBlaCar 每一单合乘服务，都会强制性地给司机和乘客购买一份人身、车辆和意外保险，乘车保险由法国安盛保险公司担保。

4. 车费延时到账功能

乘客在软件上下单预约合乘服务付款后，会有一个付款密码，乘客到达目的地后，根据乘车体验来决定要不要把这个密码告诉司机，司机只有凭借这个密码才能收到乘车费用。这样的设定，让乘客的话语权有了提升，毕竟合乘服务属于服务行业，如果司机态度恶劣或者没有送到目的地，自然也无法获得酬劳。

5. 提供女性专车

为女乘客和女司机提供双向保障。如果一名女性乘客不想与男性同乘，可以在服务页面点击“女性专车”按钮，BlaBlaCar 会为其安排女性车主与乘客。

6. 高效的客服

BlaBlaCar 所有的客服都是公司的工作人员，客服团队由 BlaBlaCar 的

CEO 直接管理，不会外包。在生死攸关的时刻，能够第一时间处理用户的问题。例如，2014 年，巴黎的一位司机试图对车上的一名女乘客图谋不轨。幸运的是，由于女子报警及时，BlablaCar 积极配合警方的调查，第一时间提供了司机的行程记录。最后，司机因涉嫌性骚扰罪被绳之以法。①

（二）美国 Uber 公司

Uber 公司设有专门的安全团队，任命美国国家安全局前资深反恐专家马特·奥尔森为安全主管；同时在相关制度上有所改进，承诺发布安全透明度报告，内容包括平台上发生过的性骚扰和其他类型安全事件的数据。

1. 严格审查司机资质

Uber 对司机的背景审核已完善到信用记录、政治背景、犯罪记录、社会安全号信息、性骚扰历史、拥有车辆信息、过往求职经历等，且会逐年审核，力求做到一有新记录就立即启动调查。在运营过程中，一旦有乘客提出严重刑事犯罪投诉，涉事司机将被立刻停止运营直到调查结束。

2. 内置报警功能

Uber 在软件里加入了内置报警功能，如果乘客感到不安全，可以通过 Uber 软件中的安全标志拨打 911，一旦电话接通之后，乘客可以根据 Uber 显示的实时地点快速说清自己的地理位置。

同时在一些大城市，Uber 还在积极和警方合作，在呼叫时乘客不需要说出地址，Uber 软件就会自动将 GPS 定位、乘客信息、车辆外观和车牌号等信息实时自动分享给警方。据 NBC 记者的实验，在事先不知道地址的情况下通过内置软件报警，警察 5 分钟就能赶到现场。

Uber 的这种模式，单靠合乘服务企业本身无法做到，需要警方向合乘服务企业开放权限，让合乘信息服务平台的管理系统与警方的报警系统对接。

---

① http：//www. sohu. com/a/251200440_ 419222.

3. 安全网功能

乘客可以将乘车路线等信息告知最多5个亲朋好友；更方便地让乘客准确识别所用车辆的司机和车牌号码，是否与订单一致；为乘客提供最优路线，防止绕路并警告，切实保证乘客正在回家路上；乘客坐车的所有信息都会同步到乘客家人的手机上，预估乘客到家的时间、当前路线和位置；乘客可悄悄共享地理位置给某些指定联系人。

4. 关注司机安全

Uber为司机提供安全培训。Uber设置有打分系统，帮助让司机了解乘客的既往乘车行为，做好预防。同时还为司机提供了一些应对不规矩乘客的技巧，帮助其提高安全防范能力。在技术上，Uber开发了名叫Bop-It的玩具，用于转移那些喝醉乘客的注意力；并且通过一种车内镜片让乘客可以看到司机的脸，以帮助约束乘客的不当行为。

（三）女性专车

1. 美国Safr公司

2018年8月，美国一款名为Safr、专门针对女性用户的打车软件正式上线。该软件约90%的注册司机是女性。Safr公司致力于保护女性的安全，除了吸纳更多的女司机之外，还会对注册司机进行全面的背景调查和面对面交流。

2. 俄罗斯、墨西哥、埃及等地的女性专车服务

这些国家的女性专车服务有的由政府出资，有的由女企业家发起，这些车子和女司机大多是粉红色装扮。

3. 印尼雅加达的女性专用摩托车打车软件

在地球上最堵塞的城市、拥有超过3000万人口的印尼首都雅加达，女性专用摩托车打车软件逐渐兴起，LadyJek公司是其中的代表。LadyJek的女司机统一穿着粉色夹克、佩戴粉色头盔。因为车主是女司机，所以保护车主安全更重要。车上装有安全设备，当女司机感到危险时，可激活紧急报警器来保护自己。

（四）国内外合乘信息服务平台安全管理的启示

如前所述，合乘信息服务平台在保障用户安全上应尽到高度注意原则，最重要的就是尽到安全审核、监管和保障的责任与义务，上述案例的启示如下。

1. 成立专门的安全管理团队

聘请资深安全问题专家任安全主管，并与政府相关部门对接。与安全相关的客服不能外包，一定要自营，并由公司高管直接负责，在第一时间处理用户安全问题。

2. 合乘信息服务平台应严格、全面地审核司机、车辆和乘客信息

（1）确保司机与乘客信息真实有效。可以参考微博、微信等“好友辅助认证”的措施，推出“实名担保”制，即男性开启合乘服务时需提前邀请女性亲友辅助认证“担保”，当引发安全投诉时，平台会通知“担保人”。

（2）对司机进行严格审核，包括：个人身份信息、驾龄（3 年以上驾龄）、信用记录、暴力犯罪记录、性骚扰历史、拥有车辆信息、过往求职经历、交通肇事记录、危险驾驶犯罪记录、吸毒记录、酒后驾驶记录等；且逐年审核，力争做到一有新的记录就立即开始调查。

（3）对投诉进行严格管理。一旦有乘客提出较严重的投诉，涉事司机将被立刻停止运营直到调查结束。

（4）如果司机和车辆发生违法行为或不符合相关条件的，合乘信息服务平台应当及时注销其注册信息、停止提供合乘信息服务。

（5）加强对违法犯罪行为、失信行为、投诉举报、服务评价等信息的记录并公示，及时清理信用评价差的司机与车辆。

（6）合乘信息服务平台应对合乘服务的注册信息登记备案，对私家车主的手机号码、车牌、车身颜色、车型、驾驶证、通行证和身份证的一致性需严格把关，不得向未登记备案或者不符合合乘服务条件的车辆派单。

3. 多部门共同监督

合乘信息服务平台应与政府交通、通信、公安、银行、税务和网信等部

门，以及提供征信产品的企业建立长效合作工作机制，形成共同监管。例如，合乘信息纳入个人征信系统。在合乘过程中，司机与乘客的严重违规行为与犯罪行为将会被纳入个人征信系统。同时信用记录不佳的司机与乘客不允许在合乘信息服务平台注册。

4. 将相关信息接入政府监管平台

合乘信息服务平台应将注册驾驶员和车辆等信息报送当地交通行政管理部门，相关信息及合乘数据应接入当地交通行政管理部门的行业监管平台，合乘数据包括：驾驶员及车辆信息，单次合乘行为出发、到达时间及地点，出行次数，合乘行驶线路行程，合乘者已支付的分摊成本费用金额等。合乘服务如果超过限额运营，应被认定为非法营运并对其进行处罚。

5. 进一步优化 App 的安全功能

（1）增加内置报警功能，合乘信息服务平台应该与警方合作，让平台的管理系统与警方的报警系统对接，在 App 中实现一键报警功能，通过 GPS 定位、车辆外观和车牌号等能让警方迅速赶到现场。

（2）在乘车过程中，乘客的乘车信息与实时地理位置能够共享给紧急联系人。

（3）关注司机安全，如在 App 中内置评分系统，帮助司机了解乘客的过往乘车行为，做好预防。

（4）在合乘信息服务平台每单的抽取费用中，用一部分钱自动为司机与乘客购买一份保险，由大保险公司担保。

（5）要求车主在行程中保持合乘服务 App 开启，实时获取行程位置信息，对异常停留、路径偏移等现象进行预警，通过 App 内或短信提醒的方式确认用户是否处于安全的状态；如果用户没有反馈，则将行程信息在第一时间发送给用户的紧急联系人；平台也应持续关注该行程。

（6）经司机与乘客双方同意后，可以选择通过 App 开启录音录像功能。

（7）要求车主在邀请乘客同行、到达乘客起点时进行人脸识别，乘客也需要进行人脸识别。

（8）增加订单完成后的延时支付等功能，进一步改善司机服务态度，并防止提前确认上车等诈骗行为。

（9）杜绝社交功能。交通运输部运输服务司副司长蔡团结表示，目前一些平台公司推出的合乘服务业务增加了过多的社交功能，偏离了提供出行服务的本意。因此，合乘信息服务平台应该杜绝社交能够，规避安全隐患。

6. 进一步普及对司机与乘客的安全教育

一是为司机提供安全培训，例如培训司机掌握一些应对不规矩乘客的技巧，提高司机的安全防范能力。二是乘客上车时提醒司机与乘客双方核对身份证信息，不然司机有理由拒载，乘客也有理由选择放弃乘坐。三是平时多给乘客推送合乘相关的安全知识，同时进行客服宣导，提高乘客的安全意识与应对恶性事件的能力。四是政府可通过公益广告等传播方式进行宣传教育，增加市民安全出行的知识。通过以上方式防患于未然。

7. 提供女性专用合乘服务

如果用户不想与男性同乘，可以在平台中选择“女性专车”功能，此时司机与乘客都必须为女性。为了鼓励更多的女性合乘服务者加入平台，可以给予女性车主更多奖励，同时大力保障女性司机安全。

B.9

2018 ~2019年我国分时租赁发展研究

纪雪洪　乔英俊*

摘　要： 本文对分时租赁行业2018年以来的发展现状进行了分析，发现分时租赁行业在经历快速发展后，正在进入调整时期，行业开始重视精细化运营和精细化管理。为推进我国分时租赁行业发展，本文提出应从停车资源、充电设施建设、税收减免等方面完善我国分时租赁行业的发展政策。从未来看，分时租赁行业在自动泊车与自动驾驶技术日趋成熟后，仍具有较大的发展潜力。

关键词： 分时租赁　商业模式　政策扶持

汽车分时租赁又称共享汽车，是以分钟或小时等为计价单位，利用移动互联网、全球定位等信息技术构建网络服务平台，为用户提供自助式车辆预订、车辆使用、车辆取还、在线结算等的小微型客车租赁服务。分时租赁相对传统租赁的主要特征是无人值守、分时计费。很多研究表明，分时租赁有助于推迟和减少个人购车行为，在一定程度上缓解了城市私人车辆不断增加的趋势及其对道路和停车资源的占用。

分时租赁最早源于欧美，在2011年左右被引入国内市场，并伴随着我国新能源汽车产业的发展而实现了快速增长，一时之间国内涌现了大量的区

---

* 纪雪洪，北方工业大学汽车产业创新研究中心主任，教授；乔英俊，中国工程院战略咨询中心项目主管。

域性平台公司，如摩范出行、环球车享 EVCARD、首汽 GoFun、盼达用车、联动云租车、立刻出行、大道用车等，无论是出现的企业数量还是投放的车辆规模均超过欧美等国家。

2018 年以来，行业风险和问题开始集中爆发，一些运营商出现经营困难甚至倒闭的情况，行业加快进入调整期。只有把握行业发展现状，对行业发展形势做出正确研判，才能有利于政府和企业及时做出正确决策，推动行业健康持续发展。

一　分时租赁发展现状

（一）分时租赁市场规模持续扩大

2014 年以来，分时租赁市场持续快速增长。根据相关统计，[①] 截至 2018 年底分时租赁车辆规模超过 20 万辆，其中大部分车辆为新能源汽车（见图 1）。

EVCARD 累计投放量达到 5 万辆，GoFun 出行和华夏出行旗下分时租赁品牌摩范出行总体投入车辆均达 4 万辆，这三家企业是行业经营规模最大的。除大型企业外，很多中小型企业也纷纷进入这一市场，基于地方资源，在各城市有众多的分时租赁运营商，运营规模仅为几百辆甚至几十辆。根据相关调研，2018 年全国分时租赁实际运营企业超过 80 家。

从车辆投放分析，新能源汽车分时租赁车辆以 A0 级纯电动乘用车为主，包括北汽 EV 系列、奇瑞 EQ、江淮 iEV 系列、比亚迪 E 系列、上汽荣威系列等，也有部分燃油汽车。

（二）分时租赁服务得到消费者的认可

分时租赁具有便捷、环保、出行成本低等特点，逐渐被“80 后”“90

① 引自《中国城市客运发展报告（2018）》。

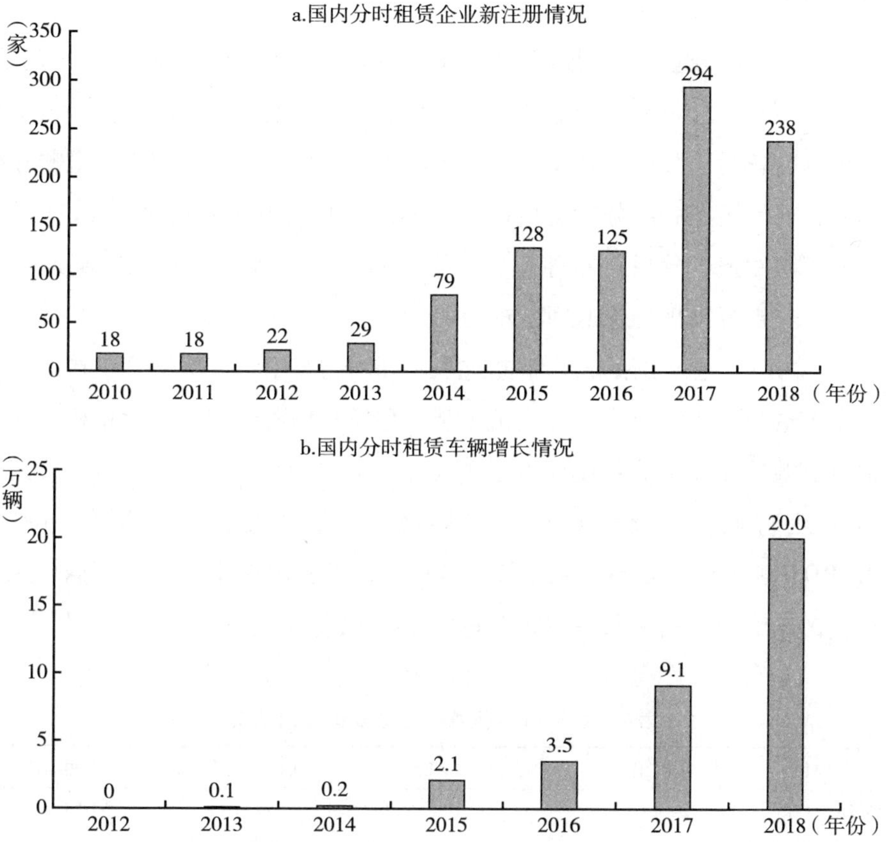

图1　国内分时租赁企业注册和车辆增长情况

后”等喜欢尝鲜的年轻人接受，并经过多年的市场培育后消费者的接受度正在提升，用户教育成效初步显现。根据摩范出行对分时租赁用户的统计，平台的用户数量达到400万。分时租赁车辆在一、二线城市中都有一家或者多家企业运营。以上分析表明，分时租赁已逐渐受到消费者的认可，并获得了一定的用户基础。

（三）不同企业发展势头出现分化

国内分时租赁市场最早始于2011年，受共享出行风口、资本市场助推、车企消化新能源汽车产品等因素影响，市场爆发于2014年以后。2018年行业发展出现分化。

一方面，部分企业出现退还押金风险困难，车辆停运、裁员、欠薪、甩卖车辆等不利消息频现。一部分运营商和平台开始退出市场，如易卡租车和绿狗租车挂牌转让股权，麻瓜出行、巴歌出行、位位用车、TOGO 途歌等纷纷倒闭，美团租车关停分时租赁试点，早期分时租赁运营商 Autolib 在经历长达七年的亏损运营后宣布停业、戴姆勒 Car2go 宣布退出中国市场，大道用车、立刻出行出现押金退回困难等。

另一方面，也有新的企业不断进入。如网约车出行巨头滴滴正在通过小桔租车布局分时租赁业务，神州租车基于存量车辆资源切入分时租赁，部分有地方资源的交通运输企业等也在进入这一领域。部分有整车厂背景或国企背景的运营商，继续选择扩大市场规模，如华夏出行、首汽 GoFun、EVCARD、联动云以及盼达用车等，各自车辆投放规模均超过 1 万辆。这五家运营的车辆数量约占共享汽车总量的 50% 以上（见表 1）。

表 1　国内分时租赁行业主要运营商情况

项目	华夏出行	GoFun	EVCARD	联动云租车	盼达用车
布局城市(个)	49	84	64	50 +	10 +
车辆规模(万辆)	4	4	5	5	2
网点个数(个)	—	—	11000	—	—
注册会员(万)	350	千万	600	—	—
总部位置	北京	北京	上海	深圳	重庆

（四）领先企业积极探索新模式

分时租赁是一种基于“互联网 +”的新型 B2C 汽车租赁服务，从本质上看仍属于汽车租赁，商业模式是非常明确的。虽然分时租赁进入中国时间较短，经过众多运营商的不断摸索与尝试，行业的商业模式逐渐明晰，但还有待进一步验证。比如，在运营模式上，形成了车辆自由流动、固定点取还车、“一点借车、异点或多点还车”等模式；在车辆投放上，采取自有车辆和加盟车辆相结合的方式；在车辆类型上，已形成以新能源汽车为主、燃油车为辅的发展格局，并逐渐探索定制化车型应用。在盈利上，以“时长＋里程”双计费模式收取车辆租金为主，并积极探索长短租、车辆广告等收入来源。

高成本和盈利难是分时租赁行业比较突出的问题。分时租赁成本投入主要包括车辆购置、运营网点建设、车辆保险投入的固定成本，以及车辆折损、停车费用、技术开发维护费用、车辆管理费用、用户端营销费用等运营成本，而收入却几乎全部来自车辆的租金，运营商收支平衡压力较大。与此同时，车辆日均订单小、用车时长短、车辆利用率低等制约分时租赁企业的发展，充电、调度、车辆清洁等工作同样影响和制约企业的运营效率。

在行业进入深度调整期，分时租赁领先企业开始积极调整战略，探索新的发展模式。华夏出行以打造综合出行服务商为目标，全力构建“出行＋增值服务”的生态圈，全面发力分时租赁、城市物流、越野自驾服务以及商旅服务等几大业务板块，希望串联并形成板块间的互相引流、转化以及提升。EVCARD将“精细化运营战略”作为发展战略调整方向，新增“起步小时＋超时分钟”的组合计费模式，通过推进“分时＋智能”、优化“企业会员”模式满足用户用车需求，通过大数据科学调整优化网点布局，上线荣威SUV ERX5、荣威Ei5和别克VELITE 6等车型，丰富车辆类型，满足多类别多场景出行需求，同时计划四季度上线分时租赁定制化车型EX21。GoFun出行正式推出个人汽车托管业务，面向个人车主招募，车主每月可赚取收益。同时还将在北京、贵阳、武汉、杭州、宁波几大城市上线“预约用车”服务。网约车出行巨头滴滴出行上线“小桔租车”，在原有分时租赁业务的基础上，拓展短租服务，希望通过租车的方式，提升汽车资产利用率，整合车源、能源、维保、保险等各个环节，以降低每辆车、每公里的使用价格，同时提升用车体验。也有很多企业开始探索在现有用户基础上，探讨在线提供长短租服务，将分时租赁和P2P模式结合，取得了相对较好的经济效益。

分时租赁仍需一个长期探索的过程，需要共享业务系统［如停车场、充电桩、车载 T-BOX、AVN（车载主机）]、数据智能系统（如站点规划、智能调度、订单预测、车内外视觉、智能服务、泊车服务、车辆定损）以及生态共享系统（包括购车、停车、充电、洗车、维修、保养、二手车等全面优化），才能解决当前存在的痛点。

（五）分时租赁行业整体上处于探索阶段

分时租赁导入国内的时间仍比较短，总体市场相对网约车、顺风车等其他共享出行模式规模偏小，商业模式还处在不断验证并逐步成熟的过程。分时租赁便捷、低成本和环保出行的特性，吸引了部分用户尝鲜。但根据 J. D. Power 发布的调查结果，受访消费者对分时租赁在交通事故理赔处理、车内环境脏乱差、充电桩少、网点少和车辆定位不准/找车困难等方面还有很多不满意之处。

运营企业依然没有跨过盈亏平衡点从而实现整体盈利。作为重资产、重运营的分时租赁行业，主要依靠车辆租金收入，盈利来源相对单一，因而降本增效、增加盈利来源是运营企业探索全面盈利的重要途径。法国巴黎的 Autolib 公司运营八年依旧没有盈利，业务停运前累计亏损达到 1.8 亿欧元；国内早期企业绿狗租车 2016 年、2017 年、2018 年净利润分别为 -3667.37 万元、-2792.05 万元、-1327.97 万元，连亏三年。但由于共享汽车的运营、服务以及盈利模式仍处在不断完善的过程中，市场培育和盈利可能需要一段时间。总体来看，当前国内分时租赁还处于探索阶段导入期（见图 2）。

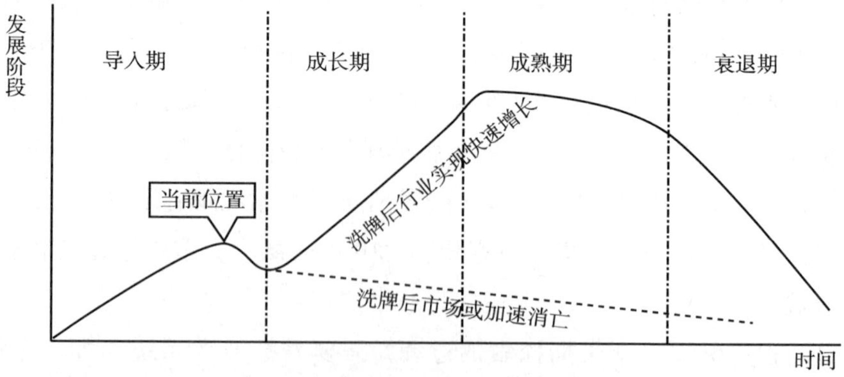

图 2　分时租赁行业所处市场发展阶段判断

二 分时租赁相关政策支持现状

（一）国家层面支持政策

从国家层面看，分时租赁获得相关政策支持，对行业影响较为重要的两个政策是《关于促进小微型客车租赁健康发展的指导意见》和《交通运输新业态用户资金管理办法（试行）》，前者明确提出要鼓励分时租赁发展，后者对共享汽车押金的收取、退还等做出了明确规定（见表2）。

2017年8月8日，国家交通运输部和住房城乡建设部发布《关于促进小微型客车租赁健康发展的指导意见》（以下简称《意见》）。为鼓励分时租赁新业态发展，《意见》提出，分时租赁企业要综合考虑城市实际情况，建立与公众出行需求、城市道路资源、停车资源等相适应的车辆投放机制；分时租赁经营者应提升线上线下服务能力，强化车辆智能组织调配，通过运营人员日常巡检、车辆自检等方式，确保车辆安全状况良好。经营者应采用安全、合规的支付结算服务，确保用户押金和资金安全，鼓励采用信用模式代替押金管理；提出鼓励人流密集区域的公共停车场为分时租赁车辆停放提供便利、探索城市路内停车优惠等支持政策。

2019年5月，交通运输部等部委出台的《交通运输新业态用户资金管理办法（试行）》对共享汽车押金的收取、退还等做出明确规定。分时租赁单份押金金额不得超过运营企业投入运营车辆平均单车成本价格的2%，个人用户单个账号内的预付资金额度不得超过8000元、单位用户单个账号内的预付资金额度不得超过30000元。

（二）区域层面支持政策

从地方层面看，仅有上海、深圳、成都、广州、保定和海南等地方对分时租赁业务出台了明确的指导意见或者管理办法，如对停车位、充电、通行等有明确的政策支持，对服务网点数量、运营车辆规模和充电桩配套确定了明确的指标要求。更多的城市仅在新能源汽车产业发展规划、推广应用实施方案以及财政补助管理等政策中提及分时租赁。目前大多数地区对分时租赁在城市交通中的定位、企业准入和退出、车型要求、牌照发放、税收优惠政策等并没有明确的指导意见（见表2）。

上海市政府早在2016年3月就出台了《关于本市促进新能源汽车分时租赁业发展的指导意见》，其中提出，到2020年底，分时租赁服务网点建设超过6000个，纯电动车超过2万辆，充电桩超过3万个。运营车辆额度安排每年不少于4000辆。支持充电桩建设，鼓励在加油站、高架桥孔、大型商场、公共停车场（库）、道路停车场、单位内部停车场、超市、商务楼宇、文体场馆等地方配备公共充电设施，为分时租赁车辆充电提供便利。

深圳市《深圳市汽车租赁管理规定》和《关于规范汽车分时租赁行业管理的若干意见（征求意见稿）》两份政策文件中提出，租赁车辆应为经营者自有车辆，营运车辆须办理机动车登记手续，车辆的使用性质登记为租赁类，营运车辆必须为纯电动性质的汽车。要求运营企业与承租人签订汽车租赁合同时，要落实承租人身份查验制度，并对承租人相关信息负有保密责任；鼓励运营企业将运营平台数据接入市交通运输主管部门和公安交通管理部门的监管平台，纳入监管体系；分时租赁运营企业押金专款专用；并建立和完善承租人个人信用管理制度，以明确用户行为规范。

广州市交通委员会于2017年10月发布了《关于征求促进广州市共享汽车（分时租赁）行业健康发展的指导意见》（以下简称《意见》）。《意见》明确鼓励运营企业使用新能源汽车开展分时租赁业务活动，已经在营运的非新能源分时租赁汽车要逐步更新为新能源汽车；明确提出分时租赁运营企业将车辆运营数据纳入市交通主管部门分时租赁监管平台，实现数据共享；鼓励充电基础设施建设，鼓励充电桩企业与分时租赁经营者合作，提高充电桩利用率，提倡利用分时租赁公务出行。《意见》对承租人的要求比较明确，要求是年满18周岁，具有完全民事行为能力，取得相关准驾车型机动车驾驶证且状态正常，并具有1年以上驾驶经验的合法公民。

成都市交委也于2017年10月印发了《关于鼓励和规范新能源汽车分时

租赁业发展的指导意见》（以下简称《指导意见》），提出到2018年底，成都基本形成新能源汽车分时租赁服务网络，服务网点达到2500个，充电桩达到10000个；到2020年底，形成覆盖广泛的新能源汽车分时租赁服务网络，服务网点达到5000个，充电桩达到2万个。《指导意见》除了支持充电桩建设外，还明确提出车辆上不允许有其他广告，运营企业要为汽车购买保险，用户违反交通准则由用户负责等等。

北京市等城市没有专门的分时租赁支持政策，正在制定的《北京市电动汽车推广应用行动计划》提出建设电动汽车分时租赁网络，使其成为城市多层次交通体系的组成部分，并提出了充电基础设施的建设目标以及相关补贴水平。

表2　我国分时租赁主要政策情况

政策层面	政策名称	出台时间	主要内容
国家	《关于加快新能源汽车推广应用的指导意见》	2014年7月	积极鼓励投融资创新，在个人使用领域探索分时租赁、车辆共享、整车租赁以及按揭购买新能源汽车等模式
	《汽车产业中长期发展规划》	2017年4月	促进汽车共享经济发展，全方位提高汽车使用效率
	《关于促进小微型客车租赁健康发展的指导意见》	2017年8月	明确支持分时租赁发展，并提出要充分认识发展分时租赁的作用，科学确定分时租赁发展定位，提升线上线下服务能力，建立健全政策措施。鼓励使用新能源车辆开展分时租赁，并按照新能源汽车发展有关政策在充电基础设施布局和建设方面给予扶持
	《交通运输新业态用户资金管理办法（试行）》	2019年5月	对共享汽车押金的收取、退还等做出明确规定。汽车分时租赁单份押金金额不得超过运营企业投入运营车辆平均单车成本价格的2%，个人用户单个账号内的预付资金额度不得超过8000元、单位用户单个账号内的预付资金额度不得超过30000元
	《数字交通发展规划纲要》	2019年7月	倡导“出行即服务”（MaaS）理念，以数据衔接出行需求与服务资源，使出行成为一种按需获取的即时服务，让出行更简单。推动“互联网+”便捷交通发展，鼓励和规范发展定制公交、智能停车、智能公交、汽车维修、网络预约出租车、互联网租赁自行车、小微型客车分时租赁等城市出行服务新业态

续表

政策层面	政策名称	出台时间	主要内容
地方	《关于本市促进新能源汽车分时租赁业发展的指导意见》(上海市)	2016 年 3 月	设定服务网点和车辆数发展目标,运营车辆牌照按需发放,免费提供一定数量停车位用于分时租赁企业建设服务网点,并给予一定的政策扶持
	《关于规范汽车分时租赁行业管理的若干意见(征求意见稿)》(深圳市)	2017 年 7 月	规定分时租赁的企业必须先申请运营车辆牌照,且必须为自有车辆,同时鼓励纯电动汽车优先
	《关于鼓励和规范新能源汽车分时租赁业发展的指导意见》(成都市)	2017 年 9 月	制定新能源车分时租赁未来三至五年发展目标,到 2020 年底形成服务网点 5000 个
	《保定市小微型客车租赁经营服务管理暂行办法》	2018 年 1 月	鼓励使用新能源车辆开展分时租赁,对企业经营资质、经营服务、监管管理和法律责任做了明确要求
	《关于促进广州市小微型客车分时租赁行业规范健康发展的指导意见》	2018 年 11 月	番禺、黄埔、南沙等条件较好的区域应率先开展“新能源 + 客车分时租赁”试点工程和示范区建设。鼓励使用新能源汽车,不提倡使用非新能源汽车开展分时租赁业务
	《海南省关于鼓励纯电动小客车分时租赁行业健康发展的若干意见(试行)》	2018 年 11 月	支持分时租赁发展。并对从事分时租赁的经营者和车辆提出统一要求:经营者自有或拥有不低于 1000 辆以上的纯电动车辆;车辆续航里程不低于 300 公里

(三)各地的汽车租赁备案政策

当前各地政府对分时租赁运营企业的备案要求有一定的差别。有的地方对分时租赁企业备案有明确的要求，也有的企业并没有明确要求。有明确要求的地方政府一般涉及开业备案、变更备案以及停业或歇业备案三种备案类型。

汽车租赁企业开业备案，一是要遵从经营所在地政府的开业备案流程规定，二是要出具当地政府所规定的备案资料，三是遵守当地政府备案的时间节点规定。以北京市为例，根据《北京市汽车租赁经营备案管理暂行办法》，汽车租赁经营者应当在取得工商营业执照后30日内，持《汽车租赁经营开业备案表》、营业执照副本及复印件、《组织机构代码证》副本及复印件、经营场所产权证明或租用证明及复印件，外商投资企业须提交《外商投资企业批准证书》原件及复印件以及其他必要的辅助资料，到市运输管理局申报开业备案。

汽车租赁企业变更备案，包括但不限于以下几种情况（以下为北京市的变更备案要求）：①租赁经营车辆增加或减少的；②营业门店增加或撤并的；③工商登记事项变更的；④原开业备案的其他事项及内容发生变化的；等等。

汽车租赁企业停业或歇业备案，是指汽车租赁经营者暂停或终止经营活动，应当在办理相应的工商、税务手续后，在规定的时间范围内，到经营所在地的原备案部门申报停业、歇业备案。深圳市出台的《深圳市汽车租赁管理规定》指出，汽车租赁业务经营者终止经营活动的，应当在10个工作日内向市交通运输部门办理备案注销手续，并交回备案证明。

各地政府对汽车租赁经营主体、运营车辆以及承租人等也提出了具体要求。以北京、上海、深圳、广州、浙江等地出台的政策为例，对比分析如表3所示。

在汽车租赁备案主体方面，各地政府保持了统一的要求，即备案主体为企业法人或企业法人的分支机构。

在汽车经营租赁者的行为规范方面，各地政府出台政策的具体内容有细微的不同，落实租赁经营的相关要求存在差别。北京、深圳、广州以及浙江等地对经营租赁者提出了较为宽泛的要求。要求按照规定进行车辆检测和维护保养、“一车一档”、与当地交通管理部门共享数据信息等，要求明示收费标准、租车流程和监督电话，落实安全主体责任和治安防范措施等等。而上海市政府进一步细化了经营租赁者的行为规范，对经营租赁者的资产实力提出了更高、更明确的要求。上海市政府规定，经营租赁者配备的汽车须不少于20辆，且汽车车辆价值不少于200万元、须有不少于汽车车辆价值5%的流动资金、有固定的经营和办公场所，停车场面积不少于正常保有租赁汽车投影面积的1.5倍等。因此，相较于其他城市，上海市市政府大大提高了汽车租赁经营者准入门槛。

在运营车辆的运营规范方面，一是规定了运营车辆的所有权性质，各地政策均指出运营车辆必须为经营主体所有，或车辆所有人与经营者名称保持一致。二是对车辆的安全、技术性能等内容提出了总体要求，但普遍缺乏具体的车辆性能标准、指标规范。北京市要求租赁车辆安装有卫星定位装置，规定经营者为运营车辆购买相关的车辆保险，车内配有必要的故障警示牌或维修工具等。上海市规定了租赁车辆的属性为9座及以下小微型纯电动载客汽车，须安装人脸识别装置。深圳市还规定了租赁车辆属性为登记在案的租赁类12座及以下载客汽车，须符合本市执行的机动车污染物排放标准，其中，分时租赁车辆必须为电动汽车。广州市还对运营车辆提出了周期性的维护要求，包括日常维护、一级维护以及二级维护。

在承租人规范方面，明确了承租人的义务要求。一是承租人提供的相关信息合法、真实、有效。二是不得将租赁车辆交由无相应驾驶资格的人员驾驶。三是不得将承租车辆进行抵押、变卖或者转租。四是不得使用承租车辆从事道路运输经营等违法犯罪活动。五是承租小型客车应当随车携带小型客车租赁车辆备案证。六是租赁双方要签订租赁合同。合同内容应当包括车辆用途、租赁期限、租赁费用及付费方式、车辆交接、担保方式、车辆维护和维修责任、车辆保险、风险承担、违约责任和争议解决方式等。尽管各地政府完善了租赁经营者以及承租人双方的租赁政策，但在承租人实际使用过程中，仍面临着较为复杂的情况，如承租人未在指定位置泊车，擅自拆除、损坏或者屏蔽车载卫星定位等设施设备。因此，面对这样的不良行为，还需政府和租赁企业协同合作，构建不良行为处理机制，完善承租人失信惩戒制度等。

表3　主要省市汽车租赁备案要求对比

地区	备案要求			
	备案主体	经营者	运营车辆	承租人
北京	企业法人或企业法人的分支机构	(一)在经营场所显著位置明示服务项目、收费标准、车辆保险、租车流程及监督电话 (二)按照约定的价格收取租赁费用 (三)按照规定进行车辆检测和维护保养,保证租赁车辆技术性能良好、符合安全行驶条件 (四)建立并完善救援服务体系,对租赁期间发生故障或者事故的车辆,及时按照约定提供救援服务 (五)建立租赁经营管理档案和车辆管理档案,并按照规定报送管理数据信息 (六)建立健全经营服务、安全保卫、消防等管理制度	(一)行驶牌证齐全有效且为汽车租赁经营者所有 (二)已按照国家规定办理相应的保险 (三)已安装车辆定位装置 (四)技术性能良好、符合安全行驶条件 (五)车内配备有效的车用灭火器、故障车警示标识牌和必要的维修工具	(一)提供的相关身份信息合法、真实、有效 (二)爱护车辆及其附属设施,按照操作规范驾驶车辆 (三)随车携带承租车辆的相关证件 (四)不得利用租赁车辆运输国家法律法规禁运、限运物品,以及从事其他违法犯罪活动 (五)不得将承租车辆进行抵押、变卖或者转租
上海	企业法人或企业法人的分支机构	(一)配备汽车不少于20辆,且汽车车辆价值不少于200万元。租赁汽车应是新车或达到一级技术等级的在用车,并具有齐全有效的车辆行驶证件 (二)须有不少于汽车车辆价值5%的流动资金 (三)有固定的经营和办公场所,停车场面积不少于正常保有租赁汽车投影面积的1.5倍 (四)有必要的经营机构和相应的管理人员,在经营管理、车辆技术、财务会计等岗位上应分别有一名具有初级及其以上职称的专业技术人员 (五)具有法人资格	(一)9座及以下小微型纯电动载客汽车 (二)安装人脸识别装置 (三)安装符合规定标准的车载卫星定位和应急报警装置 (四)符合客运服务规范对车辆的其他要求	(一)承租人租赁车辆时应当提供真实有效的证件信息,个人承租人和单位承租人委托的实际驾驶人应当持有效的机动车驾驶证,并保证为本人驾驶车辆 (二)承租人驾驶租赁车辆时应当严格遵守道路交通安全相关法律法规和租赁合同约定事项,在指定停车泊位停放车辆,保持车容整洁,不得擅自拆除、损坏或者屏蔽车载卫星定位等设施设备 (三)承租人不得在使用过程中将租赁车辆交由第三人驾驶,不得利用租赁车辆从事经营性客运活动

续表

地区	备案要求			
	备案主体	经营者	运营车辆	承租人
深圳	企业法人	(一)按照法律法规和相关规范对车辆、机具及站场的设施设备等进行经常性的维护、保养,并定期检测、检验,保证正常运转、确保车况良好 (二)租赁车辆应当按照国家有关规定进行年度审验。汽车租赁经营者应当到符合国家相关标准的机动车综合性能检测机构进行检测、评定租赁车辆的技术等级,并定期向交通运输主管部门报送检测报告 (三)建立车辆档案,一车一档,将车辆的技术资料、维护保养记录、交通事故档案、技术检查记录、租赁台账、租赁合同以及营业记录等资料及时归档	在本市公安机关交通管理部门登记为租赁类的12座及以下载客汽车 (一)车辆所有人与经营者名称一致 (二)在本市办理机动车登记手续,车辆使用性质登记为租赁类 (三)符合本市执行的机动车污染物排放标准,符合国家有关车辆上路行驶的其他要求 (四)按规定购买机动车交通事故责任强制保险及与租赁业务相适应的保险 (五)安装、使用符合国家和省有关标准的卫星定位汽车行驶记录仪,保持有效运行	(一)随车携带机动车行驶证、租赁车辆备案卡 (二)按照操作规范驾驶租赁车辆,遵守交通安全法律、法规 (三)不得利用租赁车辆从事或者变相从事营业性道路运输 (四)不得将租赁车辆交由无驾驶资格人员驾驶 (五)不得将租赁车辆抵押、变卖或转租
广州	从事汽车租赁经营的企业法人、企业法人的分支机构等经营主体	(一)汽车租赁经营者应持有合法有效的营业执照和《道路运输经营许可证》 (二)鼓励汽车租赁经营者创立服务品牌注册或使用服务商标	(一)租赁车辆应取得本市机动车行驶证和机动车号牌。机动车行驶证的车主名称应与持证的汽车租赁经营者工商注册名称一致 (二)租赁车辆应符合GB72582004的要求持有当期有效的机动车安全检验合格标志 (三)租赁车辆应符合本市环境保护指标要求持有当期有效的绿色环保标志 (四)汽车租赁经营者应按规定向有关部门提供租赁车辆信息 (五)租赁车辆应办理法定的机动车交通事故责任强制保险等险种。汽车租赁	(一)随车携带机动车行驶证、租赁车辆备案卡 (二)按照操作规范驾驶租赁车辆,遵守交通安全法律、法规 (三)不得利用租赁车辆从事或者变相从事营业性道路运输 (四)不得将租赁车辆交由无驾驶资格人员驾驶 (五)不得将租赁车辆转租他人使用

续表

地区	备案要求			
	备案主体	经营者	运营车辆	承租人
			经营者宜为租赁车辆办理第三者责任险车辆损失险、全车盗抢险及其他险种 (六)汽车租赁经营者应按照 GB/T 18344 - 2001 的规定对租赁车辆进行周期性技术维护,包括日常维护、一级维护、二级维护	
浙江	汽车租赁经营备案的主体是我省境内从事汽车租赁的经营者,以及外省汽车租赁经营者在我省境内从事汽车租赁经营的分支机构	(一)汽车租赁企业应建立汽车租赁车辆维护保养制度,定期对租赁车辆进行维护和保养,确保车辆技术状况达到二级以上 (二)鼓励汽车租赁经营者建设车辆卫星定位系统管理平台,向交通、公安等管理部门开放数据接口 (三)鼓励汽车租赁经营者在机场、车站等旅客集散地设点布局,推进汽车租赁网络化经营	租赁车辆应为汽车租赁经营者合法拥有,且车辆登记证和行驶证须与汽车租赁经营者名称相一致	承租人租赁汽车时,需提供身份证件,并与汽车租赁企业签订书面承租合同

三　分时租赁的未来展望

（一）分时租赁细分市场需求客观存在

作为一种共享出行新业态，分时租赁存在细分市场需求基础。第一，机动车驾驶人与私人小汽车保有量之间高达2.24亿的自驾需求缺口，构成分时租赁潜在的客户基础。第二，一、二线城市限行限购催生分时租赁用车需求，新能源汽车分时租赁车辆不限行是吸引用户使用的最大亮点。第三，特定场景存在分时用车需求，如跨城出行、旅游景区用车、科技园区晚上用车、政务用车、核心商圈用车、通勤需求以及机场、火车站等接驳用车。第四，周末游、休闲自驾游等旅游需求催生车辆租赁需求。第五，相比私家车、网约车和出租车的性价比优势吸引部分用户使用。

上述分析表明，分时租赁细分市场需求客观存在，但其爆发期的时点还难以确定。P2P 租车分时租赁市场需求也客观存在，但发展面临的障碍较多。传统租车、出租车、专车、快车、顺风车等出行方式对两类分时租赁也构成了一定的替代与竞争。

（二）分时租赁短期作为市场主流出行方式的一种补充

分时租赁作为出行的细分业态，短期内是公共交通出行的一种有益补充，但难以成为市场主流出行方式，判断依据如下：第一，分时租赁非集约化出行特性客观上限制了其在城市交通出行体系中的地位，城市交通出行的发展方向是大容量、集约化出行。第二，无司机服务的分时租赁车辆运营效率低于有司机提供服务的网约车和巡游车，分时租赁面临着网约车、出租车等替代出行方式的竞争，在便捷性和品质服务上不具有竞争优势（分时租赁车辆车内环境和车况较差）。第三，前期分时租赁快速扩张主要受益于资本市场助推和整车企业发展新能源汽车消化库存产品，但目前资本市场已经降温，在商业模式跑通前难以再获得资本市场的青睐，另外整车企业从制造商向出行服务转型，则更加侧重于网约车业务。第四，从传统租车看，汽车租赁业经过多年发展，车辆总规模仍然不足 50 万辆。分时租赁本质上是汽车租赁，仍然要遵循国内汽车租赁业的发展规律。因此，分时租赁虽然有明确的市场需求，但短期内仍然属于补充性的出行方式。

（三）新技术应用与赋能为分时租赁提供新想象空间

一般认为，技术创新有助于解决分时租赁行业痛点，提升车辆使用效率和企业运营能力。比如，面部、指纹等生物识别技术用于车辆解锁和用车人安全验证；车载人机交互可以判断司机是否适宜开车，手势控制、语音控制可简化司机的操作，提高驾驶安全性和体验性；自动泊车技术帮助司机减少找车位、停车的时间；车联网技术可以实现更精准的定位和远程解锁，提高车辆行驶的安全性；区块链汽车支付技术降低支付费用和风险；无线充电/自动充电减少人工操作，提升充电补能效率；大数据分析和调度可大大提升运营效率，开源节流；自动驾驶技术连接用户与停车场“最后一公里”，减少找车、还车时间。部分分时租赁运营商希望通过新兴技术的应用来改善整个行业面临的困境，并积极尝试推动新技术的落地应用，如EVCARD、GoFun出行和盼达用车正在联合科技公司共同探索自动驾驶技术在分时租赁场景中的应用。总之，分时租赁是新兴技术最佳的应用场景，新技术应用和赋能有助于解决分时租赁行业痛点。

四　对行业发展的主要建议

（一）完善政策体系与行业监管

分时租赁行业的发展离不开政策的支持，特别是行业洗牌期间大规模爆发的倒闭潮、退押金难、企业违约、欠薪等问题，更是考验政府的行业监管水平，亟须政策给予规范引导。第一，要客观评估分时租赁在交通出行体系中的作用，明确发展定位，纳入共享出行体系，做好顶层规划设计。第二，完善法律法规，参考德国《共享汽车优惠法》，制定和完善国内共享汽车层面的法律法规。第三，创新监管方式，探索实现数字监管、信用监管、协同监管、行业自律和社会监督相结合的综合监管体系。第四，鼓励地方政府出台扶持和优惠政策，在车辆管理、牌照发放、网点建设、停车位使用、充电运营、模式推广、税收优惠、融资贷款等方面给予分时租赁更多优惠支持。

（二）加快构建共享汽车信用体系

用户不规范、不文明的用车行为增加了分时租赁运营企业的成本，部分企业不诚信行为不仅伤害了用户，也对行业发展造成不良影响，因此亟待建立信用体系来共同规范平台和用户行为。交通运输部《关于促进小微型客车租赁业健康发展的指导意见》明确提出，要加快信用体系建设，建立小微型客车租赁经营者和承租人信用评价制度，构建跨地区、跨部门、跨领域的联合激励和惩戒机制。但目前共享汽车行业的信用体系建设工作推进缓慢，成效甚微，建议：第一，交通运输部会同相关部门，完善汽车分时租赁领域信用体系，强化信用管理，推进信用记录共享应用，通过信用体系规范平台经济经营者和参与者的行为。第二，成立全国共享出行信用平台，全面接入各运营企业信用体系，实现全行业信用数据共享。第三，政府、企业、相关机构联动和行业共建。共享汽车信用体系的构建，需要耗费大量时间与人力成本，仅靠一家企业是无法快速获得成效的，只有多方共同参与，才能形成长效有序的信用机制，共同促进行业健康有序发展。

（三）企业从追求速度转向追求高质量发展

在分时租赁行业进入深度洗牌期，运营商需要及时根据外部形势调整自身的市场战略，应从过去的追求速度和城市快速扩张转向追求提升运营效率、谋取企业盈利和精细化运营等。通过精细化运营，提升找车、充电、停车、车辆清洁、维修保养等方面的线下运营能力，增强用户体验，提高客户黏性和复用率，力争实现单城以及规模化盈利，只有实现盈利才能在行业洗牌期存活下来，才能分享行业发展红利。在增收方面，丰富业务类型，增加长短租服务，以及探索网约车、顺风车、P2P 租车、充电运营等多元化业务，利用车身和车内移动端增加广告收入，通过车辆运营数据开展大数据增值服务等。在成本方面，加强经营成本分析，制定有效的成本控制策略，并严格贯彻执行，如开展网点和车辆效率分析，及时优化裁撤利用率低的网点和车辆。在效率方面，要充分利用大数据、云计算等技术提升车辆运营管理效率，试点自动泊车、自动寻车等智能化技术，探索提升车辆利用率的新途径。

（四）持续推动商业模式创新

在前期分时租赁商业尚未得到验证的情况下，资本大量进入推动行业非理性发展，再加上商业模式的不成熟，是引发本轮分时租赁行业深度洗牌的重要原因。行业企业还需要不断完善和创新商业模式，形成可持续发展的商业模式。在场景定位、投放车型、用户定位、网点选择、城市遴选、合作伙伴、业务流程、盈利模式、增值服务等方面不断探索，形成成熟的价值创造和价值获取网络。充分发挥“互联网+”作用，积极应用新技术来不断创新和重构分时租赁商业模式，塑造新的服务模式、经营模式和盈利模式。

（五）进一步加强公众宣传教育

分时租赁作为一种共享出行新业态，有助于提高车辆利用率、替代私家车出行，但其还处于发展初期，公众对分时租赁的认知还处于较低水平，用车习惯有待养成。提高整个社会对分时租赁的认知度和接受度，是营造分时租赁良好发展环境的重要环节，也是促进分时租赁在公众中快速普及的重要保障。要进一步加强市场教育，通过广播、电视、报纸、门户网站、自媒体、社区论坛等多种途径和渠道，采用开展试乘试驾、巡游、免费用车体验、推进试点示范等形式，鼓励开展多样化的宣传教育和培训活动，持续提升社会公众对分时租赁的认知度及接受度，在全社会树立汽车共享和共享出行的发展理念，为行业发展营造良好的外部环境。

B.10
2018 ~2019年我国互联网租赁自行车发展研究

许 研 纪雪洪*

摘 要： 互联网租赁自行车行业经历了从疯狂到趋于理性的发展阶段，当前企业不再是靠烧钱补贴来获得用户，而是把重心放在了精细化运营发展上。政策监管的重心主要放在车辆总量调控和规范停放管理上。随着电动自行车新国标自 2019 年 4 月 15 日落地执行，一些地方对待共享电动自行车的态度也开始发生变化。开展互联网租赁电动自行车有利于提高车辆使用效率，以高频使用代替低效闲置。在对互联网租赁电动自行车松绑前，需要加快制定互联网租赁电动自行车的行业标准、服务标准，以规范行业发展。

关键词： 互联网租赁自行车 总量调控 规范停放 电动自行车

一 互联网租赁自行车进入理性发展期

（一）用户规模不断扩大

互联网租赁自行车也被称为共享单车，是以互联网技术为依托，由运营

* 许研，北方工业大学汽车产业创新研究中心讲师，博士；纪雪洪，北方工业大学汽车产业创新研究中心主任，教授。

企业投放的分时租赁营运非机动车，是方便公众短距离出行和对接公共交通的交通服务方式。根据交通运输部相关统计，2019 年 8 月底，我国互联网租赁自行车共有 1950 万辆，覆盖全国 360 个城市，注册用户数超过 3 亿，日均订单数达到 4700 万单。

互联网租赁自行车的最早模式出现于 2015 年。2016~2017 年，在资本助推下，以 ofo、摩拜单车等为主的互联网租赁自行车企业得到资本市场的追捧，单车数量出现井喷式增加。自 2018 年开始行业快速降温。从用户数量看，中国互联网租赁自行车行业在 2017 年经历了用户增长最迅猛的一年，增长率达到了 632.1%，2018 年增长率急剧减缓至 14.6%。截至 2018 年底，互联网租赁自行车用户规模达到 2.35 亿，市场规模为 132.96 亿元。进入 2019 年，行业发展增速相对平稳，用户数量增加到 3 亿以上。

互联网租赁电动自行车是互联网技术与电动自行车行业结合的工具。电动自行车行业自 2003 年起快速发展，到 2018 年总产量 3300 万辆，保有量达到 2.5 亿辆左右。采用电动自行车作为生产资料的行业从业人员达到 700 万人。互联网租赁电动自行车自 2015 年起开始发展，目前尚未有官方统计数据，根据蓝皮书编委会的初步调研，行业的经营企业有几十家，互联网租赁电动自行车数量超过 100 万辆，行业规模不断扩大。

（二）市场格局呈现“三足鼎立”状态

伴随着 2018 年美团将摩拜单车改为美团单车、滴滴上线青桔单车、阿里投资哈啰出行等事件的发生，互联网租赁自行车行业逐步进入了哈啰、摩拜与青桔三家企业“鼎立”的全新发展阶段。

美团点评以 27 亿美元全资收购摩拜，并将摩拜单车出行端内用户整合到美团 App，致力于打造美团“吃喝玩乐行”的互联网业务生态圈。2018 年 7 月，哈啰单车获得蚂蚁金服 10 亿元融资，支付宝为哈啰单车提供了重要入口，也为哈啰单车做免押提供了信用数据支持，成为行业内首个信用免押的互联网租赁自行车。2018 年初滴滴出行“收购”了小蓝单车。利用小蓝单车在各地的投放指标，用青桔单车置换废旧的小蓝单车，如计划将北京总量为 25 万辆的小蓝单车按照 2∶1 的比例置换成青桔单车。

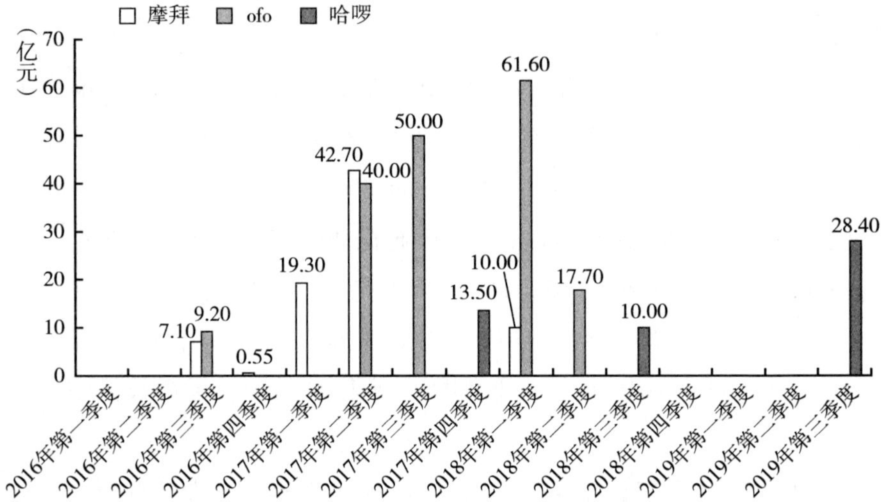

图 1　2016～2018 年摩拜、ofo、哈啰三家互联网租赁自行车企业的融资额

注：摩拜为并入美团前数据。

随着上述三家企业的崛起，其他互联网租赁自行车企业业务逐步萎缩甚至退出市场。自 2018 年起，先后有小蓝单车、牛拜单车、1 号单车、小鸣单车、Tibike、Gobee. bike（香港）、快兔出行等被托管或者停止运营。ofo 频遭起诉，欠押金用户超过 1000 万，业务大幅收缩。

在互联网租赁电动自行车行业，自 2015 年起，我国就涌现出了不少致力于电动自行车共享业务的企业，如享骑电单车、小蜜单车、觅马出行、芒果电单车等，此后出现了猎吧出行、蜜蜂出行、租八戒、哈啰助力车、街兔电单车、小鹿单车、7 号电单车、骑电单车、摩拜助力车等。受整个大出行行业发展的影响，哈啰助力车、街兔电单车以及摩拜助力车相对规模较大。据哈啰出行统计，截至 2019 年 7 月底，哈啰助力车已入驻全国 248 个城市，累计总骑行里程达 19. 31 亿公里，累计节约碳排放约 12 万吨。

（三）上游制造企业经历大起大落，发展趋于平稳

2018 年互联网租赁自行车投放量的大幅缩减传递到了国内自行车行业，2018 年，互联网租赁自行车订单相比 2017 年减少 90% 以上，自行车零配件销售收入减少了 17. 33%。2019 上半年延续了这种情况，我国自行车制造业主要产品中，两轮脚踏自行车完成产量 1915. 8 万辆，同比减少 6. 2%；在效益方面，全国规模以上自行车制造企业营业收入 242. 2 亿元，同比减少 3. 7%。整体看，2019 年上半年制造企业下滑幅度逐步收窄。

从行业主要企业看，上海凤凰、中路股份（永久）、信隆健康等 2018 年底营业收入相对 2017 年下滑明显。2019 年行业发展相对平稳（见图 2）。信隆健康 2019 年主营业务之一自行车零配件平稳发展，营业收入的增长主要是由于公司另一主营业务——运动健身器材，经过前期的研发及设备调试，电动滑板车新产品按订单计划量产交货。

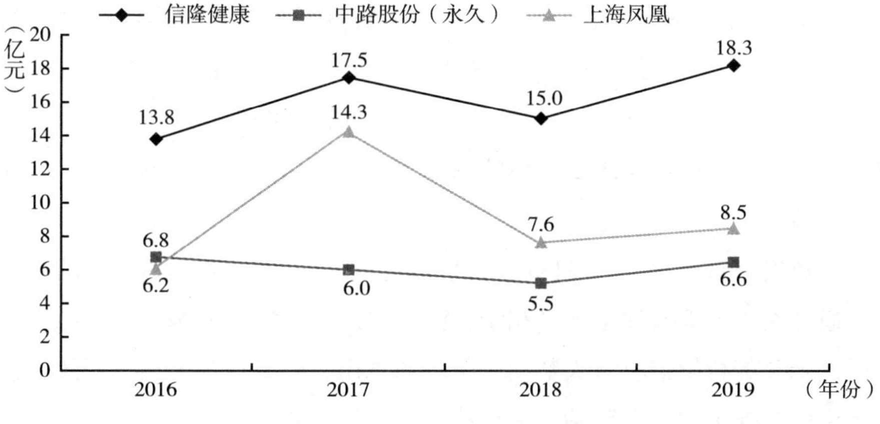

图 2　中路股份（永久）、上海凤凰和信隆健康的营业收入

（四）车辆运营服务日益智能化和精益化

2018 年以来，企业不再靠烧钱补贴来获得用户，重心放在了精细化

运营上，运营效率决定企业未来的竞争力。对于互联网租赁自行车企业而言，车辆调度管理、车辆维修以及车辆清洁是运营管理的重点，企业从智能硬件、后台大数据分析、网格化团队管理等方面努力追求实现高效运营。

一是车辆调度管理。相关企业在地铁口、高新技术园区等潮汐量大的地点，专人定时回收和投放车辆，及时疏散到其他用车需求地区。部分故障车运回仓库进行整修。车辆回收投放调整工作基本得到了有效管理。

二是车辆维修更新管理。各家企业对车辆维修更新都非常重视。哈啰出行出台了一套单车新生的车辆维修与入库标准。在网格区域内，专职人员对于区域内的车辆损坏及维修情况及时检查管理。对于需要回收到仓库维修的车辆，如智能硬件损坏、车体发生形变、影响用户使用安全等，哈啰单车则在仓库配有全日制“维修达人”负责车辆的维修检测与报废评估。

三是利用智能化系统提升运营效率。在互联网租赁自行车发展初期，摩拜打造了“魔方”，ofo 发布了“奇点”大数据平台，哈啰出行推出了“哈勃系统”，以提升管理水平。大数据平台不仅可以显示更精细的车辆热力分布图（精细到每一辆车的车身编码），而且能显示投车量、注册用户、累计减碳量等数据，能显示地区网格的划分及每个网格对应的车辆数量、运维负责人电话等。

大数据平台可以让互联网租赁自行车企业实时监测每一辆单车的运行情况，通过人工智能与线下调度相结合的方式调度车辆、平衡供给；能对用户骑行记录和骑行轨迹进行大数据分析以预测用户骑行行为。运营团队也会综合运用大数据平台、车联网、云计算和人工智能技术，7×24 小时高效调度车辆、平衡供需，及时处置乱停乱放、车辆积压等情况。由于能对交通潮汐状况和热点区域的骑行情况进行实时分析，大数据平台可以协助入驻城市的地方交管部门进行城市交通管理。

在 2019 年 8 月世界人工智能大会上，哈啰出行发布“哈啰大脑 2.0”。利用该系统，哈啰可以实现智能供需预测、智能规划、智能调度、智能派单等决策。自适应蓝牙电子围栏可以引导用户在规定区域内有序停车，解决车辆无序停放的难题。同时，哈啰开发了手持 bos 系统，可以帮助运维人员实时监测运营区域内的所有车辆状态。通过该系统可以清楚知道车辆状况、车辆积压点及坏车临时堆放点等，使工作更有目的性。

（五）企业启动动态调价机制

互联网租赁自行车行业整体尚未盈利。美团在 2018 年 4 月宣布全资收购摩拜单车，其后公布了 2018 年 4 月 4～30 日的运营状况，收入为 1.28 亿元，净亏损为 4.07 亿元。按照单车平均，每辆车每日亏损 2.2 元。

从收入看，互联网租赁自行车的盈利方式主要来自租金。从 2018 年开始，主要公司都推出了信用点数代替押金的使用办法，这使得之前押金产生的沉淀资金收入没有了。2019 年，互联网租赁自行车企业纷纷上调骑行价格。

企业纷纷上调骑行价格。北京，如表 1 所示，小蓝、摩拜和哈啰三个品牌单车的新计费方式为，骑行起步价调整为 1 元/15 分钟，时长费调整为 0.5 元/15 分钟，超过 15 分钟比之前多收取 0.5 元。也就是说，骑行 1 小时需要花费 4 元，是原来价格的 2 倍。此外，各互联网租赁自行车的优惠活动力度也大打折扣。

表 1　各互联网租赁自行车品牌调价情况

品牌	所属公司	原价	调整后价格	调价时间
小蓝	滴滴托管	1 元/30 分	起步价:1 元/15 分 时长费 0.5 元/15 分	2019 年 3 月 21 日
摩拜	美团点评	1 元/30 分	起步价:1 元/15 分 时长费 0.5 元/15 分	2019 年 4 月 8 日
哈啰	哈啰出行	1.5 元/30 分	1 元/15 分	2019 年 4 月 19 日
青桔	滴滴出行	1 元/30 分	1.5 元/30 分	2019 年 7 月 18 日

涨价在一定程度改善了互联网租赁自行车企业的盈利状况。而涨价后2019年美团第二季度财报显示，包括网约车和互联网租赁自行车在内的新业务及其他收入达到46亿元，与上年同期相比大幅增加85.1%。虽然财报改善还得益于美团推出的聚合打车模式及进一步削减司机补贴使网约车服务毛利率有所提升，但不难推测，互联网租赁自行车骑行费及订购费的增加也使其亏损收窄。根据调研发现，哈啰出行单车业务在提价后，用户数量和骑行次数并未明显改变，目前哈啰出行单车业务在半数城市已经实现盈利。

（六）建立互联网租赁自行车信用体系，多方面改进用户管理

2018年互联网租赁自行车企业已经实现了信用积分代替押金注册。小蓝规定芝麻信用700分以上可免押骑行，哈啰规定芝麻信用650分以上可免押骑行，青桔规定芝麻信用350分以上可免押骑行。2018年7月摩拜全国无条件免押骑行不与芝麻信用挂钩，摩拜基于用户骑行数据制定“模范分”信用积分体系以规范用户行为。ofo规定参与合作院校师生认证、年卡活动、办理中信联名卡等活动的用户可免押金骑行。

2018年3月信用免押金后，哈啰单车注册用户增长了70%，新增用户超过6000万，日骑行订单量翻了一番。

单车丢失、损毁等问题是影响运营企业经营的主要因素。在法国运营的香港Gobee互联网租赁自行车公司发布一封公开信称，从经营开始，共有超过1000辆互联网租赁自行车被用户盗窃或据为己有，3400多辆互联网租赁自行车被恶意破坏。在短短1个多月内，工作人员对6000多辆互联网租赁自行车进行过维修。Gobee互联网租赁自行车公司被迫于2018年2月25日退出法国市场。

互联网租赁自行车企业利用智能系统为用户建立信用考核体系，对“破坏单车”“违反交规/骑车载人”“私占单车”等行为扣除信用分。2019年3月哈啰出行表示用户信用体系在一年使用后取得较为理想的效果：不文明用车现象大幅减少，单车破坏率同比下降37%，在治理效果最好的城市，单车破坏率同比下降幅度甚至超过60%。

二　当前互联网租赁自行车的主要政策和法规

（一）国家层面相关政策

互联网租赁自行车是新生事物，为此，国家层面尚未制定专门法规。政府主要出台了《关于鼓励和规范互联网租赁自行车发展的指导意见》《交通运输新业态用户资金管理办法》《关于促进平台经济规范健康发展的指导意见》三个政策文件。

2017年8月交通运输部联合十部委印发了《关于鼓励和规范互联网租赁自行车发展的指导意见》（交运发〔2017〕109号），为我国互联网租赁自行车规范发展指明了方向，是国家层面促进互联网租赁自行车健康发展的纲领性文件。《关于鼓励和规范互联网租赁自行车发展的指导意见》提出，要坚持"服务为本、改革创新、规范有序、属地管理、多方共治"的基本原则，鼓励和规范并行发展。

2018年初交通运输部部长李小鹏在"两会"期间答记者问时谈道："互联网租赁自行车是一种模式创新，交通部鼓励各地人民政府因地制宜、因城施策，加强管理。加强管理需要三方面的共同努力：第一，政府要有作为，要规范和加强管理。第二，企业要遵纪守法，改善服务。第三，也是更重要的，即广大使用者也要文明出行，遵守社会公德"。

2019年6月，为加强互联网租赁自行车等交通运输新业态用户押金和预付资金管理，防范资金风险，印发了《交通运输新业态用户资金管理办法》。其中规定，互联网租赁自行车运营企业原则上不收取用户押金，确有必要收取的，应当提供运营企业专用存款账户和用户个人银行结算账户两种资金存管方式，以供用户选择。用户押金归用户所有，运营企业不得挪用。并且单份的押金金额不得超过运营车辆平均单车成本价格的10%，用户单个账号内的预付资金额度不得超过100元，用户押金最长退款周期不应超过

2个工作日等。

2019年8月，国务院出台《关于促进平台经济规范健康发展的指导意见》（国办发〔2019〕38号），对互联网租赁自行车等平台经济管理提出了新的要求。对于如何规范互联网租赁自行车等电子平台发展，交通运输部运输服务司负责人蔡团结指出，要量身定制交通运输新业态监管模式，坚持“乘客为本、鼓励创新、趋利避害、规范发展、包容审慎”的发展原则，继续深化改革，促进和规范交通运输新业态的健康发展。要打破“玻璃门”和“旋转门”，严守行业安全稳定的底线，营造新老业态融合发展、公平竞争的市场环境，寻求最大公约数；要加强多部门协同监管，探索实现数字监管、信用监管、协同监管、行业自律和社会监督相结合的综合监管体；要完善互联网租赁自行车等领域信用体系；最终保障老百姓出行的安全、便捷。

（二）地方层面相关政策

各地管理部门积极探索管理机制和管理措施，督促运营企业提高服务质量，落实主体责任，引导行业良性发展，主要体现在：明确主管部门及相关部门职责，开展鼓励与规范互联网租赁自行车发展的政策文件制定。地方出台的文件一般分为三类：指导意见或管理办法、考核办法、针对停放管理的标准或规范性文件。

表2　各地区互联网租赁自行车指导意见或者管理办法

地区	发布时间	文件名称
北京	2017年4月	《北京市鼓励规范发展共享自行车的指导意见（试行）》
上海	2017年10月	《上海市鼓励和规范发展互联网租赁自行车发展的指导意见（试行）》
深圳	2017年11月	《深圳市互联网租赁自行车管理方案》
广州	2018年1月	《关于鼓励和规范广州市互联网租赁自行车发展的指导意见》
新疆	2017年1月	《新疆维吾尔自治区关于鼓励和规范互联网租赁自行车发展的实施意见》

续表

地区	发布时间	文件名称
南京	2017 年 3 月	《南京市促进网约自行车健康发展的若干意见(征求意见稿)》
天津	2017 年 4 月	《天津市互联网租赁自行车管理暂行办法(征求意见稿)》
兰州	2017 年 4 月	《兰州市公共自行车租赁管理办法》
银川	2017 年 4 月	《银川市共享单车项目实施方案》
贵阳	2017 年 5 月	《贵阳市引导互联网租赁自行车健康发展的若干意见(征求意见稿)》
石家庄	2017 年 6 月	《石家庄市人民政府办公厅关于鼓励和规范互联网租赁自行车健康发展的指导意见》
武汉	2017 年 8 月	《武汉市人民政府关于鼓励和规范互联网租赁自行车健康发展的意见》
西安	2017 年 10 月	《鼓励规范互联网租赁自行车发展的指导意见(试行)》
杭州	2017 年 10 月	《关于杭州市促进互联网租赁自行车规范发展的指导意见(试行)》
福州	2017 年 11 月	《福州市人民政府办公厅关于规范共享单车管理的实施意见(试行)》
合肥	2017 年 11 月	《合肥市人民政府办公厅关于鼓励和规范互联网租赁自行车发展的实施意见》
太原	2017 年 12 月	《太原市人民政府关于规范互联网租赁自行车发展的意见》
成都	2018 年 3 月	《成都市共享单车运营管理服务规范(试行)》
长沙	2018 年 4 月	《长沙市促进互联网租赁自行车规范发展的指导意见(试行)》
济南	2018 年 5 月	《济南市关于鼓励和规范互联网租赁自行车健康发展的意见(试行)》
昆明	2018 年 7 月	《昆明市共享单车管理运营服务管理实施细则(试行)》
郑州	2018 年 11 月	《郑州市人民政府关于规范互联网租赁自行车发展的指导意见(试行)》

在颁布了管理办法和实施意见之后，各地方政府主管部门也陆续推出了对互联网租赁自行车公司的管理考核办法。以成都为例，2018 年正式出台实施的《成都市共享单车运营管理服务规范（试行）》和《成都市共享单车服务质量信誉考核办法（试行）》几乎涵盖了企业的所有内容，并推出积分制，对低于 600 分的企业责令其退出成都市行政区域营运，并纳入企业信用信息共享平台。

表 3　各城市互联网租赁自行车管理、考核办法相关文件

城市	发布日期	标准名称	摘要
成都	2018 年 3 月	《成都市共享单车运营管理服务规范(试行)》	包括运营企业车辆及设施设备管理、车辆投放、停放和调度等管理规范 33 条
成都	2018 年 3 月	《成都市共享单车服务质量信誉考核办法(试行)》	明确了互联网租赁自行车服务质量信誉考核等级、考核程序、奖惩措施等
厦门	2018 年 4 月 1 日	《2018 年度厦门市共享单车经营者投放份额考核实施方案》	对互联网租赁自行车经营者进行考核评分,并与投放份额挂钩
合肥	2018 年 3 月 21 日	《合肥市城区共享单车停放区设置及管理暂行办法》	对互联网租赁自行车的停放提出了具体的要求
北京	2018 年 9 月 7 日	北京市交通委通知	组织开展停放秩序整治工作
郑州	2018 年 7 月 27 日	市管理部门通知	解决郑州市二七广场、火车站等重点区域的车辆经营管理问题
南京	2018 年 8 月 3 日	市交通运输局、公安局、城管局召开会议	所有的存量互联网租赁自行车都要上牌。所有上路行驶的互联网租赁自行车都必须有证,否则将被清拖
上海	2018 年 8 月 18 日	交通委通告	违规增放互联网租赁自行车,一旦发现,将作为严重失信行为纳入企业征信档案;企业加强对违规停放车辆的清理;要按已发布的团体标准(5‰)配备运维人员,及时召回破损、故障等不能使用的车辆

部分地方政府出台了非机动车停放相关的标准规范及规范性文件，应用推广电子围栏技术、对互联网租赁自行车公司车辆停放进行规范管理（见表 4）。

表 4　各城市针对互联网租赁自行车停放管理的标准或相关文件

城市或牵头单位	发布日期	标准名称
成都	2016 年 12 月	《成都市中心城区公共区域非机动车停放区位技术导则》
深圳	2016 年 12 月	《深圳市自行车停放区(路侧带)设置指引》
厦门	2017 年 2 月	《厦门市自行车停放区设置指引(试行)》

续表

城市或牵头单位	发布日期	标准名称
广州	2017 年 3 月	《广州市中心城区城市道路自行车停放区设置技术导则》
德阳	2017 年 5 月	《德阳市中心城区公共区域非机动车停放技术导则》
北京	2017 年 9 月	《自行车停放区设置技术导则》《共享自行车系统技术与服务规范》
西安	2017 年 9 月	《共享单车停放管理标准及措施》
咸阳	2017 年 9 月	《共享单车停放管理标准及措施》
南阳	2017 年 9 月	《南阳市中心城区城市道路自行车停放区设置技术导则(征求意见稿)》
上海自行车协会	2017 年 7 月	《共享自行车服务规范》《共享自行车技术条件第 1 部分:自行车》
中国通信工业协会	2017 年 11 月	《基于物联网的共享自行车应用系统总体技术要求》
中国信息通信研究院、移动物联网产业联盟	2018 年 3 月	《共享单车电子围栏技术要求》

(三)互联网租赁自行车相关法规

在法规方面，北京、南京、武汉、宁波、太原等城市将互联网租赁自行车管理纳入当地新制修订的非机动车管理、道路交通安全管理、文明行为管理、市容和环境管理等地方性法规或政府规章。

比如，北京市 2018 年 9 月出台的《北京市非机动车管理条例》，对互联网租赁自行车的投放与停放做出了明确规定，提出实施总量调控，互联网租赁自行车经营企业应按照交通行政管理部门的要求投放车辆，并将相关运营信息实时、完整、准确地接入北京市互联网租赁自行车行业监管和服务平台。

南京市在 2019 年 1 月将互联网租赁自行车管理纳入新修定的《南京市道路交通安全条例》，规定从事互联网租赁自行车经营的企业，应当符合国家、省及本市有关规定，按照指定地点、数量有序投放车辆，履行车辆停放管理责任，采取电子围栏等综合措施，有效规范用户停车行为，并及时清理违规停放、存在安全隐患、不能提供服务的车辆。非机动车未按照规定停放的，由城市管理行政主管部门依法拖移至指定地点停放。互联网租赁自行车经营企业应当将企业基础信息、车辆运营等信息接入市交通运输行政主管部门监管平台。鼓励从事互联网租赁自行车经营或者公共自行车租赁的企业为用户购买人身意外伤害险和第三者责任险。

（四）政策法规上以鼓励与规范为主

十部委文件明确指出，我国互联网租赁自行车快速发展，在更好地满足公众出行需求、有效解决城市交通出行“最后一公里”问题、缓解城市交通拥堵、构建绿色出行体系等方面发挥了积极作用。自互联网租赁自行车产生以来，互联网租赁自行车逐渐成为公共交通出行的方式之一，对城市出行结构产生了深远的影响。互联网租赁自行车的发展，吸引部分步行和短距离出行转向自行车交通方式，自行车出行比例增长明显。根据北京市的统计，2017 年自行车在城市出行中占比为 11.9%，较 2016 年增长 1.6 个百分点。[①] 在武汉市 2019 年城市日常出行结构中，公交日出行次数为 420 万次，地铁为 300 万次，互联网租赁自行车为 120 万次，互联网租赁自行车逐步成为日常出行的重要交通工具。

针对车辆乱停乱放、车辆运营维护不到位、企业主体责任不落实、用户资金和信息安全风险等问题，地方政府也出台了相应的措施。

政府认为互联网租赁自行车数量存在过剩现象，总量控制仍是政府管理的重要工作。政府推动减量将是一项重要工作。从各大城市互联网租赁自行车投放量与投放配额对比可以发现，上海、广州和深圳的投放量严重超过配额，超额投放的车辆分别达到配额的 67%、100% 和 62%，需要清理的互联网租赁自行车数量分别为 60 万、40 万和 34 万辆。

十部委出台的《关于鼓励和规范互联网租赁自行车发展的指导意见》

① 北京交通发展研究院：《2018 年北京交通发展年报》。

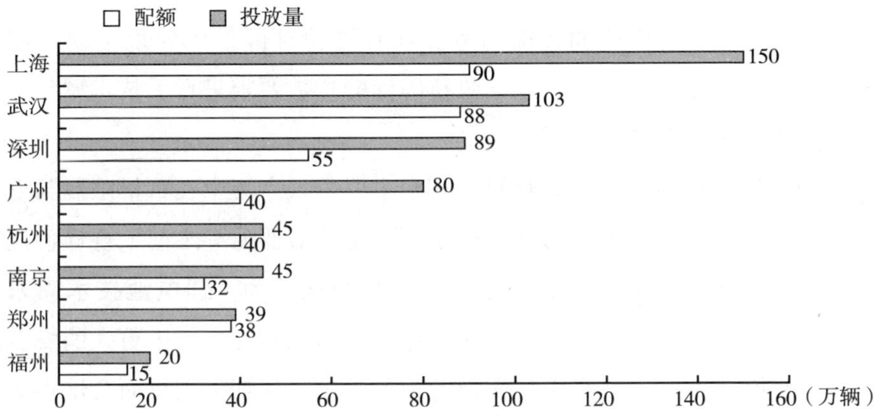

图3　各大城市制定的互联网租赁自行车原投放量与投放配额对比

还提出规范企业运营服务，充分利用车辆卫星定位、大数据等信息技术加强经营管理。2018年各地出台的有关互联网租赁自行车的指导意见中也对停放秩序做出了具体要求。一些地区政策中除了控制互联网租赁自行车的总量之外，还明确互联网租赁自行车使用者的责任，避免出现乱停乱放的情况。同时要求企业加强线下调配、摆放，结合电子围栏等技术手段进行管控。

三　电动自行车与互联网租赁电动自行车政策管理

（一）电动自行车新国标出台

为规范电动自行车生产、统一标准，电动自行车新强制性国家标准《电动自行车安全技术规范》（GB17761－2018）（以下简称“新国标”，GB17761－1999则简称“旧国标”）于2018年5月15日发布，2019年4月15日起实施。新国标的指导思路是将电动自行车、电动轻便摩托车和电动摩托车等区分管理。规定电动自行车最高车速不超过25 km/h（旧国标为20km/h）、整车质量不超过55 kg（旧国标为40kg）、电动机额定功率不超过400W（旧国标为240W）、蓄电池标称电压不超过48V（旧国标为48V），电动自行车还须具有脚踏骑行能力等。现有电动自行车90%以上属于超标车辆。新国标颁布实施后，企业按照新国标的参数要求进行了技术调整以保证生产的新车符合新国标要求。

新国标的出台经历较长的时间，其中主要争议点集中在重量限制与安装脚踏两方面。重量限制导致电动自行车生产企业需要放弃之前大规模使用的铅酸蓄电池，转而使用锂电池。部分专家和企业认为，锂电池技术尚未成熟，在充电方面的事故率远高于铅酸蓄电池，因此实际带来了更大的安全隐患。而安装脚踏实际上只是满足交通管理的需求，长期不用反而会增加事故发生的可能性。

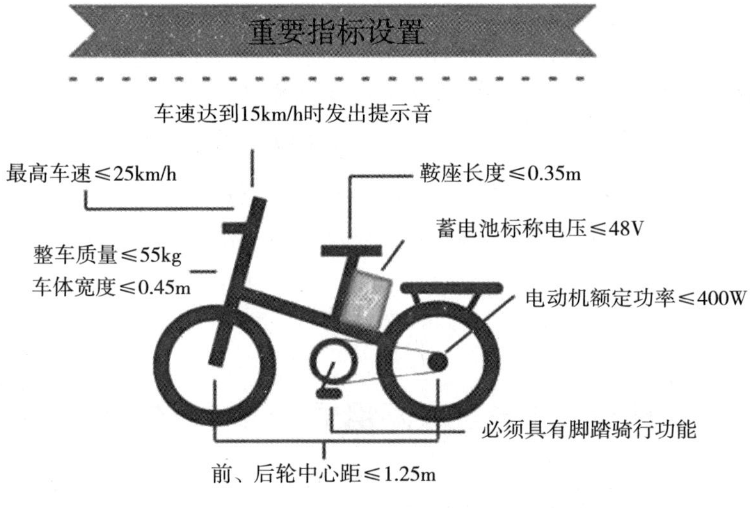

图4　2018年电动自行车新国标重要指标

2019年3月25日，国家认监委TC12摩托车及部件技术专家组、国家摩托车质量监督检验中心联合发布《关于GB17761－2018标准解释实施的技术决议》（以下简称《技术决议》）。《技术决议》作为对新标准的“进一步解释”，主要要求有：一是车体内部所有空余空间的总体积不应大于1500cm^3（1.5L）；二是鞍座长度小于或等于350mm；三是电动自行车两侧曲柄应无法徒手或使用通用工具拆除；四是提交防篡改设计方法说明。技术引发电动自行车行业的争论，很多企业认为《技术决议》带来的结果是电动自行车的美观性和舒适度大幅下降，这将让消费者选择车速更高、安全系数更低的电动轻便摩托车，并且在机动车道上行驶，这将加大机动车道负担，加剧交通问题；也有企业认为《技术决议》的规定过于详细，阻碍了行业的创新。

（二）互联网租赁电动自行车的政策演变

2017 年 8 月 2 日，交通运输部、中央宣传部、中央网信办、国家发展改革委、工业和信息化部、公安部、住房城乡建设部、人民银行、质检总局、国家旅游局十部委联合出台了《关于鼓励和规范互联网租赁自行车发展的指导意见》，明确表示“不鼓励发展互联网租赁电动自行车”。2017 年 8 月，在《关于鼓励和规范互联网租赁自行车发展的指导意见》政策解读中，对于“不鼓励发展互联网租赁电动自行车”表示主要是车辆超标问题导致了该指导意见强调不鼓励发展互联网租赁电动自行车。伴随《关于鼓励和规范互联网租赁自行车发展的指导意见》的发布，北京、上海、天津、西安等城市也纷纷颁发相关文件，明确表示“本市禁止发展互联网租赁电动自行车”。

为推进新国标实施，切实解决电动自行车治理难题，2019 年 3 月 14 日国家市场监督管理总局、工业和信息化部、公安部出台《关于加强电动自行车国家标准实施监督的意见》。其中第四条“稳妥解决在用不符合新标准的电动自行车”表示，“按照国家有关政策要求，清理共享电动自行车”。

随着新国标自 2019 年 4 月 15 日落地执行，一些地方对待共享电动自行车的态度也开始发生变化。2019 年 8 月，云南省昆明市率先对电动自行车予以“松绑”，该市重新修订了《昆明市互联网租赁自行车运营服务管理实施细则》，在“适用范围”中增加了“电动自行车”，并从技术标准上要求“须符合最新《电动自行车安全技术规范》有关技术要求，必须具备脚踏骑行能力；电驱动行驶时，最高设计时速不超过每小时 25 千米”。

当前哈啰助力车、摩拜助力车、街兔电单车等主流互联网租赁电动自行车品牌，以及人民出行、芒果电单车、松果出行等企业所使用的车辆均符合新国标规定。企业与很多专家认为，互联网租赁电动自行车为解决各地广大市民中短途出行需求提供了一个新选项，并且一辆互联网租赁电动自行车可以为多个用户提供服务。政府应加快出台与共享助力车模式更匹配的监管机制。保障共享助力车在服务市民的同时，提高自身规范性。发展互联网租赁电动自行车能够产生以下一些积极效应。

一是促进电动车供给侧创新，抑制无序增量。“以高频使用取代低效闲置，以共享取代私有”是既能满足出行需求又能抑制增量的有效方式。根据相关调查，1 辆共享出行可以替代 3 ~4 次私人电动自行车出行。

二是提供安全出行选择，以合标车取代超标车。当前居民很多车辆是超标车辆，有较大的安全隐患。互联网租赁自行车目前基本属于满足新国标的车辆，可以实行车辆统一备案、统一标识、统一管理。一些企业可以借助物联网技术提高管理水平。如一些电动助力自行车借助车辆搭载的“智能盒子”等终端采集车辆位置、轨迹、车速、车况、年限、里程等“生命体征”，与交管部门平台的数据共通共享，实现政府对车辆的统一监控与管理。企业可以从车辆标准、实名认证、人脸识别、动力模式、骑行保险等方面防范和削减潜在事故隐患。此外，可以要求企业通过技术手段对用户进行实名认证，降低车速与车重以减小制动距离、减少交通冲突。例如，通过车辆内置的高精度传感器系统能根据脚踏力量大小给予适当的动力辅助，妥善适应坡路、山地、平地、弯道等不同路况。当速度超出临界值时，动力系统则会迅速断电停止助力。通过高精度传感器和 GPS 定位系统管理车辆，防止被盗窃。

三是实行电池全生命周期管理，管控消防安全。可以建立标准，要求互联网租赁自行车企业遵照专业消防安全要求进行仓库建设与集中充电。对电池身份信息化管理。建立电池回收处理机制，杜绝“亚健康”电池运行。

四是通过互联网租赁自行车的发展，打通政企信息流动平台，助力城市交通安全。通过虚拟电子围栏系统和内嵌的感应设备捕捉范围内的车辆智能终端信号，分析车辆行进方向、行驶路线、耗费时长等，与交通信号灯和道路监控摄像系统配合，综合判定车辆是否处于逆向行驶、占道行驶、闯红灯、超速等状态。借助语音锁实现违章警报提示等功能，及时劝阻用户纠正危险骑行行为。可以发挥信用约束机制，惩戒违章失信行为。开展交通安全教育，培养文明骑行习惯。

总体上看，发展互联网租赁电动自行车相对私人拥有车辆将产生非常好的社会效益，相对传统电动自行车能减少交通、消防安全事故，减少盗窃等不文明现象发生。

图5　新型共享电动自行车产品

四　互联网租赁自行车未来发展趋势与展望

（一）互联网租赁自行车市场规模会保持继续增长

随着互联网巨头进入互联网租赁自行车市场，互联网租赁自行车用户规模将会持续增加。目前涨价对用户使用频率的影响不会太大。整体而言，互联网租赁自行车市场交易额将保持持续上涨的趋势。从长远看，预计到2025年城镇人口将达到9亿，互联网租赁自行车能够很好地满足出行距离1～3公里范围的需求，互联网租赁自行车未来还有较大的发展空间。互联网租赁电动自行车适合满足3～10公里的出行需求，也具有较强的增长势头。

（二）市场竞争将围绕平台化和生态化展开

当前互联网租赁自行车市场逐渐形成了滴滴、美团和阿里三大平台生态体系的竞争格局，互联网租赁自行车企业在生态圈中能否与其他企业形成协同或者闭环成为竞争的关键。

青桔单车成为滴滴一体化出行平台的重要组成部分。摩拜单车则是美团点评“吃喝玩乐行”生活服务平台的重要一环。哈啰出行拓宽业务维度，上线助力车、顺风车等业务，打造出行平台，借助阿里生态系统，利用支付宝的流量入口，以及芝麻信用免押金骑行的模式，迅速打开了市场。这种平台协同发展的模式将成为互联网租赁自行车企业未来的发展方向。

（三）基于智能技术的高效率运营成为企业竞争的焦点

当前竞争的焦点正在从基于资本和补贴转向高效运营，以实现盈利和正向循环。互联网租赁自行车企业要想盈利，需要精准定位市场，开发黏性高的目标顾客群，增强产品服务的增值能力等。另外，需要格外关注精细化运营，通过技术驱动解决损耗率高、无法追踪等问题，包括应用大数据优化布局，接近成本盈利的平衡点。领先企业开发的大数据和人工智能平台正是这一发展方向的体现，也是互联网租赁自行车企业升级的重要方向之一。

在精细化发展过程中，规范化、制度化也必不可少。这方面典型的案例就是试行的电子围栏，各家车企在城市中设置了能够监测到自行车、行人车流的传感器。依靠物联网，互联网租赁自行车能够尽快完成升级。互联网租赁自行车企业应积极配合试点电子围栏技术，贯彻更细化的城市“网格化”运营模式，充实线下运维人员。

此外，智能化、精细化运营还将倒逼自行车制造行业的技术革新，让自行车制造向智能化、便捷化发展，包括车型、性能和智能化水平的提升。未来制造企业要在有利于互联网租赁自行车运营管理、秩序维护的智能设备研发方面加大投资，实现整个互联网租赁自行车产业升级和智能化发展。

（四）政策管理将依据各地实际情况不断调整和完善

伴随着互联网租赁自行车发展趋于理性，未来各级政府部门将会依据互联网租赁自行车企业的服务水平进行更为科学的管理，政策法规有望根据各地实际情况呈现分类化管理，整体上将更加规范有序，总量控制等政策有望放松调整。

目前在一、二线城市，各地政府采取了互联网租赁自行车的总量控制措施。这在过去资本推动的车辆野蛮投放下是非常必要的，能够减少互联网租赁自行车对城市空间资源的无效占用。互联网租赁自行车的总量确实是一个复杂的问题，不仅需要考虑高峰时间和低谷时间，还要考虑到区域的不平衡性。在互联网租赁自行车逐步进入理性运营的阶段，前期的总量控制问题需要在实践中不断探讨，最终要在百姓出行方便、公共空间有效利用和行业可持续发展中找到最佳的利益结合点。

在现有总量控制下，先存在于市场的企业具有更好的发展机会。在广州、成都等城市，正在通过招投标制度等打破原有的市场格局，基于市场表现给成绩突出的企业更多的发展机会。以广州为例，根据 2019 年 6 月广东省广州市 2019 年互联网租赁自行车运营商招标公示评标结果，摩拜单车中标份额为 18 万辆，哈啰单车中标份额为 12 万辆，青桔单车中标份额为 10 万辆。未来三年这三个运营商将在广州投放 40 万辆互联网租赁自行车，此前在广州市运营的 ofo 小黄车未获配额，将退出广州互联网租赁自行车市场。广州通过招标方式对互联网租赁自行车进行控量、多部门联合考核决定配额的管理制度，对互联网租赁自行车实施动态监管机制，以促进互联网租赁自行车运营企业对投放车辆的精细化管理。

《道路交通安全法》针对非机动车乱停乱放的问题相关规定要求，未来需要政府和企业相互配合，做好交通枢纽、地铁口、商圈和旅游景区等重点区域的车辆管理和停放管理，在重点区域做好电子围栏管理工作，影响交通出行和城市形象的车辆要及时转移到其他区域。在非重点区域，可以适当放宽管理，在不影响城市形象和交通出行的前提下，增加人们使用车辆的便利性。

单车企业和用户之间形成了单车租赁合同的法律关系，因此双方必须遵守《合同法》中诚实信用的精神来履行各自的权利和义务。各企业均有自己的 App 与二维码，使用者需要下载 App 并进行身份信息实名认证，定位系统绑定了每一辆单车，由此存在个人信息泄露的可能。未来政府应逐步完善法律法规，加大对个人隐私的保护力度，保证互联网租赁自行车企业可以在合法的前提下良好运行。

未来，将有更多城市允许符合新国标车辆的车企开展共享电动自行车运营。开展互联网租赁电动自行车运营有利于提高车辆使用效率，以高频使用代替低效闲置，而且目前的主流企业的共享电动自行车均已更换为符合新国标的车辆，超标问题已经解决，以开放的心态接纳其正常发展才是正确的思路。2019 年 8 月，云南省昆明市率先对互联网租赁电动自行车予以“松绑”。在对互联网租赁电动自行车“松绑”前，需要加快制定互联网租赁电动自行车的行业标准、服务标准，以规范行业发展。

政府很可能会进一步引导企业建立信用管理体系，将用户行为信用记录进行全面数据共享。促进互联网租赁自行车信用信息共享，“对严重违法失信者，限制使用互联网租赁自行车，对信用状况良好的人，可以优先使用或者提供免押金等便利服务”。从宣传、教育、公益广告、志愿者服务等方面引导用户安全文明用车，将奖惩措施具体化。

专 题 篇

B.11
制造商向出行服务商转型

纪雪洪　徐刘醒香*

摘　要： 消费者消费理念的变化、共享出行的发展、汽车及相关行业技术革命推动汽车制造企业向出行服务商转型。车企根据自身情况纷纷采取不同的转型策略，如自创、收购、投资和合资等。目前，车企的转型之路面临着许多挑战：车企思维模式需要从制造转为服务、不具备出行平台所拥有的流量优势、越来越多的同质化竞争对手进入、新的业务需要大量的资金投入、高端 IT 等人才资源稀缺等。对此，车企在战略上要清晰，在战术上要灵活，同时要建立出行业务的人才队伍和新的独立于原有企业的出行组织。

* 纪雪洪，北方工业大学汽车产业创新研究中心主任，教授；徐刘醒香，北方工业大学汽车产业创新研究中心硕士研究生。

关键词： 汽车制造商 出行服务商 战略转型 转型路径

一 国内外车企纷纷转型出行服务商

（一）整车厂转型背景

移动互联网、大数据、云计算、物联网、人工智能等信息技术的逐步成熟和产业应用加快，新生态、新商业模式的创新层出不穷，极大地推动了传统制造业企业向服务型企业转型。这使得过去100年高速发展、格局一直相对稳定的汽车和交通产业迎来了历史性变革。

随着消费理念的转变，按需付费及共享出行兴起，汽车与出行的边界正在消失。在科技力的驱动下，未来的汽车和出行、硬件产品和软件服务的边界会越来越融合，车企和科技公司之间的界限逐渐变得模糊。自动驾驶技术的进步使人们用车的方式也随之改变。未来人们可能不再需要拥有一辆车，而仅需要车辆使用权。所有这些都将推动传统汽车产业生产组织模式、管理方式、商业模式和产业生态发生变革、迎接挑战。

与此同时，汽车整车企业向出行商转型还受到汽车销量下滑、新能源汽车双积分考核压力等多项因素的推动。

对比中国汽车工业协会公布的2019年1～8月与2018年我国汽车销售量可以发现，2019年每月的销量与2018年同期相比都有所下降，截至8月，2019年销量较2018年销量累计下降11.3%，这样的趋势标志着汽车行业寒冬的来临。

咨询机构对未来汽车市场进行了预测，如表1所示。

与此同时，出行市场拥有较多的机会，是汽车制造商寻找利润增长点的重要方向。不少咨询机构给出了对未来出行市场的判断，如表2所示。

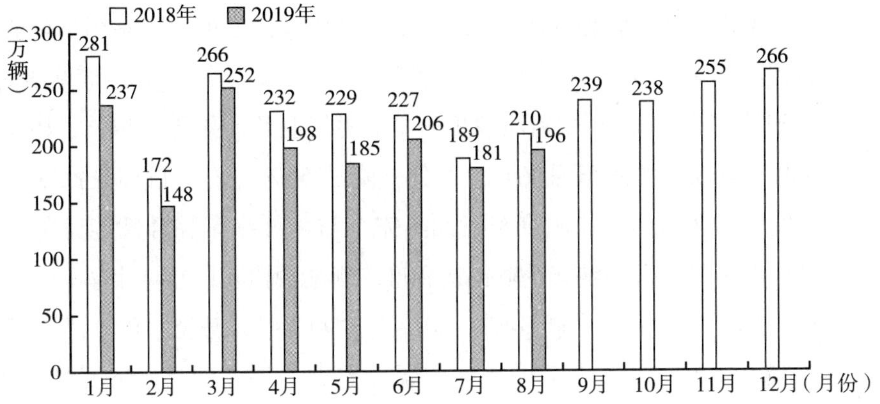

图 1　2018 年至 2019 年 8 月全国汽车销量

表 1　咨询机构对汽车市场的预测

咨询机构	预测内容
普华永道	到 2030 年，欧美汽车保有量将下跌 30%。如果传统汽车制造商还不及时提供按里程付费的打车服务，将会面临被现金流充裕的技术公司边缘化的风险。到 2030 年，传统汽车制造商在全球汽车行业中的利润份额可能会从 85% 下降到 50% 以下
毕马威	无人驾驶和共享出行的双重作用将导致 2030 年汽车销量下降 50%
艾睿铂	未来汽车销量将陷入停滞甚至下滑，特别是平衡电动汽车和内燃机汽车的制造商的利润率将受到冲击。全球汽车行业正陷入“盈利荒漠”。中国汽车销量 2019 年预计下滑 8%

表 2　咨询机构对出行市场的预测

咨询机构	预测内容
贝恩资本	中国网约车市场规模将在 2020 年达到 720 亿美元
波士顿	中国的网约车数量将以平均每年增长 19% 的速度，至 2022 年底形成 2600 万辆的规模
埃森哲	到 2030 年出行服务的收入预计将飙升至近 1. 2 万亿欧元，利润高达 2200 亿欧元
普华永道	到 2030 年，欧洲和中国共享出行的市场价值将到 1. 5 万亿美元，2017 ~ 2030 年年均复合增长率约为 24%，其中中国共享出行市场规模为 5640 亿美元，年均复合增长率为 32%

2017 年 9 月 28 日，工信部等部委正式发布《乘用车企业平均燃料消耗量与新能源汽车积分并行管理办法》。2019 年 7 月 9 日，公布《〈乘用车企业平均燃料消耗量与新能源汽车积分并行管理办法〉修正案（征求意见稿）》，2021 年、2022 年和 2023 年度新能源积分要求逐年上升，分别为 14%、16% 和 18%，同时每辆新能源汽车可获得的积分下降了 50% 左右。目标是推动新能源汽车的发展。在当前新能源汽车还无法完全与传统汽车综合性能竞争的情况下，出行市场成为很多整车企业销售和推广新能源汽车的重要市场。

当下，购车的主力用户转移到"80 后""90 后"，甚至"00 后"，越来越多的年轻人对汽车的需求不再是资产属性需求，更多的是服务属性需求，他们不再像上一代消费者将车辆视作身份象征，他们越来越不愿意承担汽车的购置、上牌、保养、维修、洗车、加油充电等烦琐性事务，将只是把汽车作为便捷、便宜的出行工具。

消费理念变化、汽车销售下滑、出行大市场、新能源汽车积分政策等是促使车企转型的主要驱动因素（见图 2），越来越多的车企开始意识到变革

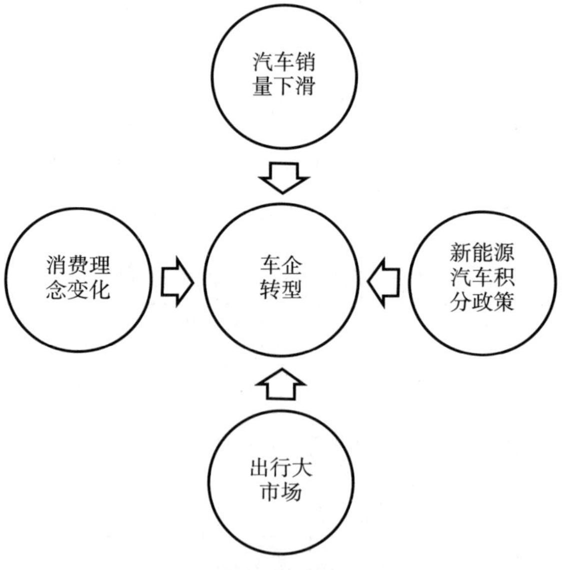

图 2　车企转型动因

的重要性，整车企业也不再局限于研发、制造、销售产品和提供简单的售后服务，而是开始积极思考由制造型企业向服务型企业转型。

（二）整车企业集体向出行服务商转型

据不完全统计，目前已经有超过 20 家传统车企提出要向移动出行服务商转型，既有大众、奥迪、宝马、奔驰、通用、福特这样的国际巨头，也有北汽、长安、广汽、吉利等这样的国内品牌车企（见表 3）。从业务布局上看，多数车企都已经推出移动出行项目。

表 3　转型车企汇总

车企	转型目标	车企	转型目标
福特	未来福特将不仅仅是一家车企，还会是一家提供交通出行服务的企业	北汽	向制造服务型和创新型企业转型
戴勒姆	从汽车制造商转变为互联网出行服务商	通用	向个人出行服务商的转型
吉利	从汽车制造转型为出行服务	上汽	到 2025 年，成为具有全球竞争力和影响力的出行服务与产品的综合供应商
宝马	将从汽车制造商向个人出行服务提供商转型	沃尔沃	发展为全球汽车行业引领者和消费者出行服务商
PSA	2030 年前完成从整车厂向出行服务商转型	丰田	转型为移动出行公司
大众	优秀的全球智能出行服务提供商	长安汽车	从传统制造企业变成智能出行科技公司
广汽	成为移动生活价值创造者和移动出行服务提供者	现代汽车	转变为汽车智能出行解决方案提供商
一汽	优秀的汽车制造商和移动出行服务提供商	奇瑞	从传统车企向移动出行服务提供者转型

二　车企转型的主要路径与特点

（一）车企的转型路径

目前国内市场上的汽车制造商可以分为两大类，处于在位企业的国内外的传统汽车制造商和作为新进企业的造车新势力。同属汽车制造商但由于资源的差异，进行的转型路径互不相同。表 4 是部分典型企业的转型梳理。

表 4　典型企业转型路径

企业	主要方式	主要措施
丰田	自创、合作、投资、	2012 年 10 月,与日本国土交通省共同合作推出共享汽车项目 Ha:mo 2016 年 11 月,投资汽车共享公司 Getaround 1000 万美元 2016 年 12 月,启动混合动力汽车共享计划试点方案"Yuko" 2018 年 1 月,推出 e-Palette 多功能出行平台,与亚马逊、滴滴、Uber 以及必胜客达成战略合作意向 2018 年 6 月,战略投资 Grab 10 亿美元 2018 年 7 月,在夏威夷推出名为 Hui 的汽车共享服务 2018 年 8 月,战略投资 Uber 5 亿美元 2018 年 10 月,与软银集团合作成立新合资公司 MONET,开发自动驾驶及汽车共享业务
通用	自创、投资、合作、收购	2015 年 10 月,宣布了"Let's Drive NYC"项目 2016 年 1 月,以 5 亿美元投资 Lyft 2016 年 1 月,收购旧金山共享用车公司 Sidecar 2016 年 2 月,推出共享租车品牌 Maven 2016 年 10 月,投资分时租赁技术服务商易微行(微租车) 2016 年 11 月,与 2017 年 2 月与 Uber 进行合作
北汽	合作、自创	2014 年,北汽与富士康集团、庞大汽贸集团合作积极布局建立分时租赁汽车共享平台 2018 年 3 月,与滴滴签约战略合作 2018 年 12 月,北汽集团的分时租赁业务将全面转到华夏出行中 2019 年 6 月,华夏出行宣布将正式布局物流领域,摩范速运正式运营
吉利	合作、自创	2013 年 7 月,与康迪集团合作成立合资公司——浙江左中右电动汽车有限公司,主要运营名为"微公交"的汽车租赁业务 2015 年 11 月,上线自创品牌曹操专车 2016 年 10 月,上线自创品牌的蓝租车(全资子公司旗下) 2018 年 2 月,与滴滴开展战略合作 2018 年 10 月,与戴勒姆合作在中国成立网约车合资公司,提供乘车和汽车共享服务
威马	合作、自创	2017 年 9 月,威马汽车发布了"GETnGO 即客行"品牌 2017 年 7 月,通过投资哈罗单车与其展开合作,开启"4 + 2"(四轮 + 两轮)的共享出行模式 2019 年 1 月,与美团打车达成战略合作

续表

企业	主要方式	主要措施
车和家	合作	2017 年 6 月，与法国分时租赁运营商 Clem 在法国注册成立一家合资公司，在法国启动共享出行服务（对其产品前期在 B 端的销售布局起到关键作用，目前已搁置） 2017 年 10 月，车和家与美国分时租赁运营商 SCOOT Networks 合作，双方将以车和家智能轻电 SEV 为基础，在美国启动共享出行服务试点项目（已搁置） 2018 年 3 月，宣布与滴滴组建合资公司，在共享出行、自动驾驶的规模化应用等方面展开深度合作

汽车制造商基于新兴出行市场进行转型的策略是：将产业链继续向下延伸，不仅向用户出售汽车，还开始提供出行服务，以开展网约车和分时租赁等汽车租赁服务为核心，扩大服务范围，延长服务时间，创新商业模式，拉近与用户的距离。

车企布局出行领域的主要方式为自创、收购、投资和合资。不同企业会根据自身情况采取其中的几种方式进行策略组合，配置企业内外部资源，形成独特的运营模式，提高竞争者复制的门槛，形成竞争优势。同时不断提升自身在关系网络中不可替代的独特能力和优势，进而抢占未来竞争的战略制高点。

丰田、通用等国外大型车企的选择策略比较多样化，主要通过上述四种方式的组合来完成，除了合资、自创外，对其他企业投资较多，还有收购。跨国企业规模大，牵涉的业务多，调整起来比较缓慢，战略规划比较长远，资金比较充足，所以转型的路径为：初期开展一些小项目，进行小规模的试水。对市场上出现的出行平台进行投资，保证能够时刻紧随业界最新动态，通过收购相关成熟企业和拥有互补性资产的企业来完善战略布局，并达到快速占领市场的目的，等时机成熟后根据战略规划着重推出自有品牌或者面向未来的多功能平台，向转型服务运营商迈出重要的一步。

北汽、吉利等国内有一定规模的传统制造商，以发展自创品牌为主要策略，辅以合资和投资，主要的发展路径为：最初进行小规模的合作，对市场进行试水，然后快速推出自己的品牌，以 B2C 为主要商业模式，用自营车辆提供服务，根据市场状况和企业的未来发展规划，逐级调整业务，扩大服务范围，进行自创品牌的资源整合，逐渐形成一个平台，打造自己的出行生态圈。在自创品牌的前景和运营模式相对稳定之后，与外部的企业或政府进行进一步合作。

造车新势力相较于传统的大型车企来说，能够采取的策略较为单一，合作是主要的布局方式。造车新势力起步较晚，资源积累的时间还不够，导致能够调动的资源相对较少，所以会寻求外部资源的持续帮助。造车新势力主要是将前沿的技术和经营逻辑作为竞争力，其新颖性是价值创造的主要来源，能够以独特的方式推广新产品和服务，吸引合作伙伴和新客户，使其有资本与外界合作、交换资源，建立自己的外部合作网络，再通过合作伙伴的资源来充分发展自己的业务。所以造车新势力大都采用与大型企业或者政府合作的方式，得到对方在资源上的帮助，从而实现协同发展。

（二）国内主流整车企业纷纷成立出行平台

根据表5可以发现，在运营车型的选择中，电动车占很大比例，原因为：首先，分时租赁解决了新能源汽车的部分产能，新能源汽车作为未来汽车的发展方向之一，吸引了不少车企进行生产。在各类车企已经公开的新能源汽车产能规划中，到2020年将超过2000万辆。而在我国《汽车产业中长期发展规划》中提出新能源汽车生产量为200万辆。也就是说，目前各家车企规划的产能总量已经是这一规划数量的10倍左右。然而，目前新能源汽车并没有得到消费者的广泛认可，所以用电动车进行运用的共享汽车成为化解部分新能源汽车产能的有效渠道。其次，分时租赁也是向用户推广新能源汽车的有效渠道，通过共享汽车的方式，能够让用户超前体验到使用电动车进行驾驶的感觉，逐渐了解并接受新能源电动汽车，帮助品牌占领用户心智，从而促进购买、推动消费。

根据表5还可以发现，不少企业在网约车和分时租赁两方面都进行了探索，网约车商业模式相对分时租赁更为成熟，企业将重心从分时租赁服务转向网约车市场服务。

表 5 车企成立出行平台

主机厂背景	建立平台	成立时间	涉及业态	主要车型
北汽	华夏出行	2017 年 4 月	分时租赁、网约车、城市物流	EX200、EC3、EC200、EU260、EX260
吉利	曹操出行	2015 年 11 月	分时租赁、网约车	新能源 EV、商务型 GL8、博瑞
长安	长安出行	2017 年 6 月	分时租赁、网约车	长安汽车新逸动 EV200(电)、尼欧(电)、新奔奔、雨燕
一汽	开开出行、旗妙出行	2018 年 5 月	分时租赁、网约车	奔腾 X40、威驰两厢车、红旗 H7
长城	欧了出行	2018 年 8 月	分时租赁、网约车	欧拉 iQ 新能源车型
上汽	享道出行	2018 年 12 月	网约车	上汽集团旗下的各类车型
江淮	和行约车	2019 年 1 月	网约车	江淮汽车旗下主流新能源车型
东风	东风出行	2019 年 4 月	分时租赁、网约车	东风 ER30(电)、东风 A9
广汽	如祺出行	2019 年 6 月	网约车	广汽传祺 GE3(电)、广汽新能源 Aion S(电)、广汽丰田雷凌双擎
一汽、东风汽车、长安汽车	T3 出行	2019 年 7 月	网约车	三大车企自有品牌

吉利、长城是较为典型的两家企业。吉利汽车其实在很早就进行了分时租赁服务的尝试。曾在 2013 年运营“微公交”的汽车租赁业务。在 2016 年上线了蓝租车。不过吉利的分时租赁经过四年多的发展，盈利能力依然是其最大的制约因素。而真正让吉利在出行市场赢得一席之地的是 2015 年成立的曹操专车项目，2018 年曹操专车正式成为吉利从传统制造商向出行服务商战略转型的承担者。曹操专车在吉利集团的支持下发展非常迅猛，从诞生至今仅用了 3 年的时间就已经把业务拓展到了多条产品线上，包括专车、出租车、绿色公务等，成为专车市场流量较为活跃的企业。如今已整合其他出行业务升级为曹操出行，为用户提供安全、便捷、低碳、高品质的“一站式”出行解决方案。

长城汽车在 2017 年 8 月前主要做分时租赁业务，旗下哈有弗汽车租赁和欧了约车等从事汽车租赁和共享汽车业务，长城在海南也尝试过分时租赁。但经过后来的测算发现业务模式并不成功，于是采取聚焦战略，放弃对分时租赁业务的深耕，转向网约车运营。2018 年发布了长城旗下网约车平台——欧拉出行。该平台定位为“互联网 +”新能源出行平台。截至 2019 年 10 月，欧了出行（由欧拉出行改名而来）在保定网约车约 3000 辆，正在有序运营。

不少企业将网约车作为运营的重点是因为从市场成熟度来看，网约车业务已经有盈利模式，而分时租赁业务还处于探索阶段，市场尚未成熟，不仅存在用车不便、停车困难等痛点，盈利困难更是一大难题。分时租赁是相对重资产、重运营的领域，除此以外还会有人力调运、清洁和保养、保险等车辆基础成本，这使得分时租赁平台的前期投入与运营成本很高。

分时租赁企业的盈利途径很单一，主要靠低廉的租车费用和少量的广告费等增值服务费，而当前市场环境又不稳定，培养周期长，作为主战场的一、二线城市竞争激烈，而三、四线城市的蛋糕又没那么大，成本回收实属困难，加之目前缺乏成熟的盈利模式，国内大部分分时租赁企业均处于亏损阶段。对于创业企业来说，资金的限制和成本回收的困难使得它们很容易发生资金断裂，后续融资一旦没跟上，则难以维持运营，从而导致破产。所以在共享经济火爆的这几年有无数的公司以不同规模和模式入场，随之又有麻瓜出行、中冠共享汽车、易卡、友友用车、EZZY 等多家创业公司接连倒闭。而整车厂逐渐成为分时租赁的主流企业，如享道出行、长安出行等。它们背靠主机厂，资金雄厚，资源丰富，拥有硬件，还能通过将广告在城市大面积覆盖来获取用户，拥有很强的抗风险能力。目前，分时租赁对它们而言是一个副业，并且主副业相辅相成。同时，主机厂可以借共享经济的平台清理库存，加速产品更新的步伐，积极获取停车场资源和牌照资源。此外，北汽集团旗下的华夏出行布局成为综合出行服务商。

（三）探索新的商业模式

面对未来的市场，各家车企都在进行新产品的研发，确保自己的产品符合未来市场的需求。此外，各个企业都在进行不同方向的探索，如增加业务的种类、拓展新的领域、探索新的业务模式。

开展经销商＋运营的模式。新特汽车在未来大数据＋绿色立体出行环境下，就电动汽车行业来说，通过融合所产生的创新能力才是这个行业的革新力量。新特激励经销商兼做运营商，开展经销商＋运营的模式，让经销商不仅与新特汽车展开汽车销售合作，还能成为当地新能源汽车运营商，实现业务多元化创新，从而推进新能源“六位一体”行业战略生态圈的地方化、市场化运行。经销商更懂本地用户的需求，能从运营中吸引更多的用户，并加强与他们的联系。同时建立平台，帮助经销商运营车辆合法化，让新特出行平台为司机带来流量。

拓展新的领域。为了能够全方位布局出行行业，形成完整的生态体系，企业开始布局新的领域，通过打造覆盖全产业链的经营模式，有效抵御单个业务的盈利风险。北汽集团旗下综合出行服务商华夏出行对物流领域进行了探索，2019 年 6 月 28 日华夏出行宣布将正式布局物流领域，打造全新城市物流业务品牌“摩范速运”，定位于新能源城市物流运营服务商，是华夏出行布局出行全产业链的战略发力。华夏出行旗下的“摩范速运”品牌，以“互联网＋城市物流货运”的运营模式布局城市物流和仓储配送业务，开发适应摩范速运的专属 B2B 货运模式，着力推动新能源车在城市物流方面的全面应用，积极完善“出行＋增值服务”的全出行场景覆盖。

增加业务的种类。对于已经入场传统出行市场并在运营上取得了一些成果的车企来说，继续积极探索更多的出行场景是它们下一步的选择，于是有部分企业推出了针对细分场景的业务。吉利的曹操出行在 2019 年 7 月宣布推出顺风车业务，预计同年 9 月将在全国上线，吉利表示将首先发展吉利集团旗下车主成为其顺风车车主。吉利表示推出顺风车的主要目的是在增加营收的同时，帮助吉利积累其车主的数据，服务后续车主运营和整车开发。

（四）整车出行企业与流量平台合作

高德于 2017 年 7 月最早发起聚合模式，平台自身不直接运营司机团队，而是接入滴滴、首汽约车等打车平台，用户一键点击，就可以在众多网约车平台同时发单。随后美团也采用这种聚合模式入局网约车市场，在 15 个城市宣布上线打车业务后接入了首汽约车、曹操出行、神州专车几个小伙伴。2019年5月，滴滴在成都接入了“秒走打车”，尝试聚合模式，用户可以呼叫第三方出行服务商的车辆。同年7月广汽、东风、一汽等多家车企接入滴滴。

这种合作能够促使双方共同发展，通过合作实现优势互补。平台企业已经意识到，大B的崛起已经不可遏制，必须吸纳更多的合作伙伴，成为一个更加庞大的出行平台。平台企业联合大B的聚合模式可以帮助其快速解决牌照的问题，使其迅速在更多城市占领更大的市场，同时也让平台上聚集更多的运营车辆，使用户的需求得到更快的响应。此外，车队由车企来统一管理，有车企的品牌作为支撑，更容易保证车辆的品质和司机的服务质量。

对于车企来说，主机厂拥有车辆和渠道等产业链方向的资源优势，而平台和用户的市场化运营则是主机厂入局网约车行业的主要痛点。所以联合平台可以寻找到用户痛点的解决方案。另一个关键的目的是——获得平台的流量至关重要，没有流量几乎约等于没有了之后的一切。平台的流量对于车企来说，无疑是最宝贵的资源。以滴滴为例，滴滴目前已经在400个城市为5.5亿用户提供出行服务，日单量峰值3000万单。接入滴滴，意味着可以瞬间连接具有数亿出行需求的用户。

聚合模式实际上提供了整车企业获得流量的方式，让整车企业能够更快速进入出行领域，同时也能够获得用户数据。但整车企业自身流量贡献无法与互联网平台相提并论。

（五）跨界合作与混合所有制成为重要选择

面对具有潜力的出行市场，许多企业意识到单打独斗无法拥有强大的竞争力，于是出现了如祺、T3等这种整车企业与互联网公司成立出行平台的合作模式。与其他合作模式不同的是，这种公司是混合所有制，与其他整车厂旗下的出行业务相比更具有互联网思维。

如祺出行是由广汽集团、腾讯、广州公交集团、滴滴出行以及其他投资者共同投资开展的创新移动出行业务，投资总额逾10亿元人民币，以B2C运营模式提供专车服务。广汽集团提供新能源汽车本身的资源，腾讯在项目中贡献旗下的大数据和云计算、高精地图以及自动驾驶的研究数据及经验，提供最关键的技术解决方案与所有出行服务的解决方案，平台如何获客、如何实现增长、日订单和运力调度的安排都将由腾讯来进行精细化运营。

T3 出行是由一汽、东风、长安三大国有车企联合苏宁、腾讯、阿里巴巴等科技界赫赫有名的巨头共同打造的出行平台。三家国资背景车企出资各占比 16.39%。阿里、腾讯等互联网科技企业占比 23.06%。苏宁出资占比 17.42%，各股东将通过董事会来管理 T3，并由管理层负责日常运营。T3 采用的是 B2C 的模式，以自营运力、三大央企核心车队的运力以及三大主机厂的出行公司为主，联合地方出租车、客运公司、汽车经销商等，吸收社会上 B 端的合规运力。这次的合作使得 T3 既有三大主机厂的资源优势，同时又有互联网的基因，还能进行市场化的运作。阿里和腾讯在云服务、互联网流量、地图、支付平台等资源上提供的支持形成了强有力的助攻，双方在资源上能够很好地进行互补，实现共同进步。

这种合作形式能够使得汽车厂商和科技企业充分发挥各自的优势，汽车厂商无须承担技术组织架构的搭建，科技公司能利用技术优势和互联网思维来解决一些平台上的运营难题。这样一来，汽车厂商可以专注于汽车能力的生产研发，而科技企业可以专注于技术水平的提升，从而推动平台的快速发展。

三　整车企业转型的展望

（一）面临的主要困难

制造转为服务的思维模式是重大挑战。车企比较擅长的是产品研发、制造和销售，核心能力也在于此。从制造转向服务，如何面对众多的 C 端消费者，对传统车企而言，并不是其最熟悉的领域。出行行业相关的服务、线下活动、合作伙伴、政策环境等都与车企传统的经营有较大差别，企业如何转换经营模式也面临巨大的变革压力。

不具备出行平台所拥有的流量优势。与出行领域的互联网公司相比，车企虽然在车辆领域有一定的优势，但出行公司与消费者有着更广泛和频率更高的联系，在如何导流、如何有效获取用户、如何提高 App 的打开率、如何精准地找到车主、如何更有效率地分配订单等方面有着很强的先发优势。在新的合规政策约束下，车企目前普遍采用的是 B2C 模式，有着“较重”的资产，在平台网络效应上很难建立起足够的匹配效率，很可能在出行高峰时段供给跟不上，而在低谷时段车辆又处于闲置状态。这些差距，使车企出行公司很难追上出行平台公司。

面临越来越多的同质化竞争对手的进入。越来越多的整车企业推出了自己的出行平台，基于汽车制造厂商的背景，并且都是以自营车辆为主的 B2C 模式运营，如首汽约车、神州租车、曹操专车等，竞争异常激烈。与滴滴相比，大部分用户对这些品牌的认知度和忠诚度不够高，可能一部手机里同时安装多个出行软件，哪个软件便宜用哪个。当运营模式和买点逐渐趋同的时候，新进入的出行平台在用户心中的区分度不够明显。

新的业务需要大量的资金投入。近两年来，随着汽车市场销售日益困难，车企自身的利润正在大幅缩水，而电动化、智能化和网联化都需要巨额资金的投入，很多汽车公司自身生存面临巨大挑战。在出行领域，为了能够建立起用户口碑和传播，往往需要投入很多补贴资金，当下企业能否有足够的资金来完成出行平台的启动，不是每一家汽车公司都有相应的财力储备的。

高端 IT 等人才资源稀缺。软件、数据和算法将是出行服务商的核心能力，需要算法工程师、系统构架师、数据安全工程师等，但对于车企来讲在这方面人才欠缺、储备不足。此外，经营出行平台还需要具备互联网思维，并且能很好地将重资产车辆的运营与移动出行服务相结合，运营能力需要具体的实践来培养，且人员和能力培育也需要时间。除此之外，还需要一些其他的高端人才，如供应链专家、资深体验设计师、自动驾驶人才等。

（二）转型战略与策略

找准车企在出行领域的发展定位。不同的公司，转型的侧重点不同，转型成为服务商不一定是最适合自身的发展路径。有些企业侧重于运营，有些侧重于制造，有些侧重于生态。基于对未来的推测，未来汽车制造商主要有三种存在形式。第一种是依旧以制造为主的汽车制造商，其主要收入来源是向私人售卖汽车以及为出行市场的运营商提供专门为出行服务而定制的智能汽车。第二种是出行服务商，这种形式是与当前市场上进行转型的汽车制造商最相近的一种形态。通过为用户提供出行服务，创造新的汽车销售机会，提高汽车使用的整体效率，同时收集用户数据加快汽车的升级与迭代。第三种是 MaaS（Mobility as a Service）提供商，提供全面的出行即服务，整车厂与包括公交提供商在内的各种伙伴联盟，将其完全纳入自身品牌，从而占据生态体系的核心位置，成为出行即服务集成商。丰田就属于第三种，其计划推出 Autono-MaaS（自动移动即服务）业务。丰田的核心产品 e-Palette，可用于各种场景，可以是在移动中准备食物的送餐车辆，也可以是进行船上医疗检查的医院班车、移动办公室等。总之，企业要明确在未来市场中扮演的角色，结合自身战略把控好转型的速度与方向。

构建类似“苹果”的生态系统。使车辆硬件、智能驾驶和车辆网同步融合发展，硬件、软件和生态系统三者间取得平衡。苹果有很多产品。苹果公司不仅有完整的产品设计研发体系，还有自身的软件系统和操作系统，并在此基础上建立苹果的生态体系，为用户提供了非常好的体验，成为最伟大的公司之一。手机的商业模式也可以为汽车厂商提供借鉴，以生产的智能汽车为基础，用软件增强服务的广度，并利用技术使硬件与软件相结合，通过连接更多的硬件与软件构筑生态系统，为用户提供独特的、完美的使用体验。

建立新的独立于原有企业的出行组织。在传统汽车的工业体制中，很难实现颠覆性的变革。汽车企业如果需要建立出行公司，需要在组织建构上重新设计，新的出行公司与原有的汽车制造企业、研发企业要有一定的独立性，能够在变革与迭代创新中减少原有组织可能产生的各种羁绊。突破性创新理论表明，企业的突破性创新需要建立独立的组织，建立运营出行业务的人才队伍。成功离不开人的创造，车企转变为出行服务商需要大量的专业人才，包括互联网、大数据等信息化高端人才。在此过程中，车企一方面要付出一定的资金来吸引行业高端人才的涌入，另一方面要为这些人才创造非常好的工作环境。对于一些高端人才相对缺乏的城市，在国内一线城市建立研发中心也是一种可以考虑的做法。

建立多渠道的收入来源。汽车厂商要着眼未来，思考如何在出行服务中获得新的收益来源，涉及情景包括：提供定制化车辆空间能力，提供音频娱乐服务等；与广告合作伙伴合作，提供车内广告宣传；进行出行能力拓展，如提供配送服务（如包裹、食物）。融入其他交通服务系统，提供紧急服务等；利用自身数据，进行智能交通数据服务；将现有服务延伸，提供“一揽子”出行套餐服务，如组合航班、租车和酒店服务等。

B.12

共享汽车外观造型与内饰优化研究

杨浩 赵颖*

摘　要： 本文综合分析了共享汽车的外观设计与内饰设计。从用户群体特征、服务系统现状、服务系统设计机遇、设计方向与可行性分析等方面，探讨了共享汽车在产品造型与用户体验上的设计机遇。在“用户群体特征”中，运用定性与定量研究方法，研究了用户类型、用户需求、使用意愿、设计与喜好度的关系等，验证了设计的必要性与可行性。“服务系统现状”部分以北京市为例，从车联网技术应用、用车流程、车型特征三个方面，全面讨论了设计背景，引出了需要通过设计予以解决的体验问题。在“服务系统设计机遇”中，针对前述问题，从内饰设计与车身造型设计两个方面分析了设计的着眼点：内饰设计强调车内限定性因素，服务于用车体验；外观造型设计强调仿生设计的运用，为平台选择车型或推出高品质共享汽车提供参考依据。“设计方向与可行性分析”部分列举了三个设计案例，分别为共享汽车造型仿生设计、车内香氛系统设计、内饰车联网系统设计等代表性成果。

关键词： 共享汽车　外观造型　内饰优化　服务系统设计

* 杨浩，北方工业大学机械与材料学院讲师，博士；赵颖，北京印刷学院设计艺术学院副教授，博士。

共享汽车，也称为分时租赁，已成为我国居民的出行选择之一，在很大程度上缓解了资源浪费问题。在中国，66%以上的使用者认为共享汽车可以在一定程度上作为家庭用车的替代产品，[①] 且对于当下的共享交通的使用者，具有使用意愿的人群比例显著大于具有使用行为的人群，[②] 反映了共享汽车在解决市民外出需求上的关键价值。但中国大陆的共享汽车大多数只是单纯在车身表面附着平台标识作为识别依据，从设计的角度来看，识别度较低。带着贴纸的汽车，也难以满足用户的审美需求。通过设计提升用户的品牌喜好度和使用体验成为共享汽车运营平台升级服务系统的重要手段，如我国“车和家”设计的 SEV 小型电动车，按照欧洲 L6e（轻型四轮车）标准打造，在形态、乘坐空间、电池、车联网方面进行了专门设计，分别与法国 Clem 和美国 SCOOT Networks 建立合作关系，在巴黎和旧金山建立了共享出行服务试点，[③] 在“设计解决共享出行需求”方面，迈出了重要一步。

近年来，汽车共享企业迅速增加，并正从一、二线城市向三、四线城市扩张。在“共享经济”“互联网 +”“新能源”等概念的引领下，大量资本涌入该领域，用户群也不断扩展。要通过设计提升用户的使用体验，首先需要了解用户群体的特征。

一　共享汽车用户群体特征

（一）主要用户群体类型与用户需求

根据编写组于北京、广州、杭州、重庆四地进行的大样本实地调研结果（有效问卷数 $n=998$），在目前已有分时租赁共享汽车平台的城市中，主要

① 惠英、孙芹路、丁勐涛、王蔚：《汽车共享会员出行特征及效用分析——以杭州“车纷享”为例》，《上海城市规划》2018 年第 2 期。

② 施建刚、司红运、吴光东、王欢明：《可持续发展视角下城市交通共享产品使用行为意愿研究》，《中国人口·资源与环境》2018 年第 6 期。

③ 《车和家牵手法国分时租赁公司 Clem，优先布局 B 端业务》，车云网，2017 年 6 月。

租车用户分为个人用户和团体用户，个人用户主要包括高级白领、本地普通市民、学生、游客等，团体用户则以政府机关、企事业单位为主体统一租赁，以青年人为主（见表1）。

表1　当前分时租赁共享汽车主要用户

个人用户	本地普通市民
	高级白领
	游客
	学生
团体用户	政府机关
	企事业单位

此外，在某品牌的一份种子用户调研报告中，也对用户群体与相关需求进行了分析。报告中，研究者根据使用频次与社交网站活跃度，将用户划分为重度用户、轻度用户与活跃用户三种类型。为保证抽样质量，调研用户覆盖了不同的性别、年龄、职业、收入、家庭结构及车辆拥有情况。

报告中，提出了种子用户画像：年轻的单身一族，或者刚刚组建小家庭者；是收入稳定的企业基层人员，抑或是追求自由的自由职业者；有足够的收入获得自己想要的生活；活泼好动，爱好运动、旅游、户外等；对新鲜事物有很高热情，倾向于做“第一个吃螃蟹”的人；有享受生活的需要，但消费理性，愿意为需要的东西付费，对性价比关注需求高。

用户在选择分时租赁汽车时，主要动机之一是车辆的方便性，且能享受驾驶的乐趣，如车辆在设计上存在问题会令用户用车愉悦度下降，可能影响用户的使用意愿。

现有的分时租赁产品，仍存在一定问题，如缺少尺寸、空间更大的车型，用户认知度低等。尤其是后者，通过设计对产品外观进行优化，具有较强可行性。而较大的车内空间，会带来清洁、损坏、车内附加品（行车记录仪、充电线、纸巾盒等）设置等问题，也需要进行用户行为研究，通过设计提升使用体验。

（二）年龄与驾驶经验对共享汽车使用意愿的影响

2018 年 3～5 月，编写组团队以在线问卷的形式再次调研了沈阳、北京、大连、上海四地的共享汽车用户特征与偏好，了解用户的基本特征与用车满意度之间的关系。本次调研将用户租赁的车型分为四大类，即 A00 级车、A0 级车、B 级车、C 级车；调研内容包括年龄、驾驶年限、共享汽车使用意愿、外观设计喜好度、内饰设计喜好度，共 5 个问题。本次调研对象均为使用过共享汽车的用户，年龄与驾驶年限分布情况如图 1 所示。

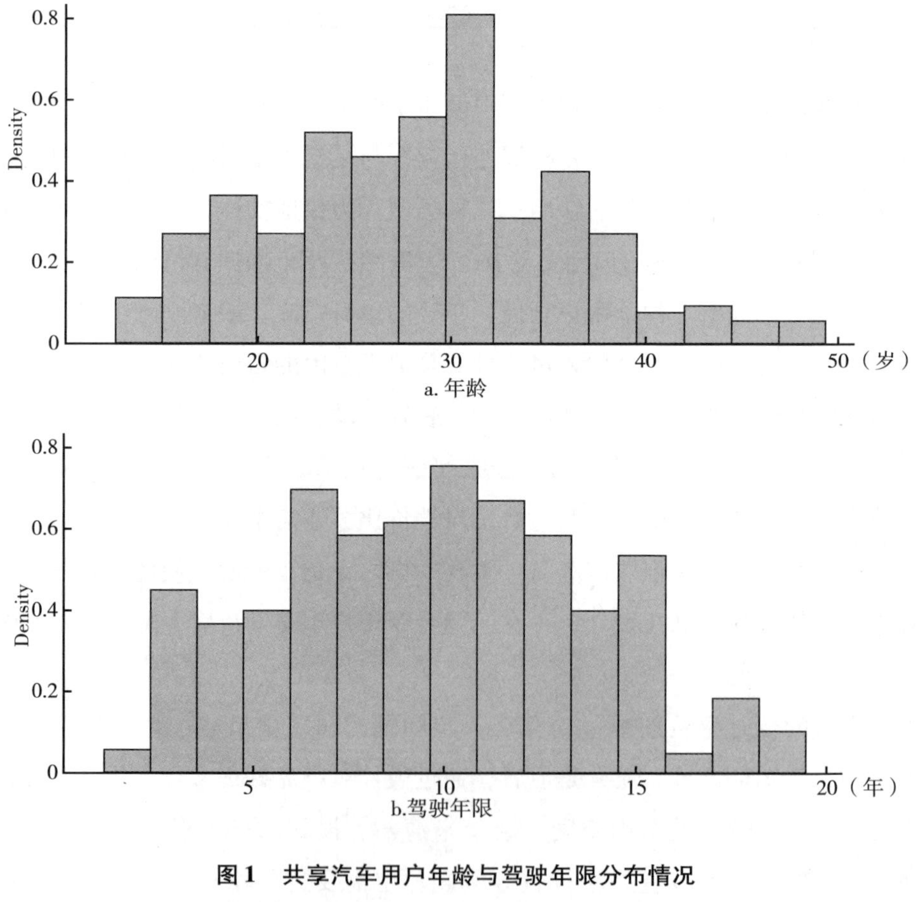

图 1　共享汽车用户年龄与驾驶年限分布情况

本次调研中，受访者的年龄主要集中在 26～35 岁。本次调研主要由参与大创项目的学生、准备毕业设计的毕业生、兄弟院校的硕博士研究生与教师通过微信发放在线问卷完成，发放对象为同学、朋友、亲人中使用过共享汽车的人，硕博士研究生占比较高，因此年龄结构较为年轻化。与年龄相应，受访者的驾驶经验普遍集中于 10 年以内。调研到的用户中，具有 10 年以上驾龄的用户很少。“年龄”与“驾驶年限”两个变量的皮尔逊相关系数为 $r = 0.82$（$p < 0.001$）。使用回归分析可以发现，年龄与驾驶年限对“使用意愿”均具显著影响（$p < 0.001$）。

（三）外观设计与内饰设计喜好度的关系

“外观设计喜好度”与“内饰设计喜好度”的相关系数为 $r = 0.73$（$p < 0.001$），关联性较强，说明对于共享汽车用户群体来说，外观设计喜好程度与内饰设计喜好程度基本具有一致的趋势。从两个变量的分布情况来看，主要集中于 3～5 分（见图 2），说明绝大多数用户对现有产品的设计虽然没有很大不满，却也远远不能满意。使用回归分析可以发现，两个喜好度的得分对“使用意愿”均具显著正影响（$p < 0.05$）。

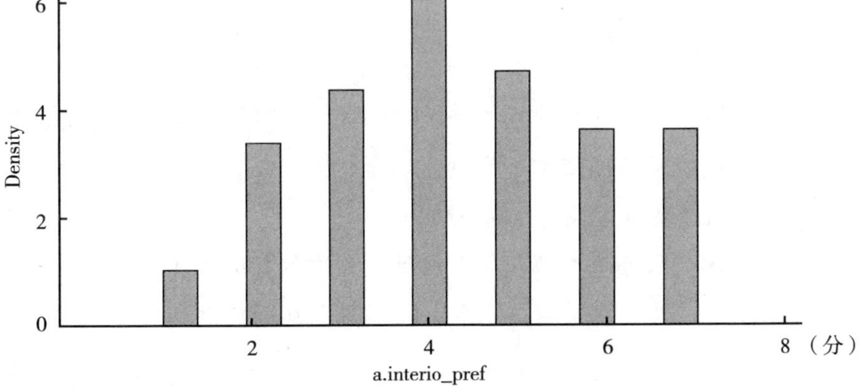

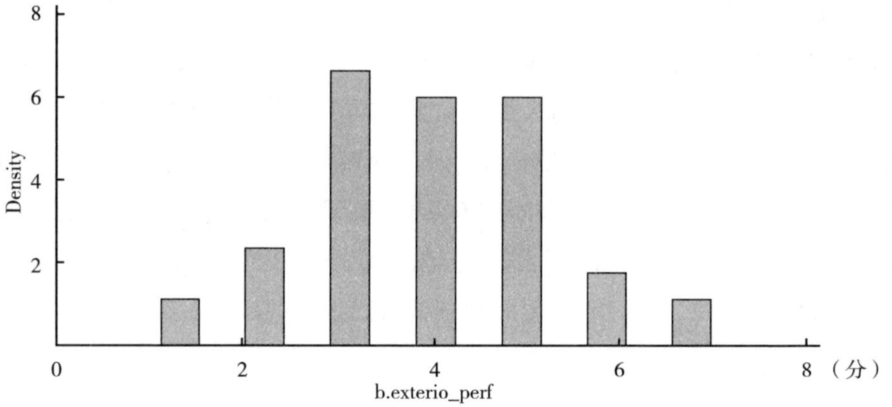

图 2　外观设计与内饰设计的喜好度分布

以上分析从一定程度上表明，从完善产品系统的角度出发，优化共享汽车的内饰与外观设计，对共享汽车行业的发展具有一定意义。发挥工业设计与交互设计的作用，有助于提高共享汽车的使用效率与使用体验。

二　共享汽车服务系统现状

为探索可行并有效的设计机遇，需对服务系统的现状进行梳理。本报告以北京市为例，从车联网、用车流程、车型特征与存在问题三个角度，分析共享汽车服务系统现状。

（一）车联网现状

以北京为例，目前北京很多共享汽车平台以“智能出行”作为品牌特点，借助新一代信息通信技术，实现车与车、人、路、服务平台之间的网络连接，由此形成一些典型特点，主要如下。

（1）共享出行服务基本都建立在移动互联网的基础上。北京的移动互联网普及程度很高，以手机为例，北京市的手机上网用户高达 80% 以上，[①] 因

① 王海亮：《北京市统计局发布文创产业数据：手机网民达 2635 万户》，http：//bj. people. com. cn/n/2015/0310/c82840 - 24109143. html，2015 年 3 月。

此，目前用户使用北京地区的汽车共享租赁平台时基本上都可以在智能手机上通过 App、微信用户端进行，包括注册、找车、开车、换车、支付全过程。

（2）车联网技术应用比较普遍。在中国，汽车工业 4.0 的三大主题包括智能工厂、智能物流、车联网，而共享汽车行业中，车联网可以说是工业 4.0 体现最为明显的领域，可以实现用户、后台管理者以及车辆三方的信息互通。后台管理者可以对车辆进行远程控制，实时了解车辆状况并进行必要的调试。此外，后台还可以实时了解车辆及驾驶用户的状态，从而达到车辆实时定位、没有门店、无人值守、无须人工交接钥匙等效果。

（3）人工较少。目前北京地区的 B2C 共享平台中，除认证等少数流程外，大部分共享品牌全都是用户通过系统提示自助操作完成，除必要的后台客服人员外，与欧美国家及中国其他城市相比，与客户面对面服务的工作人员极少。系统的智能化水平较高，也节省了人工成本。

基于以上特点和问题不难发现，在共享汽车的车内操作中，对大部分普通用户来说，仅凭现有经验难以应对车内的联网信息技术。与人工服务相比，有效的监督、限制和指引设计此时作为一种无声的语言有着更加方便、及时和低成本的优势。通过设计不仅可以限制和禁止用户的某些不合理、不文明行为，也可以指引正确的方向。

（二）用车流程现状

1. 用车流程概述

目前，共享汽车服务系统较为常见的模式通常围绕三个利益相关者展开，即用户、租赁平台以及待租车辆团组。租客在网络上将信息上传到租赁平台，实时了解想要租车的网点以及目的地的车辆信息，向平台支付租赁费用及押金，可直接到专属停车地点取车。平台可以实时了解管辖的所有车辆具体信息，并可在适当时候对车辆进行远程操作。车辆群组由多个专属车辆停放点和少量工作人员组成，通常 1 ~ 2 名工作人员负责周边若干专属车辆停放点，一般情况下工作人员不出现在车辆停放点，只有在租客用车结束后或特殊需要时才会前往检查、维护和保养车辆。

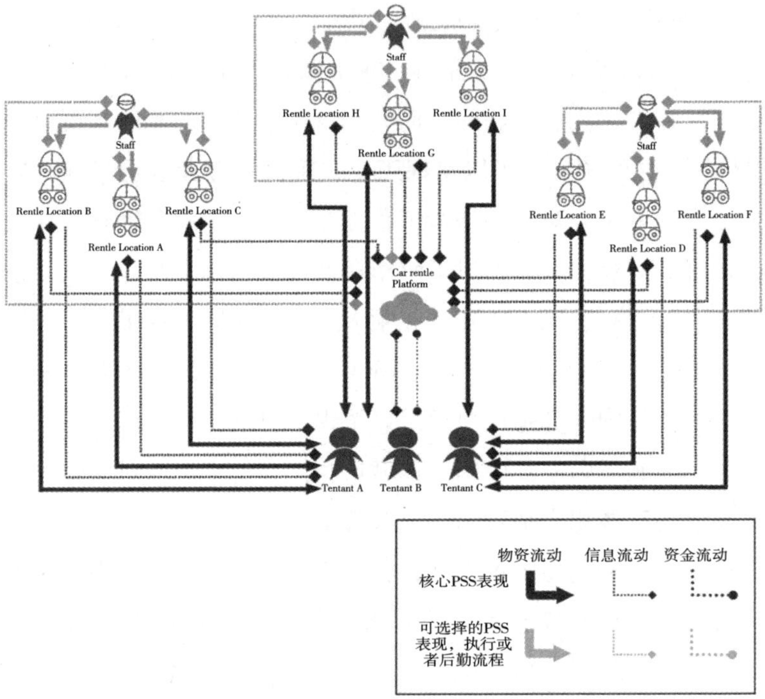

图 3　当前我国常见 B2C 型共享汽车服务系统

2. 典型流程分析

从图 4 可明显看出，除后台审核租客信息或违章、事故处理外，租客基本根据 App 和车内的提示自助完成租车全过程，若无特殊需要，全程基本无须与工作人员有面对面或语言交流，而仅是人与手机、汽车的三方人机交互。

从用车流程看，在取车之后，绝大部分用户行为都是发生于车内的。因此设计时就需要考虑用户在不同时间点的状态及认知负荷特点，进而根据不同阶段适时提供有效的限制和指引，在用车过程中持续发挥作用。尤其应重点考虑驾驶期间的限定方式。例如，中国首汽公司旗下的 Gofun 在 App 中以车内实景图片 + 简要文字的“全景用车指南”方式指导用户。此外，也可

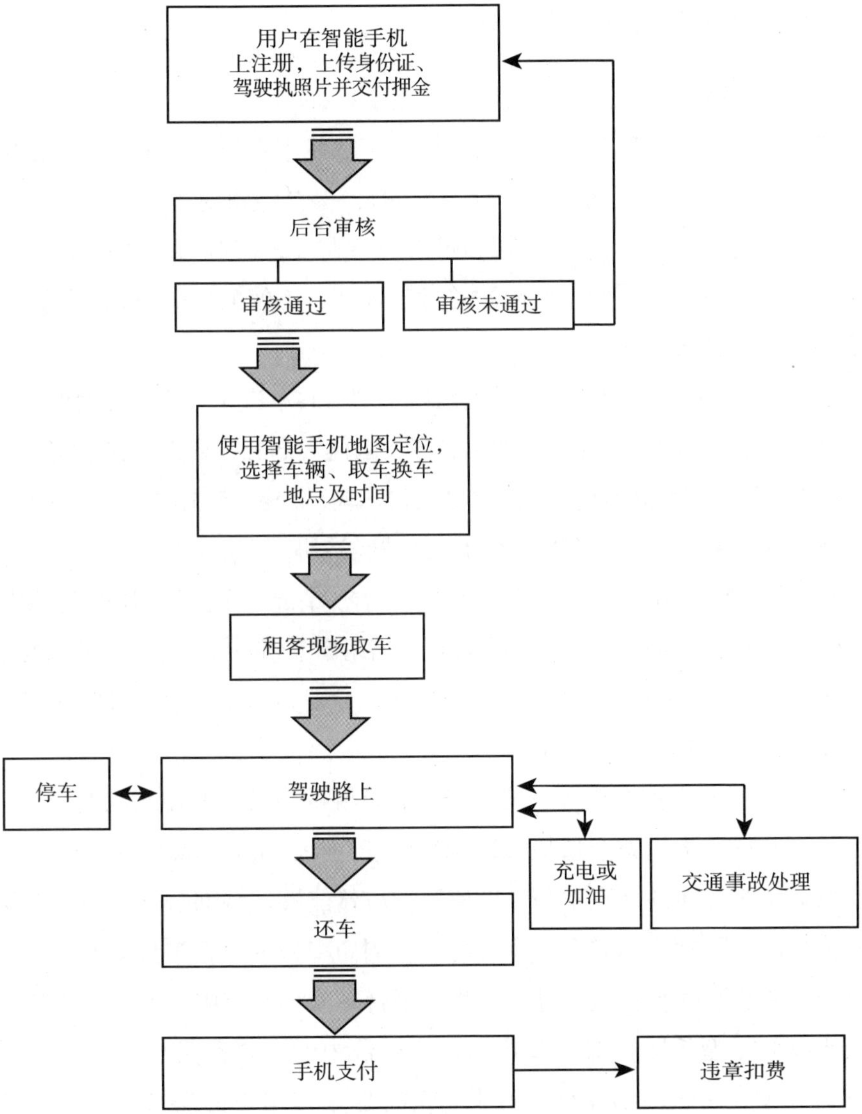

图4　当前我国常见 B2C 型共享汽车用户使用基本流程

在用车前和还车后均进行车内外摄像头自动拍照，记录该用户用车前后的车辆状况，作为车辆使用过程的侧面监督等。

（三）车型特征与存在问题

1. 共享车辆类型

目前，除部分品牌外，大多数共享汽车都使用新能源车辆，全部由电池驱动，在驾驶过程中实现“零排放”。同时，多个城市对于新能源车辆有政策支持，新能源车辆不会受到限行规定的控制，每天都可以上路。但这就带来了换电、充电等方面的体验问题。过于烦琐、不便的换电与充电操作，会严重影响用户的租赁体验。

目前的共享汽车平台基本都采用已有车型。共享汽车近两年的发展异常迅猛，而开发整车时间较长和资金成本较高，因此大部分平台都直接选用北京本地车企生产的现有纯电动汽车作为平台租赁车辆，2 座、5 座均有。这对于本地汽车企业的发展也有一定帮助，带动了区域经济协同发展，符合可持续发展理念。但共享汽车的用户并非固定，共享车辆没有所谓的“车主”，用户直接使用已有车型，而不加任何限定性和引导性设计。当用户拿到一部并不十分熟悉的车辆时，可能会感到困惑和产生挫败感。长期来看，这对共享汽车的发展是不利的。

2. 现有共享车型存在问题

（1）B2C 共享汽车服务系统对于现有资源的再分配和使用问题

首先，车型不能完全适应 B2C 需求。目前大部分车辆都使用已有的全电动新能源车，而共享汽车非私人使用，虽然能够加装部分软硬件，但现有车辆很多部分仍然不能完全适应其需求。例如车型过大，车身造型品牌识别性较弱，加装硬件容易被盗等。其次，平台车型种类有限。不同于传统租车行业或者 P2P 型租赁，B2C 型共享租赁平台中的车辆种类比较少，通常为 1～3 种车型，可选范围较小，不能完全满足现有用户的需求。从设计的角度来看，大部分租赁平台选用了白色车辆，并在车身侧面、后面、前面增加了品牌 logo 以及二维码等信息，具有一定美观性，但较为廉价、庸俗，难以令人喜爱。部分平台的典型车辆设计见图 5。

（2）用户在 B2C 共享汽车服务系统中的全过程体验相关问题

由于 B2C 共享汽车服务系统在中国属于新生事物，很多运营企业也在

图5　部分 B2C 共享汽车

摸索前行中，很多品牌在租车全过程中的用户体验方面存在一定缺陷，有较大提升空间。这主要体现在高度智能化与初次驾驶安全的矛盾。智能化的服务系统让人们的驾驶更加方便、快捷，但是与此同时也带来一些问题值得注意。汽车驾驶中的安全性最为重要，而对于一些初次使用车辆的租客来说，由于对车辆操作的不熟悉或误操作，容易产生安全隐患。在内饰中，大部分租赁平台会在车辆内部加装特别设计，增加用于租赁的必要物品，有系统硬件、驾驶提示信息、服务小产品等，但人机交互做得不够，在很多方面仍需提高，如对于关键常用操作进行更加突出的设计、提炼出车内用户最常用的功能设备并通过造型、色彩、材质、表面处理等使用户需要使用该设备时更加容易操作等。

三　共享汽车服务系统设计机遇

（一）内饰设计机遇

目前，共享汽车在我国的发展尚属初级阶段，大部分车辆为普通私家车的临时性改造。在用户使用过程中出现了一些问题，尤其在车内驾驶过程中问题较为集中，且多与现有的车内空间设计息息相关，例如操作指示性欠佳、不文明行为缺少管控，缺乏对于车内空间合理有效的专门设计等。本报告提出“限定性”设计的概念，有两层含义：一是“限制、禁止”用户某些行为的设计；二是“指定、引导”正确、良好用户行为的设计。“限定性”设计将引导和规范用户行为，并禁止或减少不当行为，避免不必要的安全隐患、时间消耗和设备损坏。

1. 限定性设计

对于“限定性”设计的相关研究目前主要从三个层面切入：① 一是将限制、限定视为创新设计的必备因素。二是将“限定”作为规范用户行为的一种设计理念和手段。三是将限制性设计看作可阻断产品给用户带来潜在风险的有效途径。总体来说，目前对于限定性设计的研究主要集中于方法论以及实体“物”方面，对于如共享汽车系统这样综合性的产品服务系统的研究还较为少见。

2. 内饰设计机遇与难点

（1）将共享汽车的多模态交互数据转化为界面系统设计。多模态人机交互（MMHCI）位于多个研究领域的交叉点，在共享汽车中进行应用可系统性分析相关因素。但多模态数据存在“同步性”的问题，在设计研究中难以采集到可靠且有效的数据，为成果转化带来了一定的困难。为解决这一问题，可考虑采集主观与客观数据，协同分析，如从用户自我报告、行为数据、生理数据、认知变化这四个方面提炼影响因素，综合分析交互行为，输出符合共享语境的系统设计方案。

（2）“减法”有效性。在共享汽车内饰设计中主要从两方面体现：首先是减少共享环境中非必需的物理空间。考虑到使用者驾驶以市内短途为主，行李相对较少，因此家用车需要的储物空间可适当减少，仅留

① 赵颖、柳冠中：《基于 B2C 型共享汽车服务系统的车内空间限定性设计研究》，《装饰》2018 年第 5 期。

有效的驾驶必备空间，同时也减少垃圾的放置空间。其次，减少共享不常用的功能，目前用户出现的误操作问题中，很大一部分原因是并列选择项过多或常用功能键隐藏于较深层的菜单之中，这就造成很多共享汽车用户在有限的操作时间内频繁出现误操作，从而造成时间浪费和设备损坏，因此在设计中就需要降低环境带来的各种干扰，用最必要的单一功能代替使用不平均的多功能设置。值得参考的是法国巴黎的共享汽车品牌 AUTOLIB（见图 6），由法国博洛雷集团专门为共享而设计的电动车，全车内饰十分简洁平整，不留过多的储物空间，常用的挂挡等仅设计最常用的三个挡位。

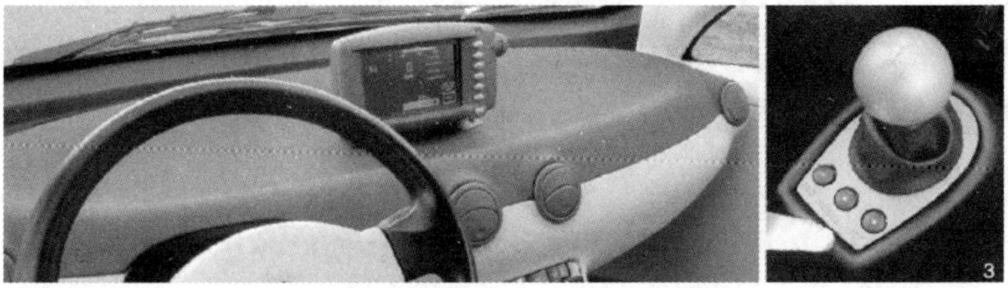

图 6　AUTOLIB 内饰设计

（二）车身造型设计机遇

1. 共享汽车外观设计的着眼点

在乘用车的选择上，77.2% 的用户认为外观造型是决策的首要影响因素。①用户在选择共享汽车时，从视觉信息的获取开始，通过知觉加工产生感性意象，并最终完成对待选车型的认知。此外，在汽车造型设计领域，仿生已不仅仅是对生物的外表进行复制，而是融入意象上的仿生，意象仿生可以将文化、社会等象征语义转化为汽车的形态，有益于企业文化的深化与设计理念

① 卢兆麟、李升波、徐少兵、Fritz Frenkler：《面向汽车造型的用户视觉模式识别比较》，《计算机集成制造系统》2015 年第 7 期。

的实施，更能塑造汽车的品牌形象。[①②] 这对于共享汽车来说尤为重要。

2. 造型特征与仿生设计

对于共享汽车的外观造型，可以从仿生设计的视角出发，开展相关研究。仿生设计学是一门交叉学科，与数学、生物学、心理学、形态学等多个领域有关。采用仿生设计，使设计回归自然，可以增加汽车与用户的情感交流与亲和力，满足用户的精神需要。[③] 且由于仿生设计延续了用户对生物、环境等现存事物的认知模型，有利于带来更低的认知成本，提升用户心理感受。[④]

在商业领域，仿生设计的重要体现之一是文化仿生。近年来汽车的文化价值越来越受到重视，“本土化”也成为一种重要设计趋势。文化仿生属于意象仿生设计，即借助仿生设计的思维和方法，将文化领域的事物形态和意象作为仿生对象，实现文化的“意象”与产品的形态、行为、情境设计的创造性拟合。共享汽车也是需要诠释自身视觉风格、塑造品牌意象与平台理念的产品，合理的文化仿生可以将企业文化融入设计使产品更符合企业理念。

在分析车辆的仿生设计元素的作用时，需要对造型特征进行提取。编写组曾基于 BP 神经网络对共享汽车设计的仿生特征进行学习，对现有共享汽车平台的车型提取造型特征，进行数据采集，以服务于共享汽车产品系统设计。经过训练后的模型对共享汽车仿生特征的感性评价具有一定适应性与可靠性，模型学习效果较好，研究发现：在共享用车语境下，BP 神经网络可以用于分析汽车造型特征，并据此获得各造型特征的仿生得分与代表样本，基于代表样本的特征进行创意发散，为共享用车语境下的汽车仿生设计提供数学依据，共享汽车平台选择、推出仿生得分较高的车型，有利于提高产品的文化意象与造型识别度。

---

① 张安：《基于文化仿生的汽车造型设计探究》，《工业设计》2017 年第 12 期。

② 方方、关惠元、邵斐等：《文化仿生在汽车造型设计中的应用研究》，《机械设计》2014 年第 11 期。

③ 孙俊桥、黄文：《基于仿生设计的城市老年电动代步车造型设计》，《包装工程》2017 年第 8 期。

④ 张玉明等编著《环境行为与人体工程学》，中国电力出版社，2011。

四　设计方向与可行性分析

（一）案例一：面向共享汽车的造型仿生设计①

编写组曾完成研究“基于 BP 神经网络的共享汽车仿生设计特征分析”②，将前脸轮廓、侧面轮廓、前大灯形状、进气格栅形状与侧面特征线 5 个特征作为预分析对象，邀请用户基于“共享”语境，对 5 个特征在形态仿生、功能仿生、结构仿生、意象仿生 4 个维度上的质量进行感性评估，共形成 5 ×4 =20 个评价指标，用于构建 BP 神经网络。经过多次试验，找到适宜的隐藏层神经元数目、学习速率、误差范围，确定最佳模型。本模型可以预测仿生特征对共享汽车“喜好度”的作用，证实了基于仿生特征进行设计，可以提高用户对共享汽车的偏好。

本案例使用单隐层的三层神经网络。使用 MATLAB 进行神经网络建模，用 newff 函数生成 BP 网络。在 18 个样本训练完毕后，使用其余 8 个样本进行测试，迭代后实现了网络收敛的目标。对 26 个样本的 5 个仿生特征在形态仿生、结构仿生、功能仿生、意象仿生 4 个指标上的得分求和，计算出每一个特征的仿生得分 F_i。找出每一个特征下仿生得分（F_i）最高的一个样本，作为该仿生特征的代表性样本。前脸轮廓、前大灯形状、进气格栅形状、侧面轮廓、侧面特征线的代表样本如图 7 所示。

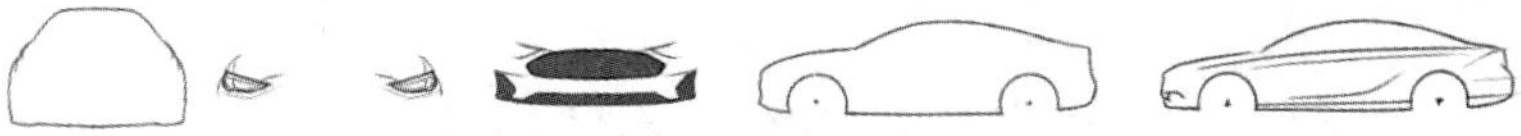

图 7　5 个仿生特征的代表样本

① 杨浩、贾若愚设计。

② 杨浩、贾若愚、赵颖：《基于 BP 神经网络的共享汽车仿生设计特征分析》，《机械设计》2019 年第 8 期。

可分析此5个样本的造型符号与语义，提炼仿生元素，展开设计实践。由此形成的设计，易于预测用户喜好度，有助于提升共享汽车的品牌识别度与用户的造型审美体验。本研究基于课题需求，将设计目标确定为B级车，共享站点所在地定位在北京市，并确定车身基本尺寸。通过仿生特征重组，进行创意发散设计。方案之一如图8所示。

图8　方案推演

本方案在遵循代表性样本的造型信息的基础上，调整比例关系，融入鹰眼、喙与鹰翼的形态进行设计，前脸轮廓造型饱满，而侧面轮廓则凸显轻、薄、快，形成反差印象，强化用户的造型识别。前大灯与进气格栅勾勒出前脸的主题表情，以符合用户同形同构的印象，提升对产品的喜好度。

（二）案例二：共享汽车车内香氛系统设计①

近年来，随着人们收入水平及消费观念的提升，消费者在物质生活水平不断提高的同时也对车内环境的健康性、舒适性提出了更高的要求，而车内气味则是用户对车内环境主观上的第一衡量标准。

① 王欣悦设计、赵颖指导。

基于共享汽车车内环境的特殊性，某些用户会出现将车内可移动物品带走的情况，因此应用于共享汽车的车载香氛系统与私家车内的车载香氛是有极大的不同的。应用于共享汽车的车载香氛系统应具有不易被用户取走、便于平台更换等必要特征。因此共享汽车车载香氛系统中车载香氛与车身的连接方式应当需要重新考量，相应的硬件产品造型也应当符合车辆内饰风格。

本案例中的设计通过车机屏幕的背光效果来展现不同味道的切换，让共享汽车的不同用户根据喜好选择香味。将出风口的造型与车机屏幕融入一个整体形态。在香氛瓶结构上加装磁铁，采用电磁铁连接方式探讨新的连接方式的设计可能。此外充分考虑到共享的特点，将香氛瓶固定于出风口内部，并在外部进行固定，使之不能轻易被取出，而工作人员在更换维修时可使用专用工具操作（见图 9 ~ 图 11）。

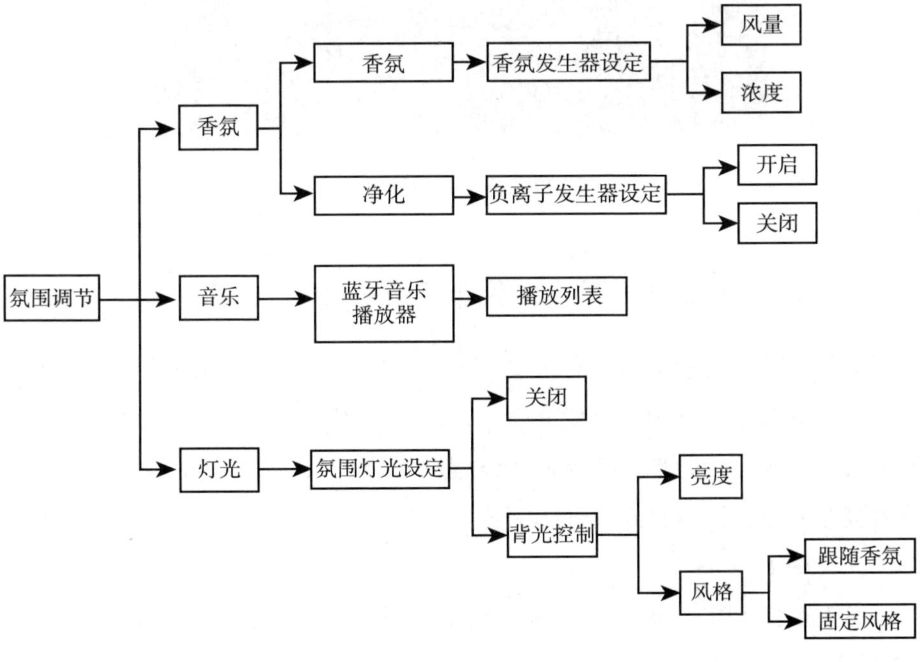

图 9　车机界面逻辑

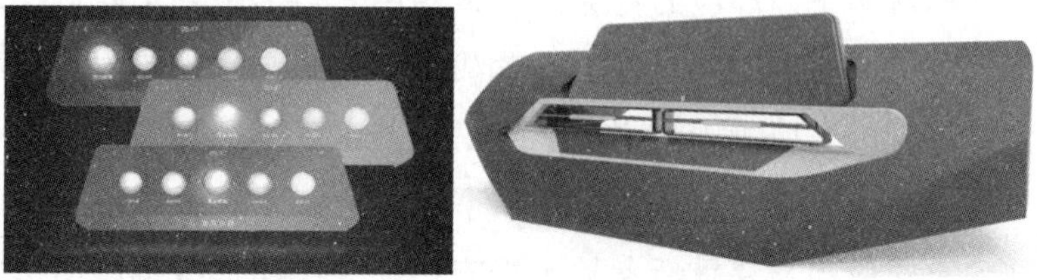

图 10　车机界面与车机屏幕模型渲染

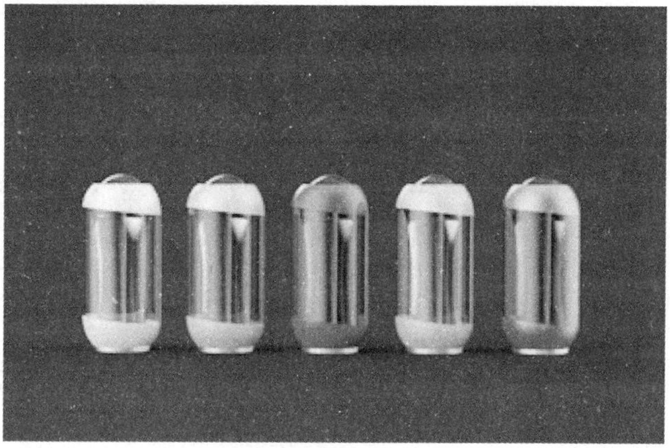

图 11　香氛瓶设计方案

（三）案例三：共享汽车内饰车联网系统设计[①]

本案例通过大量调研工作发现了现有共享汽车中车辆网的使用体验问题。以共享汽车用户为重点研究对象，围绕其使用共享汽车的整个过程中可能会遇到的状况、困难及整个使用流程展开调查，再结合现在车联网服务系统的服务内容、界面交互设计，完成共享汽车车载车联网的界面交互的创新设计（见图 12）。

由于车身中控内饰是针对共享汽车所设计的，整体造型没有过多的凹

① 蒋紫宜设计、赵颖指导。

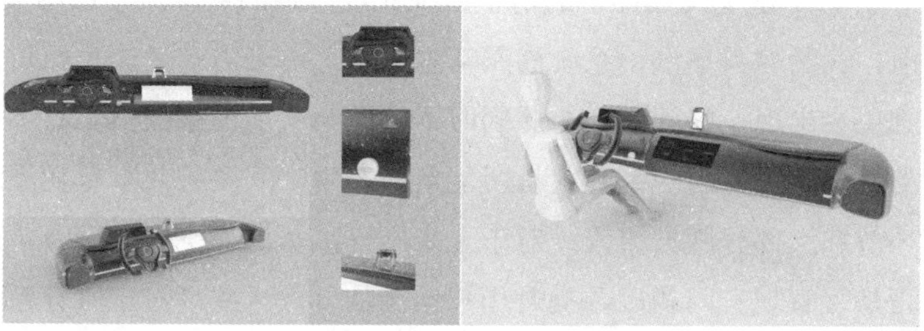

图 12　共享汽车内饰车联网系统设计

槽，便于清洁且外观较为稳重；从使用者的角度来看，过于繁杂的按钮会给用户造成困扰，所以总体上只保留危险警示灯与车辆启动开关按钮及方向盘上的按钮，很多用户都非常习惯在驾驶车辆的过程中使用手机的各种功能（如导航、接听电话等），所以在内饰中增添了手机支架。与此同时，考虑汽车在行驶过程中会出现紧急突发状况，在车辆的方向盘上增添了一键报警模块，用户只需用双手大拇指同时长按两边的按钮便可进行紧急呼救。除此之外还在内饰上加入了呼吸灯，当车辆遇到突发状况时，呼吸灯会根据实际情况亮闪来提醒驾驶员。实现了限定性设计与提示性设计，符合共享汽车的应用语境。

目前大部分共享车辆为普通私家车的临时改装，兼容性和引导性设计十分有限，经常发生的人机交互问题降低了用户的使用体验，影响了交通效率。在这一背景下，洞悉用户的用车行为和驾驶认知特征，是优化共享汽车服务系统的有效方法，对共享汽车服务系统的构建具有实际价值，亦能促进成果转化，在保证创新性的同时，实现共享汽车的安全化、规范化。

对于外观设计，共享汽车为提升平台的品牌识别度与用户的使用感受，可尝试以仿生设计为切入点来评价、选择自己的产品。通过 BP 神经网络对车辆的仿生特征进行学习，找到最佳模型后，发现经过训练后的模型对共享汽车仿生特征的感性评价具有一定适应性与可靠性，模型学习效果较好，为共享汽车的仿生设计提供了数学依据。本报告提出在设计中强调前脸轮廓、大灯、进气格栅、侧面轮廓、侧面特征线的仿生意义，与用户的认知形成

“共情”，有利于基于代表样本的仿生特征完成合理的共享汽车造型设计。

目前，我国的共享汽车系统尚属新生事物，由于需求量较大而发展速度极快，难免会出现一些问题。与此同时，我国与欧美国家国情多有不同，解决问题的方式也需要因地制宜，有所创新。车内空间关系共享车辆系统的关键使用环节和大部分服务流程，对于未来共享汽车内部空间合理有效的限定性设计正是缓解现有问题以及提升用户体验的重点。共享汽车服务系统作为一种符合可持续发展理念、方便用户的交通出行方式，值得更加广泛和深入的研究。相信随着为此进行的专门性设计研究的增加，未来的共享汽车系统会更加成熟、便捷和普及。

B.13
网约车的运营管理分析

陈　希*

摘　要： 本文分析了网约车发展所经历的三个主要阶段，对网约车经营活动中的网约车平台、网约车运营企业和司机三大产业链主体展开了分析，并比较分析了网约车运营管理的经营性租赁、融资租赁和雇佣分成模式，最后提出了网约车运营管理的主要方向和内容。

关键词： 网约车　发展模式　运营企业　运营管理

一　网约车发展阶段

2012年起，各地网约车创业企业开始出现，其业主主要是服务于消费者将汽车（非营运性质）拿出来与他人分享消费，弥补生产经营类交通服务（出租汽车）的不足。初期的网约叫车服务包含专车、快车、拼车和合乘等，车辆主要是私家车。在拥有大量车源和运费补贴的基础上，该模式通过创新性地利用信息技术、大数据分析技术和管理优化技术来开发整合一系列综合服务，包括驾驶员服务质量与信用评价、导航、拼车等，为乘客提供非常便捷和便宜的出行体验，呈现取代出租汽车的趋势。早期，网约车以共享出行之名野蛮生长，行业政策法规缺失，随后，网约车合法化纳入政府监管，政策的颁布使得网约车行业的竞争从无序走向规范。

* 陈希，帷幄数据智能科技（深圳）有限公司董事长。

网约车行业自 2012 年以来经历了大概以下三个发展阶段。

第一阶段（2012～2016 年）：补贴形成市场习惯阶段。滴滴、快的以及滴滴与优步等出行平台的补贴大战。以教育用户用车习惯、补贴用户及驾驶员为主，属轻资产运营模式。

第二阶段（2016～2018 年）：平台整合阶段。滴滴并购优步中国后，一家独大，一些规模和能力不足的平台逐步失去竞争力；《网络预约出租汽车经营服务管理暂行办法》于 2016 年 7 月 14 日经交通运输部第 15 次部务会议通过，并经工业和信息化部、公安部、商务部、工商总局、质检总局、国家网信办同意，自 2016 年 11 月 1 日起施行，标志着网约车行业进入规范化时代，随后各城市开始纷纷出台地方的网络预约出租汽车经营服务管理实施细则。

第三阶段（2018 年至今）：全国各中心城市的交管部门加快推进网约车政策的合规和合法化，汽车制造商、各类资金持续进入网约车行业，以高德和美团等为代表的聚合模式强势发力。在聚合平台模式下，一些没有规模化的网约车平台和网约车运营管理企业在头部网约车平台一家独大的局面下看到了新的发展机会。

二　网约车产业链三大主体

随着网约车逐步由私家车共享向营运性质的转化，网约车行业产业链逐步清晰，包括三大主体：网约车平台、网约车运营管理公司、网约车司机。

（一）网约车平台

1. 单一型网约车平台

单一型网约车平台是指聚合型网约车平台以外的所有网约车平台。相对于聚合平台，这些平台不接入其他网约车平台，并且以单一的出行服务应用 App 的形式面向乘客。

网约车平台的功能是收集乘客需求和网约车运力（车 + 司机）资源，

并按高效率、低成本的原则对其进行匹配，满足乘客的出行需求。在网约车发展初期，网约车平台通过补贴汇集乘客和运力，是网约车运营管理的最重要因素。鉴于网约车的发展前景和网约车平台的重要地位，很多企业谋求开展网约车平台业务，可实际上由于这些平台没有头部网约车平台集聚乘客和运力的能力，经营难度较大。

2. 聚合型网约车平台

聚合型网约车平台的客户端是包含出行服务的综合性服务应用 App。运力端没有排他性，接入所有符合其标准的出行平台作为运力来源。

由于地图应用 App（高德、百度）、生活服务 App（美团、携程）具有同样的汇集乘客需要的功能，加之网约车运营管理公司的出现降低了地图应用和生活服务 App 聚集运力的门槛，很快聚合平台出现了。聚合平台接入数量众多但没有获得乘客资源能力的网约车平台，而这些网约车平台又与网约车运用公司对接，组织大量运力。这种结合一是发挥了聚合平台乘客端优势、避免了其过多介入运力端分散资源的劣势；二是发挥了中小网约车平台和网约车运营管理公司聚集和管理运力的作用，避免了众多网约车平台获客能力弱的劣势。聚合平台削弱了头部网约车平台的垄断地位，改善了网约车生态。

3. 整车企业网约车平台

汽车厂商网约车平台是由开展网约车业务的汽车厂商经营的网约车平台，这些平台只接入本汽车厂商品牌的网约车，如吉利的曹操出行、T3 出行、欧了出行、如祺出行和长安出行等。这类平台有的直接面对乘客，有的通过聚合平台获客。

（二）网约车运营管理公司

初期的网约车运营管理公司的基本功能是协助网约车平台管理加入网约车运力，这些运力主要是拥有车辆的司机，行业称为司管公司（Driver Partner，DP）。随着更多人购买汽车以网约车为谋生，加之合规化车辆事实必须登记在企业名下的要求，以拥有和管理网约车运力为目的的另一类的网约车管理公司——资管公司（Capital Partner，CP）诞生了。目前，网约车运营管理公司不再是单纯某家网约车平台的专属伙伴，已经成为所有网约车平台的运力提供方。网约车运营管理公司也是聚合平台快速发展的基础。

网约车运营管理公司有以下三种经营模式。

1. 经营性租赁网约车运营公司

这类公司以自有资金或金融方式进行车辆购置，通过网约车平台认证并从交管部门取得“网络预约出租汽车运输证”，再以车辆纯租赁的方式租给具备“网络预约出租汽车驾驶员证”的驾驶员从事网约车运输工作。此类模式的经营风险由网约车运营公司承担。

此类公司通过收取租金的方式偿还车辆的月供，赚取一定的差额以及资产残值，属于资金密集型模式，主要考验企业的资源能力、销售能力、运营管理能力及财务运作能力。企业不仅要车源有优势、融资有渠道、拥有车辆指标及网约车证办理渠道，还要有快速把车辆出租出去的能力，保证出租率，也需要具备优秀的运营管理能力，保证租金回收，维持企业良性发展。重资产模式非常考验企业经营的综合实力。

2. 融资租赁（以租代购）网约车运营企业

此类企业以自有资金或融资租赁方式购置车辆，通过网约车平台认证并取得“网约车运输证”，再以“以租代购”的方式租给具备“网约车驾驶员证”的驾驶员从事网约车经营。租赁合约期满后，车辆所有权归属租车人。此类模式的经营风险由司机承担。

网约车运营公司以车辆集采差价、超额融资、手续费等形式获得利润，租车人通常承担1万~2万元首付或押金，按票面价+保险+上牌费等总成本分月付租金。网约车运营企业以收租还月供，行情好时有差价，行情不好时可能“贴钱”出租。遇到客户退车时，车辆收回后，通常会转为经营性租赁方式出租，以偿还贷款，或以二手车形式继续做以租代购。

市场上拥有融资租赁牌照的运力公司几乎为零，但是具备融资租赁资质的机构会通过与网约车运营企业合作的模式，采取对司机融资、网约车运营公司担保的模式，向司机放贷购车。出于风控考虑，车辆有的登记为个人牌照，也有的登记在租赁公司名下。在部分城市，为了获得车辆网约车运输证，多数会登记在网约车运营公司名下。网约车运营公司通过给融资租赁机构做业务及贷后管理等服务获得一定的收入。此模式对于网约车运营公司而言几乎没有风险，收益可观。

以上两种运营管理模式中，网约车运营管理公司的实际角色是对车辆资产进行管理并从中获利，并不对司机及服务质量进行管理。目前网约车主要是这两种管理模式，且融资租赁（以租代购）占大头。

3. 雇佣分成模式

雇佣分成模式是由经营性租赁衍生出来的一种细分产品，租赁公司以自有资金或融资方式自购车辆，以保底收入 + 提成模式招募司机，司机只需要交 1 万元左右的保证金即可上岗，通过不同级别的跑单流水可拿到不同的薪资及提成收入，车辆的维修保养及保险等全部由运力公司承担。首汽约车、神州出行、T3 出行（由一汽、东风、长安三大汽车制造企业组建）等大型网约车运营企业采取此类经营模式。

（三）网约车司机

初期的网约车司机以兼职为主，使用的车辆多为私家车，开网约车的原因是工作之余赚外快或者是本职工作不景气贴补家用。随后网约车司机以专职为主，从业人员多为外地进城人员，以网约车为职业养家糊口。

网约车司机基本上与网约车平台、网约车运营公司没有雇佣关系，司机通过其他方式解决社保问题，基本不能享受企业为职工提供的各项福利。这种情况下网约车平台、网约车运营公司与司机的关联性低，对司机的管理仅体现为：①制定服务标准要求司机遵守。②接受网约车乘客投诉并通过封号、限制派单等处罚违规的司机。

三　网约车运营管理的重点内容

网约车运营管理涉及大量资产，很多企业都是随着网约车行业发展而逐步壮大的，其中如何科学管理决定着企业的成败。在整体网约车市场竞争越来越激烈的环境下，网约车运营管理企业需要做好如下工作。

1. 资产管理

资产管理包括车辆管理、车牌管理、车辆处置等模块，网约车经营公司要能够全面掌握车辆、车牌信息，并对其车辆、车牌进行管理。能够有效进行车辆处置，可以快速了解资产情况，快速开展资产分析。

2. 销售管理

销售管理包含客户管理、意向订单管理、CRM 三大功能，如客户管理需要管理所有客户信息，根据合同区分客户状态，方便销售人员进行客户维护。

3. 运营管理

运营管理主要包括合同的创建、执行、变更等。运营人员要能够通过技术发现交租逾期状态，实时把控收租情况。要预先了解发车情况，做好发车准备。

4. 司机管理

司机管理工作相对复杂，主要包括：①司机咨询、培训、安全教育等方面的服务。②司机用户运力贡献管理、司机用户服务贡献管理、司机用户安全管理、司机用户满意度与留存管理。③让司机了解当地网约车等相关法律法规，帮助司机用户判断其自身是否符合相关法律规定。④辅助指导司机完成在出行平台的司机用户信息的注册和补充，并保证录入资料信息真实。⑤对司机用户运营进行安全管理关注，预防司机用户酒后、带病、疲劳、带不良情绪上岗驾驶车辆或者上岗前服用影响安全驾驶的药物，督促司机用户做好车辆的日常维护和检查，叮嘱司机用户合理安排工作时间，防止司机用户疲劳驾驶。⑥对司机进行入门技能培训，包括出行技能、服务规范、软件操作等。

5. 车务管理

车务管理主要是网约车车辆运维的保险管理、维保管理、资产维护、出入库管理等。要对车辆出险情况进行全流程跟踪，通过系统来掌握车辆各个阶段的状态，实现车辆全生命周期管理；掌握车辆维修的送修时间、维修状况、取车时间；保养提醒，避免因未及时保养造成车辆的重大损失；对车辆进行出入库管理。

6. 财务管理

财务管理包括账户管理、账单管理、应收应付、收支流水等功能，满足网约车运营企业的业务需求和高效管理。

7. 审核管理

通过信息系统进行有效管理，当有业务进行操作时，需要自动进入审批流程。若有不属于正常审核设置中的特殊业务，操作人员借助智能管理系统可以自行在特殊业务中发起特殊业务审核，解决网约车运营企业不同情况下的审核问题。

B.14 我国共享出行的发展趋势与未来展望

吴 钊 陈春栋*

摘 要： 共享出行未来受消费者接受度、政策鼓励、技术进步、新玩家入局等多重因素驱动，整体市场仍将快速发展，且在细分市场中呈现结构性变化态势。随着高阶自动驾驶技术的应用，共享出行也将在业务模式上进一步升级。展望未来，共享出行的不断发展势必会对汽车出行产业链的价值分配、上下游企业分工调整带来深远影响。从主机厂、经销商到后市场，服务商的汽车全生命周期环节的参与企业也需要共同应对共享出行发展中的挑战，通过调整商业模式、产品和服务能力以应对变化。从行业长远发展角度来看，共享出行的发展将围绕效率、安全、资源的合理优化等移动出行需要解决的时代性课题为使用者带来更优质的出行体验。

关键词： 共享出行 颠覆性变革 产业链 自动驾驶

共享出行市场未来受消费者接受程度提升、政策支持、智能网联技术进步等因素驱动，仍将保持较快增长，而不同领域细分市场将呈现不同发展态势。从长期市场格局来看，自动驾驶技术将给共享出行带来颠覆性变革影响，而汽车共享出行市场的发展也给汽车产业链的价值分布、汽车销售、后市场服务等上下游企业带来不同程度的影响。

---

* 吴钊，罗兰贝格管理咨询执行总监；陈春栋，罗兰贝格管理咨询高级咨询顾问。

一　共享出行市场发展趋势

共享出行市场发展的主要驱动因素有三个：消费者需求和观念的转变、政策的鼓励支持促进行业规范化和关键技术的不断突破发展。

第一，消费者端，随着城市拥堵加剧和消费者对共享经济的热情和逐步认可，移动出行理念愈加深入人心。实际上，消费者对于车的态度在发生本质性转变：汽车不再是“车”，而是融入“出行”概念之中。着重于汽车使用权的消费倾向逐渐兴起，对原来以汽车所有权转移为核心的消费诉求造成冲击，传统拥车习惯逐步转化为按需选择。与之对应的是，消费者对乘坐体验的偏好将成为对产品的核心感知，更注重智能、社交、个性，而非车辆本身。由终端需求转变催生的新型商业逻辑由此推动新型商业模式的兴起，如移动出行及涵盖高端定制化的共享出行服务、向订阅与按使用付费的模式转变的订阅式用车服务、以消费者为核心的“汽车即服务”（Car as a Service，CaaS）模式等。罗兰贝格研究发现，限牌城市的中高端消费者对于订阅式用车和1＋M等新商业模式已逐步呈现开放和接受态度。

第二，各类政策的鼓励也将推动共享出行市场的发展。随着政府对共享经济的大力支持，分时租赁相关鼓励类政策逐步出台，网约车行业也逐渐进入规范化发展时代，这将为共享出行培育良好的发展土壤。而在推动共享出行服务发展的智能网联、电气化等趋势下，各类产业政策促进行业快速发展，对共享出行市场也将起到推动作用。

第三，关键技术的突破也将起到至关重要的作用。随着自动驾驶和智能网联技术的演进，以及新能源车辆的普及，未来出行将更高效、更经济、更安全、更环保，为使用者带来更优的出行体验。最终，网约车市场和分时租赁市场将最终演化成Robotaxi（自动驾驶出租车），极大的使用便利性促进了汽车共享市场发展。自动驾驶可以替代人类司机，以实时性、可控性和互通性优势提升车辆调配效率、停车效率和交通管控效率。同时司机成本得以削减，安全性进一步提升，车内空间利用效率和车内交互服务也将进一步提升。

从共享汽车整体市场增速来看，共享出行市场规模未来仍将保持较快增速，但与之前相比将逐步放缓，其中网约车及分时租赁将保持较高增速，汽车租赁、P2P 租车增速相对较慢。搭载无人驾驶功能的 Robotaxi 业务将初步进入市场，将在部分特定区域出现，短期内不会进入公共道路，其发展主要来自 L3、L4 自动驾驶技术普及驱动，L5 仍将处于研究阶段。从长期看，新共享出行企业将会占据市场主要地位，传统出租车市场份额将进一步下降。互联网租赁自行车、电动车等低速短途共享出行将持续作为一种重要的出行模式融入多模式城市移动出行，未来将有更多企业进入市场，并受到共享出行企业的不断整合（见图 1）。

	CAGR 2016~2020	CAGR 2020~2025
整体市场	49%	13%
网约车快车	43%	15%
分时租赁	78%	13%
汽车租赁	59%	7%
P2P租车	9%	7%
Robotaxi	N/A	188%
传统出租车	-10%	-1%

图 1　中国出行市场规模预测

注：本文图表若无特殊说明，均来自罗兰贝格管理咨询。

智能网联、自动驾驶技术的发展，将不断促使各种移动出行模式进行融合并更加便捷，从而导致个人购车需求不断降低。未来，随着相关技术的发展成熟，中国共享出行服务市场将经历三大发展阶段（见图 2），出行服务细分市场趋势、汽车销售结构变化和汽车价值链分布在各发展阶段具有不同特征。

现阶段：随着智能化和网联化概念被市场和消费者逐步认可，共享出行

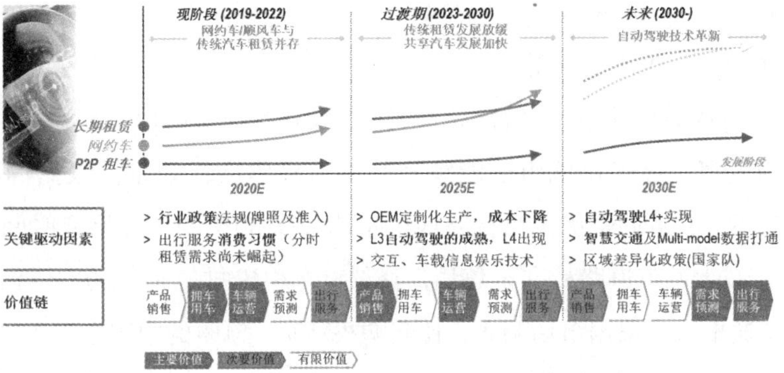

图 2　中国共享出行服务市场发展阶段

市场整体取得一定发展。出行服务细分市场中，网约车和传统租赁占据主导地位，P2P 租赁等模式渗透率较低，多种模式共存发展。从汽车销售的影响来看，共享出行中短期内的影响较小。从汽车价值链的角度来看，核心价值分布仍然以拥车用车、车辆运营为主，出行服务价值将有所上升。

过渡期：随着自动驾驶技术逐渐成熟，用户驾驶体验明显提升，专车和分时租赁差异缩小，用车和拥车界限逐渐变得模糊，P2P 租赁等模式将加速增长。对汽车销售而言，共享出行的不断渗透将带来更显著的影响。汽车产业链价值将从前端向后端转移，出行服务成为主要价值来源，车辆运营和基于新的车辆需求下的车辆销售将带来更多价值。

未来：智能网联车辆的普及将优化乘坐体验、增强车辆流动性、优化城市运能，进一步促进移动出行的发展，无人驾驶时代来临，长/短租及分时租赁完全融合。车内互联设施与车主生活极大连通，移动出行便利性大幅提升，拥车需求降至最低。最终发展形成 Robotaxi。Robotaxi 相比传统出行模式来看，具备以下优势。

（1）Robotaxi 是分时租赁与专车模式的融合，兼备成本低及便捷性、实时性的优势，优化乘客体验。能够达到每平方公里 2 辆，有效载客时间高于传统出租车 80%。由于高度自动化场景下对人力的节省和对运营效率的精准提升，Robotaxi 可将成本降低至出租车的 12%，将挑战现有传统出行市场。

（2）车辆流动性增强，节省停车时间，解决停车问题，释放城市空间。

根据测算，Robotaxi 的运行将节省 40% 的停车空间，部分停车场和公路可改造为公共场所、生产空间等。

（3）与智能交通系统联合运行，提高车辆系统协调性，减少道路拥堵，增强交通效率，最优化城市运能规划并提高整体出行效率。根据 MIT 的一项研究表示，Robotaxi 优化出行路线可平均减少 30% 的交通堵塞时间。

（4）减少城市道路私家车数量，降低汽车引擎排放带来的空气污染，减少道路交通事故。根据市场调研，比起购买新车，51% 的中国车主更愿意使用 Robotaxi。2030 年，旅客乘坐私家车出行的里程数相比 2025 年将降低约 30% 。

未来，随着移动互联技术的进一步发展，共享出行将不断渗透其他泛出行领域，不断颠覆人们对民航、地铁、火车、航运等出行方式的想象，创造更为便捷、友好的移动出行体验，开辟广阔的发展空间。同时，移动出行场景下，通过移动互联技术可以获取海量用户的出行数据，运用人工智能等技术洞察居民多维度的出行特点和生活习惯。这些技术将逐步渗透相关行业，包括以出行类保险、移动地图为代表的出行衍生服务（见图 3）。

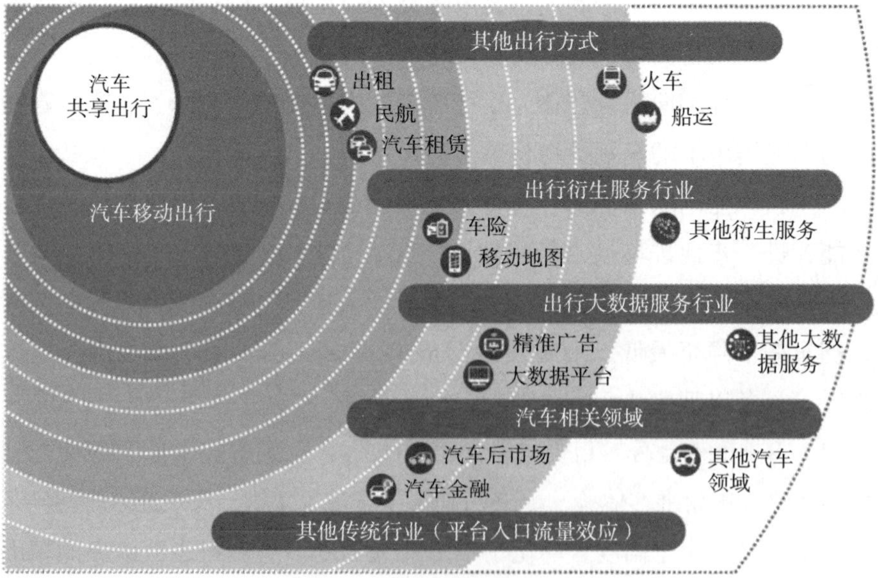

图 3　共享出行未来渗透方向

二 共享出行对汽车行业上下游企业的影响

共享出行的快速发展，使传统汽车产业链发生巨大变革，价值链分配也随之重塑。个人拥车需求的降低、各类出行企业对共享车辆需求的增长将带来汽车行业客户结构的变化。同时，以 C 端消费者占据主导的汽车经销、后市场服务行业未来也将面临移动出行领域 B 端客户占比提升，而 B 端客户在服务需求、服务模式上与 C 端消费者有着巨大的不同。共享出行市场的崛起将给汽车行业上下游企业带来机遇与挑战并存的局面。

（一）共享出行行业对汽车产业价值链影响

传统的汽车生态系统以主机厂为核心，物理形态的汽车是获取消费者的价值重心，因此主机厂将产业链优势视作核心竞争力，降低成本、提升产品品质是业内竞争的关键成功因素。在这一模式的分工下，经销商通常是直接接触消费者的主要渠道，主机厂与消费者的沟通存在时滞，产品改进革新的进程相对较慢。

在共享出行时代，终端消费者未必需要拥有汽车，商业模式转变为以每次出行服务的里程数和在途中所使用的服务项目来计费。消费者每一次的服务体验将影响下一次的出行选择，产业的收费模式将从过往的低频率、高单价消费转变为高频率、低单价消费。业内企业不再仅以产品硬件的推陈出新来满足消费者需求，而是要在既有的软件服务平台上不断优化内容、最大化提升用户出行的服务体验，围绕用户全旅程的体验来设计和改善服务内容，形成动态的、可持续的业务闭环。

未来，传统主机厂的收入和利润份额在以 Robotaxi 为代表的共享出行服务商冲击下，将在很大程度上被削弱，以车联网、数据服务、共享出行等服务为主的企业将受益。对于主机厂而言，从销售产品的盈利方式向按使用服务收费的模式转变是一种挑战，但又不能不积极应对。

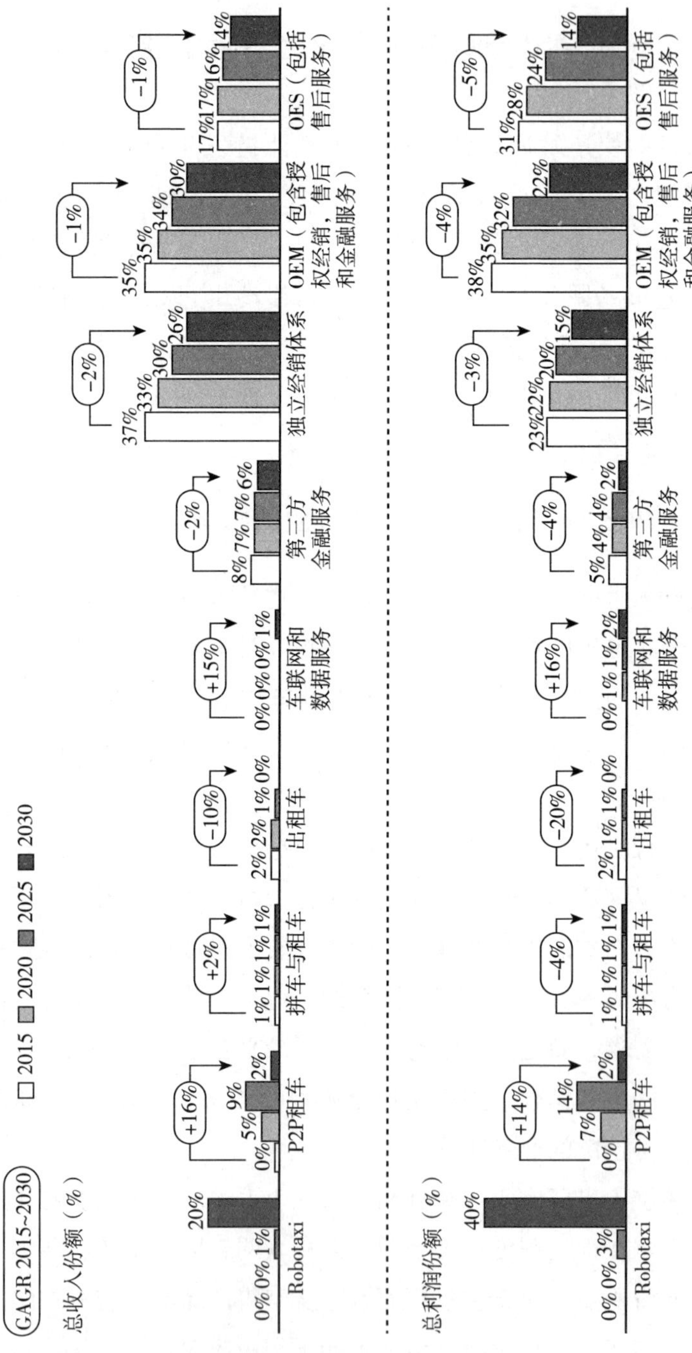

图 4　全球汽车行业按市场类型划分的总收入和总利润份额

在汽车产业链价值分布变化的趋势下，产业链上下游的各类企业也在以不同方式提升产业链整合能力。主机厂从制造向后端服务延伸，出行服务商由末端向前端拓展，供应商以不同方式向两端扩展，各方均将成为生态圈的核心主导力量（见图5）。

（二）共享出行行业对主机厂新车销售影响

根据对各类共享出行服务用车需求的测算，到2025年，应用于新型出行服务的新车销量比例预计将显著提高，主要原因有：汽车所有权模式变化、城市化发展、技术与出行服务商业模式的发展。与全球其他成熟汽车市场相比，中国汽车平均拥有量更低（中国平均每7人拥有1辆车，欧盟平均每2人拥有1辆车，美国平均每1.25人拥有1辆车），颠覆性潜力更大。2025年之后，无人驾驶出租车的问世将极大提升应用于出行服务领域的新车销量比例。

（三）共享出行服务商对汽车经销商影响

共享出行等B端服务商的不断崛起，将带来在汽车销售、维修等流通和后市场服务市场的客户结构变化，B端客户需求在车辆批量处理能力、时效性要求等方面将带来对现有经销商体系和后市场服务体系的挑战，需要相关行业市场企业灵活调整商业模式和产品、服务能力。

共享出行类企业的崛起，将带来销售结构改变和渠道功能转化，将影响经销商经营模式与角色。首先，销售结构的改变将带来模式变化，共享出行的成熟带来个人新车购买需求下降，经销商网络发展速度放缓；同时租赁公司/移动出行服务平台成为重要的客户类型，直销/代销成为可能，授权经销商模式有可能被颠覆。其次，渠道功能向对公转化。车辆销售更多成为对公（2B）业务，线下网点功能有可能集约化发展，如产生专门面向车队用户的展示/体验中心，各地统一的车辆交付点，或专门负责共享出行业务售后服务的维修保养中心等（见图7）。

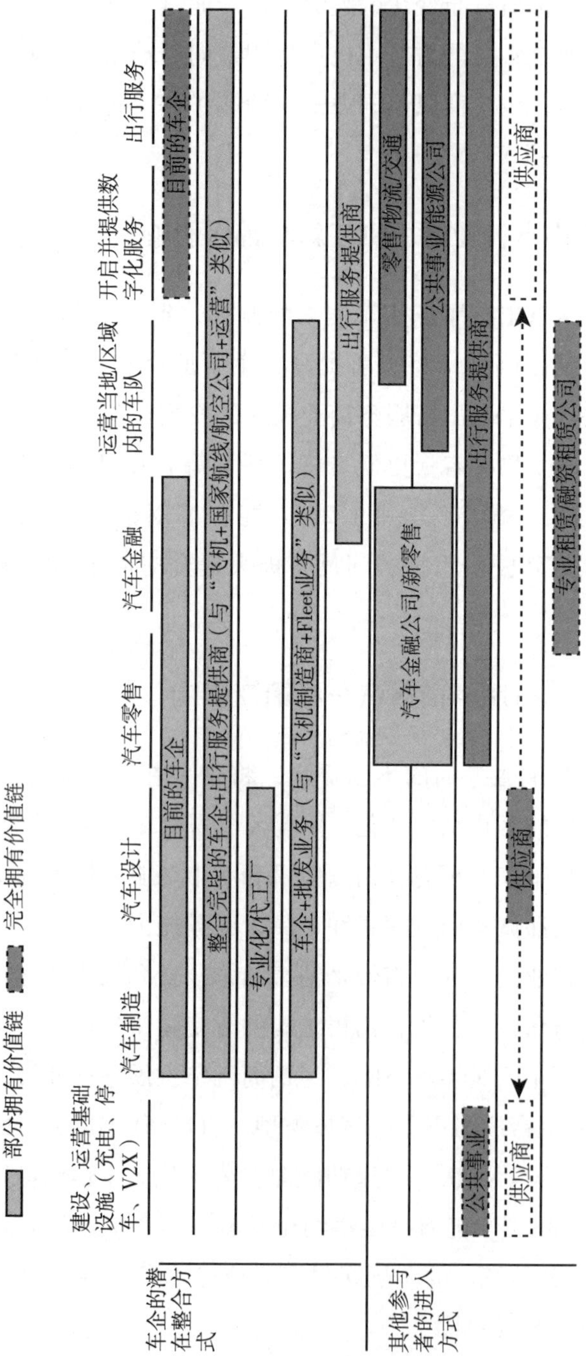

图 5　汽车行业链上下游整合潜力

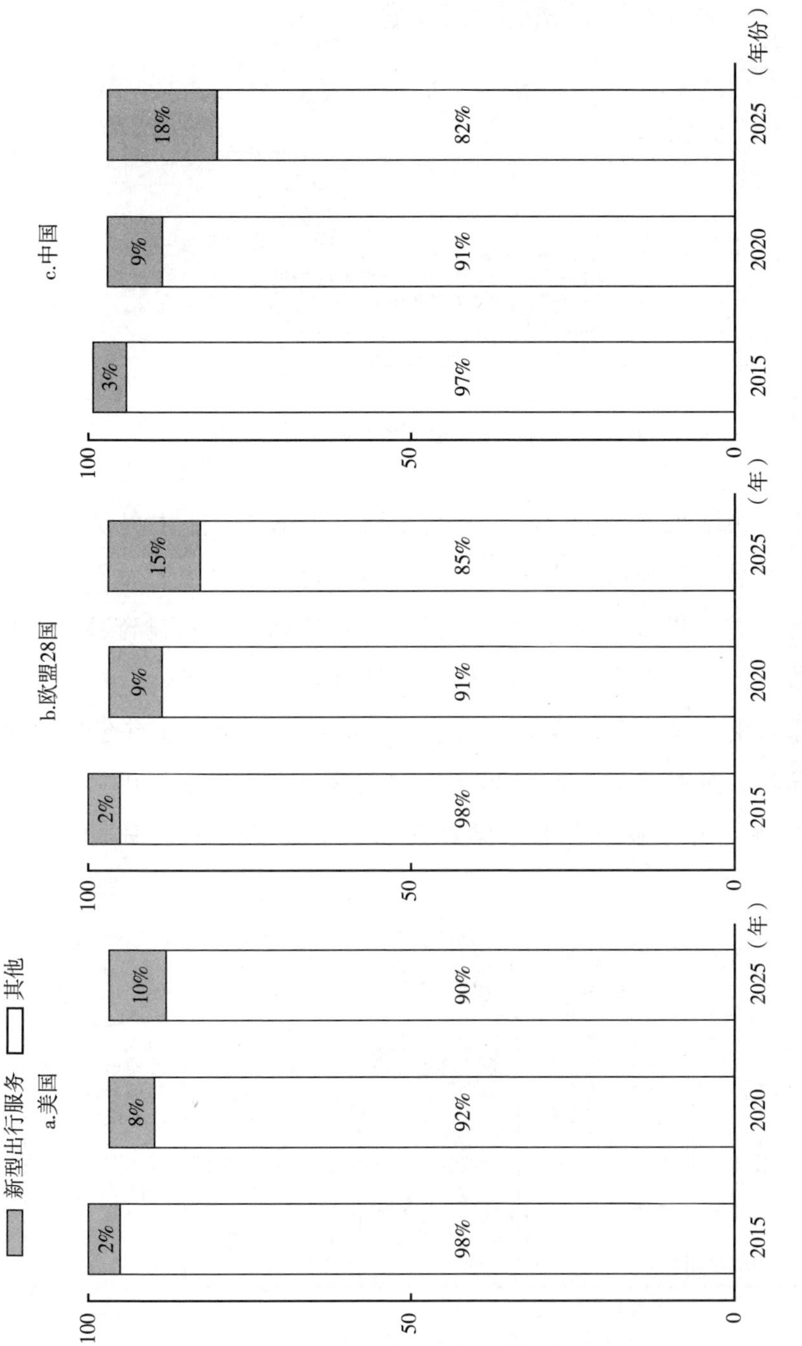

图 6　用于新型出行服务的新车销售占比

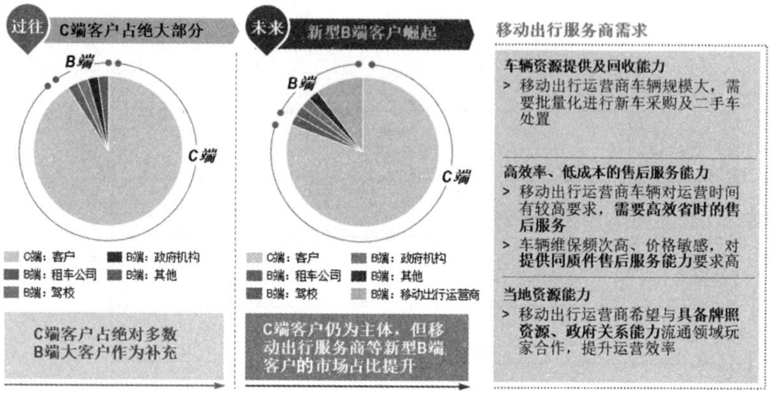

图7　共享出行对汽车流通市场客户变化的影响

共享出行领域的领先企业已经开始布局，为车队、车主提供“一站式”服务，代替传统经销商为车主提供从购车到卖车的全生命周期“一站式”服务，并提供多项优惠补贴，提升消费者黏性，如滴滴通过自建车主之家线下门店，打造买车、用车、卖车的全生命周期“一站式”服务。滴滴平台潜在客户群体庞大，结合公开信息，平台目前有超过3000万名注册司机，其中活跃人数1000万。目前滴滴车主之家提供从购车支持、车辆整备、出行服务、维修保养到二手车处理的全生命周期服务（见图8）。

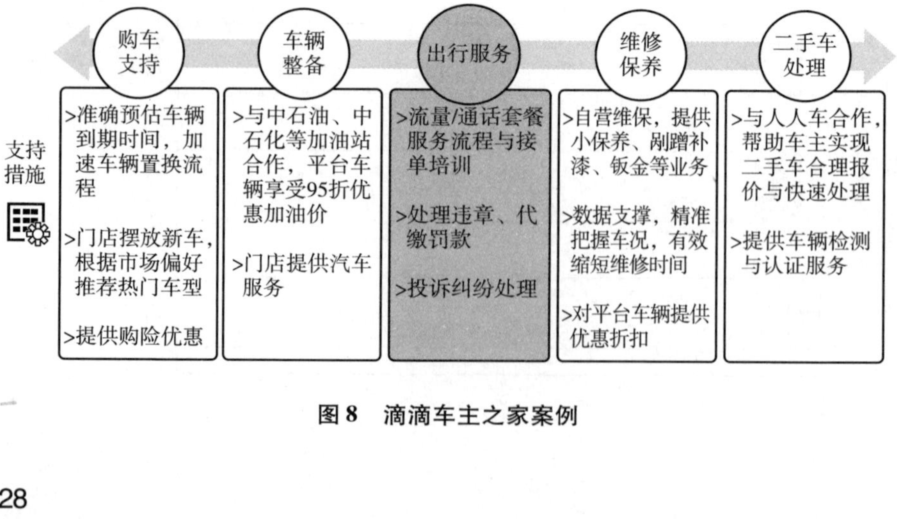

图8　滴滴车主之家案例

三 共享出行行业未来展望

从20世纪50年代大规模高速公路的出现到2010年网约车服务的涌现，出行行业已创造了一个相当高效、安全的服务环境。展望未来，“绝对效率与安全”和“资源合理配置与成本优化”依然是移动出行需要解决的时代性课题。最终，伴随着智能网联与新能源车辆的普及，未来出行将更高效、更经济、更安全、更环保，为使用者带来更优质的出行体验。未来自动驾驶完全成熟后，无人驾驶共享出行里程将有较大幅提升，出行的“共享”属性将被完全释放。政府监管、开发商技术突破、整车厂品牌与销售、出行服务商成本控制及用户需求都是未来无人驾驶共享出行的驱动力（见图9）。

除了为城市出行的供需矛盾提供行之有效的解决方案外，汽车共享出行还创造了巨大的经济价值。汽车共享出行为出行市场引入了更加高效的竞争机制，从而激发了供需两端的经济活力。微观层面，司机受益于汽车共享出行带来的需求释放，智能实时的派单机制更是降低了空载率，收入得以大幅增加。宏观层面，汽车共享出行顺应了消费升级的大潮，对提升行业竞争力、刺激经济发展大有裨益。

正如共享经济在全球各国的发展一样，民众的拥护、企业的推进是共享出行的核心驱动力，监管部门的开放鼓励态度和必要的监管是其健康发展的必要条件。在民众的理性支持、企业的持续完善、政府的创新监管下，共享出行市场在我国将更加健康地发展，为居民带来更多的舒适和便捷，为社会创造更多的就业和财富，为我国经济发展和社会进步做出更大的贡献。

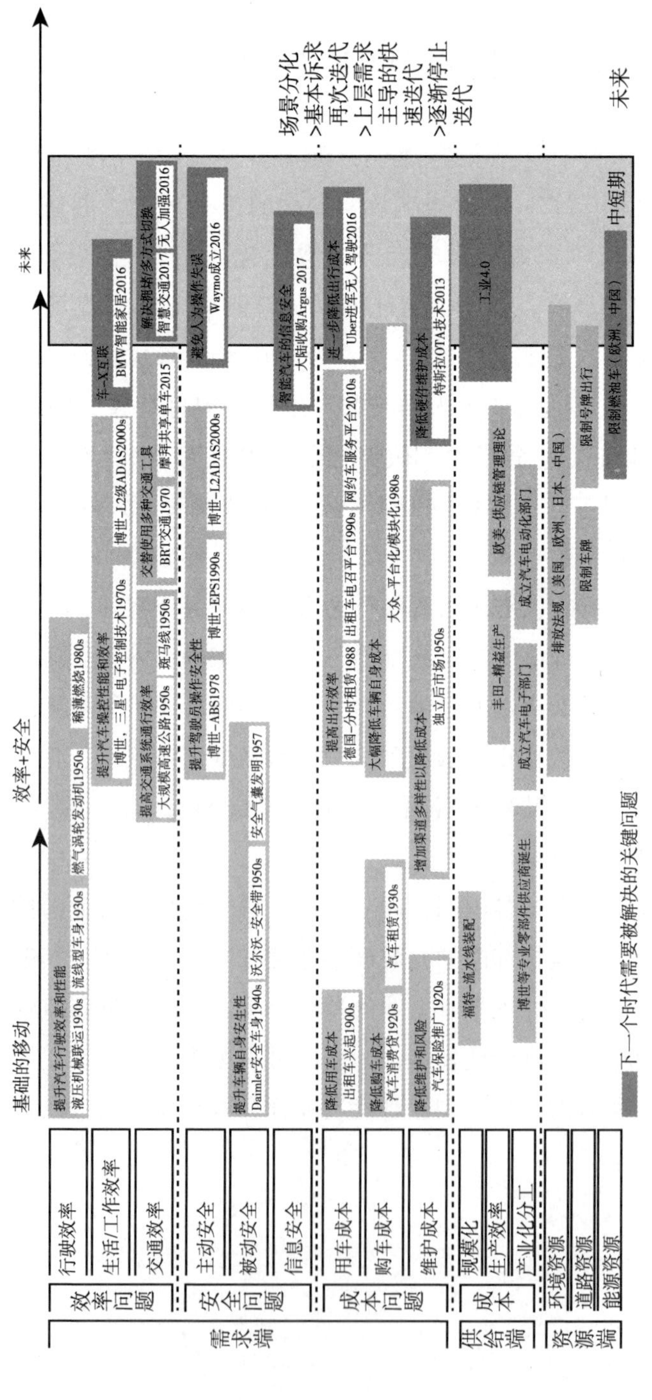

图9 未来共享出行的关键问题

B.15 自动驾驶技术与共享出行发展

戴 薇　涂剑波*

摘　要： 世界各国已充分认识到培育和发展智能网联汽车的重要性，许多国家正加快相关研究，逐步构建支持智能网联汽车发展的政策体系。整车企业、零部件供应商，以及来自互联网、信息通信、电子科技等非汽车领域的企业，均在围绕智能网联汽车进行多方战略布局，以求在未来汽车产业生态竞争格局中占据主动。共享出行平台每天超过3亿公里的行驶里程和不同类型的场景可以为开发和迭代自动驾驶算法提供最大支持，共享出行平台是智能汽车落地运营的最佳实践场景。随着自动驾驶技术的成熟，自动驾驶车辆的比例会越来越大。随着智能网络汽车与共享出行的结合，汽车产业发展造成的交通事故、交通拥堵、汽车闲置和停车困难等相关问题将有根本性的改善和提升。

关键词： 自动驾驶　共享出行　场景　政策体系

一　自动驾驶技术进展迅速

（一）世界各国加快支持智能网联汽车

智能网联汽车作为未来汽车发展的重要趋势，逐步成为各国汽车行业竞

* 戴薇，赛迪传媒副总经理；涂剑波，北方工业大学汽车产业创新研究中心讲师，博士。

争的焦点。欧、美、日等世界各国正加快研究支持智能汽车发展的政策法规体系，并积极推动相关的测试与示范工作。

1. 美国

美国在智能网联汽车战略方面持开放态度，破除产业发展障碍。2014 年，美国交通运输部发布《ITS 战略计划（2015～2019）》，提出使车辆和道路更安全、降低环境影响、促进改革创新、支持交通系统信息共享等战略目标。之后，交通运输部于 2016 年、2017 年分别发布《联邦自动驾驶汽车政策指南》《自动驾驶系统 2.0：安全展望》，并于 2018 年 10 月发布《准备迎接未来交通：自动驾驶汽车 3.0》，进一步引导放宽对自动驾驶创新和发展的限制，保持世界范围内的领先优势。其中，提出了对特定安全标准修改的计划，允许自动驾驶汽车的创新性设计，如方向盘、踏板、后视镜等可以不再强制安装。①

美国已形成相对完善的法律法规体系。2017 年，美国众议院通过《自动驾驶法案》，首次从管理、豁免、检测、评估、隐私等方面对自动驾驶汽车的设计、生产、测试等环节进行规范和管理。截至 2019 年 6 月，美国已有加利福尼亚州、内华达州等 30 多个州颁布了智能网联汽车相关的法律或者行政令。值得注意的是，作为美国智能网联汽车发展最为活跃的地区，加利福尼亚州于 2018 年 4 月出台新规定，允许智能网联汽车在没有方向盘、脚踏板、后视镜以及人类安全员的情况下在公共道路上开展测试。

美国在智能网联汽车道路测试方面取得阶段性成果。截至 2019 年 6 月，已经在美国登记注册的自动驾驶测试汽车超过 1000 辆。加州发布 2018 年自动驾驶道路测试报告指出，实际参与测试企业超过 30 家，道路测试里程总计近 200 万英里；Waymo 公司达到平均每 17000 公里脱离一次的技术水平，优于其他企业。

2. 日本

日本将智能网联汽车发展提升到国家战略层面并明确未来发展路线及目标。早在 1996 年，日本就提出智能交通系统（ITS）发展构想、技术开发和

① 参考北京市经济和信息化局《北京市智能网联汽车产业白皮书（2018）》。

实施计划。日本政府在 2013 年出台了《世界领先 IT 国家创造宣言》和《创造战略性革新规划》（Strategy Innovation Program，SIP），均将自动驾驶作为重点规划内容，将自动驾驶产业提升到国家战略层面。为推动战略部署，完成规划目标，日本积极发布并实施自动驾驶技术路线图。2016 年，日本发布《官民 ITS 构想 · 路线图》，制定了发展目标、自动驾驶系统场景以及商用化时间表，逐年进行了更新与细化，致力于实现以 2020 年东京奥运会、残奥会为时间节点的自动驾驶商业化部署。

日本逐步修订智能网联汽车相关法律法规，先后颁布《自动驾驶汽车道路测试指南》《远程自动驾驶系统道路测试许可处理基准》，明确了道路测试的合法性以及驾驶位有人或无人需要遵循的条件。在阻碍智能网联汽车发展的法律法规方面，已修订《道路交通法》和《道路运输车辆法》，2019 年 3 月通过日本内阁审议。2018 年 3 月，警察厅颁布《自动驾驶相关制度整备大纲》，制定了 2020 年实现 L3 级以上自动驾驶相关法规制度的修改原则。同年 9 月，日本国土交通省针对 L3、L4 级自动驾驶系统发布《自动驾驶汽车安全技术指南》，列出 10 项智能网联汽车安全条件，明确搭载 L3、L4 级智能网联汽车所必须要遵循的安全技术条件。

日本以具体项目促进自动驾驶道路测试。日本机动车研究所承担了日本经济产业省制造产业局无人驾驶评价整备项目，整备项目对日本国内企业、科研院校实行资金补助，支持无人驾驶安全测试模拟设施建造，实现自动驾驶技术研发、标准制定等功能。

3. 欧盟

欧洲则在多国协作的基础下共同推动战略规划并制定技术路线。欧盟在 2018 年 5 月发布的《通往自动化出行之路：欧盟未来出行战略》中，提出明确的发展目标：2020 年在高速公路实现 L3 级自动驾驶，2022 年所有车辆具备通信功能，2030 年以后普及完全自动驾驶。具体技术路线方面，欧盟道路交通研究咨询委员会于 2015 年发布“Automated Driving Roadmap”，每年持续进行修正与更新。2019 年 3 月，更新发布了“Connected Automated Driving Roadmap”，强调自动驾驶的协同互联，丰富了网联式自动驾驶的内容，同时明确提出基于数字化基础设施支撑的网联式协同自动驾驶（Infrastructure Support levels for Automated Driving，ISAD）架构。

欧洲各国正在积极完善智能网联汽车法律法规体系。德国联邦议院于2017年6月发布了《道路交通法》（第八修正案），从法律层面承认了自动驾驶汽车拥有上路的权利，并规定了自动驾驶汽车的技术要求、驾驶人员的责任、事故赔偿等。英国于2015年7月发布《自动驾驶汽车发展道路：道路测试指南》，准许自动驾驶汽车在公共道路上测试。2017年10月提出《自动化与电动化汽车法案》，2018年7月该法案获得批准，明确了自动驾驶汽车的事故责任与保险问题等。2017年，瑞典发布《自动驾驶道路测试规范》，同时启动了自动驾驶相关法律研究工作，确保2020年之前自动驾驶车辆能够合法销售和使用。

欧洲加快推进智能网联汽车道路测试。德国、英国、荷兰的道路测试都是申请制，并且德国和荷兰已经允许无人驾驶道路测试。德国划定巴伐利亚州的A9高速、柏林数字试验区、数字网联测试区（乡村道路）等不同类型道路供企业测试多种自动驾驶技术。

4. 中国

中国政府非常重视智能网联汽车发展，在国家层面出台多项政策从顶层设计上鼓励、支持技术创新和产业发展。工信、发改、科技等相关政府部门也频频出台相关政策，为智能网联汽车提供了非常多的政策支持。

2017年4月，工信部、发改委和科技部印发《汽车产业中长期发展规划》，提出加大智能网联汽车关键技术攻关力度，开展智能网联汽车示范推广。2018年4月，工信部、公安部、交通运输部联合发布《智能网联汽车道路测试管理规范（试行）》，规定了道路测试需要遵守的基本原则，为智能网联汽车的道路测试提供指导。同年12月，工信部发布《车联网（智能网联汽车）产业发展行动计划》，明确以网络通信技术、电子信息技术和汽车制造技术融合发展的主线，形成深度融合、创新活跃、安全可信、竞争力强的车联网产业新生态。2018年，发改委发布《智能汽车创新发展战略（征求意见稿）》，针对智能网联汽车未来产业发展目标规划六大战略体系。

交通运输部作为汽车运营管理单位也积极开展智能网联汽车政策规划工作，通过加强示范试点验证、推广辅助驾驶技术应用等方式促进智能网联汽车的示范运行和产业化发展。科技部通过国家重点研发计划等对智能网联汽车和自动驾驶研发项目给予支持，与交通运输部联合实施了综合交通运输与智能交通专项，开展了网联平台、协同式封闭场地和半开放场地等示范应用项目。

与此同时，为共同推动中国智能网联汽车产业进一步发展，在国家制造强国建设领导小组车联网产业发展专委会牵头下，各有关部门通力协作，已在政策法规、标准规范、技术创新、测试应用、国际合作等方面取得了显著成效。

表1　中国智能网联汽车政策支持情况

时间	政府部门	政策支持情况
2015年5月	国务院	《中国制造2025》
2016年7月	发改委、交通运输部	《推进“互联网+”便捷交通促进智能交通发展的实施方案》
2016年12月	国务院	《“十三五”国家战略性新兴产业发展规划》
2017年4月	工信部、发改委、科技部	《汽车产业中长期发展规划》
2017年12月	工信部	《促进新一代人工智能产业发展三年行动计划(2018~2020)》
2018年1月	发改委	《智能汽车创新发展战略(征求意见稿)》
2018年12月	工信部	《车联网(智能网联汽车)产业发展行动计划》

但相对于其他国家，我国在法律法规方面相对滞后。基于智能网联汽车在驾驶主体认定、网络安全、数据跨境传输、个人信息保护、地理信息测绘、产品标准化等方面与现行法律法规冲突，需要在规制上突破。例如，一旦自动驾驶汽车发生交通事故，与其相关的汽车制造商、乘客、行人、监管部门乃至汽车自身，哪些主体应当承担责任以及分别应当承担怎样的责任，亟须国家层面制定明确的法律法规。从道路测试上，上海市、广州市、长沙市等地方政府部门编制了有关自动驾驶车辆公共道路测试的相关指导细则，推动了多地的道路测试，随着测试工作深入开展、测试范围逐步扩大以及载人示范应用的不断推进，不断积累解决自动驾驶上路测试和商业应用的相关经验，将其逐步应用到我国整体立法工作中，对于加快推动我国自动驾驶相关法律法规的制定具有重要价值。

（二）智能网联汽车技术发展迅速

世界各国汽车企业以及科技企业，围绕智能网联汽车进行战略布局，寻求在此技术领域的领先位置。

美国企业在智能网联汽车领域取得诸多成果并占据全球领先地位。整车制造和零部件企业积极推进自动驾驶技术研发，相继推出相关产品，技术逐步成熟。通用汽车、福特等整车制造商主要采用从低等级至高等级自动驾驶技术迭代的方式进行产品研发，目前已推出众多具备 L1、L2 级别自动驾驶功能的量产车型。2016 年 3 月，通用汽车用 10 亿美元整体并购自动驾驶公司 Cruise，跻身车企自动驾驶的第一阵营。Cruise、Waymo 致力于开发高级别自动驾驶技术，重点开展自动驾驶出租车业务，在凤凰城等地正在探索商业化运营许可。NVIDIA、Intel、Velodyne 在自动驾驶汽车计算芯片、激光雷达技术方面均保持全球领先地位。①

欧洲拥有完备的整车及零配件产业基础，已制定清晰的智能网联汽车发展目标。在自动驾驶领域，大众正在采取两条路线并进的策略，一方面在推向市场的汽车上搭载高度成熟程度的自动驾驶技术，另一方面积极研发 L5 级别的自动驾驶车型 SEDRIC。奥迪已经开始在欧洲销售具备 L3 级自动驾驶功能的高端车型 A8，计划于 2020 年推出 L4 级自动驾驶量产车型。奔驰已具备 L3 级别自动驾驶技术储备，计划于 2020 年在 S 级轿车上搭载 L3 级自动驾驶系统。宝马全新 3 系、7 系、X5 等新车型均已实现 L2 级自动驾驶，同时计划 2021 年推出 L3 级自动驾驶量产车型 BMW iNEXT。博世在自动驾驶感知、规划、决策和控制四大技术板块建立核心研发与产业化能力，大陆打造了车辆自动巡航、自主泊车和驾驶辅助三大解决方案。

日本汽车及相关企业积极推进智能网联汽车技术产业化。丰田早在 2015 年就成立了自动驾驶研究中心，计划 2020 年推出具备 L3 级别自动驾驶功能的车型。日产 ProPilot 自动驾驶技术已搭载于聆风和奇骏车型，可实

---

① 参考北京市经济和信息化局《北京市智能网联汽车产业白皮书（2018）》。

现 L2 级自动驾驶，2020 年推出 L4 级自动驾驶汽车。在零部件方面，日本拥有超过 20 家全球汽车零部件百强企业，雄厚的产业基础为自动驾驶技术发展提供了重要支撑。为加速高精度地图发展，日本政府联合整车厂、地图供应商等成立高精度地图平台公司（Dynamic Map Platform，DMP），构建“产业—学术—政府”协同新模式。

中国整车企业积极研发，纷纷发布量产车计划。2018 年，中国一汽发布 i. RFlag“旗偲计划”，2019 年推出具备 L3 级自动驾驶功能的红旗量产车型，计划 2020 年推出具备 L4 级自动驾驶功能的量产车型，2025 年实现 L5 级自动驾驶。2019 年，上汽荣威正式发布首款达到 L3 级自动驾驶水平的量产车型荣威 MARVEL X Pro，未来将有望于 2020 年底实现 L4 级别自动驾驶。2018 年，北汽推出“海豚+”方案，全力推进北汽智能网联汽车战略实施，计划到 2022 年实现所有产品具备智能驾驶和智能互联功能，北汽新能源 Lite 和北汽福田卡车实现 L3 级自动驾驶，2025 年后实现 L4 级自动驾驶量产。2019 年 9 月，百度自动驾驶出租车队 Robotaxi 在长沙正式试运营，首批 45 辆 Apollo 与一汽红旗联合研发的“红旗 EV”Robotaxi 车队在长沙部分已开放测试路段开始试运营。

速腾聚创、禾赛在激光雷达领域，行易道、理工雷科、木牛领航等在毫米波雷达等先进传感器领域取得突破。大唐、华为等陆续发布 C-V2X 商用模组和芯片。在地图测绘方面，百度、高德、四维图新等企业完成了对高速公路和城市快速路的测绘。导航地基增强系统运营商千寻位置已在全国建设了 2200 个北斗导航地基增强站，北斗导航基站的不断增加将赋能智能网联汽车精准定位。5G 通信基站的加快建设，推动智能网联车产业快速落地。2019 年 6 月，工信部向中国电信、中国移动、中国联通和中国广电四家企业颁发 5G 商用牌照。

表 2　主要科技出行企业智能网络汽车发展动态

企业	主要动态
Waymo（谷歌）	2018 年推出自动驾驶出租车 Waymo One 服务，在亚利桑那州凤凰城市郊四个地区运营 2019 年 1 月，Waymo 宣布将在底特律建造大规模生产 L4 级自动驾驶汽车的工厂 截至 2019 年 2 月，Waymo 自动驾驶道路测试的里程突破 2000 万公里 2019 年 5 月，Waymo 与打车应用 Lyft 合作，在凤凰城提供自动驾驶汽车的约租车服务

续表

企业	主要动态
Uber	2019 年 4 月，Uber 旗下自动驾驶部门 ATG 得到中软银和丰田的投资
Lyft	2018 年，Lyft 携手自动驾驶创业公司 nuTonomy 在波士顿开展自动驾驶出租车测试 2018 年 10 月，收购 Blue Vision Labs
百度	2019 年 7 月，百度与金龙客车联合打造的自动驾驶巴士“阿波龙”首批量产车型已经发往北京、雄安、深圳、平潭、武汉以及日本东京等地投入试运营 2019 年 9 月，百度自动驾驶出租车队 Robotaxi 在长沙部分已开放测试路段开始试运营
滴滴	2018 年 5 月，获得美国加利福尼亚州上路测试许可 2018 年 9 月，获得北京自动驾驶车辆道路测试资格 2019 年 9 月，获得上海市首批“上海智能网联汽车示范应用牌照”

注：http://finance.sina.com.cn/roll/2019-02-25/doc-ihsxncvf7672866.shtml。

二 共享出行成为自动驾驶技术的重要应用场景

（一）自动驾驶主动拥抱共享出行

共享出行在实现技术和商业双重目标的过程中，需要与智能汽车不断融合，相辅相成，实现共赢。智能汽车的技术与产品需要在共享出行场景中被验证及应用，共享出行运营的结果及其在成本、质量、效率上的需求反馈能促进智能汽车技术的逐步成熟，进入主流消费市场。二者的融合模式形成“发展—验证—反馈—优化”的闭环管理。①

1. 共享出行平台加速智能汽车从技术到商业化进程

一是共享出行平台能够为自动驾驶车辆在收集路测数据的同时带来现金流，提升研发效率。随着技术进步，智能汽车需要越来越长的测试里程才能进一步提升技术能力，且投资愈加谨慎，需要企业更有效率地开展研发测试，并尽快进入商业化探索阶段。另外，L4 级车辆面临法律法规障碍，标

① 滴滴自动驾驶部门研究报告。

准缺失，技术不成熟，仅能在特定区域、特定天气下使用，保养维护成本高昂，会给消费者使用带来不便且存在安全隐患，所以短时间内难以大规模卖给私人用户。共享出行平台更关注单位里程的成本，可以在一定程度消化自动驾驶车辆本身以及日常测试的高成本，集中、专业的车队管理，每日检查和定期维护也能够带来更高的安全性，并更容易提供客服、保险等的支持。出行平台可以用安全保障措施弥补技术上的不足。共享出行平台可以从固定线路和固定区域起步，能够降低对自动驾驶系统 ODD（设计运行范围）的要求，随后再逐步扩大 ODD。在初期，出行平台可以为车辆配备安全驾驶员，这种服务模式其实与有人驾驶车辆给用户的体验接近，有利于消费者教育；随着技术进步，再逐步将安全驾驶员转移到远程监控，并逐步增加每名安全员监控车辆的数量，实现稳步升级，最终形成成熟的产品。

二是智能汽车同共享出行相结合能够解决交通出行和城市拥堵问题，提高车辆利用率。共享出行可以在一定程度缓解汽车保有量过高带来的压力，同时减少私车占道。通过共享出行平台可将时间、线路接近的出行用户拼车出行，大大提高了车辆利用率和资源配置率。以滴滴为例，拼车日均订单量超过 240 万单，滴滴平台上超过 50% 的乘客都愿意接受拼车，全国平均拼成率已经超过 70% 。

2. 共享出行平台是智能汽车落地运营的最佳实践

一是共享出行平台车队可提供智能汽车技术演进中最重要的数据和场景。以滴滴平台为例，其车辆每天行驶超过 3 亿公里，北京每条道路每天都会被滴滴车辆驶过超过 370 次，可搜集到更多的极端和特殊场景，获得大量专业司机的驾驶行为数据，为开发和迭代自动驾驶算法提供最大支持。

二是可提供自动驾驶所需的高精地图秒级更新能力。拥有众多传感器的自动驾驶汽车本身可以充当高精地图采集车，使用其车上的摄像头、激光雷达等设备实时采集道路信息，并上传云端，通过大数据处理、深度学习、激光点云识别等技术完成高精地图的绘制和实时更新。

三是有利于自动驾驶车辆的信息安全。自动驾驶车辆面临更严峻的信息安全威胁，其复杂性给个人防范相关风险带来较高门槛，平台具有更强的防范能力，结合出行信息服务系统，可以提高共享出行的实时动态监测、智能规划、异常预警和辅助决策效能的效率。

（二）共享出行和智能汽车的融合发展路径

为了迎接未来出行发展趋势，企业开始拥抱变化，探索自动驾驶与共享汽车的发展方向。目前共享出行和智能汽车融合发展路径分为两类。

一类是掌握自动驾驶技术的企业，拓展共享出行服务。美国的通用汽车通过收购自动驾驶公司 Cruise 研发自动驾驶技术并计划开展自动驾驶的载客服务。2018 年，福特向自动驾驶初创公司 Argo AI 投资 10 亿美元，计划在 2021 年开始提供自动驾驶汽车商业服务台。2018 年 Waymo 推出了自动出租车 Waymo One 服务。2018 年 12 月，Nuro 和全美最大的生鲜连锁超市 Kroger 联合宣布，向亚利桑那州的斯科茨代尔市民众提供自动驾驶送货服务。

另一类是共享出行运营平台，布局自动驾驶。国内外共享出行两大运营平台 Uber、滴滴就采用自主研发自动驾驶技术路线的方式，完成业务扩张。Uber 于 2017 年 8 月，与沃尔沃汽车达成战略协议，共同开发新一代的自动驾驶汽车，并在旧金山开始路测工作。滴滴在同年加州成立 AI Labs，加强人工智能前瞻性基础研究，加快推进全球智能交通前沿技术发展，2018 年滴滴出行与大众汽车开展有关智能共享汽车的合作，同年的 5 月和 9 月滴滴分别获得美国加利福尼亚州上路测试许可和北京自动驾驶车辆道路测试资格。而美国另一个共享出行平台 Lyft 则通过与其他公司合作完成业务扩张，Lyft 目前的合作伙伴包括 Aptiv、通用汽车、捷豹路虎和 Waymo。2018 年 5 月，Lyft 在拉斯维加斯推出 30 辆自动驾驶汽车，面向普通乘客提供服务。

三　自动驾驶技术推动共享出行前景展望

随着消费者消费理念的变化和升级，共享出行会成为更多人的选择，并将逐步取代一部分私家车的市场。麦肯锡公司 2018 年在无人驾驶车辆市场上做出了相关的调研，预测共享出行市场会不断扩大。随着自动驾驶技术的成熟，自动驾驶车辆的比例会越来越大。到2035年自动驾驶车辆所占比例将达到40%以上，其中共享出行自动驾驶将占所有车辆比例为30%。

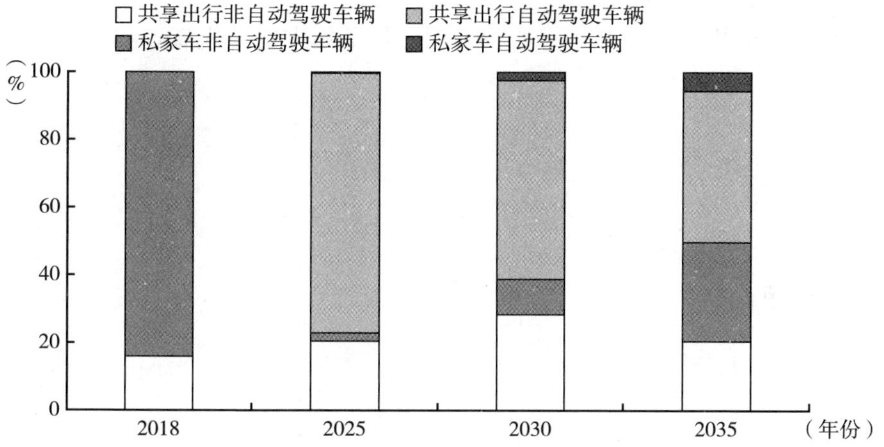

图1　各种出行方式乘客里程渗透率

资料来源：麦肯锡咨询。

得益于新能源车技术的发展和普及，汽车共享出行平台上的车辆会更多使用新能源车。以滴滴出行平台为例，2020年，滴滴出行平台上的新能源车预计达到100万辆。① 自动驾驶汽车由于成本较高，难以在私家车市场得到大量部署，相比而言，如网约车平台公司、物流公司等B端企业，对价格容忍度更高。具有L4级别及以上自动驾驶功能的智能汽车会在2019年开始进入共享出行市场，利用共享出行平台采集数据的方案愈加成熟，小范围示范运营将在各地陆续展开，为共享出行设计定制的自动驾驶车辆也将逐步量产。

随着消费者出行观念的转变、政策法规的完善、出行方式的优化以及新技术的应用等，共享出行还将获得大的发展，其渗透率提升速度会进一步加快。预计到2025年，共享出行车辆渗透率会增至15%~20%。到2030年，

① 来自滴滴公司调研。

共享出行渗透率预计增至30%～40%。随着自动驾驶技术的成熟与商业化，相关政策体系与法律法规到位，自动驾驶汽车将会大规模地市场普及。到2040年，预测共享出行渗透率将超过50%。自动驾驶与共享经济融合所产生的智能汽车共享出行方式将在未来的出行结构中成为主流。

B.16
共享出行化解城市交通难题

全大伟*

摘　要： 智能网联无人驾驶体系及其车辆的研发进展，让我们看到共享出行将成为城市交通中不可或缺的重要部分，并显示巨大的经济和社会价值。同时，作为新事物，共享出行是一个巨大的、复杂的体系化社会工程，绝不是某一类产品在不同时间供人们出行租赁使用那么简单。它还在快速发展过程中，无论是商业模式、运行方式、服务的产品技术还是政府的监管政策，都有很多问题需要研究和解决。共享出行对现有的车辆拥有模式、道路使用方式、无线通信信息数据的应用方法及政策监管等都提出了新的要求。在智能网联无人驾驶体系传统模式下，拥堵、停车难、资源使用效率低下等无法解决的问题将可能得到彻底解决。

关键词： 智能网联　无人驾驶　出行即服务　跨界融合

一　未来的交通出行模式

智能化交通控制一定要从体系化整体考虑，绝非自动驾驶汽车或部件的智能化就可以使得整个体系智能化。只有在各类信息数据充分掌握和有效利用基础上，出行真正的智能化才有可能实现。

* 全大伟，交通领域研究专家。

（一）信息网联技术普及应用正渗透进入传统模式

随着无线通信信息智能化技术发展和拓展应用，共享交通、智能技术、电子支付技术等的发展为“一站式”出行服务提供了可能。在2014年欧洲ITS（智能交通）大会上，MaaS（Mobility as a Service，出行即服务）概念首次被明确提出。在2015年世界ITS大会上成立了欧洲MaaS联盟，联盟主要成员包括交通服务提供商、公共交通运行者、MaaS运营者、集成商、IT系统提供商、用户、城市（地方、区域或国家）政府。①

图1　出行即服务信息集成

资料来源：英国在线交通知识中心网站，2017年11月。

作为一种出行服务的交付模式，MaaS基于当下的社交和科技趋势，提供无缝和个性化的出行选择和体验。最终，它将能够预测需求并为消费者提供最适宜的服务，同时帮助服务商更好地规划业务。变化的时机已经到来：共享服务已经颠覆了出行市场，改变了消费者对出行的预期，并为服务运营商提供了新的机遇和市场。智能手机的快速发展、互联设备和实时物联网的兴起、共享经济的出现以及大量的数据使之成为可能。公司和政府部门可以

① 引自欧盟出行暨服务联盟网站。

利用这些工具和趋势塑造消费者出行服务的模式。MaaS 将各种交通方式的出行服务进行整合，让出行人在 MaaS 系统下可获得最直接的服务，不再需要购买交通工具，而是依据出行需求购买由不同运营商提供的出行服务。

MaaS 代表了一种转变：从个人拥有出行工具到将出行作为一种服务来进行消费。MaaS 的关键宗旨是基于用户的出行需求提供相应的方案。随着拼车服务的兴起、电动车的出现和自动驾驶功能的实施，人们使用交通工具的方式和出行服务的模式在逐渐演变，交通及出行服务正在变成一个复杂的网络，这个网络将交通服务、基础设施与移动科技和大数据结合在一起。

出行即服务的主要思想是运用信息技术，将所有涉及提供出行需求有关的服务整合优化，不仅为出行人提供最佳出行效果，而且掌握每一次出行从开始到结束的全过程。这样可以解决传统交通模式因信息欠缺、供需双方信息不对称和不能宏观统筹协调而无法达到的效果。

（二）智能网联汽车推动共享出行

智能网联无人驾驶汽车与单纯依靠高速传感器和计算单元等武装起来的自动驾驶汽车有着明显区别。

智能网联无人驾驶汽车是搭载先进的车载传感器、控制器、执行器等装置，融合现代通信与网络技术，实现 V2X－5G（即车与人、车、路、云端等车对外界的无线通信信息交互）智能信息交换、共享，在智慧城市的智能交通网联信息计算中心及智能道路的路侧智能传感器阵列体系具备复杂环境感知、智能决策、协同控制等功能支持下，以人、车、路和智能交通信息网络一体化，通过整体统筹线路规划和协调、真正实现智能互联、自动驾驶、共享出行和电力驱动，从根本上避免道路拥堵和事故发生，达到安全、迅捷、便利和经济的乘车出行目的，并最终可实现替代人来操作的新一代汽车。

智能网联无人驾驶汽车并非需要极为发达的如同人类大脑的独立思维能力，而是依靠车际间信息交互、智能道路交通基础设施的“团队合作”，其行程线路可以在出发前就已经在网络计算中心得到统筹计算并予以规划。车

辆在移动中不断发出“我是谁”的VIN信息，并从路侧智能传感器网络基站天线获悉感知实时地理位置坐标、行驶车道坐标线、直线行驶速度、是否加速或减速、方向及预转向的偏向角多少等状态信息，同时亦将感知到各种情况如前方及周围天气情况、路面情况、道路变化等信息通过信息网络传感器天线上传到云端，告诉车辆位置信息并连续不断地获取和执行新的方向、速度等移动信息指令。

智能网联汽车的车载电脑仅需实时通过车载传感器，诸如毫米波雷达对行进前方及周边物体的间距信息做监控判断。一旦判断在对应速度的行进方向位移可能会与前方物体造成触碰，即刻优先执行制动和/或转向指令，之后再继续执行位移指令。智能网联汽车的部分信息可以通过专用短程通信技术（DSRC）等技术不经过云端快速分享给周边车辆、行人等交通参与者。云端对众车辆和路边信息网络传感器上传的大数据做进一步的计算分析后再将统筹协调后的指令信息下发给通过和即将到达该区域的车辆。这样智能网联汽车在整个体系中，一方面，接收网络传输的移动各项指示，规划自身的行进路线、方向和速度；另一方面，作为道路情况探测“侦察兵”，贡献精确实时交通状况信息，使得云端能够清楚掌握各车辆到来、通过和离去时间等精确信息构成全方位信息网络。

各智能网联汽车在这样的环境中就能够提前预知而采取预防措施，避免追尾、触碰剐蹭等事故发生，无人驾驶汽车的行驶安全性和行驶效率将会比有人驾驶的人为因素更高，既保障了各车辆的行驶安全又保障了路途畅通。与纯“个人独立行为能力”模式的自动驾驶汽车对比，“团队力量”不仅解决了“个人独立行为能力”模式的自动驾驶汽车在技术、法规和道德伦理等方面的难题，更重要的是解决了城市道路交通拥堵问题。未来即使智能机器人的计算思维能力达到了人脑水平，人车路网的道路交通也必须依靠智能交通信息网络系统一体化。

以目前的技术水平，智能机器人能达到正常成人的大脑对复杂环境的应对思维能力的无人自动驾驶水平L4级别仍有相当长的路要走。无线网络传输技术的飞速发展，尤其是5G移动通信技术网络更高的速率和可靠性、更

低的时延对智能网联无人驾驶汽车应用至关重要，智能交通信息网络对智能网联无人驾驶汽车的行驶控制以及车际间的信息实时交互，在5G时代将会更加容易实现。虽然智能自动驾驶汽车也可以网联，达成附近车辆间的信息沟通。但毕竟没有路和交通信息网络整体的团队协作，视线距离就不能长远，行进中前方出现紧急情况时的反应距离就比较短，仍容易出现安全事故。那么，智能自动驾驶汽车功能扩展至与路和道路交通网络整体融合，以提高安全性。那么，既然是采用智能化自动无人驾驶汽车也需要与智能道路的交通信息网络体系技术信息融合交流，原来花费很高成本和资源达到所谓的“独立行为能力”的自动驾驶技术就显得多余浪费了，投入产出比相对较低。

（三）共享出行推动汽车行业转型

出行产业核心是为满足人们出行需求提供服务，服务商能在服务出行人数、时间、地点和线路优化上实现综合最佳效果。仅考虑单独因素，如服务出行人数这一单独因素，公交车运力最大，但不能满足时间和地点等需求。从人们的每一个出行需求开始，搭乘了出行人的车辆就如同血液中的一个携带着营养的血细胞，在血管里由大脑的统筹协调指挥不断流动，所有出行车辆信息必须提前和实时汇集才能使智慧城市的智能交通计算中心能够预知而做出正确有效指挥决策。此时，信息技术变得异常重要。

传统汽车产业运行模式是围绕私家车市场的产销市场展开的。这种模式容易受外部主客观因素制约，如前面提到的即使人们需求旺盛，但因城市道路通行可容纳车辆数量饱和而产生拥堵严重和停车泊位资源紧缺，使得政府不得不采取限购限行措施；私家车数量庞大看似消化了大量的产能数量，但因使用效率低而使得车辆生命周期往往很长。购车及使用成本贵，也使得私家车主没有频繁更换新车的能力。因此，私家车模式对汽车产业来说，在某种意义上是一个长周期库存周转模式。而智能网联体系下的智能网联无人驾驶汽车，则因使用效率高而磨损速度较快，车辆的生命周期会比私家车短很多。共享出行的车辆周转较快，对汽车企业提出了比较稳定的、周转较快的车辆需求，促使车型更新以满足人们日常工作和生活出行需求。

（四）新的道路使用规则模式

尽管在道路上行驶或停放的车辆有交通安全法规管理制约，但道路使用规则并未与信息数据智慧应用技术与时俱进。长期以来，从规划、建设施工到最后验收投入使用，与汽车何时行驶使用时间没有管控规则对接。所以车辆可以在任何时间离开停泊场地，使用任何方便的车道按照自己的意愿速度行驶，同一时间内的数量众多就造成了拥堵。现实中，航空运输的空中航路航线使用是有相当严格的提前计划的。航空器在出发机场起飞前，其出发地机场、航班编号、起飞时间、经哪条航路地标点飞行、飞行速度和高度、目的地等信息都在起点、终点和航线各机场管控台站计划中提前预知了，从而有效保障在空中众多航空器飞行安全顺畅。而这一切的空中航路管制与协调是由航空空管部门依据空中交通管制体系实施的。

按理说道路使用亦应该有管控者协调，因为现在的城市道路使用，无论是车辆数量还是速度都早已不是马车时代眼睛看到什么后大声喊叫就可以解决的了。这在管理和法理上是应该的也是必需的。即使要使用一条受规则管控的道路，也应该事先告诉管控者将在什么时间、什么地方进入、什么地方驶离该条道路、目的地等涉及使用该条道路的信息。这样该条道路的管控者可以根据所有车辆即将使用道路的时间信息，统筹协调安排众多车辆的使用时间，如此既可以避免拥堵，又可始终保持道路最佳畅通效果。一条道路如此，一个区域所有的道路同样如此，一个城市的道路更是如此。那么，至少今天特别严重的拥堵问题就会有很明显的缓解。当然，能提前预知各使用道路车辆的起始地、起始时间、数量及车辆各自编号信息，计算机就可以做出优化使用方案计划了。也只有如此，才能做到车路协同。

车联网其实更应该强调的是“联网”，即通过强大的信息数据网联技术将过去传统模式的单独个体行为，改革为整体的网联信息数据智慧应用。

二　未来出行的实施路径与方法

在共享出行体系下运转的数据可以被用于规划城市未来，保证人们的有效出行，提高现有设施利用率，避免不必要的基础建设。实时网络管理将成为缓解拥堵和解决其他问题的可行方案。共享出行体系能够连接起交通出行服务商、政府机构和消费者，并为其提供了广泛的发展机遇。

（一）公共交通应扩大在共享出行领域的贡献

城市公共交通企业属公益性企业。经营管理的基本方针是为公众出行服务。其经济效果主要见诸社会收益，而不是单纯地着眼于企业自身的盈利。企业发生的政策性亏损，一般由政府给予补贴。衡量城市公共交通企业经营管理水平的标准，首先是它对公众出行的安全、方便、及时、经济、舒适等要求的满足程度，其次是企业的经济效益。经营公共交通事业的企业，有国营、私营和联合经营三种。为了协调各公共交通系统的服务工作，在大中型城市中一般设立公共交通企业联合会或类似的管理机构。它们的任务是：制定统一的公共交通网络规划、协调各个公共交通企业之间的经营范围、协调和监督执行统一的行车时刻表、制定统一的票价政策和票价制度等。

公交属于共享出行，政府主导的公交系统是最有实力和潜力条件作为未来智能网联无人驾驶共享汽车出行服务商，因为无论是以公益性为主的城市交通出行服务提供者，还是集团化车辆资源配置以及政策扶持最大受益者，公交服务商都比其他竞争者更具优势。因此，公交应利用互联网技术改革其现行运营模式加以信息技术和运营创新模式，至少要对接或结合类似滴滴和 Uber 个人出行信息服务领域，才能适合信息化与智能化时代满足人们出行“点到点的方便”要求。传统公交体系，包括地面、地下、轨道等看似使用的都是现代化的硬件和软件，但其经营模式其实都是过去机械工业思维模式的延续，比如因为人们出行信息难以了解，所以供需双方只好“约定俗成”的指定约会站牌地点和路线。供方车队按照指定路线和规律性的发车、沿途经停指定站牌地点上下乘客。尽管高峰时段发车密度间隔短，但车内乘客仍往往十分拥挤。而高峰期一过，公交公司车队为了提供服务不得不发车，但发间隔车频次较长，使得有乘车出行需求的乘客在站牌处等候较长的时间，尤其是在天气恶劣的情况下，室外等候的体验常常是很糟糕的。而公交运营方面常常因车内乘客较少而造成资源浪费，且无论是高峰还是平常都有“最后一公里”问题，产生了需求和供应不平衡、不充分的矛盾。究其原因，是由供需双方信息不对称的旧体制运营模式和管理思维落后、公交公司车队及运营线路固定、车型大小固定式运营管理模式造成的。但更深层次的原因则是，没有也不会采用最能有效发挥公交优势的信息技术。

为获取必要和充分的公交出行服务信息，公交出行服务方应向指定第三方出行信息服务方公开并提供实时数据，包含公交各车队调度线路、各公交车辆实时 GPS 位置、车内乘客人数、沿途各车站下车人数、前方最近即将抵达车站名、预计抵达时间、预计抵达终点站时间等。利用移动互联网，使线上与线下融合，编制并提供智能手机下载的“公交出行服务”软件，从人们出行初始阶段咨询、确认公交出行服务方的出行方案到出行乘客方使用线上支付车费，形成乘客与公交出行服务车辆紧密相连的完美闭环，最大限度提升乘客搭乘公交车辆出行体验，改变缺乏运用信息的传统公交驿站线路客运方式，让出行乘客和公交出行服务在搭乘公交车辆出行中能有效对接，节约公交出行服务方与乘客沟通成本，方便出行乘客、提高公交服务效率，最大化节省供需双方时间。

通过第三方出行信息服务方沟通公交出行乘客方与公交出行服务方的公交服务流程如图 2 所示。

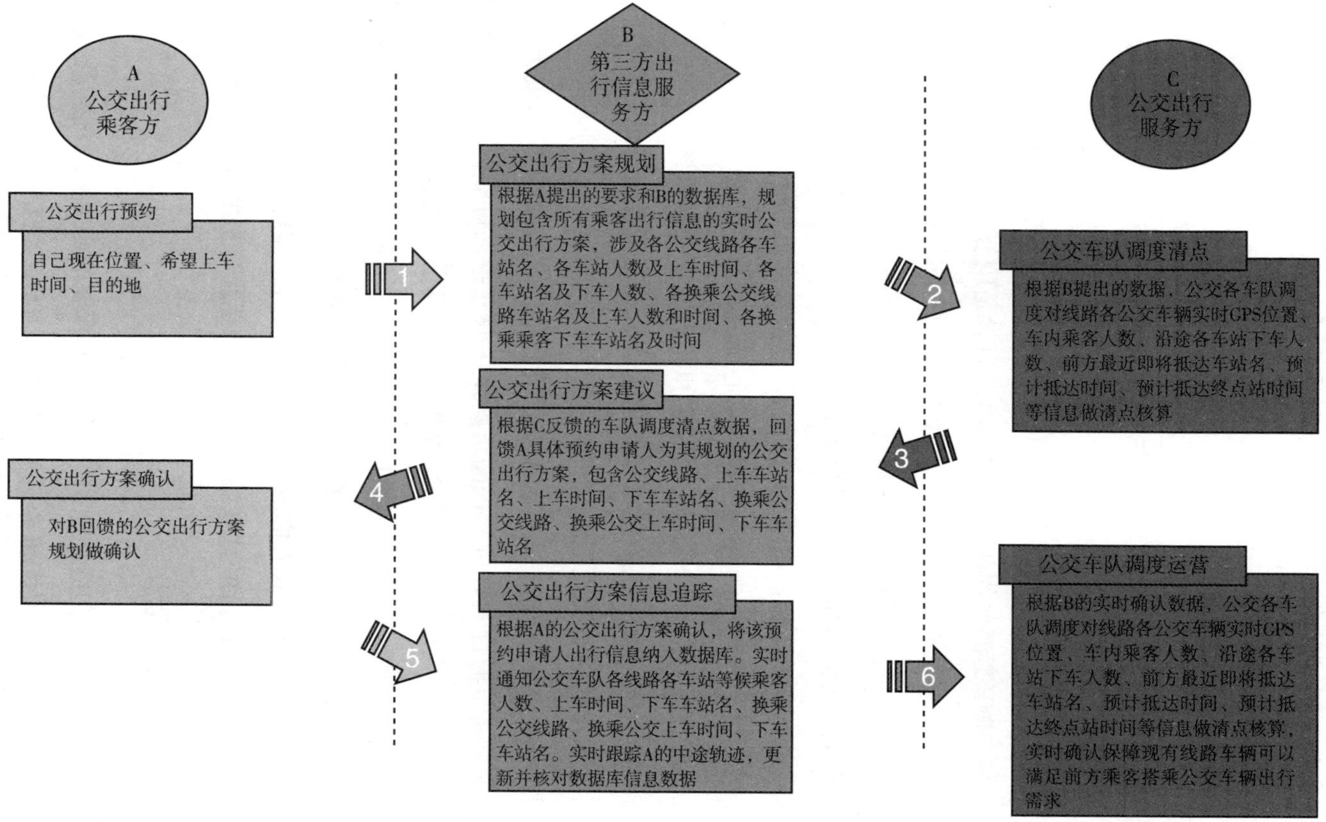

图 2　未来公交出行解决方案

（二）汽车产业与信息网联产业跨界融合

在5G技术下，智能网联车辆不再是单独个体元素，而是体系中与各元素相互关联的元素。城市交通中的车辆可以提前获得信息预知、道路上车路网云协同使得车辆移动时能实时感知，使当前城市交通出行产生颠覆性变化。

手机与汽车的无线移动通信是有很大差别的：前者是传统的互联网应用，如电话、微信交流、娱乐和衣食住等；后者是围绕汽车属性的应用，如从A到B的快捷移动行驶与导航、停车泊位、加油或充电、车辆状况和服务维护等。不能只是将手机功能移植到汽车，两者功能属性应用不同，手机多数使用是在静止状态和无线网络覆盖状况下的，而汽车则更多的是在快速动态和网络基站频繁更换状况下的。所以，如果没有道路智能化的路网加入进来，仅凭手机与汽车二者结合是难以满足人们用车乘车需求的。车企与互联网平台企业有各自独有的观念，个性化和实施做法也有差异，合作时难免磕绊，若再加入道路智能化的交通和移动通信等多家企业，恐怕只有政府出面牵头指导和协调才能实现。

交通出行模式体制改革，出行App信息网联，使得共享汽车成为可能，从而为减少道路车辆行驶数量和提高道路使用效率带来可能，也为人们经济出行带来可能。现行出租车、网约车等都是单人或亲属或朋友一起乘坐，并非共享。而只有信息网联技术才能使陌生人共享一辆汽车，从而极大地提高汽车和道路使用效率，降低路上汽车数量，进而减少拥堵、缩短乘车出行路途时间，同时也能显著降低人们的出行费用。当然，信息网联技术必须在信息识别鉴定和车内监控方面有所加强，以满足共享出行乘客人身安全。

（三）制定综合规划

共享出行化解城市交通难题，车联网无人驾驶的研发要面向智慧城市需求、以解决智慧交通痛点为重心开发智能网联无人驾驶车和车联网融合体系。无人驾驶汽车及车联网的研发要以服务智慧城市为主要目标，为智慧社会的最终实现提供基础性解决方案。

“他山之石可以攻玉”，以新加坡为例，其城市道路车辆交通是在现代化体系模式下建设管理的，顶层设计规划时纳入将停车、汽车在路上行驶、道路使用计价收费、城市道路交通车辆管理等有关元素，如 ERP（Electronic Road Pricing，电子道路计价系统）、IU（In-Vehicle Unit，车载阅卡器，相当于 ETC 装置）、CC（City Center，城市网联控制中心）。“ERP + IU + CC”三要素融合，环环相扣，既能对车辆道路行驶使用按需付费，也能有效管控车辆停放以及城市在用车数量，掌控停车位置及泊位数量等城市智慧管理关键信息。信息是做出及时、正确判断和行动的必要前提，体系化是信息及时预知最有效的方式，也是信息传输与应用的最有效方式。

未来智能网联交通体系应至少涉及以下要素及功能。

一是智能交通网联信息中心：智慧城市大脑中，专项负责与城市交通相关的信息及数据处理，统筹协调规划和指挥城市整体和各区域云上传跨各区域间交通的车辆、道路、轨道等交通信息，与各区域云网端相连接。

二是云网端：作为城市智能交通网联信息中心的延伸，在各指定区域内完成区域内交通相关信息及数据处理，统筹协调规划和指挥区域整体和各路端上传交通的车辆、道路、轨道等交通信息。与智慧城市大脑智能交通网联信息中心相连接，上传智能交通网联信息中心、下达路端智能道路网联信息神经以及社会出行信息数据服务平台。

三是路端布设路侧智能传感器阵列体系（神经网络）：发送各车道坐标线路信号；收集各个车辆 VPN 途经处的实时 GPS 坐标位置，并实时传递云网端发出的各个车辆 VPN 应移动行驶的线路及车道线坐标、车辆移动直线速度及转向角度信号；检测道路状况；帮助传递途经车辆的 V2X 信息；协调和监控平面交会路口通过的车辆及物体。智能化路灯或灯杆可以具备精确定位坐标和坐标车道线发送、道路路面状况监测和无线信息发送等功能。其使用的探测感知用毫米波雷达、无线通信信号传输基站天线等都是已经投放市场的比较成熟和价格低廉的产品。

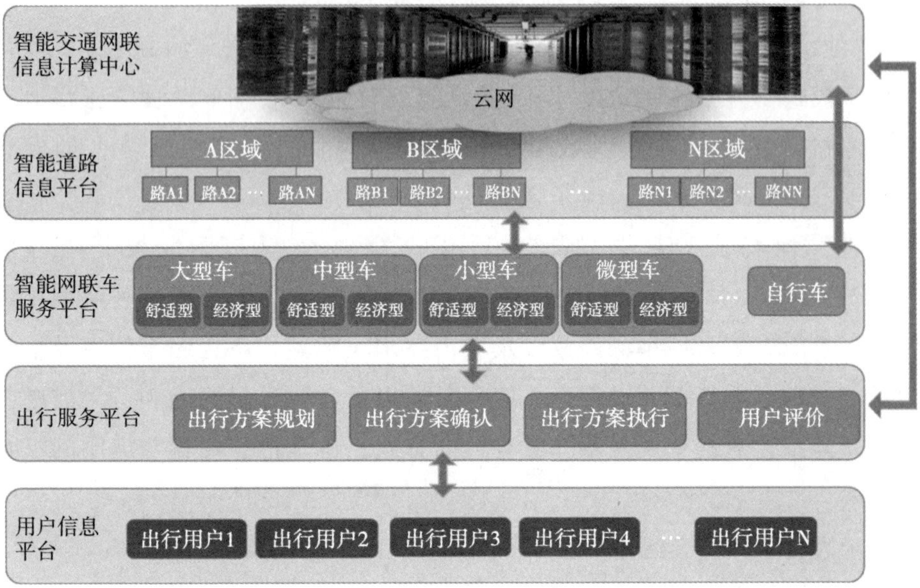

图3　未来的智能网联交通体系规划

对于道路使用效率，正是因为道路网络与沿线路侧灯杆智能传感器阵列形成的与智慧城市智能交通中心大脑有机融合的无线通信信息神经网络最适合5G移动通信技术的大容量、高速率和低延时性功能的发挥，使车辆从视觉感知的模拟状态提升至信息数据通信的电传操控状态。V2X－5G使得前后车能实时和及时地采取精确应对措施，所以移动时的车辆间距将不再受传统模式限制，进而极大提升道路使用效率。

四是车端：V2G－5G将能实现在车辆行驶状态下对前方情况的信息预知，避免发生因后方车辆反应不及时而造成的安全事故。V2X－5G革命性地提供了前车刹车减速的实时精确数据，使得后车能够相应地采取精确制动措施。在目前人工驾驶模式仍在使用的情况下，上述V2X－5G的信息数据是可以通过驾车人前面车窗的平视显示器（Head Up Display，HUD）显示出来的。

五是用户出行及服务端：出行需求用户通过个人手机App，与社会出行信息数据服务平台相连提出出行需求申请，平台在经与智能道路云网端和车端信息沟通协调后，向用户回馈出行方案并获得用户的方案选择，完成与出行人的最终出行信息确认并上传智慧城市智能交通中心，以确定各地面出行车辆的行驶线路和时间。该平台亦负责出行服务的金融结算。

未来的智能网络交通体系规划，需要分阶段完成，可以分为如下四个阶段。

第一阶段：利用现有信息技术手段完成城市交通基础设施的网络信息化、智慧城市智能交通体系管控和必要的改革措施顶层设计，将现有车辆出行与智能交通网络体系衔接起来，达到能够基本预知车辆移动的出发地、出发时间和目的地等基本信息，为“车路网”体系的最初级协同管控打下基础，并为智能网联无人驾驶体系法规及其应用做准备。

第二阶段：人工驾驶汽车与智能网联无人驾驶汽车混合行驶，并且5G融入智能网联出行体系。建立所有道路沿线路旁信息信号收集及发送传感器和智能网联监管云体系，逐步淘汰和消除人工驾驶模式的人为因素，使得智能网联无人驾驶出行服务模式为社会接受，并同时完善相应法规。

第三阶段：参照MaaS完善信息技术智能化应用，实现对人们出行的精准服务。

第四阶段：完善智慧城市智能交通网联的软硬件基础设施，智能网联无人驾驶汽车逐步替代人工驾驶汽车，实现信息技术智能化应用，精准道路交通车辆移动管控。

案 例 篇

B.17

中国共享出行代表企业案例*

一 哈啰出行

（一）发展概况

哈啰出行是一家致力于为用户提供便捷、高效、舒适出行工具和服务的平台。自2016年9月成立以来，哈啰出行凭借在差异化策略、精细化运营、成本控制和用户体验上的优势，从激烈的共享单车市场竞争中脱颖而出，一跃成为行业中最具有竞争力的企业，并进化为囊括哈啰单车、哈啰助力车、哈啰电动车服务平台、哈啰换电和哈啰顺风车等综合业务的专业移动出行平台。

* 案例篇案例由编写组组织调研撰写、企业确认后完成。案例顺序以企业拼音字母先后顺序排列。

哈啰出行以“科技推动出行进化”为使命，以“绿色低碳、轻松出行”为服务理念，为广大用户提供覆盖短、中、长距离，多种方式的出行服务，努力缓解城市交通压力，推动智慧交通及智慧城市建设。

哈啰出行自成立以来先后获得 GGV 纪源资本、成为资本、蚂蚁金服、复星、春华资本等知名投资机构的投资，与蚂蚁金服、深创投等成为重要的战略合作伙伴，并联合产业链关键领域的全球知名企业深入推行精益合作战略。

截至 2019 年 9 月，哈啰出行旗下的哈啰单车已入驻 360 多个城市和 340 多个景区，注册用户达 2.8 亿，用户累计骑行 189.8 亿公里，累计减少碳排放量近 147 万吨，相当于种植 874 万棵树；哈啰助力车也已进入全国 260 多个城市，用户累计骑行超过 21.49 亿公里。

哈啰出行各业务几乎都处于细分市场领先地位。专注于共享出行领域的实践深耕，哈啰出行已形成一整套行业领先的、应用于海量互联共享出行设备的智慧系统——哈啰大脑，实现哈啰出行全业务生态的智能决策。基于大数据、人工智能、云计算等实现业务全链路运营决策智能化，以达到运力在时间、空间与需求上的最优匹配，进而为用户提供更高效、更优质的出行体验，助力提升整体交通出行效率。哈啰出行也积极将环保理念落实于资源的回收再利用。针对“退役”单车，哈啰出行坚持“Reduce（减少原料）、Reuse（重新利用）、Recycle（再生利用）”的 3R 原则，将车架金属材料回炉循环利用，车体塑料打成颗粒用于二次加工，并且积极探索变废为宝，基本实现全面可回收再利用。

同时，哈啰出行一直在积极拓展业务边界，努力承担企业社会责任。哈啰出行从环境、社会、治理三个维度，在业务发展实践中向用户和公众传递“出行有态度，更有温度”的公益理念。为倡导对环境更友好的出行理念，哈啰出行陆续发起“骑行树榜样，有趣更有益”“单车新生 · 变废为宝”“净山净湖 · 一骑为减塑”等绿色低碳环保行动；助力更多人享受便捷出行，携手上海市慈善基金会设立“哈啰公益专项基金”，发起“星星哈啰，骑助康复”“哈啰让宝贝回家”“去乡间骑一骑”等特殊家庭关爱和旅游扶贫项目，持续助力社会公益事业。作为两轮出行市场的最有竞争力的企业，哈啰出行将深入聚焦两轮出行领域，全面构筑两轮生态体系，为用户提供“一站式”智能出行服务，助力用户行好每一程。

（二）发展历程

1. 经历的发展阶段

2016 年 9 月，确立“哈罗单车”项目。

2016 年 11 月，“Hellobike” 1.0 正式亮相市场。

2017 年 3 月，电子围栏技术正式“上线”。

2017 年 4 月，景区业务上线，完成新一轮融资，城市布局进一步加速。

2017 年 6 月，“Hellobike” 向“哈罗单车”过渡，确立新战略。

2017 年 8 月，“哈罗单车” 3.0 全新上线。

2017 年 9 月，“哈罗助力车”业务正式上线。

2017 年 10 月，完成和永安行低碳科技战略合并。

2017 年 11 月，“哈罗单车”投车一周年，注册用户近 4600 万人次，日均骑行达 1000 万人次。

2017 年 12 月，先后完成 D1 轮 3.5 亿美元融资、D2 轮 10 亿元人民币融资。

2018 年 2 月，哈罗单车注册用户数突破 1 亿。

2018 年 3 月，宣布信用免押，是行业首个在全国范围推行免押模式的单车企业。

2018 年 5 月，全国免押双满月，累计为 6000 万用户免除押金 120 亿元。

2018 年 7 月，哈罗单车日订单量超过 2000 万单，用户口碑和订单规模跃居行业首位。

2018 年 9 月，“哈罗单车”两周年暨品牌全新升级为“哈啰出行”；哈啰电动车租售平台上线。

2018 年 10 月，哈啰出行接入其他出行合作伙伴上线网约车服务，高校业务正式启动。

2018 年 12 月，哈啰单车全国免押已累计辐射 1.61 亿用户，免除押金约320亿元。

2019年2月，哈啰顺风车业务在全国正式上线。

2019年3月，哈啰电动车租售平台启动全国招商。

2019年5月，哈啰电动车租售平台实现全国6地成功开城。

2019年6月，哈啰出行、蚂蚁金服、宁德时代共建两轮能源网络，哈啰换电业务在开封落地。

2. 融资情况

哈啰出行融资情况见表1。

表1　哈啰出行融资情况

序号	日期	融资轮次	金额	投资方
1	2016年1月	天使轮	未披露	方创资本 磐谷创投
2	2016年11月	A轮	未披露	磐谷创投 BAI贝塔斯曼亚洲投资基金 GGV纪源资本 愉悦资本 方创资本
3	2017年1月	A+轮	未披露	磐谷创投 GGV纪源资本
4	2017年4月	B轮	数亿元	磐谷创投 纪源资本 成为资本
5	2017年6月	B+轮	数亿元	威马汽车
6	2017年10月	战略投资	未披露	九洲创投 深创投 常州高新投
7	2017年10月	并购	未披露	永安行
8	2017年12月	D轮	3.5亿美元	蚂蚁金服 威马汽车 富士达自行车 成为资本 易车网 JOY GLOBAL 高榕资本

续表

序号	日期	融资轮次	金额	投资方
9	2017 年 12 月	D + 轮	10 亿元	复星集团 GGV 纪源资本
10	2018 年 4 月	E 轮	近 7 亿美元	复星集团 蚂蚁金服 永安行
11	2018 年 6 月	E + 轮	18.9 亿元	蚂蚁金服
12	2018 年 7 月	F 轮	10 亿美元	复星集团 蚂蚁金服
13	2018 年 9 月	G 轮	近 40 亿元	蚂蚁金服 春华资本
14	2019 年 7 月	H 轮	4 亿美元	蚂蚁金服 复星集团

资料来源：企查查。

（三）当前业务

1. 单车业务

截至 2019 年 9 月 17 日注册用户数达 2.8 亿。哈啰出行业务包含共享单车、共享助力车、顺风车等业务，接入首汽约车、嘀嗒出行的网约车、出租车服务。

截至目前，哈啰单车入驻全国 360 多个城市，累计骑行总里程达 189.8 亿公里，用户覆盖从一线城市到下沉市场全线渗透。

哈啰通过基于技术驱动的精细运营提升运营效率、降低成本，目前哈啰单车的精细化运营已经进入 2.0 阶段即智慧运营，基于哈啰大脑这一智能决策与指挥中心，驱动智能供需预测、智能规划、智能调度、智能派单等单车全链路运营智能化，进一步降本增效。哈啰单车不仅可实现持续自我造血的业务，也是哈啰大出行战略的基石业务，基于单车广泛而高频的流量入口以拓展更多高成长性的多元业务，满足用户多场景、多距离的一体化智慧出行生态服务。

2. 助力车业务

哈啰助力车于 2017 年 9 月正式上线。目前，哈啰助力车入驻城市近 260 个，累计骑行总里程为 21.49 亿公里。哈啰共享助力车符合新国标参数要求，并通过防限速篡改设计，给骑行人增加了多重安全保障。其助力功能延长了骑行距离，扩大了服务半径，满足市民 3～10 公里的出行需求。同时，相较于其他出行工具，助力车有显著的优势：比电动摩托车更轻便安全，比传统自行车更舒适省力，比机动车更低碳环保。助力车以骑行轻松便捷、集约高效等独到优势，顺应了未来“三公里数字生活圈”的快速发展趋势。

图 1　哈啰助力车业务

3. 顺风车业务

2019 年 2 月，哈啰出行宣布在全国 300 多个城市上线顺风车业务。根据哈啰顺风车 2019 年 7 月提供的数据，车主注册量突破 700 万，累计发单量突破 1800 万单，日订单峰值达到 150 万单。顺风车业务以安全、便利为核心，满足用户短、中、长途的出行需求。在安全保障方面，哈啰顺风车做了一系列规范和专业技术设定，如产品定位方面，杜绝相关社交功能、司乘沟通采用虚拟号码；司机准入门槛方面，建立车主多重审核制度，包含对接上线城市公安部门建立动态背景审查体系；在行程中，哈啰 App 设有“实时位置保护”，7×24 小时安全专线客服，紧急联系人、一键报警等功能。此外，哈啰还为司乘双方免费提供人身意外险，全方位保障用户安全。

4. 换电业务

哈啰出行基于“车电分离”的经营思路，围绕对锂电池全生命周期管理以及电量/残值利用，构建两轮电动车自助换电服务网络，统一新能源电动出行的动力标准，为用户提供共享换电服务。

换电业务的价值在于解决个人出行的动力需求：提高动力电池的全周期使用率，降低电池在每一个应用场景下的使用成本。哈啰出行目前已经在河南、湖南、安徽三省进行试点，总体受 C 端用户欢迎，尚未接入 B 端合作群体，主要用户人群包括白领上班族、骑手人群、校园人群等。

（四）核心能力

哈啰是一家以技术为驱动的企业，其核心能力体现在运用智能化技术实现车辆高效管理上。两轮出行业务重要的一个考验在线下运营，长期可持续发展比拼的是运营的效率和运维的成本控制。哈啰在共享单车和助力车的业务运营中，积累了强大的后台技术支持和运维能力，基于哈啰大脑实现智慧运营，通过智能规划、智能调度、智能派单等将运力和运维效率最大化，显著降低企业成本，并助力城市管理。

1. 哈啰大脑

哈啰大脑基于大数据、人工智能、云计算技术，可远程管理维护调度控制中枢，运用大数据管理车辆的骑行轨迹、城市热力图、车辆生命体征等，通过数据交换连接人—车—生活场景，不仅可以更好地服务用户，还可以“反哺”城市规划建设。在智慧城市的框架下，哈啰大脑可完成车辆信息的智能化收集、整理、融合，形成全方位覆盖、高效率运行的新型城市管理模式。

2. BOS 系统

运维 BOS 系统由管理后台和移动端的 BOS App 组成。单车、助力车的运维管理后台面向各级运维管理人员，为其提供运营管理和作业所需功能。BOS App 让一线运维人员能够有效监控助力车的使用、运营和维修状态信息，同时接收智能派单系统的任务分派完成各类运维工作，如找车、调度、维修和换电等。

3. 规范停车

哈啰出行 App 的“智能推荐停车点”功能和“目的地附近停车点搜索”功能，可以有效引导用户定点还车；对于不遵守停放规则的用户，哈啰助力车会采取加收站外调度费、下调信用评分、上调该用户的用车价格，甚至封禁多次违规用户的账号等一系列措施。哈啰出行 App 结合用户强制约束，形成规范停车的“组合拳”，大大提高了站点还车率。

此外，哈勃系统还会做到站点车辆密度和站点热度实时跟踪——哈啰出行 App 根据用户位置推送信息，引导他们前往附近的空闲和非热门站点进行还车——这也使哈啰通过阈值预警和用户引流，进而保障车辆的有序停放。

哈啰坚持在技术方面的长期投入，用技术手段推动精细化运营，并进入到智慧运营阶段。而积累的这些经验，可以延伸复制到电动车租售平台、换电服务等新的两轮业务中。两轮业务在调度体系上参与方更多、业务环节多、地图精度要求更高等，因此对于顺风车业务的增加，哈啰的技术手段也可以满足。

（五）未来规划

哈啰将持续深耕两轮，全面构筑两轮生态体系。

中国是两轮出行大国，对两轮出行存有广泛而高频的刚需，单车日均骑行需求超 2 亿次，两轮电动车日均骑行需求达 7 亿次，市场需求是单车的 3 倍多；整个两轮出行也在由购买交通工具向购买交通出行服务的趋势发展，出行业态升级空间非常大。哈啰从两轮出行领域发展而来，会持续深耕已处行业领先的两轮出行领域，全面构筑包括哈啰单车、哈啰助力车、电动车服务平台、换电业务等在内的两轮生态体系，从“一站式”两轮出行服务延伸至两轮基础设施服务。

两轮出行业务重要的一个考验在线下运营，长期可持续发展比拼的是运营的效率和运维的成本控制。哈啰在共享单车和助力车的业务运营中，积累了强大的后台技术支持和运维能力，通过智能技术实现智慧运营，以互联网及物联网平台模式将运力组织效率最大化，助力城市管理并显著降低运维成本。科技推动出行进化是哈啰出行的企业使命。哈啰一直坚持在技术方面长期投入，用技术手段推动精细化运营，并升级到智慧运营阶段。而积累的这些经验，未来也会延伸复制到更多两轮新业务中。

过去几年以共享单车为代表的两轮科技出行推动了整个供应生态链的转型、升级，也促进了整个两轮共享出行产业向数据化、智能化的方向进化。哈啰携手产业生态伙伴通过技术创新融合精益生产以达到1+1>2的产业聚合优势。

未来哈啰会坚持科技推动出行进化的理念，将通过积累的技术、运营、产业生态等优势持续深耕两轮，为广大用户提供覆盖短、中、长距离，绿色、便捷、高效的全场景“一站式”智慧出行服务，努力缓解城市交通压力，减少车辆尾气排放，并助力智慧城市建设。

二　华夏出行

（一）公司概况

华夏出行成立于2017年4月，注册资本为15亿元，承担北汽集团由传统制造型企业向制造服务型和创新型企业转型的战略重任。华夏出行作为北汽集团布局出行产业的先锋，整合集团资源与优势，致力于开创具有北汽特色的华夏出行模式，打造北汽出行领域乃至中国自主汽车集团中的行业典范。

华夏出行秉承“绿色出行、智慧出行、快乐出行”的经营理念，以“打造卓越一流的综合出行服务商”为目标，布局“出行”+“服务”两大业务集群，由分时租赁品牌“摩范出行”、城市物流品牌“摩范速运”、汽车租赁品牌“摩范租车”、网约专车品牌“摩范约车”和二手车处置品牌“摩范二手车”构成的出行产业集群，围绕自驾与乘坐、载人与载物、长途与短时、民用与公务等出行全方位需求打造出行产业矩阵。以营销顾问、商旅会展、私人订制旅游等为核心业务的服务品牌“华夏行达”，以医疗服务、健康管理为核心业务的健康品牌“华夏健康”和专业的越野车自驾服务品牌“华夏318”构成华夏出行的服务业务矩阵（见图2）。华夏出行实施MSX2.0的发展战略（M代表出行，S代表增值服务，X代表生态圈，2.0代表进入2.0时代），构建“出行+增值服务”生态圈，业务涵盖人们出行的大交通、小交通、目的地旅游、定制化个性化出行产品等全出行场景，打通了车辆定制生产、投放共享运营、二手车业务处置等覆盖车辆全生命周期的“多触点、简界面、全服务、大平台”开放式综合出行服务生态系统和产业链。

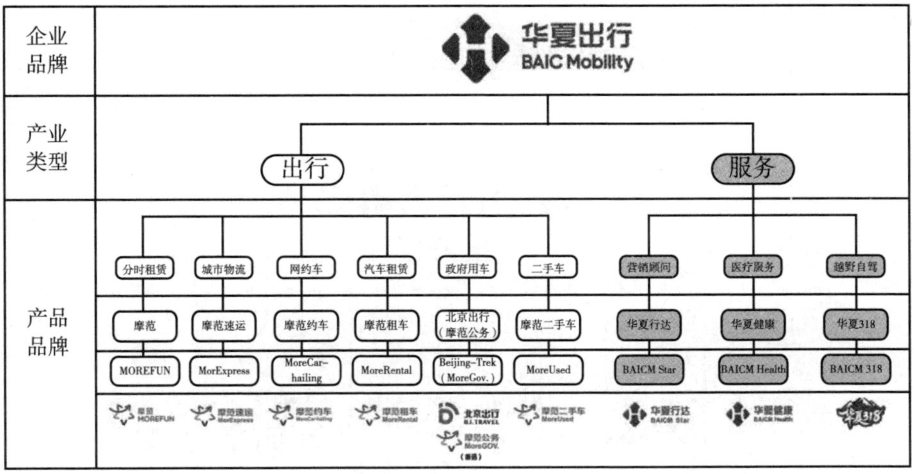

图2　华夏出行品牌矩阵

（二）发展历程

华夏出行成立两年有余，取得了快速发展，主要经历了如下重要阶段。

2017年4月，华夏出行有限公司正式揭牌成立。

2017 年 8 月，华夏出行分时租赁品牌摩范出行在北京石景山启动运营。

2017 年 12 月，华夏出行成立商旅服务子公司。

2018 年 3 月，华夏出行与滴滴达成战略合作。

2018 年 4 月，华夏出行运营监控中心正式运营，华夏出行进入智能化运营新时代。

2018 年 5 月，华夏出行与滴滴共同成立“北京华滴有限责任公司”，布局网约车市场。

2018 年 12 月，华夏出行服务板块子公司正式更名为“华夏行达”。

2019 年 1 月，摩范出行全国开城巡回盛典收官，摩范出行进驻 49 座城市。

2019 年 4 月，华夏出行越野自驾出行服务品牌“华夏 318”正式启动。

2019 年 5 月，华夏出行以 2019 年北京世园会指定汽车租赁服务商身份亮相世园盛世。

2019 年 6 月，华夏出行新能源城市物流业务品牌“摩范速运”正式运营。

图 3　华夏出行大事记

（三）旗下业务

1. 摩范出行

“摩范出行”是华夏出行倾力打造的共享汽车分时租赁服务平台，致力于给用户打造绿色、经济、智慧、便捷、时尚的出行方式，相较于打车，摩范出行的价格相当于打车的一半甚至1/3，是非常经济的出行方式。“摩范出行”以北汽新能源产品为基础，从事电动汽车分时租赁、专享用车等服务，解决用户中短程出行问题，用户无须购车、养车，就可享受方便快捷的用车需求。“摩范”，音同模范，有先锋模范之意。专注出行领域，做出行领域的模范（见图4）。同时，“摩范”音同英文的“More Fun”，寓意更多的快乐。用户下载 App 后可以在手机上全部实现一键预定、智能下单、一键开锁、便捷还车等功能，整个用车过程方便、快捷。截至 2019 年 9 月，摩范出行在全国已布局 49 个城市，覆盖主要一、二线城市，投入运营车辆达 4. 1 万辆，全国运营网点近 6000 个，会员人数突破 450 万。

2. 摩范速运

依托北汽集团新能源车辆的技术领先优势，结合北汽集团车辆制造、车辆流通、车辆金融、车辆处置等方面的既有优势，为降低城市货运成本，提升城市同城货运效率，2019 年 6 月华夏出行物流业务品牌“摩范速运”正式启动服务。摩范速运定位于新能源城市配送运营服务商，以“互联网 + 城市物流货运”的运营模式深耕 2B、2C 市场，作为华夏出行的货运平台载体，践行华夏出行经营理念，是华夏出行“摩范”系列出行品牌的延伸。摩范（MoreFun）代表“快乐出行”，速运代表“智慧出行”，新能源物流车运营代表“绿色出行”。摩范速运以同城配送、无忧搬家、车辆租售、SAAS 平台服务为主营业务，并依托北汽集团新能源丰富的电动物流车辆，通过提供平台预约、合同制配送等多项合作模式来满足个人、中小企业以及集团公司配送的货运需求。车型比较丰富，可以满足不同的用车需求。截至 2019 年 9 月，运营车辆 1725 辆，布局全国 8 个城市。

图 4　华夏出行旗下摩范出行与摩范速运产品

3. 北京出行

北京出行成立于 2015 年 11 月 17 日，是华夏出行旗下全国最大的公务出行服务提供商，全面承接北京市公务用车制度改革后全市各级党政机关、通州行政副中心及大型企事业单位的社会化出行服务保障任务，搭建了互联网+绿色交通出行的社会化服务平台，以按需用车、按时计费的方式来为广大公务员出行提供服务。目前其公务分时租赁已覆盖北京市16个区县，共计430个网点，并为北京市700多家党政机关单位提供出行服务保障，有千辆以上车队规模。同时北京出行还多次为全国两会、APEC会议等高端政经会议提供出行保障，赢得了各界的一致认可和好评。

4. 摩范约车

在网约车业务领域，华夏出行采取“两步走”方针。第一步，借船出海。华夏出行于2018年5月与滴滴共同成立了“北京华滴有限责任公司”，正式布局网约车业务。截至目前，华夏出行已经建立了网约专车的服务标准，组建了庞大的车队及司机规模。第二步，建立自有平台。预计华夏出行将于近期成立自有的网约车服务平台“摩范约车”。

5. 华夏行达

华夏行达作为华夏出行服务业务序列中的重要组成部分，以客户需求为导向，整合多项优良资源，致力于为客户打造“个性化定制服务”的核心思想，提供境内外差旅、旅游出行、商务出访、会议会展和营销活动策划各项服务，打造大小交通、酒店预订、呼叫中心、营销策划四位一体的“互联网+交通+旅游”“一站式”服务解决模式。华夏行达将是华夏出行全出行生态链中的重要一环，为用户提供了出行的大交通、小交通、目的地旅游、个性化定制出行的解决方案。

6. 华夏健康

华夏健康是华夏出行“快乐出行”的延伸产业，提供医疗出行、绿色转诊、国际医疗、医疗福祉等服务，以“全民健康”的综合服务平台，着力打造集“健康服务+健康商城+健康资讯”为一体，联合国内外高端体检机构为用户提供高端医疗服务，还为大型会议及活动提供医疗服务应急及保障服务。

7. 华夏318

华夏318是华夏出行旗下越野自家品牌，于2019年4月正式发布，着力为用户提供越野自驾游全产业链“一站式”解决方案，建设西部自驾游综合服务平台，打造西部旅游枢纽公共服务体系。华夏318以“北京”品牌汽车租赁和越野出行配套服务为主营业务，以“通借通还”“与沿途产业合作”的创新模式，结合全域优势旅游产品资源，在中国的泛西部地区打造专属自驾服务平台，包括云贵川、滇藏、川藏等沿线14个省份开展运营，为旅游出行与落地自驾爱好者提供异地还车、产品定制、出行答疑等专属服务，全方位满足城市旅游、户外越野自驾、高品质户外出行等需求。此外，还将为自驾旅行爱好者提供包括特种通信、专属服务、特色体验、尊崇待遇、北斗护航、随行记录在内的“六星服务”，华夏318将着力打造中国越野自驾第一品牌。

（四）核心竞争力

1. 国有汽车巨头实力支撑

华夏出行背后是实力雄厚的北汽集团，华夏出行拥有北汽集团优于同行业的新能源车辆研发和制造方面的优势，具备完整坚实的产品基础，具有完善的产品线与技术优势。北汽集团有着丰富的人才和资金储备，在转型路上提供丰富的人力、物力和财力，为华夏出行带来精细化的运营和管理，推动产业的升级。华夏出行以北汽集团已有的大量用户数据为基础，结合地域文化、社会生活、交通出行等数据，进行精准的用户行为与习惯、消费频次与场景的推演和分析，最终为人们消费理念和出行习惯的提升起到助推作用。经过两年多的时间华夏出行已基本完成“出行+增值服务”生态圈的建立、密集化服务网点的覆盖、智能化终端应用的迭代、精准化核心用户的聚拢等原始框架的搭建以及自有出行生态的闭环。

2. 全生命周期管理体系

华夏出行依托北汽集团北京（BJ）越野车、BEIJING自主乘用车品牌、北汽昌河物流车品牌和北汽福田商用车品牌为华夏出行提供前端订制化产品。在华夏出行智能化运营体系下，这些定制化生产交付的车辆有更高效、更实用的运营水准，能为用户提供更为便捷的出行服务。同时华夏出行旗下的摩范二手车业务，适时将运营车辆流转到二手车市场，不仅保障运营车辆始终能够给用户提供良好的出行体验，同时兼顾车辆处置残值等综合判断车辆的处置时期，最大化控制企业成本。华夏出行打通了车辆从上游定制化生产到投入共享出行服务再到流转至二手车市场的贯穿车辆全生命周期的管理，在最大化保障用户美好安全出行体验的同时，有效降低企业成本。

3. 全产业布局跨界融合

华夏出行在北汽集团的大力支持下，将目光聚焦于汽车后市场，先期以分时租赁作为起点，通过扩充自有平台服务空间，纵深建造出行产业链，在实现自有出行生态闭环降本增效的同时，打造了一个完整的大出行概念。以"出行"+"增值服务"两大核心业务集群建立开放式综合出行服务生态系统和创新商业模式。经过长期不断地摸索与探寻，现已成功地走出了华夏出行自身特色，以"不谋一域而谋全局"的理念，前瞻聚焦于出行和服务全产业链宏伟蓝图，开辟了如下属于华夏出行自己的模式：

全出行场景协同发展、全产业链布局的核心竞争力。

更加合理利用现有北汽集团自有及社会资源，理性盘活用户市场存量良性市场增长。

融合多方资源，打造行业开放融合契机，奠定行业发展共赢模式。

4. 以科技改变未来生活方式

华夏出行在智能化和大数据的应用方面颇有成效，2018 年 4 月 9 日，华夏出行运营监控中心正式投入运营，旨在为用户建立可视化、数据化、智能化、"车—桩—位"一体化的高效、高质、高水准的服务运营体系。通过智能办公、停车场监控、数据可视化、智能客服四个模块，实现对用户、订单、车辆、网点、运维订单五个大维度实现相关核心数据的搜集、整理、分析。目前运营监控中心实现了对全国、各省份、各网点、各车辆的四级管控，通过大屏幕实时更新的运营数据精准分析和实时监控全国各网点运营效率及各车辆状态是否良好，从而为网点布局提供有效的数据支撑，提高运营效益。

华夏出行动态更新 C 端需求，研发用于共享出行领域的定制化汽车，做好"加减法"。未来，还将投放"会讲故事的汽车"，将生活场景嫁接到出行载具之上，使汽车不再是一个简单的出行工具，而是满足人们更多样生活需求的平台。华夏出行坚持共享出行未来必须走跨界融合的发展道路，要嫁接与百姓生活息息相关的衣食住以及旅游等其他场景，形成生态链的发展模式才是未来的盈利之道。未来的汽车将不仅仅是交通工具，而且是移动出行场景。

在未来出行领域，华夏出行坚持从出行工具到出行生态的打造，依托北汽集团在无人驾驶领域的深厚积累，华夏出行在共享无人驾驶领域已经谋篇布局。此外，华夏出行还与数家自动驾驶领域领军企业深度合作签约并成为战略合作伙伴，将共同推进人工智能技术实现行业应用和自动驾驶出行服务，通过共享无人驾驶技术实现交通行业颠覆性的变革。

5. 以人为本的品牌理念深化

华夏出行自成立以来，一直坚持以人为本、以客为尊的商业理念。新技术、新思维与出行产业的融合将带来汽车用户消费习惯的变化，华夏出行围绕“人、车、路、网、环境”等需求要素，建立一个“多触点、简界面、全服务、大平台”的开放式综合出行服务生态系统，并通过不断创新的商业模式，在大出行时代借助公众出行消费意识的不断升级和觉醒，以提升消费者对华夏出行产品矩阵的认知度、认可度及高频消费，在车辆投入规模化、出行场景丰富性、服务功能人性化、运营网点便捷化等方面，不断增加市场投入，不断进行适合本土化的产品迭代，努力为城市道路交通、旅游文化、居民出行等做出更大的社会贡献。

（五）未来规划

人们对美好出行生活的向往，就是华夏出行未来的奋斗目标。未来华夏出行还将承担起北汽集团服务化转型的战略重任，追求实现汽车规模最大、品牌影响力最强、商业模式和盈利模式最先进三大目标。在业务布局上，华夏出行计划到2020年，总体运营车辆达到10万辆，布局城市超过100个，会员规模突破600万人，成为行业领军企业，助推出行行业的发展与变革，让人们的出行更加美好。

三 货拉拉

（一）发展概况

货拉拉源自拥有百年现代物流史的香港，于2014年进入中国大陆（海外版名称为Lalamove），现由深圳依时货拉拉科技有限公司负责大陆地区运营。货拉拉秉承“港式管理，智慧地方”的经营理念，以“星级司机优先配对、30秒内迅速响应、10分钟内到达用车点、客服热线随时待命”的服务宗旨，实现货车调度、在途运输、收货确认、费用结算等全闭环服务流程。

1. 发展历程

2013年，货拉拉以Easyvan之名创办于拥有国际化思维和多元化融资渠道的香港。

2014年，将业务拓展到东南亚（Lalamove），并于年底进入中国大陆，注册为“货拉拉”。

2015~2017年，货拉拉持续拓展市场，在中国大陆100个城市开通，平台注册司机达200万名，用户达1500万名。基本达到一、二线和经济活跃的三、四线城市全覆盖，同时在东南亚和港台等5个城市也开通了业务。

2018年，货拉拉在继续开拓市场的同时开展业务提升。覆盖国内132个城市，注册司机达300万名，注册用户达2800万。与此同时，货拉拉成功切入企业级市场，企业版已经服务于5万余家企业用户，并上马合作购车业务，布局绿色货运。

截至2019年10月，货拉拉的业务已覆盖国内200个城市，注册司机达350万名以上，注册用户达3000万。货拉拉也是国家“一带一路”倡议的忠实践行者，自2014年起不断拓展东南亚市场，业务范围已覆盖港台、东南亚及印度等地区14个城市。

2. 融资情况

2015 年 1 月，货拉拉获得 1000 万美元 Pre-A 轮融资，此轮融资由清流资本领投，极客帮、MindWorks Ventures、Sirius Venture Capital、Aria Group 及其他个人投资者联合参投。

2015 年 9 月，货拉拉获得 1000 万美元 A 轮融资，此轮融资由 MindWorks Ventures 领投，清流资本、之处创股等参投。

2016 年 5 月，货拉拉获得 1000 万美元 Pre-B 轮融资，此轮融资由 MindWorks Ventures 领投，清流资本、之处创股等参投。

2017 年 1 月，货拉拉获得融资 3000 万美元，完成 B 轮融资。此轮融资由襄禾资本领投，原有股东 MindWorks Ventures、清流资本以及新股东黑洞资本等跟投，货拉拉方面表示，此轮融资将主要用于城市扩张。

2017 年 10 月，货拉拉完成 C 轮 1 亿美元融资，此轮融资由顺为资本领投，襄禾资本、概念资本等原有投资机构跟投，光源资本担任货拉拉本轮融资独家财务顾问。货拉拉方面表示，此次融资主要用于已落地城市的深耕运营，以及拓展 2B 产品等新业务。

2019 年 2 月，货拉拉获得由高瓴资本 D1 轮领投、红杉资本中国基金 D2 轮领投，合计 3 亿美元的融资，钟鼎资本、PV Capital 跟投，顺为资本、襄禾资本、MindWorks Ventures、零一创投等老股东也持续跟投，光源资本担任本次融资的独家财务顾问。货拉拉方面表示，此次融资将主要用于已有业务在中国大陆及东南亚、印度市场的扩张，以及企业版、汽车销售等新投入业务的纵深发展。

（二）商业模式

货拉拉采用“互联网 + 同城货运”的解决方案，通过线上与线下结合的 O2O 平台整合社会运力资源，实现车货信息的高效匹配，有效解决传统运输形态下普遍存在的运输效率低下、计费标准不统一、交易安全无保障等难题。

1. 产品模式

货拉拉依托信息化和数据化手段将车货双方的需求进行匹配、交易和结算，替代了传统的货运信息传播模式，节省了大量时间和成本。平台通过GPS定位准确推送货主的需求信息，并为其快速匹配最近、最合适的车主。货车司机借助平台迅速对接客户需求，减少货车空驶率。

同城货运的趋势是更加标准化、复杂的，尤其是新零售的概念提出来以后，很多仓位前置，对配送的要求更加碎片化，货拉拉为了满足更复杂的、更高标准的、更高效的同城货运的需求，以及2B业务中的计划性需求，提出一种能够赋予到新零售的业务构想——尝试开展购车业务，储备合规车辆和优质运力。

在购车业务方面，货拉拉主要采用三种模式。第一种模式为货拉拉直接与车厂合作，去掉代理商环节，以底价与司机合作购车；第二种模式为由货拉拉与车厂合作购置车辆，而后将车辆转租给司机使用；第三种模式为由货拉拉出资向车厂购置车辆，并以融资租赁的方式向司机提供车辆。新购车辆可挂靠货拉拉公司，可办理道路运输许可证，从而实现资产的规范化管理。该业务于2018年1月开始在深圳试水，4月拓展到广州，目前汽车月销量已经超过1500辆。合作购买的车辆包括油车和新能源物流车，两者比例约为10∶1，已合作的汽车厂家包括江铃、福田、长安、五菱、瑞驰、华晨雷诺、开瑞、华晨鑫源等。在购置和租赁新能源物流车时，货拉拉会重点发展路权开放政策、充电配套服务等相对利好的城市。2019年汽车销售业务将开拓到更多城市，预计将在25个城市落地销售。

作为一个“互联网+同城货运”平台，货拉拉的核心是长期积累的海量数据资源。依托这些数据资源，货拉拉正在尝试开展一些大数据衍生业务，主要包括为主机厂提供配送场景、车辆、用户需求等数据，为其提供优化决策支撑；基于运营合作等商业数据为司机提供全套的车后服务等。

2. 用户模式

同城货运的存在分为两种模式，即企业级资源（B端市场）和社会化资源（C端市场）。相比于企业级资源，社会化资源的同城货运一直以来都比较混乱。伴随着“互联网+”的风潮，货拉拉的出现彻底改变了C端市场存在的一些行业顽疾，在提高效率的同时极大地降低了物流成本。货拉拉的第一代产品以C端形式存在，但并未区分客户属性，而是针对所有客户提供标准化的服务。事实上，在货拉拉成立之初，就有相当一部分订单来源于B端市场，主要包括五金市场、家具市场、花卉市场、农贸市场等专业市场。

经过产品和用户需求的不断迭代升级，货拉拉开始针对不同的用户群体做产品分类，并于2017年9月推出企业版产品，为一些大的企业客户提供增值服务。企业版产品使B端客户有更佳的使用体验，可以帮助企业通过子母账号分配权限的形式进行全局掌控。同时，企业版拥有完整的财务流程，用户不需实时付费，而是由公司账户统一充值、支付、结算、开票，省去了以往诸多烦琐流程，开发票比个人版货拉拉更加方便快捷。此外，为保持优质服务，货拉拉企业版还配备了专属客服、专属车队。2018年货拉拉企业版已经服务了5万余家企业用户，并且正在推出部分个性化增值服务和计划性物流服务。目前，企业级用户订单量已达到总订单量的10%。

货拉拉的推广模式主要包括：一方面，凭借口碑在C端用户之间口口相传，发挥车货匹配平台优势，通过市场引导更多的用户加入平台；另一方面，由线下地推队伍深入B端用户，对其进行实地访问和业务推广。

3. 盈利模式

货拉拉的收益主要来源于两个方面。一方面是货拉拉将司机划分为不同的会员等级，并根据会员等级按月收取会员费，若折算为同类车货匹配平台通常采用的按订单抽成的方式，货拉拉平均每个订单的收益为单价的3%～5%，该比例为同类平台的1/3～1/2。这种模式是货拉拉在业界首创且运行良好，其盈利能力在几年的时间内已经得到证明。在单笔订单收益低于同类平台的情况下货拉拉仍能实现盈利的原因在于，货拉拉发展过程相对稳定，从上线之初就没有烧钱做大规模补贴，只是在节假日推出少量优惠活动。另一方面是货拉拉依托大数据为车辆和司机提供车后服务、消费、金融卡券推广等服务类项目，并收取一部分佣金从而实现流量变现。目前会员费是货拉拉主要的收益来源，占总体收益的50%以上，未来服务类项目返佣收益的占比将逐步提升。

（三）核心竞争力

1. 主打用心服务

同城货运最终比拼的是服务质量和用户体验，以实现又好又快的货运需求为目标，货拉拉所有的规划都围绕“服务”来实现。目前货拉拉已形成“星级司机优先配对、30秒钟迅速响应、5分钟内车辆候命、客服热线随时待命”的服务体系。

在用户体验方面，2017年货拉拉启动“体验全面提升”计划，以实现司机、用户、平台之间高效的沟通。在App端实现了对订单状况的实时追踪和共享，用户可实时分享订单状态，通过LBS功能，实现运输服务过程全透明化。在支付模式上，平台采用后置支付功能，实现全闭环线上支付流程，避免线下交易的烦琐程序。在车型选择上，由初期全国统一标准车型，推出了符合本地特征，贴近当地用户习惯的专属车型。此外，货拉拉与保险公司深度合作，全新推出特别针对“互联网+”货运的定制化保险产品，如出现货损可迅速理赔，用户单票最高可获赔4万元。

场景是用户体验的细化，是体验过程中的一部分，货拉拉不断深挖用户服务场景，以追求越来越高效的产品体验。2019年6月，货拉拉通过大数据分析，从北京、天津、武汉三个城市中选择货运需求较为集中的专业市场，结合百度地图海量的历史出行数据，通过精心筛选，最终锁定221个精准POI点接入货拉拉小程序。用户搜索货运目的地后无须离开百度地图App，即可完成拉货需求提交，货拉拉平台秒级响应，匹配车型和运力，最大限度提高运输效率，满足用户场景化出行需求。在为用户提供清晰全面位置信息并完成所需路线规划的同时，通过提供即时拉货搬家的生活服务，打造更高效、更贴心的场景化出行服务，最终完成商业闭环。

除了小程序的接入以外，货拉拉已在产品中接入了多项百度地图优秀的地图开放能力，以帮助用户和司机获得更好的服务使用体验。基于海量丰富的POI数据，精确到小区出入口的地点能力，帮助用户选择更精准的装货地点，以减少长距离搬运的人力成本。司机端基于精准的智能定位服务和路线规划服务，实时计算揽货地点距离，帮助司机快速筛选合适的订单，同时结合个性化地图能力，未来可定制物流场景地图样式，更好地突出货车位置与轨迹，提升货车司机与用户端体验。

在司机管控方面，货拉拉利用后台监控系统及数据，对司机、用户、订单数据进行不同维度的分析判断。以用户评分为基础，对爽约率高、评分低、服务差的司机实行淘汰政策，对勤奋、服务质量高、有上进心的司机则给予更多高质量的单子鼓励。货拉拉还上线了司机与用户间的IM功能，简化沟通程序，可实现货物图片、回单等实时回传。

2. 长效管理机制

在价格机制方面，司机与货主使用货拉拉App时，以平台的计价标准公里数进行结算。在货拉拉App中，选择车辆输入起点与终点后，系统将自动对运输价格核算，并在页面右下角标出价格与明细；明细栏内，起步价、行程总公里数一目了然，整个过程标准而透明。统计显示，货主付出的货运费用与传统模式相比平均降低了40%，虽然司机收费单价要低于同类平台，但由于空驶率降低，每日订单数量大增。

在搬运费计价方面，货拉拉后台根据货物体积、重量、所在楼层、平地搬运距离等各项因素综合考量，给出货物搬运费参考价。货主可选择接受这一标准，也可选择和司机自行协商搬运费。

在准入制度方面，货拉拉对加入平台的车辆和司机有着严格的准入制度。车辆方面，货拉拉要求必须手续齐全、车况良好等；司机方面，要求司机必须通过“三证”审核，并经过平台工作人员对行车安全、服务标准、危险品的鉴别与运输等全方面货运知识的专业培训，考试通过后才能获得认证资格。

在司机管理制度方面，货拉拉也有严格的评分考核制度以规范司机。一旦司机的“差评”“取消率”等低于基准分数线，将会被平台进行警告、暂时静默、永久静默、清退等不同程度地处理，对于临界点的司机平台将召回对其进行二次培训。

在安全管理制度方面，为了有效规范货运安全，货拉拉在服务协议中明确提出“必须在运输开始前对货物进行开箱验视并保留验视凭证，坚决杜绝危险品、违禁品上路运输”。自 2018 年 9 月 17 日起，货拉拉还上线了“确认装货功能”，即要求司机装载货物后，必须对其运输的货物拍照并将照片上传至后台，货拉拉将安排专人对上传的照片进行筛查，一旦发现问题马上责令司机纠正。2019 年 6 月，货拉拉与深圳市公安局签署战略合作协议，双方将在数据安全、货运安全等方面展开深度合作，这也有助于进一步保障用户的信息安全和人货安全。

3. 品牌价值和市场占有率

经过数年的稳扎稳打和开疆拓土，货拉拉已经在中国大陆和东南亚地区牢固树立了自己的品牌，掌握了大量的资源，也培养出了一批忠诚度极高的用户。当前货拉拉已经在很多城市提前实现了盈利。就目前来说，货拉拉创造的品牌价值、拥有的客户和资源，已经成为其最无可替代的核心竞争力。

货拉拉于 2013 年在香港创办，自 2014 年起在中国大陆和东南亚双线发展，这家公司已从当初几人的创业团队发展为拥有 1000 名以上员工的企业，所服务的群体也覆盖了 B、C 两端。国内覆盖 100 个城市目标的完成和海外多点布局，也成为其核心竞争力之一。

截至 2019 年 1 月，货拉拉全平台的注册用户达 2800 万、注册司机达 300 万名。随着 2019 年 1 月在印度孟买的落地运营，Lalamove（货拉拉海外版）已经将业务扩展到港台与东南亚、印度等 9 个国家和地区的 11 个城市，并即将在印度新德里、班加罗尔落地。2019 年 8 月，南美洲的巴西成为另一个涉及的海外国家。截至 2019 年 10 月，货拉拉在中国大陆 200 个开通。

目前的货拉拉与 2013 年的苹果、亚马逊属于同一个发展期，那时苹果公司的 NPS（衡量用户忠诚度的指标）为 76%，亚马逊为 69%，而根据数据显示，货拉拉的 NPS 为 65.8%。2018 年，货拉拉管理团队定了一个 KPI，目标值是 75%。

货拉拉的目标是2018年底实现公司的整体盈利，据悉，在深圳、广州、上海、重庆、西安等重点城市，货拉拉已率先实现单城市盈利。

货拉拉的优势在于近年发展较快、有较强的品牌知名度、在用户端的渗透相对较高，但业务还是相对集中于货运方面。

（四）未来发展规划

货拉拉的合作购车项目从第一天起便向新能源汽车倾斜，目前在深圳地区，货拉拉平台新能源车辆接单量已经占每日城市总订单的1/3以上，成为深圳市申请城市绿色货运配送示范工程的案例之一。货拉拉下一步还将通过更大力度的优惠政策鼓励和引导新能源车辆加入平台。预计3～5年内，以深圳为样板，新能源物流车在平台的占比将大幅提升，为满足更高标准、更复杂的货运需求做好准备。

货拉拉将针对不同城市、不同企业的特点推出部分个性化增值服务和计划性物流服务，如每笔订单赠送价值5万元的基础保障；配置企业专属客服团队，让问题急速得到解决等。

四　快狗打车

（一）发展概况

2014年，快狗打车的前身58速运便已经成立，业务专注于短途货运服务领域，采用“互联网+”赋能的智能化配送模式。

2016年，快狗打车全面覆盖线下小B类市场；2017年8月，58速运与东南亚同城货运公司gogoVan合并，进一步扩大业务规模。

2018年7月13日，快狗打车宣布完成第一期2.5亿美元的融资，由华新投资领投，菜鸟、中俄基金、弘润资本、前海母基金及母公司到家集团跟投，华兴资本担任本次融资的独家财务顾问。2018年底，快狗打车平台注册司机达110万名。

2019年7月，快狗打车已拥有超过180万名平台注册司机，1000多名工作人员。国内业务范围已覆盖以一、二线为主的35个城市，日均订单量达30万单。

（二）商业模式

快狗打车以短途货运为切入点，通过“互联网+”实现城市闲散运力的整合和调配，利用大数据驱动的智能系统提升车货平台效率，不仅满足了城市“货物出行”的需求，还有助于提升城市运力效率，缓解城市出行与城市运营之间的矛盾。

1. 产品模式——无车承运人

快狗打车的定位是城市货运出行平台，旨在打造“货运打车”的概念。利用自主研发的Sopas智能调度平台以及“互联网+大数据”智能系统，消除人、车、货之间的信息不对等问题，通过信息的互联互通使得货运出行更加便捷、高效和安全，从而推动整个城市货运的高效运营。

与物流公司和运营公司不同，快狗打车扮演了无车承运人的角色，采用轻资产运营模式。在此种模式下，快狗打车不会投入资本购置车辆，能够有效利用价值杠杆实现高效率、低风险运营，同时实现高收益和高价值实现率。快狗打车的专职司机只占20%左右，大部分为兼职司机。当平台没有订单时，签约司机可以通过其他渠道拉货，这在保证司机利益的同时节约了公司的人力成本。

2. 用户模式——保持B端优势，拓展C端市场

快狗打车创始之初主要服务于B端用户，包括小B端和大B端两类。小B端的订单量最大，包括蔬菜批发市场、建材批发市场、服装批发市场、搬厂搬家等。目前，快狗打车在全国已有3000多个合作伙伴，包括菜鸟、顺丰速运、壹米滴答、德邦物流、京东、苏宁易购、天虹、唯品会、美团网、每日优鲜、青桔单车、摩拜单车等。

随着城市小规模、多批次、多样化货运需求的逐渐增加，快狗打车继续拓展业务线，开始更加关注对全城C端用户需求的满足。在C端市场的拓展中，快狗打车提出了“货运打车”概念，旨在打破C端用户的固有思维，

将平台定位为“手机下单、随叫随到、价格透明”的货运打车 App。快狗打车的C端业务全方位满足用户货物出行的一切需求，包括上门搬家、建材运送、食品配送、电器家具运输、展览物资运送等。快狗打车打开C端市场会不会像滴滴平台一样，采取“价格补贴”的方式。

关注C端不等于放弃B端。快狗打车致力于打造智慧化平台，不仅为B端商户提供车货匹配和管理服务，而且拓宽了C端用户的使用场景，满足了多样化、个性化的货运打车出行需求，有效提升了行业运行效率。同时与新能源货车发展并行，共同助推绿色物流。快狗打车也正在构筑全网型货运的能力，联动B+C端全网运营（见表2）。

表2 快狗打车城市货运出行的全场景解决方案

类型	场景	订单类型	
货的（中短途A点到B点的整车货运服务）	C端（普通用户）	生活、工作中的一切同城拉货需求	即时性
	小B端（个体商户）	小商户生意经营运转中的一切同城拉货需求	计划性、即时性
优配（固定结算周期，针对复杂运输需求提供专业化、定制化的全系解决方案）	大B端（企业用户）	大中型企业用户业务开展所需的一切同城拉货需求	计划性、即时性

3. 推广模式

（1）B端市场——地推模式

地推就是地面推广，也可以称为地毯式推广。它是与空中及网络传媒相对的概念，在品牌或者产品推广阶段是相互结合的两种推广方式。简单来说，地推就是由促销员或宣传员，在街头巷尾向目标人群进行面对面推广、宣传的营销方式。

快狗打车的地推营销主要针对B端市场，即由专业的地推人员深入蔬菜批发、小商品批发、建材销售、服装销售等市场，向商家宣传。快狗打车的优势在于，其地推宣传过程可以充分利用签约司机与商户间已经形成的合作关系。司机与合作商户间的相互了解，省去了很多沟通成本。这种简单、直接又充分利用了已有合作基础的宣传方式，使合作关系更具黏性，也让快狗打车迅速在B端占据了可观的市场份额。

（2）C端市场——广告营销

快狗打车作为短途货运行业的领导品牌，率先开启了自身的品牌焕新之路。先是于2018年8月进行品牌更名，使得品牌在极短时间内获得了社会各界的广泛认知。随后趁热打铁，上线品牌TVC广告、召开品牌战略发布会，全方位阐述了“让城市货物出行更美好”的品牌理念，从而顺利完成品牌全新的战略转型。

快狗打车从用户、货物、场景化三个角度进行品牌的造势和传播，多渠道、多角度发声，突出产品的强大功能和优势。本着与C端消费者沟通交流的目的，发起了一场线上线下全面整合、互联网与空间媒体共同发力的全方位营销战役。

在空间层面，快狗打车在多个商圈、写字楼进行投放的3D裸眼电梯，真实还原了用户日常货品运送的应用场景，从而让普通用户通过沉浸式体验感知品牌，有效地拉近了与用户之间的距离。

为了进一步提高品牌在年轻圈层中的影响力，抖音也成为此次快狗打车的一个重要传播阵地。快狗打车将线下电梯“搬”至线上，其创意有趣的玩法很受欢迎，仅单条视频播放量便达到数十万次。全方位的广告宣传，让快狗在两个月内迅速占领了C端市场超出预期的份额。

4. 盈利模式

货运收费主要包括运费和搬运费两部分，其中平均每个订单中运费占50%的比例。快狗打车的收入来源于按订单向司机抽取信息费，对每个订单抽取运费的10%作为信息费。快狗打车平台在长期运营中积累了海量信息，通过对这些数据的挖掘和分析，公司开展了一些衍生业务，而这些业务的盈利模式仍然是抽取信息费，不会涉及具体运营。这种模式的优势在于能够激励司机更好地为平台服务，多劳多得，同时也能增强司机与平台的黏附力；而劣势在于减缓了公司的盈利速度，据悉，截至目前公司还未实现盈利。

5. 用户付费标准

快狗打车用户的付费内容主要包括货运等候费用、货运费用和附加费用，不同城市的收费有所差别，以下为北京市的收费标准。

（1）货运等候费用

目前快狗打车可提供小型面包、金杯、依维柯、厢货、小型平板等，不同货车的等候收费标准不同。

小型面包、金杯、小型平板装卸货等候时间免费60分钟，超过60分钟后每15分钟加收10元，不足15分钟按15分钟计。

厢货、大型平板装卸货等候时间免费120分钟，超过120分钟后每15分钟加收10元，不足15分钟按15分钟计。

（2）货运费用

表3为不同车型货运价格。

表3　不同车型货运价格

车　　型	5公里内收费（元）	载重（吨）	长×宽×高（米）	超公里费（元/公里）	容积（立方米）
小型面包	33	0.6	1.7×1.1×1	3	2.6
金　　杯	58	1	2.7×1.4×1.2	4	5.5
厢　　货	120	1.8	4.2×2×1.8	5	15.1
小型平板	66	1	2×1.6×1.5	4	2.6
大型平板	120	1.8	4.2×2×1.8	5	15.12

以上费用已包含油费及运输服务费，不含搬运费。

（3）附加费用

除了以上费用，快狗打车对于搬运费、高速路费及停车费等是要额外收取的。其中搬运费由司机与客人自行商议确定，高速过路费和停车费等通常按实际产生费用收取。

（三）核心竞争力

1. 招募高端人才破解技术难点

短途货运流程复杂、环节众多，涉及参与角色较多。很多城配“老兵”

都曾感叹，当真正进入这个深入城市毛细血管的行业后，才发现它运作难度如此之大，技术含量如此之高，是一个真正高技术门槛的行业。而要构筑一个全国化的货运配送网络，技术更是至关重要的。全国货运网络的现实业务场景复杂度极高，比如不同地域的不同货物网络需要不同的车型，不同的派单算法、货物定位精度，以及对全国网络、司机、车辆或货物的管理精度要求均不同，而这些都极度依赖于技术。

2019 年 3 月以来，快狗打车对人员进行了一系列优化，大力引进国际型高端技术人才，如在新入职人员中，研究生占比达 25%，毕业于哈佛大学、康奈尔大学等世界顶级名校的海外留学归来人员占比达 12%，对高端人才的招募比例较原来提升近 1 倍。其中，无人驾驶车技术也正被快狗打车所关注。

2. 海量的信息资源和强大的数据分析系统

在运营过程中，快狗打车积累了大量的用户、司机、订单、用户与司机关系等信息。以上述多个维度的海量数据为基础，快狗打车构建了功能强大的大数据平台进行数据分析和整理，为用户下单、系统推送、司机抢单、指派司机和订单完成等各个环节提供决策支持。①在用户下单方面，平台基于对订单历史数据的分析和计算制定订单价格，从而实现更高的用户下单意愿、司机接单率和订单完成率。②在订单推送方面，系统通过司机历史订单完成概率、司机服务水平、司机是否去过目的地、订单和司机的距离、订单预估价格、小费补贴、起点终点等数据进行大规模的数据回归，计算出司机的接单意愿，并据此进行订单推送，提升订单的匹配效率，同时减少订单用户等待时间。③在司机抢单方面，平台根据历史数据预测抢单司机的数量，然后基于回归模型确定司机补贴。④在指派司机方面，平台通过预测司机完成订单的概率、车型对订单的匹配度等综合决定中单司机。⑤订单完成后，平台会根据用户的活跃程度采取优惠活动、发放优惠券、发短信、广告等不同的运营措施，从而增强用户与平台的黏性。

根据货物类型快速精准地匹配车型是快狗打车平台的一大优势功能。拉货不同于拉人，复杂多样的配送场景决定了不同的车型需求，快狗打车基于对货品的标准化分类，将其与面包车、金杯车、厢货、平板等标准车型匹配，从而确保订单的达成度和运输的安全性。

3. 线下地推模式与司机认可度

在对小 B 端市场的长期深耕中，快狗打车已形成一套完善的线下地推模式。所谓“地推”，就是由促销员或宣传员，深入蔬菜批发、小商品批发、建材销售、服装销售等市场，向商家进行面对面推广、宣传的营销方式。快狗的优势在于，专业地推人员可以充分利用签约司机与商户之间已经形成的合作关系。这种司机与合作商户之间的相互了解，为双方省去了很多沟通成本，使合作关系更具黏性。这种天然的优势，成为快狗在推广过程中的核心竞争力。

快狗打车采用按订单向司机收取信息费的盈利模式，对于签约司机不征收其他费用。在此种模式下，司机只有通过平台接到订单才需要支付费用，这保证了司机的收益，同时增强了司机与平台的黏附力。此外，快狗打车挖掘一切可用资源为司机营造良好的工作和生活环境，消除司机的后顾之忧，进一步提高司机对平台的认可度。快狗打车为司机购买商业保险和货运险，还通过与汽车厂家、4S 店、加油站、通信公司、外卖平台等的合作，为司机争取购车、维修、保养、加油、通信、餐饮等方面的优惠和福利。

（四）未来发展规划

1. 新能源出行，打造绿色货运平台

从行业层面来看，绿色城配是短途货运在新时代背景下的新突破，2018 年快狗打车已在广州、深圳、成都、郑州等 13 地布局新能源车辆。2019 年，快狗打车成立了新能源车的业务部门，业务独立于原来的交易平台。快狗打车拥有新能源货车 30 万辆，主要分布在成都、深圳、西安等城市。未来，快狗打车将陆续在我国 346 个城市投放新能源货车，通过线上大数据实现节能减排，线下新能源绿化运力，全力构造绿色城配体系，双线联动，布局绿色物流，推动绿色新能源货车的多场景使用，同时通过与菜鸟物流在新能源运力方面展开深度合作，打造新能源货运网络。

2. 覆盖全中国农村市场下沉

目前快狗打车业务覆盖 346 个城市，主要订单还是集中在 33 个城市。在这场全网争夺战中，随着互联网技术的普及，县域农村市场潜力巨大。快狗打车瞄准农村市场，未来还将覆盖中国 190 多个地级市，最终渗透 3 万多个镇以及广大的农村市场。

通过开拓国际市场、农村服务渠道下沉等举措，快狗打车不断构筑差异化，拓宽业务的边界，以创造更多的价值，进而为未来城市配套设施和公共基础服务添砖加瓦。

五　马帮城配

（一）发展概况

东莞市马帮信息科技有限公司（简称“马帮城配”）成立于 2017 年 7 月，是区别于传统物流模式的“大城配 + 新能源 + 互联网”同城配送平台。公司将互联网与自有运力相结合，缔造标准化的新能源物流车同城配送服务，有效解决同城配送领域普遍存在的需求信息不对称、车辆返程高空驶、货物安全无保障、服务标准不统一等问题，为用户提供安全、便捷、低碳、智能的同城配送解决方案。

公司成立之初拥有新能源物流车 120 多辆，平台签约合伙人司机 85 名。经过用户体量和司机规模的逐渐匹配和叠加，公司已购置和租用的新能源货箱车辆达到 2700 多辆，平台签约合伙人司机达到 1500 多名，软件高级研发和管理人员 10 人左右。公司在东莞、深圳、赣州、西安等已设立近 20 个场站，并成立了深圳分公司、天津分公司、赣州分公司等，对外投资 2 家公司，具有 1 个分支机构。公司计划在 2019 年下半年形成贯通大珠江三角洲城市的绿色同城配送网络，并利用未来两到三年的时间完成对全国一、二、三线城市的初步布局。

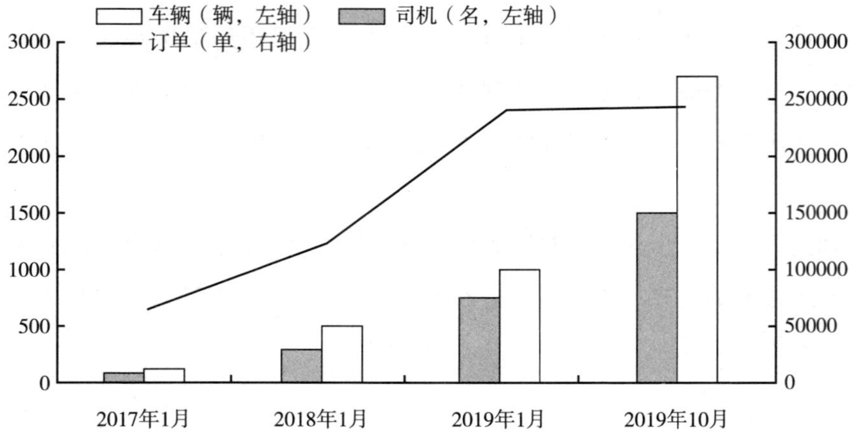

图 5　马帮城配司机、车辆和订单数量

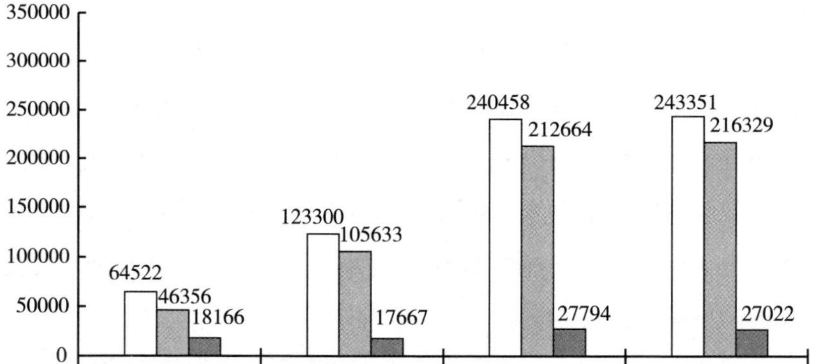

	2017年1月	2018年1月	2019年1月	2019年10月
□总订单数（单）	64522	123300	240458	243351
■完成数（单）	46356	105633	212664	216329
■取消数（单）	18166	17667	27794	27022
占比（%）	72	86	88	89

图 6　客户订单完成情况

（二）商业模式

马帮城配基于对城市配送领域的深入研究，推出了有别于传统物流的“大城配＋新能源＋互联网”解决方案。经过短短两年的发展，马帮的业务范围已覆盖城市配送的全产品品类和全场景模式，形成了“大城配”的格局。货运载体方面，马帮城配全部启用新能源货车，降低城市车辆尾气污染的排放。此外，马帮城配基于互联网自主研发的智能综合管理与服务平台，在快速实现新能源货车与货运需求的精准匹配的同时，实现了订单、司机、车辆、调度、营销和财务的智能化综合管理，为客户提供价格、时效、车型和司机的标准化服务体验。

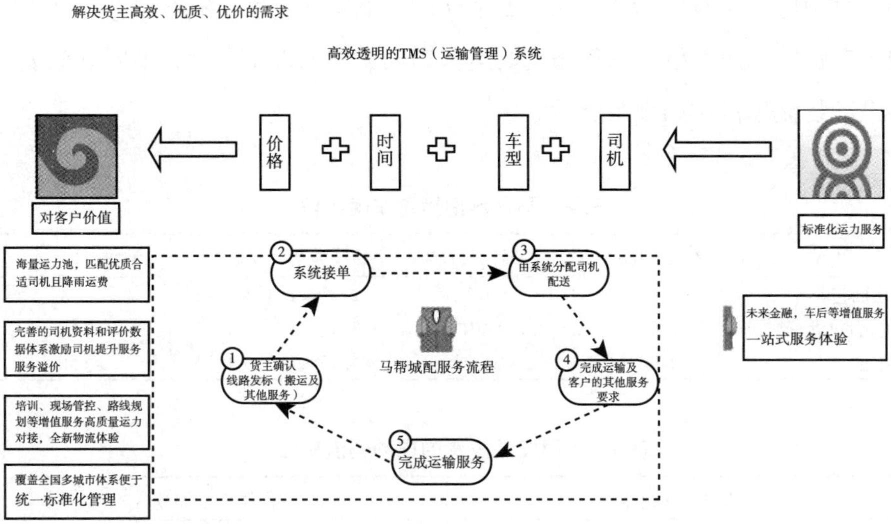

图7　马帮城配商业模式

1. 产品模式

目前多数“互联网＋”城配企业采用的O2O共享模式是通过“信息平台”实现货运需求与社会运力的匹配。马帮城配不仅是一个互联网信息平台，而且是以公司自有的新能源物流车替代社会闲散运力，是“自有运力”与“互联网智能综合管理与服务平台”的有机结合。该模式除替代了传统的货运信息传播模式，汲取了O2O模式货运需求实时共享和物流车辆智能调配等优势外，在车辆紧急调度、企业定制化服务、车辆和司机监管等方面更胜一筹。对于货运需求企业而言，货品运输安全和时效更有保障，企业货运成本大幅度降低；对于平台合伙人司机而言，节省了货运车辆的购置和保养成本，打破了货主端与司机端的信息壁垒，使司机运单量得到保证。

（1）新能源物流车

马帮城配购置和租用全国各大新能源车企的新能源货车，打造了一支新能源纯电动物流车队，车型主要包括大运、江陵、中通、东风等。公司自成立之日起，这些新能源纯电动物流车和充电服务网络便迅速覆盖了整个莞、深、惠地区。同时借助莞、深、惠地区的充电网络及主快充维服务，几乎实现了车辆的无限续航。马帮城配的运营车辆类型如表4所示，不同续航里程的电动物流车占比如表5所示。

表4　马帮城配运营车辆类型

车型	载重(吨)	容积(立方米)	长×宽×高(米)	车型占比(%)
小面包车	0.94	3.7	2.05×1.37×1.22	
中小型货车	1.60	10.0	3.55×1.85×1.75	约50
中型货车	2.90	13.9	4.15×1.95×1.75	约50

表5　不同续航里程的电动物流车占比

续航里程(公里)	车辆占比(%)
<150	80
150~250	10
>250	10

在新能源货车充电方面马帮采用“自建+战略合作”的电动物流车充电模式，自建充电场站11个；与松山湖科旺科技合作充电场1个，其中设有9个马帮专用的密码充电桩，还与深圳爱充确立了战略合作关系。马帮未来将减少充电场站建设方面的投入，而主要利用社会充电桩实现物流车辆的充电，

并与车厂积极合作，通过车型的标准化设计推进换电模式的尽早落地。

（2）智能综合管理与服务平台

马帮城配围绕客户痛点和城配企业智能化管理需求，利用海量数据及人工智能技术，构建了兼具订单管理、司机管理、车辆管理、调度管理、营销管理和财务管理的智能化综合管理与服务平台，实现了调度智能化、营销智能化和财务智能化。该平台包含 1 个后台可视化运力管理系统和司机端、客户端、营销端、司机管理端 4 个 App 端口。

2. 用户模式

根据客户类型和配送需求的不同，马帮城配将客户订单分为即时订单和计划订单两类。其中，即时订单主要集中在物流园、工厂等小 B 端客户，其配送需求的路线、时间、货物类型等随机性大；计划订单主要来源于天猫、百果园、华为等大 B 端客户，其配送需求的线路和时间较为固定，但在“双十一”等特殊时期物流车辆需求的波峰现象明显。

马帮根据客户需求，在各项功能的基本服务基础上延伸增值服务，以个性化定制供应链物流解决方案表现出与市场竞争者的差异性。在开发项目客户时，对客户的经营状况、物流运作方式进行深入了解，根据客户自身运输状况和需求，定制专属物流解决方案。

马帮城配将近 60% 的订单来源于企业合作项目，其中包括华为等拥有庞大自身供应链体系的大客户。这类供应链上的不同环节往往分布在不同区域甚至不同城市，这就催生出大量跨区域跨城市的物流需求。为满足这种长距离、强互通的物资配送需求，马帮城配提出“大城配”的概念，即 100 ~ 250 公里范围内的货物流通互动。在此模式下，马帮城配通过大覆盖范围的运力匹配有效降低返程空载率，并通过大业务共享促进司机和消费市场的持续发展。马帮城配为城市消费企业和消费者提供了各个品类、各种温区的配送服务，包括快消品类、服装鞋品类、冷冻产品类、蔬菜水果类、耗材类、医药类、汽车后市场类等。根据配送场景的不同，马帮城配涉及快递、商超类配送、及时配送、进仓场配送、加工配送、代入电商仓配送、商超总仓配送、搬家搬厂、零担快运、专线落地配、综合落地配等配送模式。马帮城配已服务上百个国内知名的电商、仓储、运输、商超等企业。

3. 盈利模式

马帮城配的主要收益来源于配送订单收入，每个订单收入的40%由公司所有，剩余的60%由司机所有。据统计，马帮城配的日均订单量可达2000多单，订单单价约为120元/单，目前东莞市运营车辆的充电成本和除三电系统外的维修费用均由司机承担，其他城市会依具体情况而定。

目前，马帮城配在东莞市已经实现盈利，但考虑到不同城市在配送场景、用户需求、路权政策等方面的特殊性，公司还没有向新城市快速扩张的计划。马帮城配将通过商业模式和运营模式的进一步提升使项目具有造血功能，实现在区域扎根和盈利，逐步实现可持续发展，并在此基础上开拓新的市场。

（三）核心竞争力

1. 打造标准化物联网同城配送

基于以“质量、成本、效率、服务、诚信”五大元素为核心的先进管理理念和高效透明的运力管理平台，马帮城配从车型、价格、时效和管理四个方面为客户提供标准化运力服务。

（1）车型标准化。马帮城配在深入调研挖掘城配市场需求和用户使用习惯的基础上，兼顾车辆运行的安全性、高效性和节能性，选用面包车、中小型车和中型车三种车型。

（2）价格标准化。司机和货主以平台计价的标准公里数进行结算，这彻底解决了传统物流行业运费不透明的问题。在客户端App中，选择车型并输入起讫点后，系统将自动对运输价格进行核算，并在页面中标出价格与明细。明细栏内，行程总公里数、起步价、里程费等一目了然，整个过程标准而透明。根据客户需求车型和所选增值服务不同，马帮城配的订单计价标准会有所差别。对比“互联网+同城货运”领域两家代表性企业的订单计价标准，马帮城配订单价格较同类平台低20%以上，且免费等候时长为同类平台的3倍。

（3）时效标准化。针对即时订单客户，马帮城配全力推行3个“3”

服务理念，即“3 分钟接单，30 分钟到达，3 小时完成”。基于海量的运力资源和高效的车货匹配策略，为客户实时匹配优质车辆，实现高质量的运力对接，并通过订单智能推送和车辆优化调度方案，引导周边司机在 3 分钟内接单；通过司机培训、路线动态规划、车辆状态监控、即时维修保障等增值服务，确保司机在 30 分钟内达到装货并在 3 小时内完成该单交易，这显著提升了管理时效，促进了企业减本增效，为客户提供了全新的物流体验。

（4）运力管理标准化。马帮城配采用线下与线上相结合的管理模式为客户提供安全、稳定、高效的运力服务。在线下管理方面，立足场站对车辆和司机进行网格式管理，构建了覆盖全国多城市的标准化运力管理体系。通过对海量历史需求数据的深入挖掘，并考虑电动物流车的续航里程完成场站选址。每个场站配置 50 ~ 150 辆物流车，为确保车辆故障情况下能够及时补充和替换，各场站配置 10% 的备用车辆。在人员配备方面，各场站设总控调度、场站调度、场站业务经理和场站经理等 4 ~ 5 名管理人员，主要负责调度计划制定、紧急调度协调、故障处理维护等相关工作。场站调度人员会重点关注远距离返程司机，并通过调度系统的配合确保返程有货。

马帮城配在司机的管理上也是独具一格的，年龄为 25 ~ 40 周岁，C1 ~ A1 驾照，身体健康，三年之内无交通事故记录、无犯罪记录者方可入职。入职后考取《道路运输从业资格证》，再经过一个月的货运知识礼仪培训后方可上岗。强健的身体素质、良好的服务意识、娴熟的驾驶技术造就了马帮城配过硬的司机队伍。

在线上管理方面，马帮城配以用户评分为依据，利用完善的司机资料和评价数据体系激励司机提升服务。系统将 4.95 分作为合格分数，对于高于或低于合格分数的司机分别给予相应的奖励或惩罚，客户的错误评分操作可通过申诉流程得以处理。客户收藏的优质司机较其他司机具有 30 秒的优先抢单权。在严格的评分考核和激励制度下，司机的服务水平持续提升，得到了客户的认可和肯定。公司掌握了大量的客户资源，并培养出一批忠诚度极高的用户。

货物装载完成后，要求司机填写货品交收单据并由交货人签字，对货物进行封签后拍照上传 App，客服会对上传的照片进行筛查，一旦发现问题马上责令司机纠正。公司还构建了基于司机端 App + GPS 定位 + 订单轨迹追踪的信息化司机监管体系，利用后台监控系统及数据，对运输过程中的司机状态、车辆轨迹、订单数据进行多维度的分析和判断。完成运输服务后，要求司机填写货品验收单并由验收人签字，拍摄交货现场照片并上传 App。通过上述“确认装货 + 运输过程监管 + 确认收货”的全流程监管有效保障货运安全。

2. 构建智慧城市最佳居住环境

近年来，随着环保概念的深入人心和城际物流量的持续增长，物流业纷纷加快转型升级步伐，很多新能源车企跟随趋势将发力点转向更适合城配的新能源物流车领域。尤其自 2018 年以来，中央和地方政府出台了多项针对新能源物流车的福利政策，在财政补贴、路权开放等方面给予了大力支持。

为了积极响应国家新能源环保政策的号召，马帮城配依托全国市场占有率最高的新能源物流车厂家组建成了全国最大的纯电动物流车队，实现了绿色货运在城配领域的提前布局。与此同时，马帮城配充分利用全面覆盖的快速充维服务网络和高效的运力管理系统，实现了车队几乎无限的续航能力，这在物流行业是绝无仅有的。

公司为合伙人司机提供物流车辆，为其省去了车辆购置成本。在此前提下，电动物流车的低运营成本为司机大大节省了开支。由表6 可知，电动物流车在能源消耗、维修保养和保险费用等方面的成本较传统燃油车可节省 1061 元/月。

表 6　新能源车和传统燃油车运营成本对比

项目	传统燃油车（元/月）	新能源车（元/月）	对比差价（元/月）	备注
能源消耗费用	2548	1820	728	按每月 28 天，日均 130 公里计算；油车 0.7 元/公里，新能源车 0.5 元/公里

续表

项目	传统燃油车（元/月）	新能源车（元/月）	对比差价（元/月）	备注
维修保养费用	500	300	200	油车需要机油、机滤、发动机保养等；新能源车没有保养部分，核心部件五年内保修
保险费用	633	500	133	油车年保险费用7600元，新能源车年保险费用6000元
总计	3681	2620	1061	新能源车较油车每月节省28.8%的费用

马帮城配的快速发展也会反作用于新能源物流车领域，有助于对落后产品的淘汰，催生高性能、高稳定性、高续航里程、高技术含量的新能源物流车推向市场，进而推动城市物流的健康发展，为城市居民构建绿色环保的宜居环境。

3. 搭建受人尊重的司机创业平台

马帮城配招募的司机是以签约合伙人的方式加入平台，而非单纯的雇佣关系，这就保证了司机的地位和归属感。值得一提的是，这些签约司机中月收入超过1万元的占比达到60%，而物流行业司机的平均月收入仅为4000~5000元。这主要得益于：一是后台系统能够及时获取司机位置并精准推送合适订单，基于返程优先策略有效降低返程空驶率，从而实现订单收入的成本增长。未来随着平台覆盖面和订单量的增加，司机收入必将得到进一步提升。二是新能源物流车较传统燃油车的低运营成本优势促成了运输成本的下降。

公司还为司机提供了充电补助、维修服务、货源信息分辨、优质司机奖励、配送线路规划等增值服务，在提升司机服务质量的同时切实保障司机的正当利益，解决司机的后顾之忧。

（四）未来发展规划

马帮城配会持续加大推广力度，包括：组织司机进行地推行动；业务部经理专职开发客户；在中国物流招标网投标；在物流协会、新能源汽车联盟等投放广告，同时投放车身广告；在微信订阅号和服务号定期发送广告、宣传内容；在各大媒体（今日头条、新浪微、人民网、一点资讯、东方财富网、搜狐网、凤凰网等）投放广告；利用在职员工朋友圈进行广告推广等。

配送业务方面，以业务经理开发业务和 App 平台推广业务为主；增值服务方面，提供车身广告内容投放共享、数据资源共享、“一站式”物流个性定制化、场站场地办公用地共享等；在配送模式方面，公司将通过固定时间、固定线路、固定司机的批次配送减少无效配送里程和司机差错率，进一步提升配送效率。

马帮城配在 2018 年深耕既有基地，在强化当前东莞、深圳、惠州等相关城市的深度布局的基础上，计划 2019 年实行双轴横向拓展：以珠三角、天津、华东等地的业务基础网络，向全国重点省市进一步拓展；2020 年，完成全国省市基本布局，实现主要省市都形成马帮城配基础服务网络。

六　满帮集团

（一）发展概况

满帮集团于 2017 年 11 月 27 日成立，总部位于中国贵州省，由江苏运满满、贵阳货车帮两家公司合并组成。集团通过大数据与人工智能降低货车司机的空驶率、提高货运效率，打造一个连接人、车、货三个维度的超级数据平台。

满帮集团的业务已覆盖 339 个城市，拥有 700 万名认证司机、225 万名认证货主，业务范围集交易、自营、车后、金融、物流地产、能源、智能驾驶、国际业务等业务板块于一体，覆盖全产业链。满帮集团已成为全国最大的车货匹配信息平台和货车车后服务平台，正逐渐完成由平台型企业到智慧型企业再到生态型企业的升级。

（二）发展历程

1. 企业概况

2017 年 11 月，江苏满运软件科技有限公司（运满满）与贵阳货车帮科技有限公司（货车帮）联合宣布战略合并，共同成立满帮集团，总部设在贵阳市经开区。

2018 年，满帮集团线上运费月交易额突破 30 亿元，油品累计交易额 114 亿元，ETC 累计开卡 150 万张，金融业务累计放贷金额 90 亿元，实现了以贵阳总部为核心，北京、上海、南京、成都等全国多中心运营的架构，成为互联网物流领域领先企业。

（1）运满满发展历程

2013 年 11 月，运满满 1.0 版 App 正式上线运营，成为国内首家基于移动互联网技术开发的全免费手机 App 应用产品，致力于为公路运输物流行业提供高效的管车配货工具，同时为车找货（配货）、货找车（托运）提供全面的信息及交易服务。

2015 年 6 月，运满满平台用户突破百万，成为中国最大的卡车调度平台。通过大数据、云计算、人工智能等先进技术，运满满极大地实现物流效率的提高、物流成本的降低。2015 年数据显示，运满满将中国公路物流此前高达 37% 的空驶率降低了 10 个百分点，司机月行里数由 9000 公里提高至 11000 公里，将平台上司机的平均找货时间由 2.27 天降低为 0.42 天。

2016 年 11 月，运满满发布国内物流界首个人工智能调度系统，实现智能车货匹配、智能实时调度、智能标准报价及物流信息全程追踪和可视化。

2017 年 9 月，运满满建立了从信息撮合到线上支付运费的交易闭环——“满运宝”上线，成为国内第一家发布交易产品的互联网物流平台。

（2）货车帮发展历程

2014 年，通过贵州省政府招商，货车帮在贵阳注册成立。

2015 年 6 月，货车帮平台用户突破百万，成为中国最领先的整车运力调度平台。

2016 年，经过两年左右的发展，货车帮员工已达 3000 人、注册车辆 170 万辆。利用大数据技术改造公路物流，一年可节省燃油价值约 300 亿元，晋级成为中国公路领军的网上运力池之一。同时，货车帮与国家发改委签署联合奖惩合作备忘录，成为继工商银行、国家开发银行、蚂蚁金服之后，全国第四家与国家发改委签署备忘录的企业。

2. 融资情况

2018 年 4 月，满帮集团完成 19 亿美元融资，由国新基金和软银愿景基金联合领投，包括谷歌资本（CapitalG）、Farallon Capital、Baillie Gifford、Ward Ferry、阳光保险融汇资本、金沙江创投、新世界 K11 投资、农银国际在内的多家境内外投资机构跟投。红杉资本、腾讯、光速中国、全明星基金、钟鼎创投、高瓴资本、元生资本、襄禾资本、纪源资本等现有投资人也参与本轮融资。

合并前，运满满及货车帮两家公司均有多轮融资。其中运满满进行过 8 轮融资，总融资金额超 4 亿美元，投资方包括红杉资本、光速中国等。货车帮则获得 6 轮近 4 亿美元融资，投资方包括钟鼎创投、腾讯、高瓴资本等。

（1）运满满融资情况

2013 年 11 月，运满满获得数百万元人民币天使轮融资，此轮融资由滴滴出行投资人王刚注资。

2014 年 11 月，运满满获得 500 万美元 A 轮融资，此轮融资由光速安振投资。

2015 年 5 月，运满满获得数亿元人民币 B 轮融资，此轮融资由红杉资本领投，光速安振跟投。

2015 年 8 月，运满满获得数亿元人民币 C 轮融资，此轮融资由云锋基金重磅领投，红杉资本、光速安振跟投。

2016 年 6 月，运满满获得 5000 万美元 C2 轮融资，此轮融资由知名机构领投。

2016 年 12 月，运满满获得 1.1 亿美元 D1 轮融资，此轮融资由两家国际著名投资机构联名领头。

2017 年 11 月，运满满获得 1.2 亿美元 D3 轮融资，此轮融资由老虎基金领投。

（2）货车帮融资情况

2015 年 3 月货车帮获得数亿元人民币 A 轮融资，此轮融资由钟鼎创投领投，腾讯、DCM 跟投。

2015 年 8 月货车帮获得数亿元人民币 A + 轮融资，此轮融资由腾讯共赢基金、高瓴资本、钟鼎创投、DCM 资本联合投资。

2016 年 4 月货车帮获得 3500 万美元 A + + 轮融资，此轮融资由元生资本领投、腾讯、DCM 等跟投。

2016 年 12 月货车帮获得 1. 15 亿美元 B1 轮融资，此轮融资由 IFC 国际金融公司，全明星基金等领投，腾讯、元生资本、DCM 等跟投。

2017 年 5 月货车帮获得 1. 56 亿美元 B2 轮融资，此轮融资由百度领投，全明星基金和其他多个老股东参与跟投。

2017 年 8 月货车帮获得 5600 万美元 B3 轮融资，此轮融资由全明星基金领投。

2017 年 8 月，货车帮完成 B3 轮融资，金额达 5600 万美元，全明星基金领投。

（三）商业模式

满帮的商业模式可以从信息平台、交易平台、车后服务和盈利模式等方面来描述。

1. 信息平台

满帮旗下的两家公司货车帮和运满满成立的初衷就是为了解决物流信息不对称这一痛点。通过搭建开放、透明、诚信的货运信息平台和社会公共运力池，打破货主端和运力端的信息壁垒，有效降低公路物流运输成本。

满帮集团基于满帮全国公路干线物流智能调度平台，利用海量数据及人工智能技术，深度优化其车货匹配算法，提升货车司机与货主匹配的效率和精准度，打造了首个全网调度和精准匹配的车货匹配平台，整合大量车主、货主信息，精准匹配货运信息，让供需双方的需求对接更加无缝高效。

满帮集团凭借着庞大的用户体量、贯穿运输全链条的多元化产品，居于国内无车承运人领先地位。所谓无车承运即无须挂靠车辆，也能拥有运输资质去承接上游企业发布的运输任务。无车承运人的出现，一方面减少了运输车辆空驶，极大地提升了运输效能，优化了企业成本结构；另一方面能够解决企业的个性化发展需求。

2. 交易平台

货车帮和运满满合并后，满帮集团在搭建覆盖全国的货源信息网络基础上，借助已经形成的规模优势，以及正在形成的成本优势，从一个信息平台转变成为交易平台，打造交易闭环，构建了公路干线智慧物流交易“一站式”综合服务模式——“满运宝”，针对货主端与运力端在网络平台交易过程中遇到货物运输无保障、运输过程无法监控、运输纠纷难处理、交易缺乏信任、资金占用大等问题，提出综合解决方案。

满运宝通过平台的信用机制，设立运费担保，即货主把运费预先支付到平台，待司机承运结束后，货主进行确认，运费再由平台打到司机账户。满运宝平台提供货损、延误、加价等多项交易保障，若交易过程中发生纠纷，平台将通过标准的交易规则快速处理。满运宝针对货主与司机均建立诚信评价体系，对恶性交易行为建立黑名单管理制度，突破了传统公路物流信用把控手段缺乏的现状。满运宝还打通了金融保险等第三方数据的共享应用，并由货主—司机交易关系图谱形成了国内唯一的货运信用等级权重评分系统，应用信用评分模型构建了一套整体信用平台，平台内纠纷率为万分之三以内，仅为行业的1/5。

满运宝已实现系统服务功能全新升级、全自动风控系统升级、增值一体化升级、服务能力全面升级、智能算法全面升级、信息安全管理升级，用户享有专属货源标签、优先曝光、专属客服服务等特权，企业用户更享有保价运输服务。通过采取多种手段保证交易业务全过程、准确、完整记录，做到实时监控，业务发生轨迹可查、可追溯。从满帮平台成交数据来看，明码标价的成交方式平均成交时长由原来电话议价平均44分钟下降到平均15分钟，极大地提高了成交效率。通过大数据分析、机器学习等进行用户画像、智能匹配、精准推送，提高匹配效率与成功率，点击预测的准确率超过90%，首页推荐CTR提升了5倍，货源订单转化率提高了45%。

3. 车后服务

在巩固车货匹配业务的基础上，满帮通过大数据的需求挖掘，发力车后市场，搭建车辆后服务体系，实现线上线下资源的整合，为货车与货主提供增值服务。

满帮已与多家高速达成战略合作，累计发行 ETC 卡超过 150 万张，日充值金额超 1.28 亿元，成为中国货车 ETC 最大的发卡和充值渠道。满帮平台针对性解决货车 ETC 发展痛点，助推 ETC 在公路物流领域的应用，同时也不断扩大政策红利在物流群体的辐射范围。

针对卡车日常支出占比 20% 以上的油品业务，满帮已实现与全国 3000 多家油站的合作，司机在满帮合作油站加油，只需通过满帮 App 就可完成线上支付。满帮利用大数据优势，支持加油站智能推荐、成本最优加油路线规划、热点加油站错峰加油机制设定等创新服务，并与中化石油以及东明石化、和顺石油等国内知名民营油站合作让利用户，每年最高可以为司机节省油费 5 万元。至 2018 年 9 月，满帮单月车油增值业务 GMV（成交总额）超 4 亿元。

在新车层面，满帮与一汽青岛、中国重汽、陕汽重卡、福田汽车、柳汽等主机厂展开全面合作，共同探索“互联网 + 重卡制造”新模式。同时，满帮对用户在平台购买新车也提供贷款业务，且贷款周期长、利息低，解决了司机在新车购买方面的痛点，给用户带来了实惠和便利。

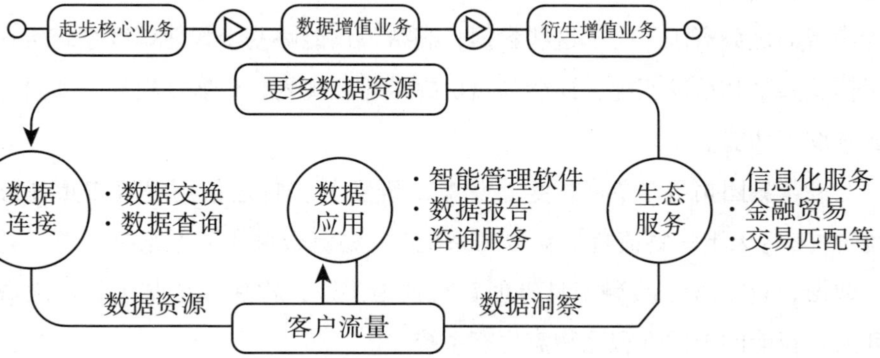

图 8　第三方数据技术平台模式

资料来源：德勤。

4. 盈利模式

平台收入来源主要为向货主收取基础会员服务费，分为 688 元/年和 1688 元/年两档，在给平台带来稳定赢利模式的同时，也促进了平台服务质量的提升。

（四）核心竞争力

1. 市场地位优势

在资本储备方面，满帮的资本优势为业务的进一步拓展提供了强大动力。货车帮与运满满合并后，满帮集团已成为物流科技行业的独角兽，在 2017 年中国独角兽企业中排名第 47，估值 20 亿美元。2018 年 4 月，满帮集团获得由国新科创基金领投的 19 亿美元融资，估值超过 65 亿美元。

2019 年 8 月底满帮集团公布，平台服务的认证司机 700 万名，认证货主 225 万名，用户量突破 925 万。除此之外，集团业务覆盖全国 339 个主要城市，年度撮合成交规模达到 7000 亿元，覆盖线路数量超过 11 万条。

2. 海量数据资源和智慧物流生态系统

满帮积累的数据涵盖用户、金融、车后等物流生态圈的多个领域，各领域数据库又包含了多种维度的数据。以用户数据为例，有运输需求、司机轨迹、车辆定位、交通等数据库，这些数据库具有很高的学术和应用价值，成为满帮的优势资源。有了这些数据，满帮不仅能够基于智能调度系统实现车货信息共享和精准匹配，还能为司机提供路径规划、导航、轨迹、禁限行区域查询等功能。

满帮集团拓展车货匹配生态场景，研发了“货运信用等级权重评分系统”“车行天下—物流货运大数据系统”“物流金融大数据系统”等，并以大数据、VR、AI、金融工具等创新科技为手段，构建一个基于物流大数据和人工智能的全国性智慧物流生态系统。

3. 物流生态服务模式

通过运满满和货车帮的强强联合，满帮凭借着巨大的用户规模形成集交易事业群、会员事业群、自营事业群、车后事业群、金融事业群、物流地产事业群、能源事业群、无人驾驶事业群和满帮国际为一体的全物流生态服务模式。

满帮基于平台司机行为数据、行驶数据、ETC 充值/消费数据等大数据分析建立了场景化的风控体系，与金融机构合作开展了小额信贷业务——ETC 白条，对司机在一个周期中的运营数据划分信用等级发放贷款，有效解决了货车司机资金短缺的问题。

满帮集团与建设银行达成战略合作协议，推出满帮综合金融服务平台，根据货主与货车司机的需求，提供“大数据物流产业 + 智慧金融”的全生态链综合金融解决方案，将金融服务嵌入应用场景。满帮综合金融服务平台具有三大特点，第一，通过搭建全流程的支付结算体系保障平台会员的交易和资金安全；第二，共享数据建立信用风险模型，提供多样化、便捷化的金融贷款服务；第三，基于平台支撑，向货主和司机提供金融服务生态圈中的各项金融服务。

满帮强强联手太平洋保险、华泰保险、众安保险、中国人寿保险等知名保险公司，陆续推出针对货主和司机的多种保险产品，致力于解决公路货运物流中长期存在的货物损失、运费损失以及人身意外伤害等问题。

满帮集团与贵州轮胎、甲乙丙丁网合作推出国内首款高端商用网红轮胎。满帮集团基于流量资源为贵州轮胎带来了直接的实际用户，进一步提高了贵州轮胎产品的品牌认知与用户了解，为其提供了一个良好的终端用户平台资源。此款网红轮胎也具有全国联保、道路救援、发票服务等功能特性，其中满帮白条零元购轮胎，自由分期，解决了司机的资金紧张难题。

（五）未来发展规划

1. 无人驾驶

2018 年 11 月，满帮、一汽解放、智加科技三方联合宣布，将推进中国无人重卡自动驾驶技术的研发和落地。这次合作是车、技术、应用场景的强强联合。一汽解放是中国重卡行业最大的头部企业；智加科技成立于美国硅谷，专注于自动驾驶技术的研发；满帮能为无人重卡提供丰富的落地场景。通过应用自动驾驶技术于重型卡车上，大幅提升运输安全性，且显著降低成本，以技术赋能重塑整个高速物流的市场格局。

2. 发展智慧物流

满帮集团将围绕智慧物流的发展，以平台思维，将智能化调度和交易系统向国内外货主和第三方物流公司、物流园区开放，帮助它们优化升级，利用线上融合体系、线下实体布局，以数字化为产业发展抓手，构建公路物流生态圈。同时，积极发挥货运大数据的领先优势，配合贵州“万企融合”行动，将业务延伸至智慧物流、物联网应用平台、智慧民生等领域。在王刚的规划中，满帮未来业务将涉及海运、空运、公路运输、铁路运输，成为估值 3000 亿美金的全球最大运力平台。

3. 着力1.0、2.0和3.0战略

满帮的 1.0 战略就是继续夯实信息平台，让平台辐射范围更广泛；2.0 战略将会攻坚交易平台，并继续拓展以车后服务为主的增值服务领域；3.0 的战略目标则是要实现平台型公司到智慧型公司的转变。

七　凹凸出行

（一）公司发展概况

凹凸租车（atzuche）成立于 2013 年 7 月 1 日，总部设在上海，隶属于上海新共赢信息科技有限公司。凹凸租车于 2013 年将“车共享”理念带入中国，希望通过凹凸平台，车主可以将闲置车辆租给他人使用，租客能够通过低成本租用到想要的车辆。2014 年 6 月，凹凸租车构建了移动互联网汽车租赁平台。

2019 年 6 月，凹凸租车在 5 周年庆典上宣布“凹凸租车”更名为“凹凸出行”，旗下包括“凹凸租车”“凹凸共享车”“凹凸出险代步车”等子业务品牌。在“汽车即服务”（Car as a Service，CaaS）的服务理念下，凹凸出行的产品线以短租、长租、分时租赁、出险代步车等形式来区分不同的服务形态。凹凸出行现有过万种车型、超过 50 万辆平台注册车辆数、超过 500 万平台注册用户，在全国 58 个主要城市可以使用，[①] 安卓系统 App 下载量为 7930691 次（截至 2019 年 7 月）。

（二）公司发展历程

1. 经历的发展阶段与成长情况

2014 年 5 月，凹凸租车 App 正式上线，与中国太平洋保险达成战略合作。

2014 年 7 月，平台注册车辆数突破 6000 辆。

2015 年 8 月，业务覆盖 12 个城市，完成全国规划。

2016 年 1 月，平台注册用户超过 300 万，注册车辆突破 10 万辆，业务覆盖 14 个城市，并首推试驾业务，拓展汽车后市场产业链布局。

2016 年 4 月，登陆京东私募股权融资平台，募资额创国内股权众筹最高纪录。

2016 年 7 月，开始收取交易服务费，加快盈利模式的探索和优化，与中国太平洋保险共同推出的“出险代步车”上线，在全国范围内推行。

2017 年 2 月，凹凸租车宣布完成近 4 亿元人民币 C 轮融资，主要用于产品服务升级以及城市扩张。

2017 年 10 月，凹凸租车再拓业务版图，将业务触角延伸至分时租赁领域——凹凸坦客，首先在上海上线运营。

2018 年 6 月，凹凸租车业务已覆盖北京、上海、广州、深圳、南京、杭州等 60 个城市，注册用户达 1000 万，注册车辆超过 50 万辆，车型逾万款，在共享租车领域占领了逾八成的市场份额。

2019 年 6 月，凹凸租车在 5 周年庆典上宣布品牌升级，由“凹凸租车”更名为“凹凸出行”。

---

① 相关数据来源于凹凸租车官网。

2. 融资情况

凹凸出行融资情况见表 7。

表 7　凹凸出行融资情况

序号	日期	融资轮次	金额	投资方
1	2014 年 8 月	天使轮	1000 万元	策源创投 真格基金
2	2014 年 10 月	A 轮	1000 万元美元	经纬中国 策源创投
3	2015 年 11 月	B 轮	3 亿元	赫斯特资本 常春藤资本 经纬中国 策源创投
4	2016 年 6 月	B + 轮	1 亿元	芝麻资本 徽瑾资本 京东数科 熊猫资本 彬复资本
5	2017 年 2 月	C 轮	4 亿元	光大常春藤 杭州金投 赫斯特资本 太平洋保险 经纬中国 中信建投资本 信中利
6	2017 年 8 月	C + 轮	金额未知	上海国和现代服务业股权投资管理有限公司

资料来源：企查查，www. qichacha. com。

（三）公司当前业务

从服务细分上看，凹凸出行包罗了不同使用频次及距离下的各种使用场景——短途赴约时用分时租赁、周末出游时用短租、使用频次较高时用长租、满足用户 20 ~ 500 公里的自驾需求。

1. 长短租业务

凹凸租车业务分为长租、短租两种，可用于自驾出游、商务接待、体验个性车等，通过平台，车主可以将闲置车辆租给其他人使用，并赚取租金，而租客可以租到性价比高的车辆。

传统的汽车租赁公司因为经营性因素，必须在采购车型时实现经营利益最大化，规模化购入最大众化的车型，牺牲掉用户的选择性。一般的分时租赁公司，只能提供几十种车型，即便是国内最领先的汽车租赁公司，也只有100多种主力车型可供选择。凹凸出行，由于车主是社会化的海量供应，有超过1万种车型可供选择。在凹凸共享租车平台上，有40%的需求跟传统租车重叠，创造了60%的新增需求，如约会、试驾、周末自驾游、商务用车、有车一族的换车自驾等体验式消费。以北京市为例，对神州租车与凹凸出行同款且同车龄的部分车型短租价格进行比较（见表8）。

表8　神州租车与凹凸租车价格比较

车型	神州租车价格(元/天)	凹凸出行价格(元/天)
大众 Passat1. 8T 自动挡 2014 款	307～389	209～292
别克 GL8 2. 4L 自动挡 2017 款	560～652	283～337
奥迪 A6L 1. 8T 自动挡 2018 款	666～760	430～490

车主方面，车主有意愿、有需求通过租赁汽车获得额外收入。凹凸出行这种共享租车模式，让每个车主可以根据实际用车需求，灵活地把汽车的冗余空闲时间转租变成收益，让原本作为消费品的购车投入变成作为可持续收入的生活投资。租客方面，面对不同场景下的差异化身份，租客在出行需求上也不尽相同，而凹凸租车则能为其提供丰富的车型选择，满足不同场景、不同时段、不同人数等个性化需求。

2. 出险代步车业务

2016年7月，凹凸出行与中国太平洋保险进行合作，共同推出“出险代步车”。凹凸帮助后者推出出险代步车服务，增强保险客户黏性；而保险公司可以将车险用户导流到凹凸平台。凹凸出行透露未来还会陆续和人保、平安等其他保险公司合作。

凹凸出行将传统理赔痛苦漫长的过程变得简单，一旦出险，理赔由“凹凸租车理赔快车道”全程代为办理。对保户来说，出险后即可获得由凹凸租车提供的代步车服务，解决了车险事故后的“代步之忧”。在客户购买太平洋车险保单有效期内，客户一旦出险即可使用凹凸租车提供的代步车，该服务全年无限次使用，每次可使用三天。用户车辆出险报案后在微信端可以“一键预约”代步车的交车时间和地点，凹凸租车的车管家将送车上门。

（四）企业核心能力

P2P 租车的核心在于匹配效率，凹凸出行长期聚焦运营能力的打磨，凹凸租车的每一辆车都安装有智能硬件 at-box，可以获取车辆定位和实时驾驶行为等数据，以辅助平台进行车辆调度算法的培养，以及车辆的大数据分析强大的数据收集和沉淀能力，将服务于凹凸出行的汽车全产业链。对于未来 CaaS 时代，无论 UBI（基于驾驶行为的保险），还是 AI 调度，都需要这些底层的数据量来支撑。同时，每辆车上安装的 at-box 有助于车况信息实时掌控，所有车辆可以在不拆毁原有车辆的基础上实现远程监控，掌握最新车辆信息，无油耗争议。

平台已经形成了较强的对私家车车主的管控能力以及良好的后台 AI 调度算法，匹配率能达到 90% 以上。平均每辆车月度交易频次达到 4 次，平均客单价超过 800 元。

（五）模式创新

1. 车管家服务

共享租车的供给端不锁定，流程冗长复杂，需要建立标准化服务，而精细化运营是一个大的门槛。凹凸出行建立了完整的线下服务运营系统，于 2015 年推出车管家模式，自建车管家服务团队，能做到全城 24 小时取送车服务，并完成清洁维护工作，为交易双方提供完整的车辆保障服务。通过凹凸出行的车管家服务，让流程标准化，凹凸出行会派出专人去车主那里取车，再送到需要用车的用户所在处。还车的流程也是由车管家来完成，提升了用户体验，解决了车主和租客时空错配的问题。

2. 等级化管理

在车主端，为了降低拒单率，凹凸出行的租车订单不直接发送给车主，而是由平台来调配。一旦车主拒单，马上从库里再调车。如果车主接单率高，排名就靠前，且不断评分，做等级化管理。通过精细化运营形成良性循环。

3. 保险服务

为了打消车主丢车的顾虑，2014 年 5 月，凹凸租车跟太平洋保险达成了战略合作协议。凹凸联合太平洋保险合作推出了多个创新险种，包括保额度达 205 万元的全方位责任险（车损险 50 万元，盗抢险 50 万元，第三者责任险 100 万元和座位险 5 万元）。此保险独立于原车辆险，诠释了共享的理念，共同承担风险，以更加完善的保障制度让买卖双方无忧。此外，还有租车驾驶人责任险，由租客强制购买，以天为单位，与车主的商业险完全独立。

4. 不计免赔

凹凸出行采取了人性化的赔偿制度，一旦在出行过程中发生意外，承诺无界限免赔，一切责任不计。相较传统租车市场在 1500 元以内的赔付需租客自行解决，凹凸租车的此项服务更加人性化，解除了租客的后顾之忧。

（六）未来发展规划

凹凸出行联合创始人、CEO 陈韦予此前公开表示："汽车即资产的时代结束，汽车即服务（Car as a Service）时代即将来临。当你可以越来越便捷地触达到车辆，汽车将不再是一项资产，而转变成一种服务——可以碎片化购买使用时间，并延展到出行以外的综合类生活服务。凹凸出行正以轻资产 + 物流 + 大数据，致力成为全球领先的虚拟汽车服务商。"

凹凸出行未来将不再局限于租车领域，而是成为一个出行服务平台和虚拟汽车服务商，将发展方向定义为 CaaS（Car as a Service）。业务将延伸至代驾包车、UBI 保险、汽车金融、车后市场、综合生活类服务等领域。2020 年，中国租车市场规模会达到 1000 亿元。[①] 凹凸目前的市场份额占比为 6%，凹凸规划希望未来提升至 30%，达到 300 亿元；出险代步车的市场规模为 150 亿元，凹凸计划占比达到 30% ~40%。

八 首汽约车

（一）公司发展概况

首汽集团成立于 1951 年，早年以服务于中央领导出行、重大政治活动、重大外事活动为主，在转型发展过程中，逐渐形成了客运业、汽车销售维修、加油站、租车四大业务板块。首汽的用车业务多服务于大型央企、政府、外企，在 B 端市场有着深厚的积淀。

2014 年，首汽旗下 6000 多辆出租车受到网约车行业补贴大战的影响，业务遭受较大冲击。公司在 2015 年开启了转型之路，确立了“实业 + 互联网 + 资本”的发展模式，宣布成立首约科技（北京）有限公司。2015 年 9 月首汽约车网约车业务正式上线运营。

经过四年的发展，截至 2019 年 10 月底首汽约车在全国 140 余个城市开展运营。截至目前，首汽约车已经搭建了包含网约车、豪华车、出租车、巴士、国际用车、周边游、企业用车、会务服务等在内的多层次出行生态平台，满足了不同人群、不同场景的商务和个人出行需求。

（二）当前业务

首汽约车用户主要定位于中高端群体，同时面向政府及企业用车需求。平台提供经济型轿车、商务型轿车、商务 7 座、新能源车、中巴、大巴等多种车型，涵盖即时用车、预约用车、多日接送、日租、半日租、接送机等常

① 由罗兰贝格管理咨询公司预测。

规的网约车服务场景。针对有个性用车需求的客户，推出了指定司机、批量用车、代人叫车、多功能车等多样化服务。同时针对有海外用车需求的客户，首汽约车还提供国际用车业务。此外，首汽约车也针对特殊用车场景提供服务，如残疾人、儿童、孕妇等特殊人群等，让每一位用户都能实现“按需出行”。

首汽约车为一些重大活动会议用车提供服务，曾为 G20 杭州峰会、大连夏季达沃斯论坛、厦门金砖会议、青岛上合组织峰会、全国两会、天津残运会等提供车辆服务。

此外，首汽约车还提供网约车服务相关的产业链增值服务，包括拥有“智能驾驶辅助、智能驾驶安全监测、智能乘车安全辅助、AI 语音交互、智能互动娱乐、智能行程管理、智能后台管理”等车载智能硬件，以及与车辆有关的汽车金融、汽车前后市场服务等。

（三）核心能力

首汽约车始终将“安全”和“服务”视为平台安身立命的基础，不断革新服务理念和技术，实现服务升级，将首汽集团引以为豪的“国宾车队”服务标准和管理体系带入网约车时代。平台提出 15 项金牌服务标准。通过平台合规安全认证、承运人责任险、司机合规、无危险驾驶道路等金牌服务标准，将网约车新政落实到位。首汽约车从主动开关车门、提拿行李等细节着手，以严格的标准打造“国宾级”精品车队，希望打造行业服务标杆。

首汽约车还自建技术团队，运用大数据精细化平台运营管理，提升平台匹配出行需求和车辆供给效率，并指导首汽约车的每个城市团队尝试多种运营手段，实现乘客、司机双方体验的持续提升。

（四）合作网络

在出行生态的构建上，首汽约车积极联合行业合作伙伴，牵手百度、高德、美团、携程、飞猪、哈啰、电信、京东、如家等各领域大型知名企业，在这些平台的用车页面能够发现首汽约车的产品。企业间的合作涵盖了员工用车、渠道互接、积分体系联动等诸多方面。

首汽约车还不断发力商旅出行市场，先后与东方航空、海南航空、中国国航、南方航空等知名航司以及中航信、航班管家、航旅纵横、飞常准等商旅服务企业达成合作意向。通过合作，首汽约车为航空乘客解决了出行痛点，为用户提供了“一站式”的商旅出行服务，实现了空中与地面的场景式无缝对接。

除了连接用车需求方，首汽约车还与包括云能投、青岛交运在内的地方交通运输龙头企业开展战略合作，为平台提供更为充分的运力保障。

（五）盈利情况

首汽约车上线四年来，保持年均复合增长率超过200%。在网约车补贴大战的市场环境下，保持平稳增长。2019 年 7 月 10 日，首汽约车宣布在上海和深圳两个城市已率先实现正毛利，并预期在 2019 年末实现公司整体正向毛利。公司预计到 2020 年在收入超百亿元的基础上实现整体盈利。

（六）未来发展规划

首汽约车立足成为“品质出行第一品牌”，始终坚持“让满意成为一种习惯”的服务理念，聚焦于细分领域和场景，以差异化的定位和高品质的服务参与市场竞争。在完成多生态、立体化城市交通服务布局的基础下，首汽约车未来希望全力打造覆盖更全面场景的“一站式”出行平台，为社会提供便捷、高效、智能的出行服务，并通过更多维度的大数据积累、应用、反哺大交通，助力城市大脑的建立，实现智慧城市的跨越式发展。

九　新特汽车

（一）企业概况

新特汽车是一家创业型纯电动汽车制造商，目前已在贵安新区、重庆等地建厂，在北京、杭州、美国硅谷和意大利都灵等地设立了研究中心。

2019 年新特汽车对旗下进行四大战略部署，涉及电动、智能、充电、出行四大领域，新特希望通过四大战略的组合性创新来告别过去单一的汽车销售和生产制造的商业模式。

（二）新特汽车出行业务

2019 年 6 月新特正式推出了旗下出行品牌——新电出行。新电出行将针对不同产品需求，提供定制化的智能网约车系统。新电出行平台的发布标志着新特出行领域的规划。新特汽车 CEO 先越表示，出行平台的推出是为了更好地服务汽车销售，是以服务为核心推出的战略平台。

其实早在 2018 年下半年新特汽车就已经开始布局出行市场，2018 年 12 月，新特汽车“新电出行”平台获得交通部线上系统认证。2019 年 4 月 30 日获得贵安新区牌照；5 月 13 日获得成都牌照，并计划在重庆、杭州、南昌开始地方牌照的认证。新特汽车表示，争取在 2019 年在 100 个城市落地，在 2020 年实现落地城市不低于 150 个。

新电出行目前在四川成都上线了 2000 多辆车，其中 100 辆为自营车辆。根据新特汽车披露的信息，新特汽车网约车已经实现盈利。公司按照合规化思路运营。计划在年底实现 5000 辆车的投放，重点在重庆、贵州和成都。布局出行市场的战略是以点带面，只做有把握的核心市场，如和成都、重庆的政府方面有深度合作，政府非常支持，市场也非常大。

新特进入市场的打法是一种下沉的打法，以成都、贵阳、重庆为核心市场，向其他市场进行渠道下沉，那里的网约车管理远没有北上广那么严苛。并且“农村包围城市”的做法跟大部分的出行品牌形成差异化，对于三、四线城市最大的困难是如何教育市场，让当地消费者接受并习惯用手机打网约车。

新电出行在整个布局的过程当中覆盖了多维度的服务产品，未来新电平台将会以在机场、火车站、客运站等交通枢纽开通网约车、拼车为主，为前往交通枢纽的乘客提供拼车直达线路，实现各交通工具之间的无缝接驳，为用户提供安全、便捷、门到门的“一站式”出行服务体验。在车辆选择上，新特以1:9的比例进行投放，10%的车辆为自有投放，90%的车辆为社会上的或者是合作伙伴加盟的车辆，让其他家也能获得更多的流量。

新电出行不同于滴滴这样的平台，不是搭建一个完整的平台，而是只做中间的两端，重在提供智能化电动汽车出行产品和合规运力。一是产品端，研发智能化的专门针对出行的电动汽车产品；二是依托当地的合作伙伴，解决很多当地的合规运力，现在国家对网约车的管理日渐严格，合规运力要求“四证”齐全。

新电出行通过与各地经销商合作，引导合作伙伴与打车平台进行合作，其中包括提供车、司机、牌照，以完成一个综合型的出行服务。新特建立平台，帮助经销商运营车辆合法化，同时新特的出行平台为司机带来流量。经销商是本地企业，能够拿到牌照，也有市场资源。从卖车到网约车运营是一个生态链，相对以往经销商与用户一次性关联，在经销商+运营模式下实现与用户多次接触。对经销商而言，每次出行也是一种车辆宣传，增加了用户流量。经销商更懂本地用户，到2019年8月，新特汽车80多家经销商中有超过30家参与出行合作。

在成都和重庆，新特成立了融资租赁公司。这意味着该平台的网约车司机不需要自掏腰包花钱换车，每个月向平台支付租金即可，相当于以租代售。

新特汽车线下销售品牌D. BOX正式升级并更名为“新特电家”，并对产品、服务和规模三方面进行了升级：提供除自有产品外的更多产品，打造全新的智慧化管理SaaS运营系统，渠道从三、四线城市向四、五线城市继续拓展。

（三）新特出行业务合作情况

新电出行与美团、携程、高德等平台合作能够导入大量的用户流量。面对市场的激烈竞争，导入客户流量是新电出行作为新的出行品牌得以快速发展的关键，不同的合作商给予支持和帮助，能够助其完成布局，并让出行业务迅速发展。新特“新电出行”是开放式合作的平台，会根据不同市场模式、真实的用户需求以及当地的服务能力，选择不同的合作伙伴，给其一些不同的落地模式。比如与高德、美团的合作分布在各个不同的区域：成都选高德、华东区域很多用美团。

新特积极与传统主机厂进行合作，以实现产品的快速研发，发挥定制化研发优势。2019 年 8 月 26 日，新特汽车发布全新品牌“同创”。未来“同创”品牌旗下全线产品将由新特汽车联合优势传统主机厂共同研发、制造，同时发布旗下首款产品——联合中国一汽共同研发的 A 级电动汽车 MEV100。MEV100 未来主要通过新特汽车旗下出行品牌“新电出行”投向网约车市场，逐步替代 DEV 1 成为网约车主力。接下来，“同创”品牌还将根据新特汽车在代步出行、城际出行、网约出行等市场的不同需求，开发更多车型。

（四）未来规划

未来新电出行规划基于自身的大数据分析能力，连接出行资源，满足不同应用场景的需求。视客流情况及地理区位，分别投放 5 座新能源车及 7 座商务车，形成城际专线拼车、旅游包车电动绿色出行方案。同时提供共享汽车、租包车服务，选配司机、导游等服务，打造旅游出行产品和具有特色的综合性服务。

新特汽车产品规划推出了名为 D · ACE 的产品矩阵。D 包括已上市的 DEV 1 和 DEV Lite。其中 DEV1 面向共享出行市场设计，在车联网、远程控车、T-box 车辆数据共享以及续航里程等方面有专门的开发设计。“A”指 2020 年将上市的新特 AEV，是一辆 3 门 2 ~4 座的完全为出行服务设计的 A00 级微型车。它采用了三门设计和“1 + SPACE”设计理念，前排只有 1 个座椅，副驾驶被移除，后排乘客因此能够获得更大的空间。“C”指 2021 年将发布的一款 A 级车。“E”指 2022 年将发布的一款 A 级 SUV。

十 悟空租车

（一）公司概况

悟空租车是脚印兄弟（北京）信息科技有限责任公司旗下品牌，成立于2014年8月，由5位汽车、互联网及IT行业资深高管、北大/清华MBA同学联合创立。

悟空的定位是做一个全品类预约出行用车平台，满足除即时出行（随叫随到用车）之外的其他所有用车需求，向客户提供短租、长租、包车、婚车、代步车、超级豪车、房车、越野车、自驾游、企业用车等多场景化的出行用车服务，正向着“车多网全、价格不贵、极致便捷、有温度的出行用车服务”的目标不断迈进。

截至目前，悟空租车覆盖全国260多个城市，有12000多个服务网点，机场、高铁品牌形象门店已布局超200个，平台拥有车辆75000多辆，累计用户近千万。

（二）服务模式

悟空租车的目标是做租车领域的“天猫”。悟空租车将业务划分成短租、长租、包车、代步车、自驾游，各种车型、各种价位。悟空租车的平台上提供各式各样的租车“商品”，客户可以根据需求下单。

悟空租车不仅是作为一个平台撮合租车商户和用户之间的交易，还希望赋能给租车企业，如将用户体验标准化、通过管理培训提升租车公司专业化等。赋能包括增加效率、增加客源、降低风险、降低成本四个方面。

在增效率方面，悟空有SaaS系统支撑提供高效的软件服务，有悟空大学输出科学的经营管理方法，更有统一的服务标准来建立完整的服务体系。在增客源方面，由全国同一品牌进行客源导流，有全国加盟伙伴间相互倒流，更有统一的品牌部门进行统一的营销策略推广。在降风险方面，悟空通过大数据进行用户识别筛查高风险人群，有实时监控系统对现有订单进行风险实时把控，更有全国联动追车，帮助同行减少丢车损失。在降成本方面，悟空租车有统一进行的车辆、GPS 等采集，有统一的金融保险服务支持，有统一安排的二手车处置渠道，更有售后等衍生服务对接，以增加规模效应、降低实际的推广成本。

中国目前大概有 2.5 万家中小型租车公司，拥有租赁车辆达到 70 万辆左右。通过赋能存量中小型租车公司，悟空租车走出了一条新的发展路径——“轻资产、重运营”的悟空租车平台高效整合了租赁公司、4S 店、二手车商车源，向客户提供多样化出行服务。同时，通过平台规则引导和强运营打造“车多网全、价格不贵、极致便捷、有温度”的出行用车服务。

（三）产业链延伸

人们对出行的要求不再满足于“走得了”，而是趋于“走得好”。悟空租车根据个人需求打造多元、便捷、舒适、简单的出行服务。

公司创始团队认为租车出行是刚需，对于租车市场非常看好。创始人胡显河认为，汽车租赁还有一个特别大的优点就是能把相关产业链都串联起来。“如果把租赁做好了，单纯只做租车是不够的，一定要往上下产业链布局。租车需要买车，这就涉及汽车金融，有了车之后还涉及保养、维修和二手车等，这些都跟汽车产业链相关。如果将汽车租赁往整个产业链上延伸，市场空间自然就更大了”。

2017 年，悟空租车以云南省作为首个试点省份，上线自驾游业务，通过“租车 + 旅游”的跨界融合打造了国内首个自驾游产业服务平台，为自驾游用户提供包括吃、住、行、游、购、娱在内的“真品质、真自由、真省心”的“一站式”自驾游服务。

在悟空租车 App 上，点开“自驾游”板块，发现多条云南精品路线推荐，有自助自驾和跟团自驾等形式供客户自由搭配，省去了做攻略的麻烦，最好的路线、最好的酒店、心仪的车辆、多重安全保障一步到位，甚至还可以定制化产品、定制化行程，完全让人心动并行动。

据介绍，目前悟空自驾游深度开发了云南省内旅游资源，业务已实现云南省内全覆盖，车队规模达到3000余辆，体验过这些产品和服务的客户都反映不错。

（四）布局预约出行超级平台

2019年8月28日，悟空租车举办5周年庆典活动，正式发布悟空租车全品类预约出行平台，内含长租、豪车、婚车、包车、万能用车等多种出行用车服务。

悟空租车认为未来人们将普遍购买出行用车服务，而非买车。胡显河认为，“10年或20年之后，每个人会有一个出行用车平台的账号，按不同的消费能力，每个月有3000元、5000元或1万元的套餐，走到任何一个城市，任何地方，短期、长期、本地或异地，按需用车，而与车有关的所有麻烦都不用管。车即服务，CaaS（Car as a Service），这就是未来”。

平台，正是悟空租车瞄准的方向。当下预约出行市场存在众多分散主体，却缺乏一个整合平台。因此，悟空租车在经过沉淀和积累之后，正式推出了全品类预约出行平台，志在满足除即时出行（随叫随到用车）之外的其他所有用车需求。

如今的悟空租车可以提供短租、长租、自驾游、包车、保险代步车、以租代购、企业用车等各品类预约出行用车服务，以及经济型、舒适型、豪华型、越野车、超跑、房车、婚车、巴士、皮卡等全品类车型用车服务。

值得一提的是，悟空租车还联手芝麻信用，开启信用免押租车，免除用户押金顾虑；同时提供核心网点3~5公里（部分城市全城）的免费送车服务，辅以租车合同、用车保险和24小时客服，方便用户出行。

悟空租车过去五年也一直致力于中国租车行业的标准化、专业化的赋能，推动全国租赁商户提升服务水平。其中，包括针对平台商户的深度培训，管理标准、运营标准、服务标准的输出，治理行业不合理收费，消除行业不公平规则等。

（五）未来规划

出行领域可以划分为两块：一块是即时出行，另一块是预约出行。

即时出行是随叫随到、短时短途、高频次的出行服务，这块已经有滴滴、高德等大平台在做，但格局仍未定，竞争相当激烈。

预约出行是 1 个小时以上、30 公里以上的提前预订的用车出行服务，是随叫随到用车需求以外的所有用车需求。这块市场非常大，是万亿元级的，包含短途自驾、长租自驾、城际包车、企业用车、自驾游、豪车出租、巴士等需求，目前的市场上并没有出现真正的巨头。悟空租车追求的是便捷的服务，给客户创造价值，目标是做成行业的全球领导品牌。

B.18
国际共享出行企业案例

一　优步（Uber）

（一）Uber 简介

Uber 是一家创业型交通网络公司，公司创始人特拉维斯·卡兰尼克（Travis Kalanick）和加勒特·坎普（Garrett Camp）于 2009 年开发出了一款智能手机应用程序，将出租司机与需要搭车前往城市目的地的人连接起来。目前公司总部位于美国加利福尼亚州旧金山。

（二）Uber 的服务

1. 基础业务

Uber 最初的服务是围绕共享乘车展开的，希望通过公司的服务彻底改变个人出行。在这一阶段公司的服务主要是根据服务的人群提供多元化服务，主要包括内容如表 1 所示。

表 1　Uber 主要业务

服务名称	服务的具体内容
UberBlack	Uber 最早的服务,其中包括豪华车
UberT	潜在的乘客可以在特定的城镇享受官方出租车服务
UberX	是 Uber 价格最低的服务,通常比普通出租车便宜
UberPop	该服务将潜在乘客与 Uber 签订合同并通过背景调查的司机联系起来
UberPOOL	合乘(顺风车)业务
UberMOTO	2016 年 2 月在曼谷推出的低成本摩托车运输服务
UberSUV	配备豪华车的客运服务
UberXL	大型团体的客运服务

目前，Uber 的业务主要是基于最初的共享乘车进行的相关多元化服务，希望可以利用平台重新定义大规模的送餐和物流行业。

2. Uber Eats

2015 年 Uber 推出了这个应用，主要是为用户提供送餐服务。截至 2018 年 12 月 31 日，在 Uber 平台上的 9100 万月独立访问用户中，超过 1500 万人使用过一次 Uber Eats。Uber Eats 目前覆盖了全球 500 个城市的超过 22 万家餐厅。

3. Uber Freight

Uber Freight 为从中小型企业到全球企业的托运人提供服务。自 Uber Freight 于 2017 年 5 月在美国发布以来，已经与超过 3.6 万家承运商签订了合同，这些承运商总共拥有超过 40 万名司机，并为超过 1000 家托运商提供服务。2019 年 3 月，Uber Freight 服务扩展至欧洲市场。

（三）Uber 发展现状

截至 2018 年 12 月 31 日，Uber 已在全球 65 个国家的 600 多个城市提供服务，拥有 9100 万乘客、390 万名司机。

Uber 最大的市场是美国（2018 年 3 月拥有 4180 万用户），第二大市场是巴西，2018 年 3 月，巴西有 1700 万用户使用该应用。英国伦敦是欧洲最大的 Uber 市场，拥有 350 万用户。

Uber 是打车应用领域的先行者。在打车应用领域的竞争对手中，主要包括 Lyft、Grab 和滴滴出行（见表 2）。前者仅在美国市场（以及加拿大的一小部分地区）运营，而滴滴主要在东南亚和中国市场运营。滴滴出行控制着中国 90% 的市场。虽然 Uber 的重点是北美市场，但全球叫车服务市场主要集中在亚洲——ABI Research 的数据显示，2017 年全球 70% 的叫车服务发生在亚洲。Uber 控制着印度 46% 的市场份额——世界第三。

Lyft 是 Uber 在美国真正的直接竞争对手，虽然 lyft 年增长率更快，但是相比于 Uber，仍然是一个规模小得多的企业。

2016 年，Uber 还以 350 亿美元的价格将其中国业务出售给滴滴出行，这使得滴滴出行在网约车市场上有了更强的竞争优势。另外这也使得 Uber 失去了庞大的中国市场。Grab 在 8 个东南亚市场开展业务。2018 年 3 月，Uber 与 Grab 达成协议，将其东南亚业务出售给这家总部位于新加坡的公司，交易金额不详，并持有 Grab 27.5% 的股份。Uber 已表示有意在利润丰厚的巴西市场展开竞争。

表 2　主要出行公司业务比较

项目	Uber	Lyft	Grab	滴滴出行
运营范围	在全世界 65 个国家的 600 多个城市	美国，加拿大	东南亚	中国、巴西、日本、墨西哥、澳大利亚
成立年份	2009	2012	2012	2012
成立地点	美国加利福尼亚州	美国加利福尼亚州	新加坡	中国北京
用户（万）	9100	3070	3600	55000
司机（万名）	390	190	260	2100

（四）Uber 自动驾驶业务

Uber 在自动驾驶汽车研究上投入了大量资金。Uber 最初于 2015 年进入该领域，主要与匹兹堡卡内基·梅隆大学（Carnegie Mellon University）合作。此后，100 名实验室研究人员中有 40 名跳槽加入了 Uber 的先进技术团队。据估计，Uber 每个季度向自动驾驶汽车研究投入 1.25 亿～1.5 亿美元，总投资至少为 20 亿美元。其中丰田在 2018 年 8 月向 Uber 投资 5 亿美元共同发展这项技术。

Uber 的自动驾驶汽车研究经历了很多曲折。Uber 受邀在亚利桑那州测试其汽车，2018 年 3 月，一辆自动驾驶汽车在西南部的亚利桑那州不幸撞死一名路人。公司撤销了在亚利桑那州进行测试的许可证，并推迟了在加州重新申请新的许可证的时间。几个月后，该公司宣布重返匹兹堡测试，不过车辆仍在手动控制之下，车队规模也有所缩减。

2017～2018 年公司卷入一场与 Waymo 的知识产权纠纷。人们发现，

Uber 使用的电路板与 Waymo 生产的电路板惊人地相似，Waymo 赢得了 Uber 近 2.45 亿美元的股权。

（五）Uber 盈利状况

下面主要从 Uber 的收入和成本两个模块来分析 Uber 的盈利状况。

根据 Uber 的招股说明书，Uber 的收入来源主要包括网约车业务（Ridesharing）和外卖业务（Uber Eats）。

首先，Uber 在网约车模块的商业模式主要是通过搭建“一站式”出行平台，连接用户与闲置车，实时更新双方的位置信息，撮合双方达成交易，其商业模式本质为出行服务的双向交易平台。公司抽取车费的 15% ~25% 作为佣金收入。

通过对 Uber 网约车商业模式的了解，可以得出在网约车模块其主要的收入来源于抽取车费的部分作为佣金收入。在 Uber 的整体收入中，网约车服务是营收的主要来源，占总营收的 83% 左右。2018 年网约车业务收入增至 92 亿美元，相较于 2017 年，增长幅度为 33%。2017 年网约车服务收入增至 69 亿美元，相较于 2016 年增幅达到 95%。但网约车行业竞争越来越激烈，在世界各地都有完善的低成本替代品，且不同平台之间的切换成本非常低，Uber 业务和财务状况受到不利影响。

表 3　收入结构

单位：百万美元，%

项目	2016 年	2017 年	2018 年	2016 ~2017 年增长幅度	2017 ~2018 增长幅度
出行收入	3535	6888	9182	95	33
Uber Eats	103	587	1460	470	149
其他服务	206	390	255	89	(35)
平台收入总计	3844	7865	10897	105	39

基于总订餐量，Uber Eats 已成长为中国以外全球最大的外卖平台。2018 年外卖收入为 15 亿美元，相较于 2017 年增长幅度达到 149%，占

Uber 总收入的 10% 左右。Uber Eats 对 Uber 的最终价值并不仅仅是作为公司潜在的利润中心，它还将 Uber 带入进化的过程，让 Uber 不仅仅是车软件公司。

Uber 未单独披露货运业务收益，将网约车收益和外卖收益以外的收入列入其他业务收益中。其他收益在 2016 年为 100 万美元，2017 年为 6700 万美元，2018 年为 3.73 亿美元。该项收益的大幅增加主要与 Uber 货运业务的扩张有关。

Uber 的成本和支出主要包括折旧和摊销后的收入成本、运营和支持支出、销售和营销支出、研发支出、一般性支出和行政支出、折旧和摊销费用。其中，折旧和摊销后收入成本、销售和营销支出相对较大。

折旧和摊销后收入成本：2016 年为 22 亿美元，2017 年为 42 亿美元，2018 年为 56 亿美元（见表 4）。该部分成本增长主要有两个原因：一是网约车保险费用增加，二是 Uber 增加了对司机奖励的比例。

销售和营销支出：相较于 2017 年，2018 年该项费用的支出增加了 6.27 亿美元。相较于 2016 年，2017 年该项费用的支出增加了 9.3 亿美元。该项支出主要用于平台吸引新客户、增强客户黏性。因此，Uber 提升了营销人员比例，增加了广告投放和市场开拓方面的支出，增加了客户订单金额的折扣和返还。

表 4　Uber 成本结构

单位：百万美元

项目	2016 年	2017 年	2018 年
收入成本，不包括折旧和摊销	2228	4160	5623
运营和支持支出	881	1354	1516
销售和营销支出	1594	2524	3151
研发支出	864	1201	1505
一般性支出和行政支出	981	2263	2082
折旧和摊销费用	320	510	426

从 Uber 2016 ~ 2018 年的净利润状况看，2016 ~ 2017 年，Uber 的盈利状况非常不佳，这样的巨额亏损背后一定有强大的资金支持，结合 Uber 的融资情况，Uber 在 2016 ~ 2017 年获得了大量的融资，尤其是 2017 年获得了 90 亿美元的融资。Uber 之所以能够在持续亏损的状态下能“体面”的运营，都是因为这些融资的支持。但从 Uber 披露的报表来看，Uber 似乎在 2018 年已扭亏为盈（见表 5），但这与 Uber 在俄罗斯与东南亚分别将相关业务割让给 Yandex Taxi 和 Grab 有关。倘若利润表去掉这两笔，Uber 2018 年的净亏损达到 42 亿美元。换言之，Uber 在 2018 年不仅未扭亏为盈，反而亏损面有进一步扩大之势。

表 5　2016 ~ 2018 年 Uber 净利润

单位：亿美元

项目	2016 年	2017 年	2018 年
净利润	-3.700	-40.33	9.870

资料来源：Uber 招股说明书。

另外，Uber 在招股说明书中提到将会继续投资，以便增加司机、消费者、餐馆、托运人和运营商的数量。平台通过激励、折扣和促销在现有市场或新市场中扩张，增加研发费用，投资 ATG 和其他技术计划，扩大营销渠道和运营，并会在平台上添加新的产品。这些预计仍可能会让 Uber 在短时间内难以实现盈利。

Uber 于 2019 年 5 月开启 IPO，紧追竞争对手 Lyft 的脚步，Uber 上市可能成为科技行业规模最大的 IPO 之一。3 月 1 日，Uber 的竞争对手 Lyft 正式向美国证监会递交 IPO 申请，试图抢在 Uber 之前，成为美国第一家上市网约车服务商以及 2019 年第一家上市的“独角兽”。

Uber 和 Lyft 在美国网约车市场上一直处于竞争状态。在市场份额上，过去 Uber 长期占据绝对优势地位，但由于在过去几年中不断爆发的丑闻导致企业形象受损，使 Lyft 获得了许多风险投资公司的支持。

2019 年 5 月 10 日，Uber 终于正式敲钟上市。受到其竞争对手 Lyft 上市后股票下跌超25%的影响，Uber将最终发行价定为每股45美元（位于区间下限），远低于公众预期。即便如此，Uber在上市当天开盘即破发。开盘价42美元，低于每股45美元的发行价，并在盘后继续下跌了近8%。原本发行价定价就在指导区间为44~50美元的下限，预计市值为824亿美元，远低于早期1200亿美元的IPO估值。这一定价会让早期投资Uber的股东获得超过3000倍的投资收益，也会让后期投资者基本赚不到钱。①

上市两个多月的Uber，并未迎来想象中的平稳。7月30日，Uber高管宣布，将在全球裁员400人。本次裁员将主要集中在Uber的市场营销部门，约占其营销团队全球员工的1/4。目前Uber全球总员工数约2.5万名，此次裁员占比超过1%。除了裁员之外，Uber的高层结构也在持续动荡。

（六）Uber的监管问题

1. Uber在英国的监管问题

英国伦敦作为Uber在欧洲的最大市场之一，相较于其他地区而言对网约车这一创新抱有较高的开放度与包容度。

自2012年Uber进入伦敦交通市场起，出租车业便开始对作为监管机构的伦敦交通局进行游说，要求Uber受到同等的法律约束。2014年，伦敦出租车反对Uber政治游说的步伐加快，宣称Uber违反《约租车法案（伦敦）》中对于计价器的规定，在伦敦市中心封锁街道进行抗议。2015年10月16日，高等法院判定网约车司机所使用的智能手机应用有别于出租车计价器，并没有违反法规。这一判决使Uber赢得了关键的法律支持，扫除了Uber发展过程中的一项法律障碍（见图1）。

网约车的许多竞争优势使出租车业的地位遭受威胁，在法律战失败后，伦敦交通局针对Uber制定了一系列新规以制约网约车的发展，如限制拼车、禁止运营商通过应用程序显示可立即预约的车辆、要求司机接单和接到乘客之间需有五分钟间隔等。针对五分钟间隔的提议，伦敦交通局表示此举是为

---

① 资料来源于快资讯，Uber IPO表明，科技公司上市为后期投资者带来的回报变少。

了鼓励司机规划合适的路线，以缓解约租车辆增多所引起的拥堵、非法停车、空气污染等问题。

Uber 英国公司表示，这些提议实则是在缓解出租车业所面临的竞争压力，而并不能提升乘客的出行体验，同时对五分钟间隔的提议表示强烈反对，因为此举会使伦敦的每一位 Uber 司机每年损失 1000 英镑，对伦敦的经济发展而言是一个巨大的错误。为此，Uber 展开了激烈的游说活动以赢得公众和商业组织的支持，呼吁政府对创新进行鼓励而非制约。英国企业董事协会也出面支持 Uber，在 Uber 的游说所制造的公众舆论压力下，伦敦交通局最终取消了对 Uber 的制约提议。

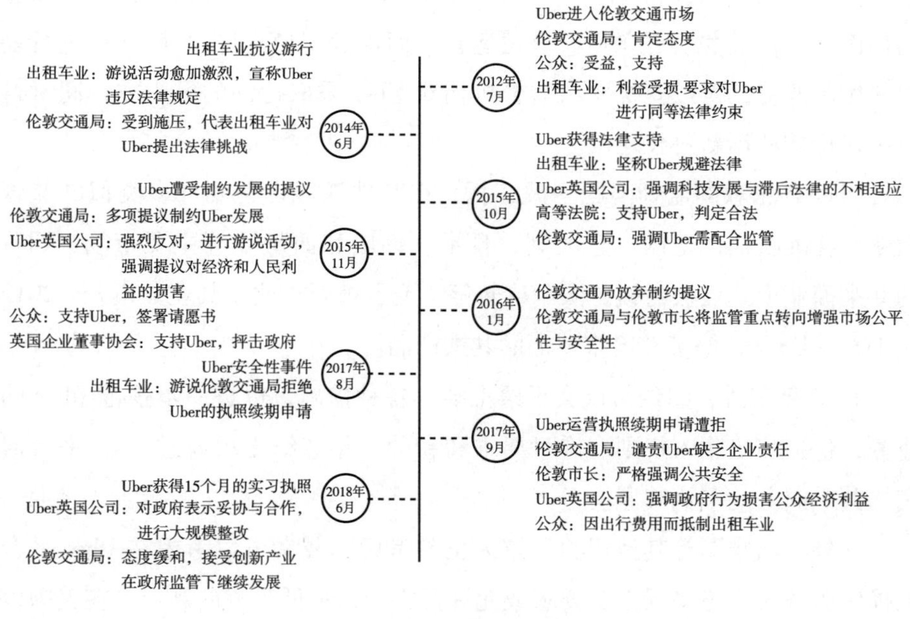

图 1 Uber 在英国的发展与监管重要事件

资料来源：张米宁：《网约车的发展与监管：英国伦敦 Uber 的案例研究》，《电子政务》2019 年第 6 期。

网约车平台的安全性问题一直是各界关注的重点，2017 年发生的一起性侵事件使 Uber 在伦敦的发展面临前所未有的困境。Uber 未能做到正确处理乘客对网约车司机的举报。面对这一事件，伦敦出租车业再度对伦敦交通局进行了数月的游说，呼吁抵制 Uber，并拒绝 Uber 于 2017 年 9 月的执照续期请求。伦敦交通局表示，Uber 将公司名誉置于公共安全之上，拒绝了 Uber 更新执照的申请。Uber 面对这一局面立刻表示将采取行动重获执照，并声称伦敦交通局的决定剥夺了伦敦市民选择便捷实惠的交通方式的权利，增加了市民的出行费用，并由此引起了人们的共鸣与激愤，社交网络上出现了对吊销 Uber 执照的反对意见以及抵制伦敦出租车的热潮。在引起舆论压力后，Uber 又对伦敦交通局进行了妥协。Uber 的首席执行长向伦敦市民道歉，表示愿意与当局合作。Uber 对其商业行为进行大规模整改。经过大规模改革以及在英国任命新的管理层以确保完全遵守规定后，Uber 最终获得了 15 个月的实习执照。在这一判决中，Uber 与伦敦交通局实则达成了双赢的局面。Uber 得以在伦敦继续合法运营，而伦敦交通局已迫使 Uber 进行妥协并做出改变，得以安抚要求监管机构对 Uber 采取行动的另一方，同时得以确保伦敦的创新科技地位。

Uber 在伦敦的监管问题一波三折，在其他地区也遇到许多类似的监管问题。在阿根廷、德国、意大利、日本、韩国和西班牙等主要市场，Uber 的共乘商业模式已被封锁、限制或暂停，或者被要求改变其业务模式。2019 年 1 月，Uber 暂停了在巴塞罗那的共乘产品。

2018 年 8 月，纽约市议会投票批准了各种措施，以进一步规范 Uber 的业务，包括司机收入规则、许可要求和新的一年冻结出租通过 Uber 平台启用的共乘服务的车辆牌照。

此外，西雅图等其他司法管辖区也曾考虑过或者可以考虑在 Uber 平台上提供服务时实施最低工资要求或允许司机谈判最低工资的规定。在美国以外的国家正在考虑或已经颁布了类似的立法或监管举措。如果其他司法管辖区实施类似的规定，Uber 业务增长可能会受到不利影响。由于 Uber 这种共享经济形式属于新兴事物，目前各国针对这一问题的相关法律还未完善，这对 Uber 来说既是机遇也是挑战。

2. Uber 在司机方面面临的挑战

2019 年，法国针对 Uber 与司机的劳动关系做出裁判。法国的一份判决认为，移动出行司机有很大概率可以享受雇员待遇。另一份判决认为，Take Eat Easy 公司的自行车快递员应享受雇员待遇。司机及其律师援引这份判决认为移动出行司机应当按照同样的方式进行分类管理。[①]

2019 年，美国国家劳动关系委员会总法律顾问办公室发布的一份建议备忘录指出，Uber 平台上的司机为独立承包商（independent contractor），而非雇员（employee）。备忘录指出，司机几乎可以完全控制自己的汽车、工作时间和工作地点，而且可以为竞争对手工作，具有极高的自由度，平台也为他们提供了重要的创业机会，符合独立承包商标准。备忘录表示，该意见将对未决案件中的公司产生重大影响，并将使 Uber 等共享经济和零工经济行业的工作者免于适用《公平劳工标准法案》。备忘录提出的观点适应了共享经济和零工经济等新经济业态，有利于建立更符合未来发展趋势的工作关系，保障个人工作选择的自由性和灵活性。[②]

在澳大利亚也发生了相似的情况，经过为期两年的调查，澳大利亚公平就业监察专员署（FWO）裁定，Uber 与司机之间是独立承包商，而不是传统的雇佣关系。FWO 的调查范围包括司机与平台之间的合同、注册和注销记录、司机和平台的访谈以及相关财务文件等。经调查，FWO 发现，Uber 司机可以自由控制自己的工作时间，且没有任何正式或运营方面的工作义务。目前，FWO 的裁定结果仅适用于 Uber 及其司机。[③]

对此，Uber 首席执行官 Dara Khosrowshahi、Lyft 联合创始人 Logan Green 和 John Zimmer 在《旧金山纪事报》上发表了一篇联合评论文章。文章提到，司机重视作为独立承包商带来的灵活性和自由度，而加州不应强迫他们归类为雇员。文章强调，平台公司有机会与立法者和劳工组织合作，找到替代性解决方案，在提高司机工作质量和安全的同时，保留他们选择独立工作的自由和能力。文章建议，即便司机被归类为独立承包商，平台公司仍然可以保

① Inline Policy，https：//www.inlinepolicy.com/blog/top－3－on－demand－mobility－stories－in－europe－21－dec－2018.

② 资料来源于滴滴发展研究院《全球共享出行发展动态》。

③ Financial Times，ZDNet.

障司机在接单期间享受最低工资待遇，并建立司机协会，发挥协同作用。①

3. Uber 在出行服务方面的政策

2019 年，菲律宾监管机构增加掀背车和超小型车作为共享出行营运车辆。菲律宾交通部发布了第 2019－013 号法令，规定可以登记为交通网络车辆服务的汽车类型。交通部表示，该政策旨在促进并识别能够满足对交通运输服务大量需求的新型运输工具。出于安全考虑，陆路交通运输特许经营和监管委员会最初对掀背车作为共享出行车辆运营设置了三年过渡期的限制，过渡期内掀背车仅可以接单马尼拉大都会区作为目的地的行程，并且价格必须低于其他车辆。新政策推行后，掀背车和超小型车可以提高价格。②

捷克、斯洛伐克两国拟针对出行服务制定新的监管政策。2019 年，Taxify 在捷克的新监管政策出台之前，将停止四个省会城市的服务。捷克政府拟通过修订道路交通运输法规废除提供城市出行服务的汽车必须安装出租车计价器的义务。斯洛伐克对道路交通法律做出了同样的修订，并将于 2019 年 4 月生效。

近年来，新加坡政府出台大量政策，鼓励共享汽车、共享单车、电动滑板车的发展，以对可能到来的无人驾驶进行试验。印度尼西亚的 Go-Jek 近期进入新加坡市场，并准备将服务扩展至新加坡全岛，与刚刚并购 Uber 东南亚业务的 Grab 进行正面竞争。针对蓬勃发展的出行市场，淡马锡和谷歌联合进行的研究表明，在东南亚，每月有 3500 万人使用共享出行服务，每天在超过 500 个城市有 800 万单。研究预计，东南亚出行市场将于 2025 年达到 300 亿美元，全球出行市场将于 2025 年达到 2400 亿美元。新加坡陆路交通管理局正在审查新的共享出行监管框架，以确保市场保持开放、活力和竞争力。新加坡日前出台一项计划，旨在大力发展自动驾驶以弥补公共交通的不足，从而创建新型高科技公共交通方式，计划将自动驾驶作为一种必需品而非奢侈品。③

---

① Los Angeles Times.

② BusinessWorld.

③ Inline Policy，https：//www. inlinepolicy. com/blog/top－3－on－demand－mobility－stories－in－europe－21－dec－2018.

二 丰田汽车（Toyota Moter）

（一）企业简介

丰田汽车公司是全球规模最大、利润最丰厚的汽车制造商之一，也是一家有着悠久历史、作风严谨的企业。如今，汽车产业迎来了百年变革的洪流。面对这次变革，丰田汽车创始人之孙丰田章男直言最担心的恐怕是跨界威胁。丰田前高管 Hiroyoshi Yoshiki 指出，“在自己的地盘上，你可能很强大。但是，如果一个不在意料之内的企业从另外一个领域开辟了一个入口，然后，旧时规则下的强者，就很容易被击败了”。

其实丰田涉足自动驾驶，比谷歌还要早，20 世纪 90 年代在自动驾驶技术上属于行业领先。但在后来的发展中，丰田章男坚持认为自动驾驶技术在未来只是起到对驾驶员驾车的辅助作用，并在丰田谨慎保守的行事作风影响下，未将其提升到战略高度上重点对待，导致反应过来的时候已经被竞争对手远超。

2017 年 11 月 30 日，丰田章男在公司上下发出了极其严厉的警告，称整个汽车产业正经历百年一遇的重大变革，丰田必须紧急行动起来为未来而战，一刻都不能耽误，这不是关于输赢的行动，而是丰田生死存亡的抉择时刻。这显示出丰田不成功便成仁的决心和这家巨头在转型期所遭受的巨大压力。

2018 年 1 月拉斯维加斯的国际电子消费品展（CES）上，丰田章男正式宣布，他将带领这家全球最盈利的汽车厂商转向一家移动服务公司，丰田的竞争对手也将转变为 Google、苹果和 Facebook 等科技类巨头。

（二）出行布局

对于未来，丰田将不再在销量上与竞争对手“缠斗”，而是将建立一种“联系”，一种丰田与上游的合作企业以及下游的有车辆使用需求的消费者之间的“联系”，并将其作为企业首要任务。而这种“联系”的指向就是未来的出行方式。

丰田对于 mass（移动出行难服务）的布局如图 2、表 6 所示。

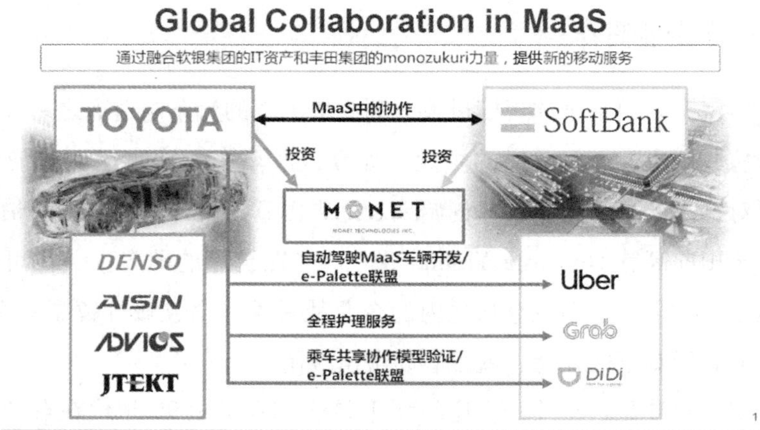

图 2　丰田移动出行布局

丰田积极参与出行服务并对相关领域进行投资，并定位了未来出行业态——发布 e-Palette，成立移动服务公司 MONET 并构建未来出行联盟。此外，丰田还对未来出行的汽车阵容做出了构想。

表 6　未来用于 MaaS 的车型

项目	e-Palette 	MaaS Sienna 	MaaS BEV 
用途	多任务短途运输(人/货)	中长距离的汽车共享	中短距离的汽车共享
投放市场时间	2020 年东京奥运会	2021 年	—
动力	BEV	HEV	BEV
尺寸	大	中	小

1. 积极参与出行服务并对相关领域进行投资

2012 年 10 月，由丰田与日本国土交通省共同合作，取名 Ha：mo，意为

“和谐交通网络”。Ha：mo是丰田开发的可将私家车和公共交通高效整合的互联交通网络系统，可以提供最便捷的出行路径导航，并实现分时共享租赁服务。

2016年5月丰田战略投资打车应用Uber。此次丰田的投资不大，主要目的是获悉消费者是如何使用拼车服务的。此后于2018年8月丰田再次向Uber投资5亿美元，联合推动无人驾驶打车服务。

2016年10月，丰田用1000万美元投资美国私人汽车共享服务公司Getaround。Getaround从2013年开始在旧金山、芝加哥、华盛顿特区和其他美国城市提供私人汽车共享服务。丰田于2018年8月进一步投资Getaround。

2017年初，丰田与一家小型初创公司合作推出混合动力汽车共享服务（YUKÕ），并在爱尔兰都柏林市与意大利弗利市开始运营。YUKÕ汽车共享服务在技术上并没有新的突破，“对于汽车共享服务，最关键的不是一有新技术就进行配备，而是了解用户真正需要的是什么并提供给他们”。丰田表示，“通过过去几年的经验积累，我们对如何在欧洲城市提供汽车共享服务有了更好的理解”。

2017年8月，丰田投资东南亚打车服务平台Grab，并在该项目执行期间在100辆Grab租车上安装TransLog，以便分析驾驶模式以及提供更好的网约车服务。Grab将得到丰田共享车队中100辆丰田车的驾驶数据，而后丰田的数据分析结果将同时用于增强自身的连接服务以及Grab的平台服务。

2018年6月，丰田投资Grab 10亿美元，希望通过这家共享出行公司实现两个布局：一是在共享车领域能够占领生产优势地位，在Grab提供服务的过程中会更多地用到丰田的车，通过共享服务商打开销路。二是想抓住保险和售后市场。由于Grab是东南亚知名的共享服务商，丰田希望通过这家公司能够帮助其形成垄断地位，不论是在共享车的车辆提供方面还是在占领用户心智方面。

2019年7月25日，丰田汽车宣布将与滴滴出行在智能出行服务领域展开合作，丰田汽车会向滴滴出行投资6亿美元。

2. 构建 e-Palette

在 2018 年 1 月拉斯维加斯的国际电子消费品展（CES）上，丰田发布了 e-Palette 多功能出行平台，标志着丰田正式向出行服务商转型。

e-Palette 是应用了电动化、互联化、自动驾驶等先进技术的 MaaS 专用新一代电动汽车，适用于移动、物流、产品销售等各类服务场景，从而为人们的日常生活提供全新移动解决方案。同时丰田发起成立了 e-Palette 联盟，合作伙伴包括滴滴出行、亚马逊、必胜客、马自达等。

丰田 e-Palette Concept 的开发以商业用途为导向，以电气化、互联科技、自动驾驶为基础，并可依据使用者的需求，自由变更车辆内装的设计，预计 2020 年起将在美国展开，并扩展至各区域的自动驾驶电动车服务验证。丰田预计将在同年的东京奥运会上使用搭载部分自动驾驶技术的车辆。

e-Palette Concept 可依据乘载需求不同，提供有 4 ~ 7 米等三种长度车型的选择，而 e-Palette Concept 低底盘、厢型、无车柱的宽敞空间设计，可提供共乘共享、配送快递、移动办公室、娱乐场所、餐饮服务等，依据业者的需求进行置换，以满足不同消费者的各种需求，提供无限的使用可能性。

图 3　e-Palette Concept 概念

e-Palette Concept 将采用全新构筑的 MSPF 系统打造。MSPF 是一个整合了丰田到目前为止在分享乘车等领域与出行服务公司合作时开发或提供的诸如车辆管理系统以及汽车租赁程序这样的独立功能的平台。

e-Palette Concept 可通过 MSPF 将车辆使用的资讯数据回传至丰田大数据中心。借此，丰田更能让使用业者有所依据，并按照需求不同，选择专属的自动驾驶系统。此外，MSPF 的 OTA 无线通信科技，还能让 e-Palette Concept 的自动驾驶系统软件随时保持最新状态。e-Palette Concept 的车辆资讯数据将储存在 TBDC 大数据中心，按照车辆的资讯数据，可提供车辆租赁、保险等融资服务，甚至车辆的保修资讯也能提供。

3. 组建 MONET 联盟

2018 年 10 月初，丰田汽车和软银集团合资成立 MONET 出行服务公司，共同投资 20 亿日元。2019 年 2 月 1 日丰田和软银已完成对其合资企业 MONET 的投资，并开始全面运营。

MONET 是 Mobility Network（移动网络）的简写，表示服务是在途中进行着的。

MONET 主要把丰田汽车信息平台 MSPF 和软银数据收集分析平台 IoT Platform 结合起来，将车和人的各种数据结合起来，实现供需的最优化，并推出新的 MaaS 业务，解决出行相关的社会问题以及创造新的价值，称为 Autono-MaaS。

具体而言，MONET 的主要业务领域如下：（1）按需移动服务。（2）数据分析服务。（3）Autono-MaaS。

企业将首先推出按需移动服务。“Autono-MaaS”是将“自动驾驶汽车”与“移动即服务（MaaS）”相结合而创造的新词。它描述了使用丰田提供的自动驾驶汽车的移动服务。

在第一阶段，MONET 计划为日本各地的当地公共机构和私营公司推出及时的车辆调度服务。这些服务包括通过区域合作伙伴关系和公司班车的按需运输，并根据用户需求提供。

到 21 世纪 20 年代后半期，MONET 计划推出 Autono-MaaS（自动移动即

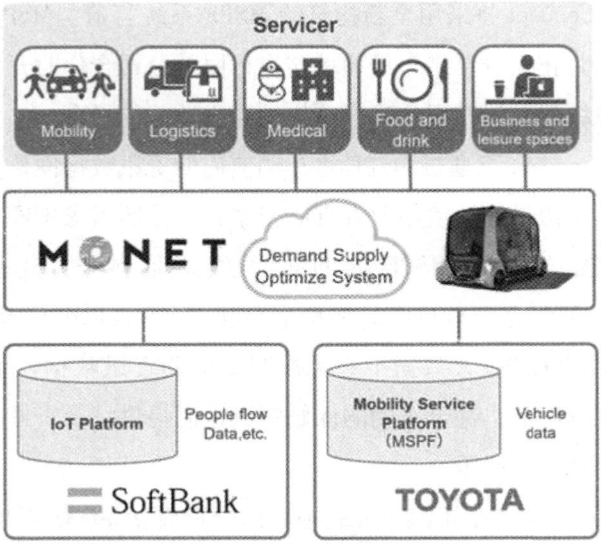

图 4　MONET 的商业模式

服务)，可适用于各种用途，包括移动、物流和销售。可能性包括以需求为导向的即时移动服务，如在移动中准备食物的送餐车辆、可以进行船上医疗检查的医院班车、移动办公室等。

目前，已有 88 家公司同意加入该财团，其中包括可口可乐灌装企业日本公司、三得利控股有限公司、东日本铁路公司、飞利浦日本公司、三菱地产和雅虎日本公司。

丰田汽车预计，未来的交通服务将包括班车大小的车队、多用途自动驾驶车辆，就像按照使用收费的移动餐厅和酒店。此后，日本汽车制造商马自达、铃木、斯巴鲁、大发以及五十铃将加入由丰田和软银成立的合资企业 MONET。

附　录

B.19
大事记

一　网约车发展大事记

2018年

2月26日　交通运输部办公厅印发《网络预约出租汽车监管信息交互平台运行管理办法》。该文件的发布，表明我国对网约车领域监管信息交互平台的数据传输、运行维护、数据质量测评等工作进行了统一规范，也标志着我国对网约车平台的数据监管进入有据可依时代。

4月11日　芜湖市启动对网约车细则的修改，拟放宽网约车市场门槛，剔除不利于市场公平竞争的相关条款，在全国率先拉平网约车和巡游车的准入门槛。

4月24日　滴滴出行和31家汽车产业链企业发起成立“洪流联盟”，联盟以开放和赋能为核心，与汽车全产业链合作，共建汽车运营商平台，推进新能源化、智能化、共享化的产业发展，协力建设面向未来出行用户与车主的服务平台。

5月14日 交通运输部印发《出租汽车服务质量信誉考核办法》。该考核办法是对2011年印发的《出租汽车服务质量信誉考核办法（试行）》的修订，即直接将网约车纳入原来的出租车考核管理办法。根据《国务院办公厅关于深化改革推进出租汽车行业健康发展的指导意见》的要求，要统筹发展巡游出租汽车和网络预约出租汽车，实行错位发展和差异化经营，为社会公众提供品质化、多样化的运输服务。

6月5日 交通运输部、中央网信办、工业和信息化部、公安部、中国人民银行、税务总局和国家市场监督管理总局等七部门，联合印发《关于加强网络预约出租汽车行业事中事后联合监管有关工作的通知》。该通知是在网约车业态迅猛发展且行业发展逐渐暴露出一些问题的情况下制定发布的，多部门的联合发文契合了数字经济时代新业态监管的复杂性需求，是跨部门协同监管的一次积极尝试。

受到两次顺风车事件的影响，以及全国舆论的批评，滴滴平台开始进行业务自查，并从2018年8月27日起正式无限期下线顺风车业务。继滴滴之后，高德、嘀嗒等其他平台也跟进，相继下线自查或直接取消顺风车业务。至今为止，滴滴平台仍未恢复顺风车业务。

8月28日 国家发展改革委、交通运输部、公安部三部门联合印发《关于开展交通出行领域严重失信行为专项治理工作的通知》。该文件是推进落实国家信用体系建设的重要组成部分，将网约车企业和驾驶人均纳入交通出行领域的失信行为治理工作，标志着对网约车领域的信用惩戒已经有法可依，有助于促进网约车行业的优胜劣汰与长久健康发展。

8月31日 交通运输新业态协同监管部际联席会议召开第二次会议，决定自9月5日起，在全国范围内对所有网约车顺风车平台公司开展进驻式全面检查。自9月5日起，由交通运输部、中央网信办、公安部等多部门组成的安全专项工作检查组，陆续进驻滴滴出行、首汽约车、神州专车、曹操专车、易到用车、美团出行、嘀嗒出行、高德等网约车和顺风车平台公司，开展安全专项检查。

9 月 11 日 交通运输部和公安部联合发布《关于进一步加强网络预约出租汽车和私人小客车合乘安全管理的紧急通知》，要求自即日起至 12 月 31 日，在全国范围组织开展打击非法从事出租汽车经营的专项整治行动。

9 月 20 日 中国司法大数据研究院发布《网络约车与传统出租车服务过程中犯罪情况》专题报告，数据显示，2017 年全年，全国各级人民法院一审结案的被告为网络约车司机在提供服务过程中实施犯罪的案件，每万人案发率为 0. 048。

9 月 22 日 北京公交集团 9 月 22 日推出“网约公交车”，向乘客提供定制化、“准门到门”的公交出行服务，

11 月 22 日 宝马出行服务有限公司（简称“宝马出行”）获成都网约车牌照，将于 12 月 14 日开始运营网约车业务。

11 月 28 日 江淮与大众汽车、西雅特三方成立合资公司，计划在中国启动出行移动新模式的探索。

12 月 18 日 滴滴针对有关部门的检查工作，正式公布了《安全管理整改方案》，从加强顺风车安全管理、落实安全生产主体责任、全面依法合规、提高应急处置能力、落实社会稳定和综合治理主体责任、加强公共安全问题治理、提升互联网信息安全管理水平等 7 个方面提出了 27 项具体整改措施。

2019年

1 月 15 日 交通部发布了关于 2019 年交通运输安全生产工作要点的通知，提到要加快网约车合规化进程。

3 月 14 日 滴滴出行在大连推出橘子出租车，快车也可以接出租车单，标志着互联网平台企业的服务领域向传统巡游出租车进一步延伸。

5 月 8 日 永安行发布公告称已取得网约车经营许可证，且具备全国范围内线上服务的能力

6 月 1 日 大庆市由“办证”改“备案”。经过一年的探索，自 6 月起，大庆市从为网约车办理营运证，改为对网约车进行电子备案登记。该方案大

大降低了网约车司机的办证难度，同时也解决了因运营成本增加，司机不愿主动办证而导致的合规难等问题。

6月26日 由广汽集团、腾讯、广州公交集团、滴滴出行等共同投资的创新移动出行业务“如祺出行”在广州正式上线试运营，投资总额10亿元。

7月15日 滴滴出行宣布正式推出网约车开放平台，开放平台将向第三方出行服务商开放。

7月18日 全国首个网约车地方标准在厦门发布。该标准涵盖了运营条件、服务规范、运营管理、信息安全、安全与应急、监督管理六个部分的细则。

7月22日 由一汽、东风、长安三家车企联合苏宁、腾讯、阿里巴巴等共同打造的智慧出行平台——T3出行正式在南京上线。

7月31日 交通运输部印发《数字交通发展规划纲要》。7月31日，交通运输部在《数字交通发展规划纲要》中明确提出，到2025年，第五代移动通信（5G）等公网和新一代卫星通信系统初步实现行业应用。要将新技术融入应用到网约车、分时租赁等城市出行新业态。届时，智能网联汽车行业的发展环境得到完善，5G技术高速率、大容量、低延时的特点将支撑人、车、路、网的实时信息交互，大大降低了行车风险，提高运力调度效率，网约车的出行服务能力将得到进一步的提升。

8月8日 《国务院办公厅关于促进平台经济规范健康发展的指导意见》发布。在关于网约车平台治理方面提出，要优化完善市场准入条件，降低企业合规成本，督促有关地方评估政策落实情况。此次指导意见的提出，为各地对网约车采取量身定制的监管模式提供了政策支持，将进一步推动网约车领域的合规化进程。

二 分时租赁发展大事记

2018年

1月19日 神州租车正式对外宣布，将进军分时租赁。3月，神州租车分时租赁 iCAR 在北上广深正式上线，价格为“0 元起步 + 0.19 元/分钟 + 0.99 元/公里”。

2 月 15 日 携程宣布正式上线共享租车业务，计划欲借助租车业务，直接切入汽车分时租赁场景。

2 月 17 日 美国汽车 P2P 分时租赁 Getaround 宣布成功获得 4500 万美元 C 轮融资，此轮投资由 Braemar Energy Ventures 领投，同时日本丰田汽车、中国上海汽车、Asset Plus Enterprises、Menlo Ventures 和 Triangle Peak Partners 跟投。

3 月 29 日 宝马和戴姆勒正式对外发布公告。该公告显示，双方将以 50:50 的股比合资成立一家新公司。该公司一方面将整合戴姆勒旗下分时租车业务 Car2Go 和宝马旗下分时租车业务 DriveNow，另一方面还将把双方打车、停车及充电服务等移动出行相关业务进行整体打包，如宝马即时充电业务 ChargeNow，戴姆勒共享出行软件平台 Moovel 等。

6 月 21 日 曾被誉为“全球创举”的巴黎共享电动汽车 AUTOLIB’因长期亏损而难以为继，正式宣告停运。

9 月 9 日 共享汽车公司“途歌”（TOGO）被传出现资金问题，恐面临倒闭，并已撤出南京地区。

10 月 10 日 滴滴共享汽车在宁波上线，初期 90 余个运营网点，车型统一为雪佛兰赛欧常规能源车，采用指定停车场还车的方式，尚不支持跨城还车。

11 月 5 日 海南省交通厅、公安厅、住建厅等单位联合印发《关于鼓励纯电动小客车分时租赁行业健康发展的若干意见（试行)》，以推进纯电动小客车分时租赁健康规范有序发展，满足民众多样化出行需求。

11 月 5 日 百度世界大会上，百度 Apollo 宣布 2019 年将与盼达用车开启 Valet Parking 规模化商业运营。搭载了 Valet Parking 技术的自动驾驶是目前业界看来自动驾驶技术能够最先落地并大规模实际应用的场景之一。

11 月 15 日 美团租车停止了运营近一年的分时租赁业务，美团租车在成都试运营，App 中已停止新用户的注册，App 中的用户账户余额也将安排退还。

12月26日 北汽集团宣布旗下轻享科技分时租赁业务正式整合至华夏出行分时租赁业务“摩范出行”中，未来北汽集团的分时租赁业务将全面转到华夏出行中，华夏出行作为北汽集团出行领域的专业板块业务规模进一步扩大。

2019年

1月3日 盼达用车在重庆获得自动驾驶测试拍照。盼达用车将在开放道路测试在5G环境下的场景应用能力，并携手百度Apollo落地自动化驾驶商业化运营。

3月4日 车好多集团向界面新闻记者确认，目前，车好多集团已经完成对START共享有车生活平台（原PP租车）的全面收购资产交割，并将原START正式更名为“瓜子租车”。

3月29日 滴滴小桔车服升级原有分时租赁业务，拓展短租服务，原有滴滴共享汽车更名为“小桔租车”，并仅在一个月内新进入深圳等5个城市。

4月13日 华夏出行发布“出行+增值服务”的MSX2.0发展战略，提出华夏出行各业务的全面覆盖发展，切实满足了大交通、小交通、目的地旅游、定制化个性化出行产品等全出行场景需求。

4月23日 EVCARD与上汽通用别克达成共享战略合作，首批5000辆定制版纯电动别克VELITE 6通过EVCARD平台在全国投放运营，为消费者创造“移动自由”的电动智能共享出行新体验。

5月16日 交通运输部等联合印发《交通运输新业态用户资金管理办法（试行）》，规定汽车分时租赁的单份押金金额不得超过运营车辆平均单车成本价格的2%，分时租赁用户押金最长退款周期不应超过15个工作日，确保用户押金安全。

5月30日 全球最大汽车共享品牌car2go宣布，于2019年6月30日正式结束在中国的汽车分时租赁运营。

6月28日 华夏出行宣布将正式布局物流领域，打造全新城市物流业务品牌“摩范速运”，标志着华夏出行已初步构建成一个完整的综合出行服务生态圈。

6月28日 大众汽车已经在柏林推出了汽车共享服务WeShare。目前提供的主力车型为纯电动版高尔夫（e-Golf），未来大众e-up、大众ID.3等车型也将加入WeShare车队之中。

7月24日 分时租赁平台“新旭约车”成立。该平台接入了多家运营商，包括神州租车、一嗨租车、EVCARD、一方租车、GoFun等在内，成为国内第一个集合众多车源集一体的用车App。

8月23日 媒体报道，立刻出行押金难退。

10月23日 GoFun宣布覆盖全国80个城市，其中自营城市达到40个，有25个城市已经全部实现盈利；加盟城市达到了40个，其中29个城市已经实现盈利。

三　互联网租赁自行车发展大事记

2018年

1月9日 滴滴出行和小蓝单车宣布，达成单车业务托管合作，小蓝单车将托管给滴滴。

1月25日 滴滴出行的自有共享单车品牌青桔单车正式在成都上线。滴滴共享电单车品牌“街兔”App也上线试运营。

2月1日 根据中国互联网络信息中心（CNNIC）发布的《中国互联网络发展状况统计报告》，共享单车用户骑行超过299.47亿公里，减少碳排放量超过699万吨。

3月8日 摩拜单车宣布，在智利首都圣地亚哥正式投放单车，并逐步设立100个摩拜智能停车点。

3月13日 哈罗单车宣布开启全国范围的信用免押金，芝麻分650以上的用户，通过支付宝“扫一扫”车身，选择授权芝麻信用，就可以在全国免押金骑行哈罗单车。

3月22日 共享电单车平台“骑电单车”正式对外宣布近期已完成千万美金A轮融资。本轮融资由IDG资本领投，君联资本、Ventech China、青松基金、盈动资本等跟投。

4月3日 摩拜股东会通过美团收购方案，美团以27亿美元作价收购摩拜，包括65%的现金和35%的美团股票，此外美团承担摩拜债务（5亿~10亿美元），管理团队留任。

5月3日 深圳市交通运输委员会公布了互联网租赁自行车企业运营服务的考核结果，运营管理类指标的得分率均较低（平均得分率为28%），且企业扣分主要集中在车辆完好率、车辆停放管理、车辆投放管理、责令整改四项指标，说明企业日常车辆维保、停放秩序管理等方面的能力存在较大问题，

5月15日 电动自行车新强制性国家标准《电动自行车安全技术规范》（GB17761－2018）公布，于2019年4月15日正式实施。新国标规定企业生产许可证转为3C认证，产品销售必须要求通过3C认证；在新国标替代老国标的过程中，给予企业过渡期一年，截止到新国标正式实施为止。

6月11日 摩拜单车宣布，在全国百城开启新老用户全面免押，且无任何条件限制，无需信用分。

7月3日 据VentureBeat报道，网约车巨头Lyft宣布，该公司已经收购了Motivate，即美国最大的单车共享公司之一。Motivate的部分业务将更名为Lyft Bikes。交易价约2.5亿美元。

7月5日 摩拜单车就在行业内率先提出升级共享单车全生命周期环保行动，在设计、采购、生产、投放、运营、报废等全环节贯彻3R原则，废旧单车100%回收再用。

8月15日 北京市交通委召开共享单车监管座谈会，会上公布了2018年上半年北京市共享单车的运行情况。上半年全市共享单车累计骑行里程超过4亿公里，日均骑行用户数达142万人次。上半年，北京市共享单车保有

量下降至191万辆，较上年9月高峰时期的235万辆下降近20%。北京市共享单车仅有52%能够达到每月至少被使用一次的“月活”，有48%的车辆超过1个月未被使用。

8月23日 北京市交通委公布共享单车减量调控方案，将共享单车的发展上限定为191万辆。

8月28日 Uber表示，尽管可能对利润造成冲击，但还是计划将更多精力放到电动滑板车和自行车业务上，降低对汽车业务的关注度。Uber 2017年投资了很多自行车公司。其Jump电动自行车业务已经在纽约和华盛顿等8个美国城市推出，很快还将在柏林推出。公司还与电动滑板车公司Lime展开合作，并在其他地区达成公交和货运协议。

9月17日 哈罗两周年品牌升级现场哈罗单车创始人兼CEO杨磊宣布哈罗单车正式升级为“哈啰出行”，并启用全新的品牌标示系统。

11月19日 自行车巨头捷安特生产商台湾巨大集团董事长杜绣珍透露称，以往捷安特在中国大陆一年销量可以保持在300万辆，但到2017年，受共享单车等因素的冲击，捷安特一年的销量不足百万辆。

2019年

3月14日 市场监管总局、工业和信息化部、公安部联合发布《关于加强电动自行车国家标准实施监督的意见》。

3月21日 小蓝单车率先调价，将起步价调整为15分钟1元，时长费调整为每15分钟0.5元。此后摩拜单车、哈啰出行先后宣布调高价格。

3月26日 深圳市交通运输局发布《深圳市互联网租赁自行车行业信用管理实施办法（征求意见稿）》，单车企业如果被纳入“失信名单”将面临3年在深禁止新增投放和更新车辆。而市民如违规骑行、停放共享单车等，也可能被拉入“黑名单”，并受到单车企业提高收费标准甚至禁用的惩罚。

5月13日 美团点评在财报中表示，为进一步减少共享单车服务的亏损，将继续重组摩拜的海外业务，美团点评认为该等业务无法为平台带来足够的战略协同作用以证明其成本合理。截至 2019 年 3 月 31 日，多个海外市场的重组按计划进行。

5 月 16 日 交通运输部、人民银行、国家发展改革委、公安部、市场监管总局和银保监会联合印发《交通运输新业态用户资金管理办法（试行)》，对交通运输新业态（包括网络预约出租汽车、汽车分时租赁和互联网租赁自行车等）用户押金和预付资金管理做出了具体规定。规定互联网租赁自行车的单份押金金额不得超过运营企业投入运营车辆平均单车成本价格的 10%。互联网租赁自行车用户押金最长退款周期不应超过 2 个工作日。

6 月 4 日 广东省广州市 2019 年互联网租赁自行车（共享单车）运营商招标公示评标结果，摩拜单车中标份额为 18 万辆，哈啰单车中标份额为 12 万辆，青桔单车中标份额为 10 万辆。未来 3 年这三个运营商将在广州投放 40 万辆共享单车，此前在广州市运营的 ofo 小黄车未获配额，这也意味着 ofo 小黄车将退出广州共享单车市场。

6 月 12 日 哈啰出行宣布与宁德时代、蚂蚁金服合作，首期出资 10 亿元人民币成立合资公司，推出定位两轮电动车基础能源网络的“哈啰换电服务”。

6 月 13 日 美团在官方微信订阅号发文称，美团 App 内页主题色将变成黄色。此外，美团线下场景也都统一成黄色，包括充电宝、pos 机、共享单车等。

6 月 20 日 针对法院曝光 ofo 2.5 亿元诉讼无可执行财产一事，ofo 公关部相关负责人回应：“尊重判决，全力退还押金，全力自我造血。目前商城业务和城市代理业务均在有条不紊运行中，新的单车运营模式也在积极实验。ofo 有信心在企业运营的低谷跛行千里，向死而生，涅槃归来。请求给予时间和耐心。”此后有媒体报道，ofo 小黄车的线上申请退押金人数依旧还有近 1600 万人，需退还的押金总额为 15.84 亿 ~31.84 亿元。

7 月 5 日 摩拜单车正式发布了摩拜助力车 E-Bike。

7 月 19 日 哈啰出行宣布，截至 2019 年 6 月，哈啰出行已回收再生处理车轮超 50 万条，车篮超 25 万个，车座近 7 万个。

7月31日 云南省昆明市重新修订了《昆明市共享单车运营服务管理实施细则》，在“适用范围”中增加纳入了“电动自行车”，并从技术标准上要求“须符合最新《电动自行车安全技术规范》有关技术要求，必须具备脚踏骑行能力；电驱动行驶时，最高设计时速不超过每小时25千米”。

8月1日 北京市交通委员会发布互联网租赁自行车行业2019年上半年运营管理监督情况的公示，截至2019年6月30日，在本市运营互联网租赁自行车的企业共9家，其中4家因不达标退出或整改。数据显示，上半年全市共享单车日均骑行量为160.4万次，平均日周转率仅为1.1次/辆。

8月29日 哈啰出行在2019世界人工智能大会上发布迭代升级的智慧系统“哈啰大脑2.0”，推动哈啰两轮出行全链路运营决策智能化。

9月1日 由人民数据管理有限公司主办的“人民出行”5G智能公务出行项目在京启动。据了解，这是“国家队”正式尝试公务出行信息采集和电动自行车5G智能技术，而且开启了电动自行车应用于公务的新阶段。

9月17日 哈啰出行在成立3周年之际宣布，截至9月17日注册用户数达2.8亿，并仍在快速增长中。

B.20

共享出行的相关政策文件

交通强国建设纲要

发布单位：中共中央、国务院　发布时间：2019 年 9 月 19 日

建设交通强国是以习近平同志为核心的党中央立足国情、着眼全局、面向未来做出的重大战略决策，是建设现代化经济体系的先行领域，是全面建成社会主义现代化强国的重要支撑，是新时代做好交通工作的总抓手。为统筹推进交通强国建设，制定本纲要。

一　总体要求

（一）指导思想

以习近平新时代中国特色社会主义思想为指导，深入贯彻党的十九大精神，紧紧围绕统筹推进“五位一体”总体布局和协调推进“四个全面”战略布局，坚持稳中求进工作总基调，坚持新发展理念，坚持推动高质量发展，坚持以供给侧结构性改革为主线，坚持以人民为中心的发展思想，牢牢把握交通“先行官”定位，适度超前，进一步解放思想、开拓进取，推动交通发展由追求速度规模向更加注重质量效益转变，由各种交通方式相对独立发展向更加注重一体化融合发展转变，由依靠传统要素驱动向更加注重创新驱动转变，构建安全、便捷、高效、绿色、经济的现代化综合交通体系，打造一流设施、一流技术、一流管理、一流服务，建成人民满意、保障有力、世界前列的交通强国，为全面建成社会主义现代化强国、实现中华民族伟大复兴中国梦提供坚强支撑。

（二）发展目标

到 2020 年，完成决胜全面建成小康社会交通建设任务和“十三五”现代综合交通运输体系发展规划各项任务，为交通强国建设奠定坚实基础。

从 2021 年到 21 世纪中叶，分两个阶段推进交通强国建设。

到 2035 年，基本建成交通强国。现代化综合交通体系基本形成，人民满意度明显提高，支撑国家现代化建设能力显著增强；拥有发达的快速网、完善的干线网、广泛的基础网，城乡区域交通协调发展达到新高度；基本形成“全国 123 出行交通圈”（都市区 1 小时通勤、城市群 2 小时通达、全国主要城市 3 小时覆盖）和“全球 123 快货物流圈”（国内 1 天送达、周边国家 2 天送达、全球主要城市 3 天送达），旅客联程运输便捷顺畅，货物多式联运高效经济；智能、平安、绿色、共享交通发展水平明显提高，城市交通拥堵基本缓解，无障碍出行服务体系基本完善；交通科技创新体系基本建成，交通关键装备先进安全，人才队伍精良，市场环境优良；基本实现交通治理体系和治理能力现代化；交通国际竞争力和影响力显著提升。

到本世纪中叶，全面建成人民满意、保障有力、世界前列的交通强国。基础设施规模质量、技术装备、科技创新能力、智能化与绿色化水平位居世界前列，交通安全水平、治理能力、文明程度、国际竞争力及影响力达到国际先进水平，全面服务和保障社会主义现代化强国建设，人民享有美好交通服务。

二　基础设施布局完善、立体互联

（一）建设现代化高质量综合立体交通网络

以国家发展规划为依据，发挥国土空间规划的指导和约束作用，统筹铁路、公路、水运、民航、管道、邮政等基础设施规划建设，以多中心、网络化为主形态，完善多层次网络布局，优化存量资源配置，扩大优质增量供给，实现立体互联，增强系统弹性。强化西部地区补短板，推进东北地区提质改造，推动中部地区大通道大枢纽建设，加速东部地区优化升级，形成区域交通协调发展新格局。

（二）构建便捷顺畅的城市（群）交通网

建设城市群一体化交通网，推进干线铁路、城际铁路、市域（郊）铁路、城市轨道交通融合发展，完善城市群快速公路网络，加强公路与城市道路衔接。尊重城市发展规律，立足促进城市的整体性、系统性、生长性，统筹安排城市功能和用地布局，科学制定和实施城市综合交通体系规划。推进城市公共交通设施建设，强化城市轨道交通与其他交通方式衔接，完善快速路、主次干路、支路级配和结构合理的城市道路网，打通道路微循环，提高道路通达性，完善城市步行和非机动车交通系统，提升步行、自行车等出行品质，完善无障碍设施。科学规划建设城市停车设施，加强充电、加氢、加气和公交站点等设施建设。全面提升城市交通基础设施智能化水平。

（三）形成广覆盖的农村交通基础设施网

全面推进“四好农村路”建设，加快实施通村组硬化路建设，建立规范化可持续管护机制。促进交通建设与农村地区资源开发、产业发展有机融合，加强特色农产品优势区与旅游资源富集区交通建设。大力推进革命老区、民族地区、边疆地区、贫困地区、垦区林区交通发展，实现以交通便利带动脱贫减贫，深度贫困地区交通建设项目尽量向进村入户倾斜。推动资源丰富和人口相对密集贫困地区开发性铁路建设，在有条件的地区推进具备旅游、农业作业、应急救援等功能的通用机场建设，加强农村邮政等基础设施建设。

（四）构筑多层级、一体化的综合交通枢纽体系

依托京津冀、长三角、粤港澳大湾区等世界级城市群，打造具有全球竞争力的国际海港枢纽、航空枢纽和邮政快递核心枢纽，建设一批全国性、区域性交通枢纽，推进综合交通枢纽一体化规划建设，提高换乘换装水平，完善集疏运体系。大力发展枢纽经济。

三　交通装备先进适用、完备可控

（一）加强新型载运工具研发

实现3万吨级重载列车、时速250公里级高速轮轨货运列车等方面的重大突破。加强智能网联汽车（智能汽车、自动驾驶、车路协同）研发，形成自主可控完整的产业链。强化大中型邮轮、大型液化天然气船、极地航行船舶、智能船舶、新能源船舶等自主设计建造能力。完善民用飞机产品谱系，在大型民用飞机、重型直升机、通用航空器等方面取得显著进展。

（二）加强特种装备研发

推进隧道工程、整跨吊运安装设备等工程机械装备研发。研发水下机器人、深潜水装备、大型溢油回收船、大型深远海多功能救助船等新型装备。

（三）推进装备技术升级

推广新能源、清洁能源、智能化、数字化、轻量化、环保型交通装备及成套技术装备。广泛应用智能高铁、智能道路、智能航运、自动化码头、数字管网、智能仓储和分拣系统等新型装备设施，开发新一代智能交通管理系统。提升国产飞机和发动机技术水平，加强民用航空器、发动机研发制造和适航审定体系建设。推广应用交通装备的智能检测监测和运维技术。加速淘汰落后技术和高耗低效交通装备。

四　运输服务便捷舒适、经济高效

（一）推进出行服务快速化、便捷化

构筑以高铁、航空为主体的大容量、高效率区际快速客运服务，提升主

要通道旅客运输能力。完善航空服务网络，逐步加密机场网建设，大力发展支线航空，推进干支有效衔接，提高航空服务能力和品质。提高城市群内轨道交通通勤化水平，推广城际道路客运公交化运行模式，打造旅客联程运输系统。加强城市交通拥堵综合治理，优先发展城市公共交通，鼓励引导绿色公交出行，合理引导个体机动化出行。推进城乡客运服务一体化，提升公共服务均等化水平，保障城乡居民行有所乘。

（二）打造绿色高效的现代物流系统

优化运输结构，加快推进港口集疏运铁路、物流园区及大型工矿企业铁路专用线等“公转铁”重点项目建设，推进大宗货物及中长距离货物运输向铁路和水运有序转移。推动铁水、公铁、公水、空陆等联运发展，推广跨方式快速换装转运标准化设施设备，形成统一的多式联运标准和规则。发挥公路货运“门到门”优势。完善航空物流网络，提升航空货运效率。推进电商物流、冷链物流、大件运输、危险品物流等专业化物流发展，促进城际干线运输和城市末端配送有机衔接，鼓励发展集约化配送模式。综合利用多种资源，完善农村配送网络，促进城乡双向流通。落实减税降费政策，优化物流组织模式，提高物流效率，降低物流成本。

（三）加速新业态新模式发展

深化交通运输与旅游融合发展，推动旅游专列、旅游风景道、旅游航道、自驾车房车营地、游艇旅游、低空飞行旅游等发展，完善客运枢纽、高速公路服务区等交通设施旅游服务功能。大力发展共享交通，打造基于移动智能终端技术的服务系统，实现出行即服务。发展“互联网＋”高效物流，创新智慧物流营运模式。培育充满活力的通用航空及市域（郊）铁路市场，完善政府购买服务政策，稳步扩大短途运输、公益服务、航空消费等市场规模。建立通达全球的寄递服务体系，推动邮政普遍服务升级换代。加快快递扩容增效和数字化转型，壮大供应链服务、冷链快递、即时直递等新业态新模式，推进智能收投终端和末端公共服务平台建设。积极发展无人机（车）物流递送、城市地下物流配送等。

五　科技创新富有活力、智慧引领

（一）强化前沿关键科技研发

瞄准新一代信息技术、人工智能、智能制造、新材料、新能源等世界科技前沿，加强对可能引发交通产业变革的前瞻性、颠覆性技术研究。强化汽车、民用飞行器、船舶等装备动力传动系统研发，突破高效率、大推力/大功率发动机装备设备关键技术。加强区域综合交通网络协调运营与服务技术、城市综合交通协同管控技术、基于船岸协同的内河航运安全管控与应急搜救技术等研发。合理统筹安排时速600公里级高速磁悬浮系统、时速400公里级高速轮轨（含可变轨距）客运列车系统、低真空管（隧）道高速列车等技术储备研发。

（二）大力发展智慧交通

推动大数据、互联网、人工智能、区块链、超级计算等新技术与交通行业深度融合。推进数据资源赋能交通发展，加速交通基础设施网、运输服务网、能源网与信息网络融合发展，构建泛在先进的交通信息基础设施。构建综合交通大数据中心体系，深化交通公共服务和电子政务发展。推进北斗卫星导航系统应用。

（三）完善科技创新机制

建立以企业为主体、产学研用深度融合的技术创新机制，鼓励交通行业各类创新主体建立创新联盟，建立关键核心技术攻关机制。建设一批具有国际影响力的实验室、试验基地、技术创新中心等创新平台，加大资源开放共享力度，优化科研资金投入机制。构建适应交通高质量发展的标准体系，加强重点领域标准有效供给。

六　安全保障完善可靠、反应快速

（一）提升本质安全水平

完善交通基础设施安全技术标准规范，持续加大基础设施安全防护投入，提升关键基础设施安全防护能力。构建现代化工程建设质量管理体系，推进精品建造和精细管理。强化交通基础设施养护，加强基础设施运行监测检测，提高养护专业化、信息化水平，增强设施耐久性和可靠性。强化载运工具质量治理，保障运输装备安全。

（二）完善交通安全生产体系

完善依法治理体系，健全交通安全生产法规制度和标准规范。完善安全责任体系，强化企业主体责任，明确部门监管责任。完善预防控制体系，有效防控系统性风险，建立交通装备、工程第三方认证制度。强化安全生产事故调查评估。完善网络安全保障体系，增强科技兴安能力，加强交通信息基础设施安全保护。完善支撑保障体系，加强安全设施建设。建立自然灾害交通防治体系，提高交通防灾抗灾能力。加强交通安全综合治理，切实提高交通安全水平。

（三）强化交通应急救援能力

建立健全综合交通应急管理体制机制、法规制度和预案体系，加强应急救援专业装备、设施、队伍建设，积极参与国际应急救援合作。强化应急救援社会协同能力，完善征用补偿机制。

七　绿色发展节约集约、低碳环保

（一）促进资源节约集约利用

加强土地、海域、无居民海岛、岸线、空域等资源节约集约利用，提升用地用海用岛效率。加强老旧设施更新利用，推广施工材料、废旧材料再生和综合利用，推进邮件快件包装绿色化、减量化，提高资源再利用和循环利用水平，推进交通资源循环利用产业发展。

（二）强化节能减排和污染防治

优化交通能源结构，推进新能源、清洁能源应用，促进公路货运节能减排，推动城市公共交通工具和城市物流配送车辆全部实现电动化、新能源化和清洁化。打好柴油货车污染治理攻坚战，统筹油、路、车治理，有效防治公路运输大气污染。严格执行国家和地方污染物控制标准及船舶排放区要求，推进船舶、港口污染防治。降低交通沿线噪声、振动，妥善处理好大型机场噪声影响。开展绿色出行行动，倡导绿色低碳出行理念。

（三）强化交通生态环境保护修复

严守生态保护红线，严格落实生态保护和水土保持措施，严格实施生态修复、地质环境治理恢复与土地复垦，将生态环保理念贯穿交通基础设施规划、建设、运营和养护全过程。推进生态选线选址，强化生态环保设计，避让耕地、林地、湿地等具有重要生态功能的国土空间。建设绿色交通廊道。

八　开放合作面向全球、互利共赢

（一）构建互联互通、面向全球的交通网络

以丝绸之路经济带六大国际经济合作走廊为主体，推进与周边国家铁路、公路、航道、油气管道等基础设施互联互通。提高海运、民航的全球连接度，建设世界一流的国际航运中心，推进 21 世纪海上丝绸之路建设。拓展国际航运物流，发展铁路国际班列，推进跨境道路运输便利化，大力发展航空物流枢纽，构建国际寄递物流供应链体系，打造陆海新通道。维护国际海运重要通道安全与畅通。

（二）加大对外开放力度

吸引外资进入交通领域，全面落实准入前国民待遇加负面清单管理制度。协同推进自由贸易试验区、中国特色自由贸易港建设。鼓励国内交通企业积极参与“一带一路”沿线交通基础设施建设和国际运输市场合作，打造世界一流交通企业。

（三）深化交通国际合作

提升国际合作深度与广度，形成国家、社会、企业多层次合作渠道。拓展国际合作平台，积极打造交通新平台，吸引重要交通国际组织来华落驻。积极推动全球交通治理体系建设与变革，促进交通运输政策、规则、制度、技术、标准“引进来”和“走出去”，积极参与交通国际组织事务框架下规则、标准制定修订。提升交通国际话语权和影响力。

九　人才队伍精良专业、创新奉献

（一）培育高水平交通科技人才

坚持高精尖缺导向，培养一批具有国际水平的战略科技人才、科技领军人才、青年科技人才和创新团队，培养交通一线创新人才，支持各领域各学科人才进入交通相关产业行业。推进交通高端智库建设，完善专家工作体系。

（二）打造素质优良的交通劳动者大军

弘扬劳模精神和工匠精神，造就一支素质优良的知识型、技能型、创新型劳动者大军。大力培养支撑中国制造、中国创造的交通技术技能人才队伍，构建适应交通发展需要的现代职业教育体系。

（三）建设高素质专业化交通干部队伍

落实建设高素质专业化干部队伍要求，打造一支忠诚干净担当的高素质干部队伍。注重专业能力培养，增强干部队伍适应现代综合交通运输发展要求的能力。加强优秀年轻干部队伍建设，加强国际交通组织人才培养。

十　完善治理体系，提升治理能力

（一）深化行业改革

坚持法治引领，完善综合交通法规体系，推动重点领域法律法规制定修订。不断深化铁路、公路、航道、空域管理体制改革，建立健全适应综合交通一体化发展的体制机制。推动国家铁路企业股份制改造、邮政企业混合所有制改革，支持民营企业健康发展。统筹制定交通发展战略、规划和政策，加快建设现代化综合交通体系。强化规划协同，实现“多规合一”“多规融合”。

（二）优化营商环境

健全市场治理规则，深入推进简政放权，破除区域壁垒，防止市场垄断，完善运输价格形成机制，构建统一开放、竞争有序的现代交通市场体系。全面实施市场准入负面清单制度，构建以信用为基础的新型监管机制。

（三）扩大社会参与

健全公共决策机制，实行依法决策、民主决策。鼓励交通行业组织积极参与行业治理，引导社会组织依法自治、规范自律，拓宽公众参与交通治理渠道。推动政府信息公开，建立健全公共监督机制。

（四）培育交通文明

推进优秀交通文化传承创新，加强重要交通遗迹遗存、现代交通重大工程的保护利用和精神挖掘，讲好中国交通故事。弘扬以“两路”精神、青藏铁路精神、民航英雄机组等为代表的交通精神，增强行业凝聚力和战斗力。全方位提升交通参与者文明素养，引导文明出行，营造文明交通环境，推动全社会交通文明程度大幅提升。

十一　保障措施

（一）加强党的领导

坚持党的全面领导，充分发挥党总揽全局、协调各方的作用。建立统筹协调的交通强国建设实施工作机制，强化部门协同、上下联动、军地互动，整体有序推进交通强国建设工作。

（二）加强资金保障

深化交通投融资改革，增强可持续发展能力，完善政府主导、分级负责、多元筹资、风险可控的资金保障和运行管理体制。建立健全中央和地方各级财政投入保障制度，鼓励采用多元化市场融资方式拓宽融资渠道，积极引导社会资本参与交通强国建设，强化风险防控机制建设。

（三）加强实施管理

各地区各部门要提高对交通强国建设重大意义的认识，科学制定配套政策和配置公共资源，促进自然资源、环保、财税、金融、投资、产业、贸易等政策与交通强国建设相关政策协同，部署若干重大工程、重大项目，合理规划交通强国建设进程。鼓励有条件的地方和企业在交通强国建设中先行先试。交通运输部要会同有关部门加强跟踪分析和督促指导，建立交通强国评价指标体系，重大事项及时向党中央、国务院报告。

关于促进平台经济规范健康发展的指导意见

发布单位：国务院　发布时间：2019 年 8 月 8 日

各省、自治区、直辖市人民政府，国务院各部委、各直属机构：

互联网平台经济是生产力新的组织方式，是经济发展新动能，对优化资源配置、促进跨界融通发展和大众创业万众创新、推动产业升级、拓展消费市场尤其是增加就业，都有重要作用。要坚持以习近平新时代中国特色社会主义思想为指导，深入贯彻落实党的十九大和十九届二中、三中全会精神，持续深化“放管服”改革，围绕更大激发市场活力，聚焦平台经济发展面临的突出问题，遵循规律、顺势而为，加大政策引导、支持和保障力度，创新监管理念和方式，落实和完善包容审慎监管要求，推动建立健全适应平台经济发展特点的新型监管机制，着力营造公平竞争市场环境。为促进平台经济规范健康发展，经国务院同意，现提出以下意见。

一　优化完善市场准入条件，降低企业合规成本

（一）推进平台经济相关市场主体登记注册便利化

放宽住所（经营场所）登记条件，经营者通过电子商务类平台开展经营活动的，可以使用平台提供的网络经营场所申请个体工商户登记。指导督促地方开展“一照多址”改革探索，进一步简化平台企业分支机构设立手续。放宽新兴行业企业名称登记限制，允许使用反映新业态特征的字词作为企业名称。推进经营范围登记规范化，及时将反映新业态特征的经营范围表述纳入登记范围。（市场监管总局负责）

（二）合理设置行业准入规定和许可

放宽融合性产品和服务准入限制，只要不违反法律法规，均应允许相关

市场主体进入。清理和规范制约平台经济健康发展的行政许可、资质资格等事项，对仅提供信息中介和交易撮合服务的平台，除直接涉及人身健康、公共安全、社会稳定和国家政策另有规定的金融、新闻等领域外，原则上不要求比照平台内经营者办理相关业务许可。（各相关部门按职责分别负责）指导督促有关地方评估网约车、旅游民宿等领域的政策落实情况，优化完善准入条件、审批流程和服务，加快平台经济参与者合规化进程。（交通运输部、文化和旅游部等相关部门按职责分别负责）对仍处于发展初期、有利于促进新旧动能转换的新兴行业，要给予先行先试机会，审慎出台市场准入政策。（各地区、各部门负责）

（三）加快完善新业态标准体系

对部分缺乏标准的新兴行业，要及时制定出台相关产品和服务标准，为新产品新服务进入市场提供保障。对一些发展相对成熟的新业态，要鼓励龙头企业和行业协会主动制定企业标准，参与制定行业标准，提升产品质量和服务水平。（市场监管总局牵头，各相关部门按职责分别负责）

二　创新监管理念和方式，实行包容审慎监管

（一）探索适应新业态特点、有利于公平竞争的公正监管办法

本着鼓励创新的原则，分领域制定监管规则和标准，在严守安全底线的前提下为新业态发展留足空间。对看得准、已经形成较好发展势头的，分类量身定制适当的监管模式，避免用老办法管理新业态；对一时看不准的，设置一定的“观察期”，防止一上来就管死；对潜在风险大、可能造成严重不良后果的，严格监管；对非法经营的，坚决依法予以取缔。各有关部门要依法依规夯实监管责任，优化机构监管，强化行为监管，及时预警风险隐患，发现和纠正违法违规行为。（发展改革委、中央网信办、工业和信息化部、市场监管总局、公安部等相关部门及各地区按职责分别负责）

（二）科学合理界定平台责任

明确平台在经营者信息核验、产品和服务质量、平台（含 App）索权、消费者权益保护、网络安全、数据安全、劳动者权益保护等方面的相应责任，强化政府部门监督执法职责，不得将本该由政府承担的监管责任转嫁给平台。尊重消费者选择权，确保跨平台互联互通和互操作。允许平台在合规经营前提下探索不同经营模式，明确平台与平台内经营者的责任，加快研究出台平台尽职免责的具体办法，依法合理确定平台承担的责任。鼓励平台通过购买保险产品分散风险，更好保障各方权益。（各相关部门按职责分别负责）

（三）维护公平竞争市场秩序

制定出台网络交易监督管理有关规定，依法查处互联网领域滥用市场支配地位限制交易、不正当竞争等违法行为，严禁平台单边签订排他性服务提供合同，保障平台经济相关市场主体公平参与市场竞争。维护市场价格秩序，针对互联网领域价格违法行为特点制定监管措施，规范平台和平台内经营者价格标示、价格促销等行为，引导企业合法合规经营。（市场监管总局负责）

（四）建立健全协同监管机制

适应新业态跨行业、跨区域的特点，加强监管部门协同、区域协同和央地协同，充分发挥“互联网 +”行动、网络市场监管、消费者权益保护、交通运输新业态协同监管等部际联席会议机制作用，提高监管效能。（发展改革委、市场监管总局、交通运输部等相关部门按职责分别负责）加大对跨区域网络案件查办协调力度，加强信息互换、执法互助，形成监管合力。鼓励行业协会商会等社会组织出台行业服务规范和自律公约，开展纠纷处理和信用评价，构建多元共治的监管格局。（各地区、各相关部门按职责分别负责）

（五）积极推进“互联网＋监管”

依托国家“互联网＋监管”等系统，推动监管平台与企业平台联通，加强交易、支付、物流、出行等第三方数据分析比对，开展信息监测、在线证据保全、在线识别、源头追溯，增强对行业风险和违法违规线索的发现识别能力，实现以网管网、线上线下一体化监管。（国务院办公厅、市场监管总局等相关部门按职责分别负责）根据平台信用等级和风险类型，实施差异化监管，对风险较低、信用较好的适当减少检查频次，对风险较高、信用较差的加大检查频次和力度。（各相关部门按职责分别负责）

三　鼓励发展平台经济新业态，加快培育新的增长点

（一）积极发展“互联网＋服务业”

支持社会资本进入基于互联网的医疗健康、教育培训、养老家政、文化、旅游、体育等新兴服务领域，改造提升教育医疗等网络基础设施，扩大优质服务供给，满足群众多层次多样化需求。鼓励平台进一步拓展服务范围，加强品牌建设，提升服务品质，发展便民服务新业态，延伸产业链和带动扩大就业。鼓励商品交易市场顺应平台经济发展新趋势、新要求，提升流通创新能力，促进产销更好衔接。（教育部、民政部、商务部、文化和旅游部、卫生健康委、体育总局、工业和信息化部等相关部门按职责分别负责）

（二）大力发展“互联网＋生产”

适应产业升级需要，推动互联网平台与工业、农业生产深度融合，提升生产技术，提高创新服务能力，在实体经济中大力推广应用物联网、大数据，促进数字经济和数字产业发展，深入推进智能制造和服务型制造。深入

推进工业互联网创新发展，加快跨行业、跨领域和企业级工业互联网平台建设及应用普及，实现各类生产设备与信息系统的广泛互联互通，推进制造资源、数据等集成共享，促进一二三产业、大中小企业融通发展。（工业和信息化部、农业农村部等相关部门按职责分别负责）

（三）深入推进“互联网 + 创业创新”

加快打造“双创”升级版，依托互联网平台完善全方位创业创新服务体系，实现线上线下良性互动、创业创新资源有机结合，鼓励平台开展创新任务众包，更多向中小企业开放共享资源，支撑中小企业开展技术、产品、管理模式、商业模式等创新，进一步提升创业创新效能。（发展改革委牵头，各相关部门按职责分别负责）

（四）加强网络支撑能力建设

深入实施“宽带中国”战略，加快 5G 等新一代信息基础设施建设，优化提升网络性能和速率，推进下一代互联网、广播电视网、物联网建设，进一步降低中小企业宽带平均资费水平，为平台经济发展提供有力支撑。（工业和信息化部、发展改革委等相关部门按职责分别负责）

四　优化平台经济发展环境，夯实新业态成长基础

（一）加强政府部门与平台数据共享

依托全国一体化在线政务服务平台、国家“互联网 + 监管”系统、国家数据共享交换平台、全国信用信息共享平台和国家企业信用信息公示系统，进一步归集市场主体基本信息和各类涉企许可信息，力争 2019 年上线运行全国一体化在线政务服务平台电子证照共享服务系统，为平台依法依规核验经营者、其他参与方的资质信息提供服务保障。（国务院办公厅、发展改革委、市场监管总局按职责分别负责）加强部门间数据共享，防止各级

政府部门多头向平台索要数据。（发展改革委、中央网信办、市场监管总局、国务院办公厅等相关部门按职责分别负责）畅通政企数据双向流通机制，制定发布政府数据开放清单，探索建立数据资源确权、流通、交易、应用开发规则和流程，加强数据隐私保护和安全管理。（发展改革委、中央网信办等相关部门及各地区按职责分别负责）

（二）推动完善社会信用体系

加大全国信用信息共享平台开放力度，依法将可公开的信用信息与相关企业共享，支持平台提升管理水平。利用平台数据补充完善现有信用体系信息，加强对平台内失信主体的约束和惩戒。（发展改革委、市场监管总局负责）完善新业态信用体系，在网约车、共享单车、汽车分时租赁等领域，建立健全身份认证、双向评价、信用管理等机制，规范平台经济参与者行为。（发展改革委、交通运输部等相关部门按职责分别负责）

（三）营造良好的政策环境

各地区各部门要充分听取平台经济参与者的诉求，有针对性地研究提出解决措施，为平台创新发展和吸纳就业提供有力保障。（各地区、各部门负责）2019 年底前建成全国统一的电子发票公共服务平台，提供免费的增值税电子普通发票开具服务，加快研究推进增值税专用发票电子化工作。（税务总局负责）尽快制定电子商务法实施中的有关信息公示、零星小额交易等配套规则。（商务部、市场监管总局、司法部按职责分别负责）鼓励银行业金融机构基于互联网和大数据等技术手段，创新发展适应平台经济相关企业融资需求的金融产品和服务，为平台经济发展提供支持。允许有实力有条件的互联网平台申请保险兼业代理资质。（银保监会等相关部门按职责分别负责）推动平台经济监管与服务的国际交流合作，加强政策沟通，为平台企业走出去创造良好外部条件。（商务部等相关部门按职责分别负责）

五　切实保护平台经济参与者合法权益，强化平台经济发展法治保障

（一）保护平台、平台内经营者和平台从业人员等权益

督促平台按照公开、公平、公正的原则，建立健全交易规则和服务协议，明确进入和退出平台、商品和服务质量安全保障、平台从业人员权益保护、消费者权益保护等规定。（商务部、市场监管总局牵头，各相关部门按职责分别负责）抓紧研究完善平台企业用工和灵活就业等从业人员社保政策，开展职业伤害保障试点，积极推进全民参保计划，引导更多平台从业人员参保。加强对平台从业人员的职业技能培训，将其纳入职业技能提升行动。（人力资源社会保障部负责）强化知识产权保护意识。依法打击网络欺诈行为和以“打假”为名的敲诈勒索行为。（市场监管总局、知识产权局按职责分别负责）

（二）加强平台经济领域消费者权益保护

督促平台建立健全消费者投诉和举报机制，公开投诉举报电话，确保投诉举报电话有人接听，建立与市场监管部门投诉举报平台的信息共享机制，及时受理并处理投诉举报，鼓励行业组织依法依规建立消费者投诉和维权第三方平台。鼓励平台建立争议在线解决机制，制定并公示争议解决规则。依法严厉打击泄露和滥用用户信息等损害消费者权益行为。（市场监管总局等相关部门按职责分别负责）

（三）完善平台经济相关法律法规

及时推动修订不适应平台经济发展的相关法律法规与政策规定，加快破除制约平台经济发展的体制机制障碍。（司法部等相关部门按职责分别负责）

涉及金融领域的互联网平台，其金融业务的市场准入管理和事中事后监管，按照法律法规和有关规定执行。设立金融机构、从事金融活动、提供金融信息中介和交易撮合服务，必须依法接受准入管理。

各地区、各部门要充分认识促进平台经济规范健康发展的重要意义，按照职责分工抓好贯彻落实，压实工作责任，完善工作机制，密切协作配合，切实解决平台经济发展面临的突出问题，推动各项政策措施及时落地见效，重大情况及时报国务院。

数字交通发展规划纲要

发布单位：交通运输部　发布时间：2019 年 7 月 25 日

数字交通是数字经济发展的重要领域，是以数据为关键要素和核心驱动，促进物理和虚拟空间的交通运输活动不断融合、交互作用的现代交通运输体系。为贯彻落实党中央、国务院关于促进数字经济发展的决策部署，有力支撑交通强国建设，制定本规划纲要。

一　指导思想

以习近平新时代中国特色社会主义思想为指导，全面贯彻党的十九大和十九届二中、三中全会精神，落实习近平总书记关于加快建设数字中国的重要指示，统筹推进“五位一体”总体布局，协调推进“四个全面”战略布局，按照“巩固、增强、提升、畅通”八字方针，抓住新一轮科技革命和产业变革的机遇，坚持推动高质量发展，坚持以人民为中心，坚持以创新为第一动力，促进先进信息技术与交通运输深度融合，以“数据链”为主线，构建数字化的采集体系、网络化的传输体系和智能化的应用体系，加快交通运输信息化向数字化、网络化、智能化发展，为交通强国建设提供支撑。

二　基本原则

创新引领，数据赋能。以数据为关键要素，赋能交通运输及关联产业，推动模式、业态、产品、服务等联动创新，提升出行和物流服务品质，让数字红利惠及人民，增强人民获得感。

共建共享，融合发展。充分发挥统筹规划、协同推进的制度优势，推动政企、行业、部省间协同发力。发挥市场主体作用，科学配置各类资源要素，构建跨界融合、共创共享的数字交通产业生态。以数据链促进多种运输方式高效衔接，促进政企间数据双向转化运用。

防范风险，保障安全。兼顾创新发展和安全发展，防范化解数字化转型带来的信息安全风险，提升网络安全和数据安全保障能力，保障公共安全和国家利益。

勇于探索，试点先行。坚持世界眼光、国际标准、中国特色，以开放包容的态度，适应技术发展趋势，以试点为重要手段，汇聚技术、智力、产业等资源，通过典型引路，逐步形成数字交通发展的“中国经验”和“中国方案”。

三　发展目标

到2025年，交通运输基础设施和运载装备全要素、全周期的数字化升级迈出新步伐，数字化采集体系和网络化传输体系基本形成。交通运输成为北斗导航的民用主行业，第五代移动通信（5G）等公网和新一代卫星通信系统初步实现行业应用。交通运输大数据应用水平大幅提升，出行信息服务全程覆盖，物流服务平台化和一体化进入新阶段，行业治理和公共服务能力显著提升。交通与汽车、电子、软件、通信、互联网服务等产业深度融合，新业态和新技术应用水平保持世界先进。

到2035年，交通基础设施完成全要素、全周期数字化，天地一体的交通控制网基本形成，按需获取的即时出行服务广泛应用。我国成为数字交通领域国际标准的主要制订者或参与者，数字交通产业整体竞争能力全球领先。

四　构建数字化的采集体系

（一）推动交通基础设施全要素、全周期数字化

推动交通基础设施规划、设计、建造、养护、运行管理等全要素、全周

期数字化。构建覆盖全国的高精度交通地理信息平台，完善交通工程等要素信息，实现对物理设施的三维数字化呈现，支撑全天候复杂交通场景下自动驾驶、大件运输等专业导航应用。针对重大交通基础设施工程，实现基础设施全生命周期健康性能监测，推广应用基于物联网的工程质量控制技术。

（二）布局重要节点的全方位交通感知网络

推动铁路、公路、水路领域的重点路段、航段，以及隧道、桥梁、互通枢纽、船闸等重要节点的交通感知网络覆盖。推动交通感知网络与交通基础设施同步规划建设，深化高速公路 ETC 门架等路侧智能终端应用，建立云端互联的感知网络，让“哑设施”具备多维监测、智能网联、精准管控、协同服务能力。注重众包、手机信令等社会数据融合应用。构建载运工具、基础设施、通行环境互联的交通控制网基础云平台。加快北斗导航在自由流收费、自动驾驶、车路协同、海上搜救、港口自动化作业和集疏运调度等领域应用。

（三）推动载运工具、作业装备智能化

鼓励具备多维感知、高精度定位、智能网联功能的终端设备应用，提升载运工具远程监测、故障诊断、风险预警、优化控制等能力。推动自动驾驶与车路协同技术研发，开展专用测试场地建设。鼓励物流园区、港口、铁路和机场货运站广泛应用物联网、自动驾驶等技术，推广自动化立体仓库、引导运输车（AGV）、智能输送分拣和装卸设备的规模应用。推动自动驾驶船舶、自动化码头和堆场发展，加强港航物流与上下游企业信息共享和业务协同。

五　构建网络化的传输体系

推动交通运输基础设施与信息基础设施一体化建设，促进交通专网与“天网”“公网”深度融合，推进车联网、5G、卫星通信信息网络等部署应

用，完善全国高速公路通信信息网络，形成多网融合的交通信息通信网络，提供广覆盖、低时延、高可靠、大带宽的网络通信服务。

六　构建智能化的应用体系

（一）打造数字化出行助手

促进交通、旅游等各类信息充分开放共享，融合发展。鼓励平台型企业深化多源数据融合，整合线上和线下资源，鼓励各类交通运输客票系统充分开放接入，打造数字化出行助手，为旅客提供“门到门”的全程出行定制服务。倡导“出行即服务（MaaS）”理念，以数据衔接出行需求与服务资源，使出行成为一种按需获取的即时服务，让出行更简单。打造旅客出行与公务商务、购物消费、休闲娱乐相互渗透的“智能移动空间”，带来全新出行体验。推动“互联网+”便捷交通发展，鼓励和规范发展定制公交、智能停车、智能公交、汽车维修、网络预约出租车、互联网租赁自行车、小微型客车分时租赁等城市出行服务新业态。

（二）推动物流全程数字化

大力发展“互联网+”高效物流新模式、新业态，加快实现物流活动全过程的数字化，推进铁路、公路、水路等货运单证电子化和共享互认，提供全程可监测、可追溯的“一站式”物流服务。鼓励各类企业加快物流信息平台差异化发展，推进城市物流配送全链条信息共享，完善农村物流末端信息网络。依托各类信息平台，加强各部门物流相关管理信息互认，构建综合交通运输物流数据资源开放共享机制。

（三）推动行业治理现代化

完善国家综合交通运输信息平台，提高决策支持、安全应急、指挥调度、监管执法、政务服务、节能环保等领域的大数据运用水平，实现精确分析、精准管控、精细管理和精心服务。完善资源目录与信息资源管理体系，实现行业信息资源的汇聚融合，提升信息资源共享交换和开放服务能力。建立大数据支撑的决策与规划体系，推动部门间、政企间多源数据融合，提升交通运输决策分析水平。采用数据化、全景式展现方式，提升综合交通运输运行监测预警、舆情监测、安全风险分析研判、调度指挥、节能环保在线监测等支撑能力。进一步推进交通运输领域“互联网+政务服务”，实现政务服务同一事项、同一标准、同一编码。延长网上办事链条，推动政务服务向“两微一端”等延伸拓展。加快完善运政、路政、海事等政务信息系统，推进交通运输综合执法、治超联网等系统建设，提高执法装备智能化水平，推进在线识别和非现场执法。

七　培育产业生态体系

聚焦基础设施和载运工具数字化的关键环节与核心技术，鼓励优势企业整合电子、软件、通信、卫星、装备制造、信息服务等领域资源，构建强强联合、优势互补、高效适配的协同创新体系。加强测试、检测、认证综合能力建设，促进新技术成果转化。加快北斗导航、卫星通信、高分辨率对地观测等技术行业应用。鼓励建立协同创新产业联盟，积极开展产业化应用示范，促进各类主体合作，打造具有国际竞争力的产业生态体系。

八　健全网络和数据安全体系

贯彻落实《中华人民共和国网络安全法》以及国家关于数据安全的要求，落实各级交通运输管理部门及相关机构的网络安全职责，健全信息通报、监测预警、应急处置、预案管理等工作机制，建立专家库。落实网络安全等级保护制度，确保各级安全防护合规达标。加强网络安全与信息系统同步建设，提高交通运输关键信息基础设施和重要信息系统的网络安全防护能力。推进重要信息系统国产密码应用、重要软硬件设备国产化应用。加强对交通数据全生命周期的管控，保护国家秘密、商业秘密和个人隐私。完善适应新技术发展的行业网络安全标准。

九　完善标准体系

加快完善面向数字交通应用的交通基础设施工程建设标准，推动信息基础设施与交通基础设施同步规划、同步设计、同步建设、同步运维。按照交通运输信息化标准体系，持续完善相关标准。加快自动驾驶国家及行业标准体系建设，完善生产制造、测试评价、网络安全、数据共享、运行使用等标准。推动建立跨行业、跨领域、跨部门数字交通标准协同发展机制，发挥企业在标准研究方面的作用，积极参与国际标准制修订的协调、交流与合作。

十　完善支撑保障体系

（一）营造发展环境

探索有利于数字交通创新发展的行业监管模式，推动完善相关法律法规体系，在规范发展、安全发展的前提下，营造有利于创新发展的政策环境。积极推进企业间、政企间的数据资源融合应用，鼓励市场主体提供丰富的数字交通服务，激发创新活力和潜在价值，提供更好的服务体验。

（二）多渠道筹措资金

发挥中央财政资金的引导作用，加大对创新试点支持力度，强化过程指导，加强绩效评估。各级交通运输主管部门积极争取财政性资金、专项资金等支持数字交通建设。探索政府和社会资本合作模式。

（三）促进创新应用

坚持试点先行，带动全面发展，围绕“一带一路”建设、京津冀协同发展、长江经济带发展、粤港澳大湾区发展、长江三角洲区域一体化发展等国家重要区域发展战略，开展区域性数字交通综合试点。系统开展数字交通发展配套政策研究。在保障国家安全、维护国家利益的前提下，促进资源跨境流动，实现引资、引智、引技相结合。

（四）加强人才支持

建立跨领域、多层次人才培养体系，提升行业数字化思维和应用能力。建立多层次专家库，发挥高端智库、院校等机构的智力支持作用，鼓励建立产学研金的对接平台。

绿色出行行动计划（2019～2022 年）

发布单位：交通运输部、中央宣传部、国家发展改革委、工业和信息化部、公安部、财政部、生态环境部、住房城乡建设部、国家市场监督管理总局、国家机关事务管理局、中华全国总工会、中国铁路总公司

发布时间：2019 年 5 月 20 日

为深入贯彻落实党的十九大关于开展绿色出行行动等决策部署，进一步提高绿色出行水平，制定本行动计划。

一　总体要求

以习近平新时代中国特色社会主义思想为指导，贯彻落实党中央、国务院决策部署，切实推进绿色出行发展，坚持公共交通优先发展，努力建设绿色出行友好环境、增加绿色出行方式吸引力、增强公众绿色出行意识，进一步提高城市绿色出行水平。到 2022 年，初步建成布局合理、生态友好、清洁低碳、集约高效的绿色出行服务体系，绿色出行环境明显改善，公共交通服务品质显著提高、在公众出行中的主体地位基本确立，绿色出行装备水平明显提升，人民群众对选择绿色出行的认同感、获得感和幸福感持续加强。

二　构建完善综合运输服务网络

（一）加快城际交通一体化建设

构建以铁路、高速公路为骨干，普通公路为基础，水路运输为补充，民航有效衔接的多层次、高效便捷的城际客运网络。在城市群、都市圈内利用高铁、城际铁路、市域（郊）铁路等构建大容量快速客运系统，加快退出

跨省800公里以上的道路客运班线，优化城际客运供给方式，提升服务品质。

（二）提升现代化客运服务水平

完善客运产品体系，创新空铁联运、公铁联运等客运产品，实现各种交通方式有机衔接、优势互补。完善市内渡运、岛际客运服务网络，提升水路客运服务水平。优化进出站流程，推进铁路、长途客运旅客进站安检及身份查验流程标准化，提高进出站效率。鼓励有条件的综合客运枢纽探索建立民航转铁路、城市轨道交通，铁路转城市轨道交通换乘免安检机制。加强站车船环境建设，提升旅客在途体验。创新旅游客流组织模式，增加旅游列车开行范围和数量，有效提升旅游列车服务品质。

（三）推进实施旅客联程联运

加强和完善民航机场、铁路、道路客运、航运与城市公共交通相衔接的综合客运枢纽建设及管理。加快推进综合客运枢纽一体化规划、同步建设、协调运营、协调管理，引导推进立体换乘、同台换乘。加强城市公共交通与民航、铁路客运等运营时间的匹配衔接。鼓励企业提供旅客联程、往返等票务服务，加快实施旅客联程运输电子客票。推动中转换乘信息互联共享和交通导向标识标准化。完善旅客联程联运票价优惠政策和多人套票优惠政策，引导公众和家庭出行选择集约化运输方式。

（四）优化城市道路网络配置

树立“窄路密网”的城市道路布局理念，加强支路街巷路建设改造，打通道路微循环，建设快速路、主次干路和支路级配合理、适宜绿色出行的城市道路网络。打通各类断头路，形成完整网络。科学规范设置道路交通安全设施和交通管理设施。推进现有道路无障碍设施改造，加快改善交通基础设施无障碍出行条件，提升无障碍出行水平。不断优化公共交通、步行和自行车等绿色交通路权分配，均衡道路交通资源。

三　大力提升公共交通服务品质

（一）提高公交供给能力

全面推进和深化公交都市建设，结合实际构建多样化公共交通服务体系。加快推进通勤主导方向上的公共交通服务供给。加快推进城市公交枢纽、首末站等基础设施建设。加强公众出行规律和客流特征分析，优化调整城市公交线网和站点布局，降低乘客全程出行时间。强化城市轨道交通、公共汽电车等多种方式网络的融合衔接，提高换乘效率。鼓励有条件的城市将公交线网向郊区、全域及毗邻城市（镇）延伸，提升公共服务均等化水平。

（二）提高公交运营速度

加大公交专用道建设力度，优先在城市中心城区及交通密集区域形成连续、成网的公交专用道。加强公交专用道的使用监管，加大对违法占用公交专用道行为的执法力度。积极推行公交信号优先，全面推进公交智能化系统建设。优化地面公交站点设置，提高港湾式公交停靠站设置比例。因地制宜允许单行线道路上公交车双向通行。

（三）改善公众出行体验

进一步提高空调车辆和清洁能源车辆的比例，提高无障碍城市公交车辆更新比例。推广电子站牌、手机 App 等信息化设施产品，为公众提供准确、可靠的公交车实时位置、预计到站时间等信息服务。全面推进城市交通一卡通互联互通，推广普及闪付、虚拟卡支付、手机支付等非现金支付方式。推进实施阶梯优惠票价、优惠换乘、累计折扣票价等多种形式的优惠政策。鼓励推出适合游客使用的周卡、日卡、计次卡等市政公共交通票务产品。鼓励运输企业积极拓展定制公交、夜间公交、社区公交等多样化公交服务。建立与出行服务质量挂钩的价格制度。

四　优化慢行交通系统服务

（一）完善慢行交通系统建设

开展人性化、精细化道路空间和交通设计，构建安全、连续和舒适的城市慢行交通体系。加大非机动车道和步行道的建设力度，保障非机动车和行人合理通行空间。加快实施机非分离，减少混合交通，降低行人、自行车和机动车相互干扰。按标准建设完善行人驻足区、安全岛等二次过街设施和人行天桥、地下通道等立体交通设施。在商业集中区、学校、医院、交通枢纽等规划建设步行连廊、过街天桥、地下通道，形成相对独立的步行系统。

（二）加强慢行系统环境治理

推进轨道交通站点周边步行道、自行车道环境整治，加强站点及周边道路机动车违法停车治理。强化互联网租赁自行车停放管理，根据城市交通承载能力等因素，合理确定互联网租赁自行车投放规模和停放区域。落实企业主体责任，督促加强对“僵尸车”“废弃车”等车辆回收，强化用户资金监管。

五　推进实施差别化交通需求管理

（一）降低小汽车使用强度

研究制定公众参与感强、富有吸引力的小汽车停驶相关政策。鼓励对自愿停驶的车主提供配套优惠措施，探索建立小汽车长时间停驶与机动车保险优惠减免相挂钩等制度。在供需失衡、交通压力大的区域或者路段，探索实施小汽车分区域、分时段、分路段通行管控措施，引导降低小汽车出行总量。加快换乘枢纽停车场建设，引导私人小客车换乘公共交通出行。

（二）加强停车治理

加强交通出行信息引导，高密度布设交通出行动态信息板等可视化智能引导标识，建设多元化、全方位的综合交通枢纽、进出城市交通、停车、充电设施等信息引导系统。合理规划建设停车设施，推广实施分区域、分时段、分标准的差别化停车收费政策。推动“互联网＋”智慧停车系统建设，探索推进共享停车建设。鼓励在高速公路收费站和公共停车场推广使用电子不停车收费系统（ETC）、手机移动支付等非现金支付手段。

（三）实施精细化交通管理

加强对交通出行状况的监测、分析和预判，鼓励在有条件的道路设置单行道、可变车道、潮汐车道、合乘车道等设施，推进城市道路交通信号灯配时智能化，提高城市道路通行效率。完善集指挥调度、信号控制、交通监控、交通执法、车辆管理、信息发布于一体的城市智能交通管理系统。推进部门间、运输方式间的交通管理信息、出行信息等互联互通和交换共享。依托北斗卫星导航技术，在高速公路领域试点开展自由流收费应用。

（四）促进新业态融合发展

鼓励运输企业和互联网企业线上线下资源整合，为公众提供高品质出行服务。引导巡游车通过电信、互联网等方式提供电召服务，减少车辆空驶。加快推进网约车平台公司、车辆及驾驶员合规化进程。鼓励汽车租赁业网络化、规模化发展，依托机场、车站等客运枢纽发展“落地租车”服务，促进分时租赁创新规范发展。

六　提升绿色出行装备水平

（一）推进绿色车辆规模化应用

以实施新增和更新节能和新能源车辆为突破口，在城市公共交通、出租汽车、分时租赁、短途道路客运、旅游景区观光、机场港口摆渡、政府机关及公共机构等领域，进一步加大节能和新能源车辆推广应用力度。完善行业运营补贴政策，加速淘汰高能耗、高排放车辆和违法违规生产的电动自行车、低速电动车。

（二）加快充电基础设施建设

加快构建便利高效、适度超前的充电网络体系建设，重点推进城市公交枢纽、停车场、首末站充电设施设备的规划与建设。鼓励高速公路服务区配合相关部门推进充电服务设施建设。加大对充电基础设施的补贴力度，将新能源汽车购置补贴资金逐步转向充电基础设施建设及运营环节。推广落实各种形式的充电优惠政策。

七　大力培育绿色出行文化

（一）开展绿色出行宣传

每年 9 月份组织开展绿色出行宣传月和公交出行宣传周活动，结合交通运输行业节能宣传周和低碳日等，深入机关、社区、校园、企业和乡村等开展绿色出行宣传，扩大宣传覆盖面和影响力，提高公众对绿色出行方式的认知度和接受度。积极倡导公务出行优先选择绿色出行方式。推进将公共交通、绿色出行优先纳入工会会员普惠制服务。制作发布绿色出行公益广告，弘扬传播绿色出行正能量，让低碳交通成为时尚，让绿色出行成为习惯。

（二）完善公众参与机制

积极开展文明交通绿色出行主题活动，推进公共交通乘客委员会、绿色出行志愿者队伍等建设，发挥行业协会、社会组织、志愿者团体等多元主体作用，建立公众参与、社会评价、行业监管、政府决策的民主管理机制。加大社会监督力度，畅通公众参与渠道，广泛征求公众意见建议。

八 加强绿色出行保障

（一）加强组织领导

要积极争取当地人民政府支持，按照本行动计划，加强组织领导和统筹协调，加大对绿色出行行动的指导、协调和支持力度，明确任务分工，落实工作责任，为绿色出行行动计划的实施提供组织保障。积极探索建立城市群、都市圈范围内跨行政区域的绿色出行协调机制，强化跨部门、跨行政区域协作。

（二）强化政策保障

要研究建立健全绿色出行支持体系，强化财政、金融、税收、土地、投资、保险等方面的政策保障。强化各级财政资金在绿色出行中的引导作用，统筹利用现有资金渠道，鼓励地方各级政府安排专项资金，加大对公交专用道、场站基础设施、新能源和清洁能源车辆购置运营、绿色出行信息化建设等方面的支持力度。吸引社会资本参与绿色出行行动，拓宽绿色出行发展融资渠道。

（三）深化队伍建设

大力弘扬劳模精神、劳动精神和工匠精神，积极营造劳动光荣的社会风尚、精益求精的敬业风气、锐意创新的职业氛围。加大行业宣传力度，组织开展行业劳模、行业风采宣传展示和关爱司乘人员活动，营造尊重关爱交通运输职工的社会氛围。深入开展行业劳动和技能竞赛，着力提升行业职工技能水平、服务水平和安全生产水平。

（四）加强示范引领

研究建立绿色出行统计报表制度，建立专家评估、明察暗访、民意征询和委托第三方机构评估等动态综合评价机制。交通运输部将会同有关部门组织开展绿色出行创建行动，及时总结经验并加以推广，推动各地不断提升绿色出行水平。

交通运输新业态用户资金管理办法

（试行）

发布单位：交通运输部、人民银行、国家发展改革委、公安部、市场监管总局、银保监会

发布时间：2019 年 5 月 9 日

第一章　总则

第一条　为促进交通运输新业态健康发展，加强用户押金（也称“保证金”）、预付资金（以下统称“用户资金”）管理，有效防范用户资金风险，根据《中华人民共和国电子商务法》、《人民币银行结算账户管理办法》（中国人民银行令 2003 年第 5 号）、《交通运输部　中央宣传部　中央网信办　国家发展改革委　工业和信息化部　公安部　住房城乡建设部　人民银行　质检总局　国家旅游局关于鼓励和规范互联网租赁自行车发展的指导意见》（交运发〔2017〕109 号）、《交通运输部　住房城乡建设部关于促进小微型客车租赁健康发展的指导意见》（交运发〔2017〕110 号）和《中国人民银行关于改进个人银行账户服务　加强账户管理的通知》（银发〔2015〕392 号）等规定，制定本办法。

第二条　本办法所称交通运输新业态是指以互联网等信息技术为依托构建服务平台，通过服务模式、技术、管理上的创新，整合供需信息，从事交通运输服务的经营活动，包括网络预约出租汽车、汽车分时租赁和互联网租赁自行车等。

第三条　收取用户资金的交通运输新业态运营企业（以下简称“运营企业”），以及为用户资金提供支付结算、存管服务的商业银行（以下简称“银行”）和非银行支付服务机构，应当遵守本办法。

第四条　运营企业原则上不收取用户押金，确有必要收取的，应当提供

运营企业专用存款账户和用户个人银行结算账户两种资金存管方式，供用户选择。用户押金归用户所有，运营企业不得挪用。

鼓励运营企业采用服务结束后直接收取费用的方式提供服务。采用收取用户预付资金方式提供服务的，预付资金的存管和使用应当符合本办法相关规定。

第五条 运营企业承担保障其专用存款账户内用户资金安全的主体责任。

银行承担保障本银行用户个人银行结算账户内押金安全的主体责任。

运营企业与用户可通过协议明确用户资金的孳息归属。

第二章 用户资金管理

第六条 运营企业应当依据相关规定，在其中国大陆注册地的银行分别开立全国唯一的用户押金专用存款账户、预付资金专用存款账户（以下统称“专用存款账户”），由开立专用存款账户的银行作为存管银行（以下称“存管银行”）存管用户资金。

采用用户个人银行结算账户存管押金的，运营企业应当与银行合作（以下称“合作银行”），用户应当根据服务协议在合作银行开立个人银行结算账户，若用户已有合作银行的个人银行结算账户，可直接绑定使用。

第七条 存管银行、合作银行应当具备下列条件：

（一）具有明确的职能管理部门和相应管理制度。

（二）具备完善规范的资金存管账务体系，能够根据资金性质和用途为用户资金进行明细登记，实现有效的资金管理和登记。

（三）具备完善的业务管理功能。存管银行能够通过形式审查确认资金划转符合本办法规定，并根据相关协议，防止运营企业挪用用户押金以及超限额、超范围使用用户预付资金；合作银行能够按照人民币银行结算账户管理以及个人银行结算账户分类管理等规定，依法合规、方便快捷地为用户开立个人银行结算账户，并根据相关协议，提供账户内资金冻结、解冻、划转、余额查询等服务。

（四）具备对接运营企业相关系统的数据接口，能够支持相关信息对接。

（五）具备安全高效的业务处理系统，能够支撑运营企业的各类峰值操作。

（六）相关管理部门依法规定的其他条件。

第八条 存管银行应当按照相关法律法规规定和协议约定，履行专用存款账户的开立、变更与撤销，用户资金存管、清算、账务核对，以及提供用户资金存管报告等职责。

存管银行对运营企业与用户之间的交通运输新业态服务不提供担保。

第九条 运营企业开立专用存款账户时，应当按照下列程序办理：

（一）运营企业应当向其注册地设区的市级人民政府指定的交通运输新业态行政主管部门（以下简称“交通运输新业态行政主管部门”）提供下列材料：

1. 企业注册基本信息和工商登记材料；

2. 业务发展规划和运营组织方案；

3. 用户资金风险控制措施。

交通运输新业态行政主管部门收到运营企业提交的上述材料后，对材料齐全的，应当在5个工作日内为运营企业出具从事交通运输新业态运营业务的书面材料。运营企业将书面材料作为开立专用存款账户的证明文件向银行提供。

（二）银行收到运营企业开立专用存款账户申请和开户证明文件原件后，对符合开户条件的，应当按照有关规定为运营企业开立专用存款账户，并与运营企业实现相关信息系统对接。

（三）运营企业办理完成专用存款账户的开立、变更和撤销后，应当于5个工作日内，将账户开立、变更和撤销信息向出具从事交通运输新业态运营业务书面材料的交通运输新业态行政主管部门书面报告；开立专用存款账户的银行应当按照人民币银行结算账户相关规定，将账户的开立、变更和撤销信息向当地人民银行分支机构备案，并抄报当地银保监会地方派出机构。

第十条 用户押金管理应当遵守下列规定：

（一）汽车分时租赁的单份押金金额不得超过运营企业投入运营车辆平均单车成本价格的2%；互联网租赁自行车的单份押金金额不得超过运营企业投入运营车辆平均单车成本价格的10%。

（二）运营企业应当在与用户签订的服务协议中明确押金收取数目和扣除押金条件，在网络平台显著位置明示押金退还方式、程序和周期。

（三）运营企业与存管银行、合作银行和其他银行、非银行支付服务机构（其他银行、非银行支付服务机构以下统称其他支付服务机构）应当提供便利的退款方式，及时退还用户押金，不得拒绝、拖延退还，或设置不公平、不合理的格式条款、技术门槛。汽车分时租赁用户押金最长退款周期不应超过15个工作日，互联网租赁自行车用户押金最长退款周期不应超过2个工作日。

（四）采用用户个人银行结算账户存管用户押金的，运营企业应当在与用户签订的服务协议中明确，用户需在合作银行开立的其个人银行结算账户存入约定数额的押金并冻结才予提供服务，当该账户余额低于押金额度或押金额度资金未处于冻结状态时，运营企业可不再提供相应服务。

（五）采用运营企业专用存款账户存管用户押金的，运营企业要针对可能出现的集中退还及退还期限超期等特殊情况，联合存管银行、其他支付服务机构建立用户押金退还的应急保障机制，必要时，由运营企业先行垫付资金退还用户押金。

第十一条　用户预付资金管理应当遵守下列规定：

（一）运营企业收取的用户预付资金总规模应当与其服务能力相匹配，严禁超出服务能力收取用户预付资金。

（二）互联网租赁自行车用户单个账号内的预付资金额度不得超过100元；其他交通运输新业态个人用户单个账号内的预付资金额度不得超过8000元、单位用户单个账号内的预付资金额度不得超过30000元。

（三）运营企业应当明确预付资金退还条件，符合退还条件的，运营企业应当将预付资金余额及时退还用户，不得拒绝、拖延退还，或设置不公平、不合理的格式条款、技术门槛。

（四）运营企业应当建立用户预付资金备付金制度，备付金不得低于用户预付资金余额的40%。

（五）运营企业只能将用户预付资金用于与服务用户有关的主营业务，不得用于不动产、股权、证券、债券等投资及借贷。

第十二条 运营企业可通过存管银行、合作银行和其他支付服务机构收取用户资金，通过其他支付服务机构收取的，应当签订支付服务协议，并告知相应存管银行、合作银行。支付服务协议中应当明示用户资金专用存款账户信息，明确用户资金支付信息保存期应当不少于5年，并及时向运营企业提供。

运营企业通过其他支付服务机构收取的用户资金，应当于当日（至迟次日）分别将用户押金、预付资金结算余额分类划转至相应用户资金专用存款账户。

第三章　用户资金管理协议及报告机制

第十三条 运营企业应当按照用户资金管理要求，与存管银行分别签订用户押金、预付资金管理协议。采用用户个人银行结算账户存管押金的，运营企业应当与用户、合作银行签订协议，明确各方权责。除必要的披露及监管要求外，运营企业不得利用存管银行做营销宣传。

第十四条 存管银行、合作银行应当根据用户资金管理协议履行资金存管义务。存管银行、合作银行根据运营企业发送的日终清算数据，每日对用户资金明细流水、余额数据进行账务核对，确保双方账务一致。

第十五条 运营企业专用存款账户存管用户押金的管理协议应当明确下列要求：

（一）运营企业通过其他支付服务机构收取的用户押金，应当按规定划转至用户押金专用存款账户。

（二）当用户申请退还押金时，运营企业在核实无押金扣款情形后，应当及时将退款申请提交存管银行，存管银行和其他支付服务机构核对相关信息后，应当于退款申请提交当日（至迟次日）按原路退还用户。用户原账户发生变化的，运营企业需提供用户身份信息、押金支付信息和退款账户信息，存管银行和其他支付服务机构核对认定后再行退还。

（三）当用户违反与运营企业签订服务协议中的扣除押金条款时，运营企业应当及时将有关情况告知用户，并在向存管银行提供用户违约相关证明材料或取得用户授权后，由运营企业发起扣款指令，存管银行可按协议约定，将扣款从用户押金专用存款账户划转至运营企业指定的唯一自有银行结算账户。

（四）用户押金专用存款账户不得提取现金，除退还用户、扣除赔偿款、提取计付利息情形外，不得办理转账。运营企业应当使用本条第（三）项所述其指定的唯一自有银行结算账户用于接收赔偿款、利息，除退还用户押金情形外，存管银行不得向该账户外的其他账户转出资金。

第十六条 用户个人银行结算账户存管用户押金的管理协议应当明确下列要求：

（一）合作银行应当及时告知运营企业用户个人银行结算账户押金存入和冻结情况。

（二）当用户申请退还押金时，运营企业在核实无押金扣款情形后，应当及时将解除押金冻结申请提交合作银行，合作银行核对相关信息后，应当于解除押金冻结申请提交当日（至迟次日）解除对押金的冻结。

（三）当用户违反与运营企业签订的服务协议中扣除押金条款时，运营企业应当及时将有关情况告知用户，并在向合作银行提供用户违约相关证明材料或取得用户授权后，由运营企业发起扣款指令，合作银行依据用户授权，将扣款从用户个人银行结算账户划转至本办法第十五条第（三）项所述运营企业指定的唯一自有银行结算账户。

（四）合作银行应当根据与用户的约定划付用户个人银行结算账户内资金，当该账户余额低于用户与运营企业约定的押金额度时，合作银行应当及时告知运营企业和用户。

（五）用户个人银行结算账户内冻结押金外资金，用户可自行支配，也可用于支付交通运输新业态服务费用。

第十七条 用户预付资金管理协议应当明确下列要求：

（一）运营企业通过其他支付服务机构收取的用户预付资金，应当按规定划转至用户预付资金专用存款账户。

（二）运营企业应当按照用户预付资金备付金制度要求在用户预付资金专用存款账户中留存相应数额的资金。存管银行应当根据用户预付资金备付金比例规定为运营企业办理相应资金的转出，当用户预付资金备付金比例接近40%时，存管银行应当向运营企业进行预警，等于或低于40%时，除退还用户情形外，存管银行不得为其办理支出。

（三）用户根据与运营企业签订的服务协议申请退还预付资金余额时，运营企业应当及时将退款申请提交存管银行，存管银行和其他支付服务机构核对相关信息后，应当于退款申请提交当日（至迟次日）按原路退还用户。用户原账户发生变化的，运营企业需提供用户身份信息、预付资金支付信息和退款账户信息，存管银行和其他支付服务机构核对认定后再行退还。

（四）用户预付资金专用存款账户不得提取现金，除退还用户情形外，用户预付资金专用存款账户仅可向本办法第十五条第（三）项所述运营企业指定的唯一自有银行结算账户或与其服务用户主营业务相关企业的银行结算账户办理资金转出。

第十八条 运营企业应当将用户资金管理协议和支付服务协议，以及与存管银行、合作银行实现信息对接情况在协议签订之日起10个工作日内向其注册地交通运输新业态行政主管部门报备，交通运输新业态行政主管部门应当将报备材料共享给当地人民银行分支机构、发展改革部门、银保监会地方派出机构。存管银行、合作银行应当在协议签订之日起10个工作日内，向其业务管辖的银保监会地方派出机构报备用户资金管理协议以及实现信息对接情况；其他支付服务机构应当在协议签订之日起10个工作日内，向其业务管辖的人民银行分支机构报备支付服务协议以及实现信息对接情况。

第十九条 运营企业应当向存管银行提供真实完整有效的用户资金收取和退还、使用预付资金消费等相关信息数据，向合作银行提供用户申请退还押金相关信息数据。因运营企业伪造数据或自身数据错误导致的风险和损失，由运营企业承担相应法律责任。

运营企业应当于每季度首月 15 日前向其注册地交通运输新业态行政主管部门提供上一季度用户资金收取、使用和利息收入等情况报告。交通运输新业态行政主管部门应当将上述报告共享给当地人民银行分支机构、发展改革部门、银保监会地方派出机构。

运营企业应当于每年 4 月 30 日前向其注册地交通运输新业态行政主管部门提供由有资质的社会中介机构出具的上一年度用户资金收取、存管、使用及利息收入财务报告。交通运输新业态行政主管部门应当将上述报告共享给当地人民银行分支机构、发展改革部门、银保监会地方派出机构。

第二十条 存管银行、合作银行应当于每月 10 日前向运营企业提供上一月度的用户资金存管报告，报告应当客观反映运营企业用户资金管理和利息计付等情况。

存管银行、合作银行应当于每季度首月 15 日前、每年 4 月 30 日前向其业务管辖的人民银行分支机构、银保监会地方派出机构提供上一季度、上一年度的用户资金存管报告。人民银行分支机构应当将上述报告共享给运营企业注册地交通运输新业态行政主管部门、发展改革部门。

第二十一条 暂停、终止业务前，运营企业应当制定完善的资金清算处置方案和用户权益保护措施，按照相关规定提前向其注册地交通运输新业态行政主管部门报告，并告知存管银行、合作银行和其他支付服务机构。运营企业自报告之日起不得再收取用户资金。运营企业注册地交通运输新业态行政主管部门应当及时将运营企业暂停、终止业务情况告知当地人民银行分支机构、银保监会地方派出机构等相关管理部门。

运营企业注册地银保监会地方派出机构、人民银行分支机构等相关管理部门指导存管银行、合作银行配合相关清算单位依法完成用户资金专用存款账户内资金的清算处置工作，相关清算处置事宜按照有关规定及协议约定办理。

第四章　联合监管机制

第二十二条　运营企业注册地相关管理部门应当建立联合工作机制，按照职责分工，加强用户资金监管，保障用户资金安全。

（一）交通运输新业态行政主管部门负责会同当地银保监会地方派出机构、人民银行分支机构指导运营企业与存管银行、合作银行和其他支付服务机构按照规定签订用户资金存管和支付服务协议。

（二）人民银行分支机构负责指导存管银行为运营企业办理专用存款账户的开立、变更和撤销工作，指导合作银行为用户办理个人银行结算账户的开立和撤销工作。监督其他支付服务机构依法合规为运营企业及用户提供支付结算服务。

（三）发展改革部门负责向交通运输新业态相关管理部门提供运营企业信用信息，依托全国信用信息共享平台，依法依规通过“信用中国”网站，向社会公众公示运营企业信用信息。

（四）市场监管部门负责向交通运输新业态行政主管部门提供运营企业公示信息。支持相关管理部门将其对运营企业做出的行政处罚等涉企信息通过国家企业信用信息公示系统向社会公示。

（五）银保监会地方派出机构负责监督存管银行、合作银行落实用户资金管理要求，对存管银行、合作银行开展用户资金管理情况进行检查，加强对存管银行、合作银行的监管。

（六）消费者协会（委员会）依据法定职责做好交通运输新业态服务投诉受理及处理等工作。

第二十三条　对未按规定落实用户资金管理要求、履行相关报备和报告义务的运营企业，由其注册地相关管理部门联合开展约谈，督促运营企业按照用户资金管理要求立即整改。逾期未整改的，向社会通报有关情况，并由发展改革部门通过“信用中国”等渠道公示运营企业相关信用信息，向用户提示风险。对拒不整改的，相关管理部门要依法予以处理。涉嫌经济犯罪的，依法移送公安机关。

第二十四条 对违反本办法规定的存管银行、合作银行和其他支付服务机构，由其业务管辖的银保监会地方派出机构和人民银行分支机构按照相关规定予以处理。

第二十五条 全国信用信息共享平台向交通运输新业态相关管理部门提供运营企业的信用信息。相关管理部门对有不良信用记录的运营企业实施重点监管，对严重失信的运营企业实施联合惩戒。运营企业须在“信用中国”网站等渠道公示“不挪用用户押金，依法合规管理用户资金”的信用承诺。

第五章 附则

第二十六条 本办法自 2019 年 6 月 1 日起施行。本办法发布之日前收取的用户资金，应当在 2019 年 11 月 30 日前按照本办法存管。各地可根据本办法结合本地实际制定具体实施细则。

第二十七条 本办法有效期三年。

关于进一步加强网络预约出租汽车和私人小客车合乘安全管理的紧急通知

发布单位：交通运输部办公厅、公安部办公厅　发布时间：2018 年 9 月 10 日

各省、自治区、直辖市、新疆生产建设兵团交通运输厅（局、委），公安厅（局）：

近期，网络预约出租汽车（简称“网约车”）非法营运、私人小客车合乘（也称“顺风车”“拼车”）恶性刑事案件屡有发生，特别是郑州、温州滴滴顺风车司机杀人案件受到社会广泛关注，严重危害人民群众生命财产安全，影响社会稳定和行业健康有序发展。为贯彻落实国务院关于加强交通运输新业态协同监管的统一部署，强化监管责任落实，堵住安全风险隐患，现就进一步加强网络预约出租汽车和私人小客车合乘安全管理有关事项紧急通知如下：

一　立即开展行业安全大检查

各地交通运输主管部门、公安机关等部门要立即组织对本地运营的网约车平台公司和私人小客车合乘信息服务平台开展联合安全大检查。通过大检查，全面排查行业安全隐患和薄弱环节。存在安全隐患的，要督促相关企业采取有效措施予以整改；存在违法违规行为的，要依法处置。

交通运输部将组织交通运输新业态协同监管部际联席会议成员单位对滴滴等网约车平台公司开展安全大检查。滴滴公司等平台公司要全面开展安全隐患自查和整改工作，在未完成隐患整改前，无限期停止私人小客车合乘信息服务。

二　加强网约车和顺风车平台驾驶员背景核查

各地交通运输主管部门、公安机关要严格按照《交通运输部办公厅公安部办公厅关于切实做好出租汽车驾驶员背景核查与监管等有关工作的通知》

（交办运〔2018〕32 号）要求，对从事或申请从事网约车服务的驾驶员一律进行背景核查，确保网约车驾驶员符合《出租汽车驾驶员从业资格管理规定》（交通运输部令 2016 年第 63 号）规定的条件。私人小客车合乘信息服务平台要参照出租汽车驾驶员背景核查和监管有关要求，对从事或申请从事私人小客车合乘服务的驾驶员一律进行背景核查。要对现有网约车和私人小客车合乘服务的驾驶员进行一次全面清理，2018 年 12 月 31 日前全面清退不符合条件的车辆和驾驶员，并基本实现网约车平台公司、车辆和驾驶员合规化。

三　严格督促企业落实安全生产和维稳主体责任

各地交通运输主管部门、公安机关要督促本地网约车平台公司和私人小客车合乘信息服务平台服务企业落实企业安全生产管理和维护行业稳定的主体责任。相关平台公司要严格规范派单管理，不得向未经背景核查的驾驶员派单，并要在派单前应用人脸识别等技术，对车辆和驾驶员一致性进行审查；要强化运行风险管控，利用大数据技术，对路线行驶偏移、不合理长时间停留等风险进行预警，发现异常情况及时处置；要限制顺风车接单数量，防止以合乘名义从事非法网约车经营服务；要实行随机派单机制，禁止驾驶员选择乘客，允许乘客选择驾驶员；要建立投诉冻结机制，对乘客投诉未核查处理的，不得向被投诉驾驶员派单；要加强乘客信息保护，关闭顺风车平台社交功能，屏蔽乘客信息，防止泄露个人隐私；要规范车辆安全要求，鼓励有条件的平台公司在网约车显著位置粘贴专用标志，车窗透光率要符合出租汽车要求，确保车内情况可视，车辆运行期间不得开启儿童锁，便于乘客遇有突发情况紧急逃生；要定期随机抽查线下运营车辆及驾驶员，核查注册信息与实际情况一致性，防止“修牌改号”“冒名顶替”等问题。

四　健全完善投诉报警和快速反应机制

各地交通运输主管部门、公安机关要采取多种方式，大力加强对网约车顺风车乘客的安全防范教育提醒。要督促网约车平台公司和私人小客车合乘信息服务平台在App启动首页设置安全提示界面，提示乘客110报警电话是意外紧急情况下最有效的求助方式，在生命财产安全受到威胁时要立即拨打110报警求助，同时要在App显著位置设置“一键报警”，方便驾驶员和乘客遇有意外紧急情况时及时向平台预警。相关平台公司要依法向公安机关提供技术接口、实时推送平台司机、车辆注册数据及车辆位置、行驶轨迹、乘客信息等数据。要设置专门的24小时运转的安全管理和应急处置团队，在接到预警后第一时间甄别处置，视情立即向公安机关报警。各地交通运输主管部门要通过本单位门户网站或开通投诉电话等方式，主动接受并快速核查处置社会各界涉及网约车顺风车的各类投诉。各地公安机关、交通运输主管部门和相关平台公司要建立网约车顺风车违法犯罪快速反应、联动处置工作机制，公安机关在接到报警后，要组织警力快速反应、有效处置，交通运输主管部门和相关平台公司要全力提供技术、信息等方面的服务支持。对阻碍人民警察依法执行职务、拒不向公安机关提供技术支持的相关平台公司及其直接负责主管人员和其他直接责任人员，要严格依照《人民警察法》、《治安管理处罚法》、《网络安全法》、《反恐怖主义法》和《刑法》的规定，追究其法律责任。

五　严厉打击非法营运行为

非法营运行为威胁乘客的人身安全和合法权益，严重扰乱市场竞争秩序。各地交通运输主管部门、公安机关要高度重视，充分发挥各自职能作用，开展联合执法，严格查处各类非法营运行为。对网约车平台、私人小客车合乘信息服务平台开展非法营运活动的，要加大对平台公司等企业的处罚力度。要建立“双随机”抽查机制，切实履行法定监管职责。要推进行政执法公示制、执法全过程记录制、重大执法决定法制审核制，做到严格规范公正文明执法。对阻碍交通运输主管部门工作人员依法执行职务的行为，由公安机关依法予以查处。

自即日起至 12 月 31 日，在全国范围组织开展打击非法从事出租汽车经营的专项整治行动。行动分三个阶段推进：

（一）安排部署阶段（自即日起至9月30日）

各地交通运输主管部门、公安机关要安排部署专项整治行动，阐明打击非法营运工作的重要意义，广泛宣传从事非法营运活动和乘坐非法营运车辆的危害，教育引导广大人民群众自觉抵制非法营运车辆，并公布举报电话、网站，鼓励探索建立举报奖励制度。要督促网约车平台公司，加快清理网约车平台上不合规的车辆和驾驶员。

（二）集中整治阶段（2018年10月1日至11月30日）

各地交通运输主管部门、公安机关要建立联合执法机制，组织开展联合执法，采取定点检查与流动巡查相结合等方法实施整治，严格查处未取得经营许可擅自从事出租汽车经营活动、线上与线下车辆及驾驶员不一致、以私人小客车合乘名义开展非法营运等行为。要加大网约车线上监管力度，定期对网约车平台公司进行检查，加强对平台不合规车辆和驾驶员的排查和研判，突出重点，提高执法效率。要加强对重点时段、重点区域、重点企业的监管，在早晚客运高峰、恶劣天气、重要节假日等重点时段和各城市枢纽站场、商圈、旅游景点等重点区域加强执法检查力度，并利用夜间执法、错时执法、定点执法等措施严查非法营运行为。鼓励各省级交通运输主管部门、公安机关加强组织协调，指导城市间开展联合整治，形成震慑效应。

（三）总结巩固阶段（2018年12月1日至12月31日）

各地交通运输主管部门、公安机关要总结推广取得的工作经验及成效，探索规范出租汽车市场秩序的长效措施，逐步建立起政府统一领导、交通运输和公安等部门联合执法、广大人民群众积极参与的打击非法营运的长效工作机制。要继续强化日常监管执法，巩固专项整治行动成果，防止非法营运活动出现反弹。

各省级交通运输主管部门要会同同级公安机关于2019年1月15日前将本辖区内专项整治行动开展情况及成果报送交通运输部（运输服务司），并抄报公安部（交通管理局）。专项整治行动期间，交通运输部、公安部将对各地区专项整治行动开展情况进行督查。

关于进一步深化改革加快推进出租汽车行业健康发展有关工作的通知

发布单位：交通运输部　发布时间：2018 年 12 月 20 日

各省、自治区、直辖市、新疆生产建设兵团交通运输厅（局、委）：

近年来，各级交通运输主管部门深入贯彻《国务院办公厅关于深化改革推进出租汽车行业健康发展的指导意见》（国办发〔2016〕58 号，以下简称《指导意见》），推动出租汽车行业改革取得显著成效。但也存在改革工作进展不平衡，部分地方思想认识不到位、改革力度不大，人民群众对出租汽车行业服务质量不满意，企业主体责任落实不到位、人民群众出行安全和合法权益未得到有效保障等问题。为进一步深化改革，加快推进行业健康发展，更好地满足人民群众多样化出行需求，现就有关工作通知如下。

一　进一步贯彻落实《指导意见》

（一）加快制定地方实施细则

各地交通运输主管部门要认真贯彻落实党中央、国务院关于出租汽车行业改革的决策部署，在地方党委政府的统一领导下，按照《指导意见》确定的思路、原则和总体要求，结合本地实际，制定实施细则。已完成实施细则征求意见工作的城市，要加快工作进度，尽快出台实施。尚未制定实施细则的城市，要根据当地实际，出台可操作的具体改革措施，确保改革全面推进。

（二）有序实施公平竞争审查

各城市交通运输主管部门在制定实施细则时，应按照《国务院关于在市场体系建设中建立公平竞争审查制度的意见》（国发〔2016〕34 号）等有关规定，开展公平竞争审查。已出台实施细则但未进行公平竞争审查的，应补充完成，纠正不符合公平竞争要求的有关规定，营造公平竞争的市场环境。

（三）加强政策评估和优化完善

已出台改革政策的省级和城市交通运输主管部门，要加强对改革政策落地实施情况的持续跟踪，适时对政策实施情况进行评估，充分听取社会各方面特别是广大群众意见，根据评估结果对实施细则进一步修改完善，调整优化。

二　加快推进巡游车转型升级

（一）理顺巡游车经营权管理

出租汽车经营权属于公共资源，应当实行无偿、有期限配置。各地交通运输主管部门要继续深化经营权管理制度改革，加快实现巡游车经营权无偿、有期限使用。对现有经营权未明确具体经营期限或仍实行有偿使用的，要在城市人民政府的统一领导下，综合运用经济、法律等手段，实现经营权管理的平稳过渡。要理顺出租汽车企业与承包经营者或驾驶员的权属关系。严格落实服务质量信誉考核工作要求，强化结果运用，全面建立和完善以服务质量信誉为导向的经营权配置、管理和退出制度。

（二）健全运力动态调节机制

各城市交通运输主管部门要准确把握出租汽车在城市交通体系中的发展定位，原则上至少每 3 年开展一次出租汽车运力规模评估，建立运力动态调节机制，使运力规模与市场需求相适应。有条件的中、小城市，应更好发挥市场机制的作用，调节巡游车供需关系。

（三）理顺价格形成机制

各级交通运输主管部门要根据《指导意见》有关要求，积极争取地方人民政府支持，加强与发改、价格、统计等部门的协调沟通，推动巡游车运价市场化改革，加快完善巡游车运价动态调整机制，健全作价规则，根据市场供需关系和运营成本，科学制定、及时调整巡游车运价水平和结构，更好实现巡游车网约车公平竞争融合发展。各地交通运输主管部门要加强与市场监管、税务等部门的沟通，推广使用新型计程计价设备，优化设备功能，为运价改革提供技术支持。

（四）推动巡游车“+互联网”

巡游车要积极推广应用移动互联网技术，实现服务方式的变革和与网约车的融合发展，提高运营效率，提升服务水平。鼓励巡游车经营者通过市场机制，共同建设信息服务平台或与现有巡游车电召平台技术合作等方式，整合区域内巡游车运力信息资源，运用电话、互联网等电召手段，开展预约服务。

三　规范网约车行业健康发展

（一）加快网约车合规化进程

各地交通运输主管部门要认真贯彻落实党中央、国务院关于深化“放管服”改革的要求，简政放权，优化审批流程，强化服务，破除“玻璃门”“旋转门”等现象，为符合准入条件的网约车平台公司、车辆和驾驶员办理许可提供便利。合理设定网约车车辆标准，既要满足乘客高品质、差异化出行需要，又要充分考虑当地实际消费能力，防止片面追求高档化。网约车平台公司应当在服务所在地有相应服务机构及服务能力，配备必要的管理人员，满足运营服务、运营安全和投诉处理等需要，业务量较大且确有必要的城市，应当设立分公司。各地交通运输主管部门要利用互联网手段优化业务办理与服务流程。各省级交通运输主管部门应建立投诉核查机制，处理本行政区域内网约车许可过程中申请人提出的投诉及建议。

（二）落实网约车平台公司主体责任

各地交通运输主管部门要督促网约车平台公司按要求申请有关许可，及时清退无合法资质的车辆和驾驶员，不得向无合法资质的车辆和驾驶员派单，确保线上线下车辆和驾驶员一致，在服务所在地配备必要的管理人员，落实对注册车辆和驾驶员的安全和稳定主体责任，并积极配合处理相关交通事故、群体性事件等。督促网约车平台公司按有关规定向网约车监管信息交互平台传输运营数据信息，确保数据及时、完整、真实、有效；主动公开网约车平台派单算法和动态加价机制，接受社会监督；及时处理反馈乘客的投诉举报，开展服务质量评价；加强对司机的安全教育和培训，采取切实有效的安全保障措施，提高车辆和驾驶员的安全管理水平，确保乘客出行安全。

（三）守住行业安全稳定底线

各地交通运输主管部门要按照《交通运输部办公厅公安部办公厅关于进一步加强网络预约出租汽车和私人小客车合乘安全管理的紧急通知》（交办运〔2018〕119号）要求，督促网约车平台公司开展驾驶员背景核查。网约车平台公司应切实承担承运人责任，消除安全隐患，保证运营安全和乘客合法权益，采取针对性措施及时化解司企纠纷等行业不稳定风险隐患，加强对驾驶员的管理教育，保障驾驶员合法权益，切实维护行业稳定。

四　提升行业治理能力

（一）提升行业监管水平

各地交通运输主管部门要运用好全国网约车监管信息交互平台等信息化

手段，提升科技监管能力。有条件的城市可结合本地实际和管理需要自建监管平台，没有自建平台的城市可使用部级平台统一提供的监管模块。已向部级平台提供的信息数据，原则上不再要求网约车平台公司重复报送相同数据。会同有关部门建立健全联合监管工作机制，加强事中事后监管。各省级交通运输主管部门出具的线上服务能力认定结果要及时报部。

（二）严厉打击非法营运行为

各地交通运输主管部门要积极会同公安等部门，严厉打击非法营运活动，严格规范执法行为，加大对组织非法运营活动的网约车平台公司、私人小客车合乘信息服务平台执法处罚力度。要推进行政执法公示制、执法全过程记录制、重大执法决定法制审核制，做到严格规范公正文明执法。

（三）加快出租汽车驾驶员从业资格管理改革

各地交通运输主管部门要进一步优化区域科目考试题库，突出安全和服务方面的应知应会知识，避免出现与出租汽车运营服务基本要求不密切的内容，并在部门政务网站或从业资格考试报名网站公开区域科目考试题库和答案。要结合当地实际，进一步便利驾驶员在巡游车、网约车两种业态之间的双向流动，鼓励地方在同一城市区域巡游车驾驶员、网约车驾驶员统一考试内容。

（四）强化信用体系建设

各地交通运输主管部门要定期向社会公布本地区出租汽车经营者基本信息、服务质量测评结果、乘客投诉处理情况等信息，增加行业监管服务透明度。推动对出租汽车行业失信市场主体及其有关人员实施联合惩戒。推进出租汽车企业经营情况和驾驶员从业记录在全国运政信息系统的信息共享。

（五）发挥社会监督作用

行业协会等要建立行规行约、健全运营服务标准，推进行业内信用记录的共享应用，引导企业创新运营模式，规范企业经营行为，营造公平有序的发展环境。探索建立实施企业信用承诺制度，引导企业在依法经营、运营安全、服务质量、乘客权益等事项上实行信用承诺，并向社会公示，接受社会监督。

五 营造良好市场环境

（一）加强新闻宣传和舆论引导

各地交通运输主管部门要加强政策解读和宣传报道，凝聚改革共识，引导社会预期，及时回应社会关切。要加强行业智库建设，发挥好第三方行业专家的引导和支撑作用。通过树立先进典型，宣传典型事迹，努力营造推动行业改革发展的良好环境。

（二）切实维护行业稳定

各地交通运输主管部门要继续坚持行业稳定信息每日“零报告”制度，完善出租汽车信息数据监测与分析应用，建立健全行业稳定情况评估与预警机制。要在当地党委政府的统一领导下，会同有关部门建立维稳工作机制，加强应急响应，妥善处置不稳定事件，确保行业稳定。

（三）加强督导和经验交流

各省级交通运输主管部门要对本行政区域内各市政策出台及实施情况进行定期督导，对于行业问题突出或改革进度缓慢的，进行重点督查和通报。鼓励各地交通运输主管部门分区域、分类型建立城市间定期交流和情况通报机制，加强政策协同和工作联动。

关于开展交通出行领域严重失信行为专项治理工作的通知

发布单位：国家发改委、交通运输部、公安部　发布时间：2018 年 8 月 8 日

各省、自治区、直辖市社会信用体系建设牵头部门、发展改革委、经信委（工信委）、交通运输厅（局、委）、公安厅（局）：

为全面贯彻党的十九大和十九届二中、三中全会精神，以习近平新时代中国特色社会主义思想为指导，深入推进交通出行领域信用体系建设，强化信用监管，按照社会信用体系建设部际联席会议有关部署和《关于加强交通出行领域信用建设的指导意见》要求，决定在交通出行领域开展严重失信行为专项治理工作。现就有关事项通知如下。

一　高度重视交通出行领域失信治理工作

近些年，我国交通基础设施条件取得长足发展，旅客运输能力显著提升，但是交通出行领域的诚信水平、市场秩序与人民群众的需要还有一定差距。客运车辆超员、超速，出租汽车拒载、甩客、无证经营，扰乱铁路、民航、水路运输秩序等各类失信行为仍不同程度地存在。开展失信专项治理，对存量失信行为进行整治，督促具有严重失信行为的主体完成信用修复，是加强交通出行领域信用建设的有效手段，可以进一步引导规范客运服务提供者和出行者的行为，营造诚信经营、优质服务的市场环境，增强文明出行的意识，提高全社会的诚信意识和信用水平。

二　建立失信治理工作机制

在社会信用体系建设部际联席会议框架下，国家发展改革委、交通运输部、公安部、民航局、铁路总公司等部门和单位已建立交通出行领域失信专

项治理工作机制。各省（区、市）要明确牵头部门（建议名单附后），建立由社会信用体系建设牵头部门及经济运行、交通运输、公安等部门组成的联合工作机制，全面负责推进本省（区、市）的交通出行领域失信专项治理工作。

三　分步开展失信治理工作

交通出行领域失信专项治理涉及公路、铁路、民航、水运、城市交通等多个领域，治理对象既包括企业，也包括自然人，需要按照积极稳妥、循序渐进、先易后难的原则，分步骤、分领域实施治理工作。第一阶段，治理的对象范围为具有严重失信行为的道路、水路客运企业、城市出租企业（含巡游和网约出租）和铁路、民航旅客（铁路总公司和民航局已分别组织开展铁路、民航领域的失信治理工作）。第二阶段，将针对具有严重失信行为的道路客运驾驶人、出租汽车驾驶人，适时组织开展专项治理工作。

四　督促失信治理对象限期整改

全国信用信息共享平台汇总整理提出交通出行领域失信治理对象名单，经国家发展改革委、交通运输部、公安部等有关部门认定后，按照属地结合经营地原则将名单交换至各省（区、市）牵头部门。各地牵头部门收到名单后要及时组织启动治理工作，由工作机制成员单位联合向名单中的失信治理对象下发整改通知，要求失信治理对象在收到名单后 15 个工作日内做出书面守信承诺，并按行政处罚要求在一定期限内完成整改。整改通知书和守信承诺书的格式由国家发展改革委会同有关部门制定，供地方参考。

五　反馈失信治理结果

各省（区、市）牵头部门负责汇总本地道路、水路客运、城市交通等领域失信治理情况，根据要求按时向国家发展改革委反馈治理情况。对逾期未完成整改的失信主体，国家发展改革委会同有关部门将其列入交通出行领域“黑名单”，纳入全国信用信息共享平台，并通过“信用中国”“信用交通”等网站向社会公示。

六　持续扎实做好失信治理工作

各省（区、市）要积极落实国家发展改革委等有关部门对交通出行领域失信专项治理工作的部署安排，认真组织开展相关工作。国家发展改革委将会同有关部门，委托第三方信用服务机构，对各地失信治理工作开展评估，并将地方失信治理情况纳入城市信用状况监测评价指标体系，作为评价的参考。

关于加强网络预约出租汽车行业事中事后联合监管有关工作的通知

发布单位：交通运输部办公厅、中央网信办秘书局、工业和信息化部办公厅、公安部办公厅、中国人民银行办公厅、国家税务总局办公厅、国家市场监督管理总局办公厅

发布时间：2018年5月30日

各省、自治区、直辖市、新疆生产建设兵团交通运输厅（局、委）、网信办、通信管理局、公安厅（局）、国家税务局、地方税务局、工商和市场监管部门，中国人民银行上海总部，各分行、营业管理部、省会（首府）城市中心支行、深圳中心支行：

为贯彻落实《国务院办公厅关于深化改革推进出租汽车行业健康发展的指导意见》（国办发〔2016〕58号），进一步规范网络预约出租汽车（以下简称网约车）管理，强化行业事中事后监管，维护市场公平竞争秩序，保障乘客合法权益，依据《中华人民共和国网络安全法》《中华人民共和国电信条例》《互联网信息服务管理办法》等法律法规，以及《计算机信息网络国际联网安全保护管理办法》《网络预约出租汽车经营服务管理暂行办法》等有关规定，现就加强网约车行业事中事后联合监管有关工作通知如下：

一　完善联合监管工作机制

各级交通运输、网信、通信、公安、人民银行、税务、工商和市场监管等部门要建立健全联合监管工作机制，充分发挥各自职能，密切协调配合，强化信息数据共享，加强对网约车平台公司有关经营行为的监管。

二　明确联合监管工作事项

各级交通运输、网信、通信、公安、人民银行、税务、工商和市场监管

等部门要依据相关法律法规和各自职责，对未取得网约车经营许可从事网约车经营、线上线下车辆或人员不一致、信息泄露、不依法纳税、不正当竞争、非法经营资金支付结算等方面违法违规行为进行联合监管。

三　明晰联合监管处置流程

（一）对未取得网约车经营许可，擅自从事或变相从事网约车经营活动的，由县级以上出租汽车行政主管部门依法依规处理。

（二）对已经取得网约车经营许可的网约车平台公司出现违法违规行为的，由交通运输、网信、通信、公安、人民银行、税务、工商和市场监管等部门在各自职责范围内依法处理。违法违规行为涉及多部门的，相关部门可开展联合约谈。

（三）出现第（一）、（二）项所述违法违规行为，且拒不改正的，由联合监管发起部门视情节严重程度，将违法违规情况及暂停发布、下架移动互联网应用程序（App）等载体处置建议逐级报送至对应的省级主管部门，并抄送同级联合监管工作机制组成部门。在本省、自治区、直辖市内经营的，相关省级主管部门提请同级网信、通信或公安等部门后，由相关部门在各自职责范围内依法依规处置相关移动互联网应用程序（App）等载体。涉跨省、自治区、直辖市经营的（含注册地和经营地不在同一省、自治区、直辖市的），相关省级主管部门向对应的国务院主管部门报告，再由该国务院主管部门提请中央网信办、工业和信息化部或公安部等部门后，由相关部门在各自职责范围内依法依规处置相关移动互联网应用程序（App）等载体。

（四）网约车平台公司的移动互联网应用程序（App）等载体被暂停发布、下架后，继续出现第（一）、（二）项所述违法违规行为的，由联合监管发起部门将违法违规情况及停止互联网服务、停止联网或停机整顿的处置建议逐级报送至对应的省级主管部门，并抄送同级联合监管工作机制组成部门。在本省、自治区、直辖市内经营的，相关省级主管部门提请同级通信部门后，由通信部门依法停止互联网服务；或提请同级公安部门后，由属地公安部门在职责范围内依法给予6个月内停止联网、停机整顿的处罚。涉跨省、自治区、直辖市经营的（含注册地和经营地不在同一省、自治区、直辖市的），相关省级主管部门向对应的国务院主管部门报告，再由该国务院主管部门提请工业和信息化部依法停止互联网服务，或提请公安部后，由属地公安部门在职责范围内依法给予6个月内停止联网、停机整顿的处罚。

是否恢复互联网服务或联网，由联合监管发起部门根据整改情况提出处置建议，按前述流程提请通信或公安等部门依法处理。

上述工作流程中，关于违法违规情况、处置建议及处置结果等有关文件，由发文及处置部门依法向社会公开。

四　加强联合监管应急处置

各级交通运输、网信、通信、公安、人民银行、税务、工商和市场监管等部门要加强网约车行业联合监管应急响应和处置。因网约车平台公司违法违规行为引起网约车行业聚集、停运、群众维权等群体性事件的，由联合监管发起部门提请地方人民政府启动应急机制，召集相关部门紧急处置，确保社会稳定。

五　其他工作要求

各部门在网约车行业事中事后联合监管过程中，要严格依照法定程序和职责开展工作。要结合行业特点，适应信息技术快速发展的趋势，探索利用互联网思维创新监管方式，运用网约车监管信息交互平台等信息化手段，实现部门间和各部门内部信息互通、资源共享，提升监管效能。各部门对网约车平台公司等市场主体实施行政处罚的，记于相应企业名下，通过全国企业信用信息公示系统、“信用交通”等网站进行公告。要完善协作机制，密切沟通配合，探索建立政府部门、企业、从业人员、乘客及行业协会共同参与的多方协同治理机制，共同推动网约车行业健康发展。

皮书起源

“皮书”起源于十七、十八世纪的英国，主要指官方或社会组织正式发表的重要文件或报告，多以“白皮书”命名。在中国，“皮书”这一概念被社会广泛接受，并被成功运作、发展成为一种全新的出版形态，则源于中国社会科学院社会科学文献出版社。

皮书定义

皮书是对中国与世界发展状况和热点问题进行年度监测，以专业的角度、专家的视野和实证研究方法，针对某一领域或区域现状与发展态势展开分析和预测，具备原创性、实证性、专业性、连续性、前沿性、时效性等特点的公开出版物，由一系列权威研究报告组成。

皮书作者

皮书系列的作者以中国社会科学院、著名高校、地方社会科学院的研究人员为主，多为国内一流研究机构的权威专家学者，他们的看法和观点代表了学界对中国与世界的现实和未来最高水平的解读与分析。

皮书荣誉

皮书系列已成为社会科学文献出版社的著名图书品牌和中国社会科学院的知名学术品牌。2016 年，皮书系列正式列入“十三五”国家重点出版规划项目；2013~2019 年，重点皮书列入中国社会科学院承担的国家哲学社会科学创新工程项目；2019 年，64 种院外皮书使用“中国社会科学院创新工程学术出版项目”标识。

S 基本子库
SUB DATABASE

中国社会发展数据库（下设 12 个子库）

全面整合国内外中国社会发展研究成果，汇聚独家统计数据、深度分析报告，涉及社会、人口、政治、教育、法律等 12 个领域，为了解中国社会发展动态、跟踪社会核心热点、分析社会发展趋势提供一站式资源搜索和数据分析与挖掘服务。

中国经济发展数据库（下设 12 个子库）

基于“皮书系列”中涉及中国经济发展的研究资料构建，内容涵盖宏观经济、农业经济、工业经济、产业经济等 12 个重点经济领域，为实时掌控经济运行态势、把握经济发展规律、洞察经济形势、进行经济决策提供参考和依据。

中国行业发展数据库（下设 17 个子库）

以中国国民经济行业分类为依据，覆盖金融业、旅游、医疗卫生、交通运输、能源矿产等 100 多个行业，跟踪分析国民经济相关行业市场运行状况和政策导向，汇集行业发展前沿资讯，为投资、从业及各种经济决策提供理论基础和实践指导。

中国区域发展数据库（下设 6 个子库）

对中国特定区域内的经济、社会、文化等领域现状与发展情况进行深度分析和预测，研究层级至县及县以下行政区，涉及地区、区域经济体、城市、农村等不同维度。为地方经济社会宏观态势研究、发展经验研究、案例分析提供数据服务。

中国文化传媒数据库（下设 18 个子库）

汇聚文化传媒领域专家观点、热点资讯，梳理国内外中国文化发展相关学术研究成果、一手统计数据，涵盖文化产业、新闻传播、电影娱乐、文学艺术、群众文化等 18 个重点研究领域。为文化传媒研究提供相关数据、研究报告和综合分析服务。

世界经济与国际关系数据库（下设 6 个子库）

立足“皮书系列”世界经济、国际关系相关学术资源，整合世界经济、国际政治、世界文化与科技、全球性问题、国际组织与国际法、区域研究 6 大领域研究成果，为世界经济与国际关系研究提供全方位数据分析，为决策和形势研判提供参考。

法律声明